世界昔話ハンドブック

【編者代表】稲田浩二

三省堂

はじめに

世界のどの民族も、それぞれ豊かな昔話をはぐくんできました。どんな昔話も、祖先の智慧と歴史を宿し、人々に生きる力を与えてきました。それは、また民族の心を写すとともに、民族をこえた不思議な共通性をもっています。

この「ハンドブック」は、昔話を愛し、昔話に学ぼうとする多くの方々とご一緒に、人類が伝えた昔話を楽しみ、またさらに、深く知りたいという願いを込めてまとめました。

本書は、三部の構成になっています。第一部「昔話の誕生」では、昔話のルーツとその展開について述べています。第二部「世界の代表的昔話」では、各地域の代表的な昔話をあらすじと解説で紹介しています。ここでは、東北アジアの日本・韓国・中国の昔話を中心に、世界の昔話を遠近法的に描こうと試み、とくに、これまで軽視されがちだった、東北アジア、アフリカ、オーストラリア（アボリジニ）、北アメリカ（ネイティブ・アメリカンほか）、南アメリカ（ラテン・アメリカ）、太平洋諸島などの昔話を、それぞれの専門家により紹介し考察していただきました。第三部「世界各地の昔話」では、世界二十一地域の昔話の特徴を描き、さらに世界昔話の古典について紹介し、従来もっぱらAT（4頁参照）を規準に分類や考察がされてきた世界の昔話を、ATにとらわれることなく自由に見直そうとつとめました。また、「昔話研究の歴史」では、昔話研究の歴史と現状、さらに継承と普及に関する各地の活動などを紹介してみました。

各部にわたり、コラム欄や図版・写真などを添え、内容の理解に役立つように工夫をしてみました。また〈付録〉として、世界昔話の比較分布地図、世界昔話の用語をわかりやすく解説し、参考資料をあげています。なお本書の項目は、すべてそれぞれ専門的に調査研究された方々に執筆していただきましたが、昔話の伝播・比較などについての個人的な試論の類は、それぞれの専門分野で扱っていただくことにしたことを付け加えておきます。

この「ハンドブック」は、先に刊行した『日本昔話ハンドブック』の姉妹編として編集しました。あわせて参照していただくことで、より深い理解が得られるものと思います。アイヌ語では、「昔話（を語る）」ことをウエペケレといいますが、これは「お互い〜と一緒に明るくなる」という意味だそうです。昔話は、一つ一つが灯火《ともしび》といえましょう。本書によって、昔話のもつ輝きを見いだしていただければ幸いです。

二〇〇四年二月十日

『世界昔話ハンドブック』編集委員会

凡例

本書にしばしば登場する「話型（タイプ）」「モチーフ」、二つの用語について説明しておく。昔話でいう「話型（タイプ）」とは、語り手が語る個々の昔話のことではなくて、ある民族が伝える昔話を、その形態によって分類し、まとめた筋をいう。また「モチーフ」とは、話型（タイプ）を構成する単位で、その内容については論者によって見解が分かれるが、本書では主要登場者の一つの行為または出来事を指すものとする。一つの話型（タイプ）は、一つまたは複数のモチーフによって構成される（詳しくは本書〈付録〉「世界昔話の用語」の項目「話型」「モチーフ」を参照されたい）。

本書では、昔話の話型（タイプ）やモチーフの分類に関して、以下のような略号を用いている。

- AT……Antti Aarne & Stith Thompson, *The Types of The Folktale.* 1964 における国際的な話型（タイプ）番号。一〜二四九九に分類される。
- TMI…Stith Thompson, *The Motif-Index of Folk-Literature.* 6 vols. 1966 における国際的なモチーフ番号。A（神話的モチーフ）〜Z（さまざまなグループのモチーフ）の

項目に大別され、さらに項目ごとに数字をつけて分類される。

・ＩＴ……稲田浩二「日本昔話タイプ・インデックス」（『日本昔話通観』第二十八巻、一九八八年、同朋舎出版所収）における日本民族の昔話話型番号。一〜一二一一に分類される。

・ＫＴ……崔仁鶴『韓国昔話の研究』（一九七六年、弘文堂）における韓国・朝鮮（朝鮮民族）昔話の話型番号。一〜七六六に分類される。

・ＥＴ……Wolfram Eberhard, *Typen Chinesischer Volksmärchen*. 1937 における漢民族の昔話の話型番号。メルヒェン一〜二一五、笑い話一〜三一に分類される。

・ＫＨＭ…Brüder Grimm, *Kinder-und Hausmärchen*［グリム兄弟『子どもと家庭のメルヒェン集』（本書では『グリム昔話集』と略称）］初版第一巻（一八一二年）、第二巻（一八一五年）〜第七版（一八五七年）。原題の頭文字をとってＫＨＭと略称される。第七版（決定版）には二百の話が収められる。

世界昔話ハンドブック　目次

◎コラム欄

●編者代表

稲田浩二　一九二五年岡山市生まれ。広島文理科大学文学部卒。京都女子大学名誉教授。主著に『昔話は生きている』『日本昔話事典』『日本昔話通観』。二〇〇八年没。

●編集委員

稲田和子　一九三二年生まれ。山陽学園短期大学名誉教授。主著に『日本昔話百選』。

鵜野祐介　一九六一年生まれ。梅花女子大学教授。主著に『飛騨の民話・唄・遊び』。

辻　星児　一九四八年生まれ。岡山大学教授。主著に『朝鮮語史における捷解新語』。

中務哲郎　一九四七年生まれ。京都大学名誉教授。主著に『物語の海へ―ギリシア奇譚集』。

●執筆者一覧（五十音順、履歴は執筆当時）

石澤小枝子（梅花女子大学名誉教授）
稲田和子
稲田浩二
岩瀬ひさみ（スコットランド民話研究家）
鵜野祐介
江口一久（国立民族学博物館教授）
斧原孝守（奈良県立畝傍高校教諭）
廉岡糸子（梅花女子大学教授）
剣持弘子（元日本女子大学講師）
齋藤君子（ロシア民話研究家）
薩仁格日勒《サランゲレル》（中央民族大学教授）
篠田知和基（広島市立大学教授）
杉岡津岐子（梅花女子大学教授）
杉岡信行（(財)東方研究会）
千野明日香（法政大学助教授）
高木立子（北京師範大学文教専家）
竹原威滋（奈良教育大学教授）
竹原　新（大阪外国語大学講師）
田中瑩一（島根大学名誉教授）
坱水尾真由美（アジア民間説話学会会員）
崔《チェ》　仁鶴《インハク》（仁荷大学校名誉教授）
辻　星児
筒井悦子（岡山ストーリーテリング研究会代表）
豊島和子（関西外国語大学助教授）
中務哲郎
西尾哲夫（国立民族学博物館助教授）
西村正身（作新学院大学教授）
野口芳子（武庫川女子大学教授）
橋内　武（桃山学院大学教授）
福嶌　志（梅花女子大学大学院修了）
前田久子（日本昔話学会会員）
増田良介（大阪外国語大学講師）
三原幸久（関西外国語大学教授）
三宅興子（梅花女子大学教授）
三宅忠明（岡山商科大学教授）
宮本正興（中部大学教授）
山根尚子（梅花女子大学大学院修了）
米原まり子（北欧文学研究家）
劉　魁立（中国社会科学院少数民族文学研究所教授）
和田正平（甲子園大学教授）

●編集協力者

上村美穂子　梶原佳壽子　ピンサライ・カムシリ　河田則子　キャシー・スパグノリ　谷本尚史　辻菜々子　カディール・デミルジャン　中島嘉吉　前田初江　山村規子

第一部　昔話の誕生——世界昔話への招待

1　昔話の源流へ

「太古の信仰や教義」と昔話

メルヒェンのなかに、太古の信仰や教義が浮かび上がり、肉体に姿を変えて描き出される。[*1]

グリム兄弟は、一八一九年、『子どもと家庭のメルヒェン集（グリム昔話集[*2]）』第一巻の序章「メルヒェンの本質について」の中でこのように述べている。

では彼らはどうして『グリム昔話集』の「シンデレラ」や「白雪姫」、またアジアの「狗耕田故事《くこうでんこじ》」や「桃太郎」に、「太古の信仰や教義」を認め、またそれが「肉体に姿を変えて描き出される」というのだろう。私どもは先を急がないで、遠祖がたどった遥かな太古の時代を振り返ってみることから始めよう。

言葉を持った人類

太古以来人類は、体験してきた大きな事件や感動を、さまざまな手段や方法で後世に伝えようとしてきた。たとえば旧石器時代の洞窟絵画とか、有史以前に始まった集団の舞踏なども有力な表現手段であった。しかし圧倒的に多くの場合、人は伝えたいことを「語り継ぎ言い継い」できた。

いったい人類は、いつの時代に語り継ぎ言い継ぐ言葉を持ち、また文字を発明して、記録を残しはじめたのだろう。

われわれ現生人類のホモ・サピエンスが、生誕の地アフリカを出発して、北へ東へと地球上に広がっていったのは、人類学者によると、今からおよそ十二万年ほど前にさかのぼるとされる。しかし、彼らはまだ言葉を持っていなかった。では人類はいつごろから、昔話や神話や伝説を子孫に語り継ぎ言い継ぐことを始めたのか。これは学界でも至難の課題だというが、言語学界では、人類は三万年ないし四万年前に初めて音声言語を身につけた、という学説がある。ところで、この音声言語を持った人類によって、神

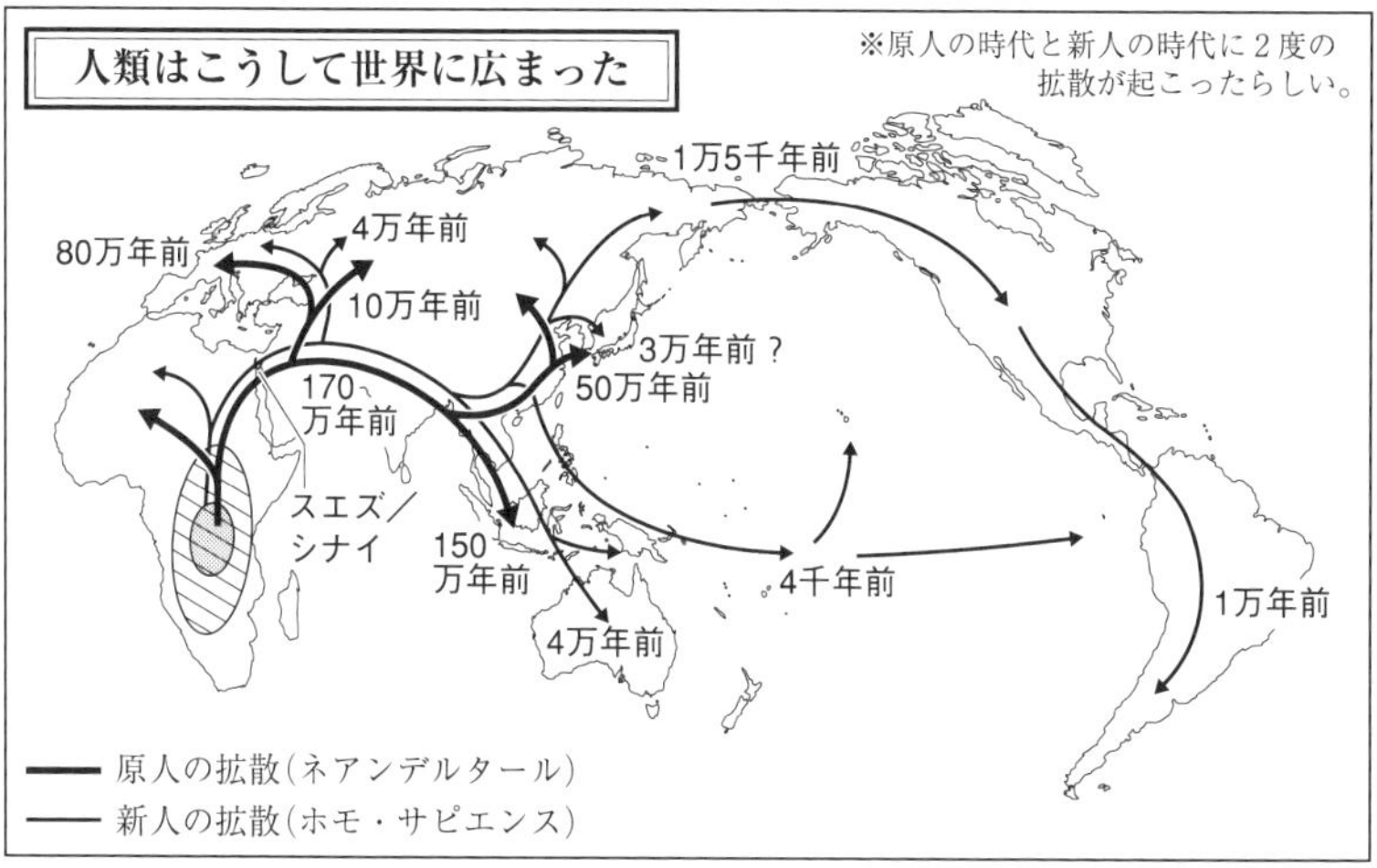

人類の移動（『ホモ・サピエンスはどこから来たか』馬場悠男，河出書房新社，より）

話や伝説や昔話をつくり伝えることを初めて可能にしたのである。

　そこで仮に『グリム昔話集』の中の昔話をはじめ世界の昔話に、そのころ――三万年、四万年前に当時の遠祖たちの共有した原感動が説話構成の核心となるモチーフ[*3]として生き残っているとすれば、昔話の中にその最古の要素をさぐり出すことによって、少しずつ太古の時代のとびらを開くことができる、ということになる。

説話の核――核心モチーフの獲得

　ここで私どもは、遙かな太古の時代のある日にたちもどることにしよう。

　すべての人類が山野の野草や果実を採集し、野獣を狩ってその肉や毛皮を手に入れて暮らしていた採集狩猟時代のある日、ある集団が、それまでは失敗をくり返してきた大型動物――マンモスの狩りに成功した。その日人々は、まずマンモスを沼地に追い込むと、石器の鋭利な槍で突く者、目つぶしの灰をまき散らす者、石斧で鼻や脚の腱を切る者、石で頭を打ち砕く者などなど、各人が得意とする多

マンモスの狩り（『人が歩んだ500万年の歴史』瀬戸口烈司文，木村しゅうじ絵，岩波書店，より）

様な武器と方法で攻撃したはずである。そしてついにこれを屠《ほふ》ることができた。酷寒の北極地方から灼熱の熱帯地方まで、地球上の各地に進出していた人類は、疑いなく多くの地域でこうした狩猟をなしとげたに違いない。もしこのような狩りを達成できなければ、その地域の人類には、多分衰退の運命しか残されていなかったろう。

　ところで、人類のこのような誇らしい体験は、後世の世界の口承説話——神話や伝説や昔話にはたしてあとをとどめているのだろうか。

　アメリカの口承文芸学者、S・トンプソンの『民間文芸のモチーフ・インデックス』は、世界の民間文芸に認められるモチーフをまとめ、その一つとして、K一一六一「家のいろいろな場所に隠れた動物たちが、その家の持ち主が入ってくるとき、それぞれ特有の力をもって襲い殺す」を登録している。たとえば、身近な日本の昔話を例にとれば、五大お伽噺《とぎばなし》の一つとされる「猿蟹合戦」（IT五二二A）も、このモチーフを話の核心にすえた昔話といえる。すなわち、この昔話の後半で、子蟹を先頭に栗・蜂・臼をはじめ牛の糞やら昆布やら、さまざまな生物や無生物が、猿の住み家に身を隠して待ち伏せし、帰ってきた猿をはさみではさむ、はじき飛ばす、刺す、押しつぶす、すべらせる、などなど、これでもかこれでもかと、いろいろさまざまに攻撃して仇討ちを果たしている。

また、A・アールネとS・トンプソンの国際的タイプ・インデックス「AT」によって、『グリム昔話集』の「ブレーメン市の音楽隊」（AT一三〇）や東南アジアに伝わる「雄鶏と雌鶏とあひるとピンと針が旅に出る」（AT二一〇）の昔話を例にあげよう。あらすじは、「動物たちと物たちが家のさまざまな場所に隠れる。彼らはそれぞれ特有の力を用いてその家の持ち主を罰し、最後に殺す」というもので、この昔話もK一一六一モチーフを核心にすえた代表的なタイプである。

A・アールネの論文「旅をする動物たち」[*4]によると、AT一三〇はヨーロッパ・タイプ、AT二一〇はアジア・タイプで、アジア・タイプは南アジアまたは東アジアを故郷とし、それがヨーロッパに伝播《でんぱ》してAT一三〇が生まれたが、両者に共通の原型はわからない、としている。すなわち、この昔話タイプの誕生を一元的に考え、伝播によって他地域の多くの民族に広がっていったというのである。

この論文が発表されてほぼ一世紀、さらに広域の昔話が調査された現代ではこの考えはどうなのか、3の項であらためて検証することにしよう。

ここで日本にたちもどって、黎明期の農耕生活の第一歩を踏み出していた、日本民族の縄文時代に端を発したと見られるモチーフをめぐってみよう。

有名な縄文時代の三内丸山《さんないまるやま》遺跡を調査した農業考古学者たちの証言によれば、この遺跡で発見された最古の農耕産物には、果実の栗とかひょうたんなども認められるという。後者のひょうたんは、原産地のアフリカからはるばる遙かな旅をつづけて、この列島に足をとどめた遠祖が、みずから携えてきた最古の栽培植物の一つとされる。

このひょうたん（瓠《ひさご》）を核とするモチーフが国書古典に初登場するのは、『日本書紀』十一、仁徳天皇十一年十月の項である。あらましを述べると、あるとき天皇は夢見により、武蔵人の強頸《こわくび》と、河内《かわち》人の茨田連衫子《まむたのむらじころものこ》とを召して河伯《かわのかみ》に捧げ、難渋している茨田堤《まむたのつつみ》の工事を仕上げようとする。すると強頸は泣く泣く命に従ったが、衫子は全匏《おふしひさご》（りっぱに実ったひょうたん）二つを水の流れに投じて河の神の心意をはかることにし、「あなたがこのひさごをみな沈めてしまえばよし、沈めなければ、あなたは偽《いつわり》の神だから、私は身を捧げない」と河伯《かわのかみ》に告げる。そこで河伯は必死に沈めようとするが、一方を沈めると他方が浮き、他方を沈めると一方が浮き、ついに課題を果たせない。そこで衫子は身を捧げなかったが、堤は二つとも完成した、という。またこの話と同じように、水に浮かべたひょうたんで、人民を苦しめているみつち（大蛇など水の精霊）の神性をただした話が、同じ仁徳紀の六十七年の項に見える。そこでこの二つの伝説に見える核心のモチーフは、

「水に浮かべた、（実をくり抜いた）ひょうたんをすべて沈めることができるかどうかで、河の神の神性をただす」

とまとめられよう。

　ところでこのモチーフは、仁徳紀の記述から千年以上の時を隔てて、北は青森から南は鹿児島まで、列島本土の全域にわたって伝えられた、水の神の蛇が娘に求婚する次のような昔話に浮かび上がってくる。

①爺が日照りに困って、田に水を入れてくれた者に三人娘の一人を嫁にやる、とひとりごとを言うと、蛇がすぐ水を入れてくれる。

②爺が娘たちに頼むと、上の二人はことわるが末娘が承知し、針千本とひょうたん千個を持って、迎えにきた若者について出かける。

③山奥の池についた若者が、いっしょに水底の家に入ろう、と誘うと、娘はひょうたんをみな投げ込んで、これを沈めてくれたら入る、と言う。

④娘は、若者が蛇の姿になってひょうたんを沈めようともがいているところへ、針千本を投げて蛇を殺す。

（IT二〇五D「蛇婿入り――嫁入り型」）

　この昔話の主人公である娘は、このように縄文時代以来のひょうたんを武器に、邪恋の蛇を退治している。

　口承説話の核心モチーフは、採集狩猟時代以降の各時代にわたって生まれつづけた。これらは古くは神話・伝説、

囲炉裏端で昔話を語り継ぎ育ててきた（鳥取県佐治村，中島嘉吉氏提供）

さらに昔話に共通して用いられたものもあるが、その多数が、後世には昔話固有のものとして生まれてきた。

2　昔話の誕生と成熟

ムラの語りべと聞き手

昔話はいつ、どのようにしてできあがってきたか、ここであらためて昔話を伝えた人々に焦点を合わせて考えてみることにしたい。

採集狩猟時代の人類は、生活地域の植物や動物を採りつくし食いつくすと、その地を去って新しい土地に移らざるをえなかった。しかし、人類の圧倒的多数は今から数千年前に、太古以来の採集と狩猟の日々から、徐々に農耕と牧畜の生活へと改めていき、「食料の生産に対する無条件な支配にまで到達[*5]」（モーガン『古代社会』）した。人々はこれまでの、少人数でその日その日の食料を求めながら移動をつづける生活から、家族、一族がまとまって定住し、協力して生産にいそしむムラ社会に暮らすこととなった。やがてこのムラには祖先のこと、ムラの大事件を口伝えする語りべが生まれた。また有力な氏族は、始祖や先祖の英雄のことを語り伝えることを専業とした語りべを持った。そして、これらの伝説や神話は、遠祖以来伝えられた核心モチーフを軸に生まれた。

神話や伝説の継承では、聞き手は伝えられた神話や伝説を疑うことなく、恭しく拝聴しなければならない。仮にその内容に疑いを持つようなことになると、そこでその伝承は断絶する。しかし、昔話は、その誕生以来、現在にいたるまで、まさしく「語り継ぎ言い継」がれてきた。さらにまた、時代が移るにつれて、新しい昔話タイプを増やしてきた。このような昔話の自在で豊かな生命力は、その伝承のあり方によっている。

昔話伝承の中心はムラ社会の家族であり、そこで昔話は、祖父母や父母から孫や子に代々語り聞かせられてゆく。昔話の語り手と聞き手の関係は、語り手が聞き手に一方的に語り聞かせるものではない。聞き手は自由に楽しい昔話を聞きたいと思う。そこで語り手は、伝え聞いた昔話を聞き手に鸚鵡《おうむ》返しに語り聞かせるのではなく、聞き手の反応——楽しんでいるか、よくわかっているかなど——を敏感に感じとりながら語る。昔話が神話・伝説と共通する古い核心モチーフを保つとともに新しく構成モチーフを加[*6]えたり改めたりし、また、新しい核心モチーフ・新しい昔話を増やしてきたのは、そのような昔話伝承のあり方によっている。

昔話タイプ

昔話はかつて、神話や伝説と同じ温床で育ち、同じ核心モチーフを持つタイプも少なくなかった。しかし、農耕定住の時代に入って次第に生まれ育っていった昔話タイプの多くは、神話・伝説から別れ、昔話独自の核心モチーフによっている。

たとえば昔話の「こぶ取り爺」（IT四七）と同じタイプの話の見える最古のものは、十三世紀鎌倉時代の『宇治拾遺物語』の「鬼に瘤とらるる事」（巻一の三）である。

こぶを持った主人公の翁は、夜中に山の中で鬼たちが宴をひらき、舞いを楽しむ場面に遭遇してしまう。ところがこの翁は、「なにとなく、鬼どもがうちあげたる拍子のよげにきこえければ、さもあれ、ただはしり出《いで》て舞ひてん、死なばさてありなんと思ひとりて（鬼たちの手を叩きはやす手拍子が調子よさそうに聞こえたので、えいままよ、走り出て舞ってやろう、死んだら死んだでいいさ、と心に決めて）」鬼たちの中におどり出て見事な舞を披露するのである。喜んだ鬼の首領は、翁に必ずまた来させようとし、質を預かることにする。すると翁は、何でも出すから、このこぶだけは許してほしいと訴え、まんまと鬼に厄介なこぶを取らせるのである。

しかし、この物語に先立つこと約三百年の、『日本往生極楽記』の仏教説話の一つには、長年にわたる篤《あつ》い信仰心が報われて、仏の力でこぶが取れたという、ある僧の伝説が掲げられている。

「主人公（こぶ持ちの翁）が鬼たちに見事な舞を見せ、鬼に再来のための質草としてこぶを取らせる」という、昔話「こぶ取り爺」の核心モチーフは、古い伝説に納得しなくなったムラ社会の語り手と聞き手とが、対等な関係で語り、聞く、昔語りの座で生まれ育ってきた。すなわちここでは、一途な信仰に寄りかかった伝説・神話の核心モチーフは、若く幼い聞き手の納得が得られず、新たな昔話の核心モチーフが迎えられたのであった。[*7]

昔話タイプの多くは、このように、昔話固有の核心モチーフを育てて生まれていった。それは日本民族でいえば、古代後期から中世以降のことであろう。

3 「生命の木」昔話

人類は言語や文化を継承・発展させる唯一の生物とされるが、その象徴的文化の一つが昔話である。いずれの民族の昔話も誕生このかた時代とともに変化し、またタイプも増やしてきた。さらにバイリンガル（二か国語使用者）や異民族間の結婚とか文献などを通して、異民族の伝承を受け入れ、同化することもあった。その姿はまさに「民間説話（昔話）の生命の木」（劉魁立[*8]）と呼ぶにふさわしい。

まずはじめ、太古に世界各地の人類の心に宿り、後世核心モチーフとなり、多くの民族でそれぞれの民族性に添って、さまざまな昔話として育つものもあった。たとえば先にあげたK一一六一の核心モチーフをもとにして、日本各地では「猿蟹合戦」（IT五二二A）などとして伝わり、また、ユーラシア大陸の全域にわたって、多様な昔話タイプが認められる。その一部を掲げてみよう。

アイヌ族（日本）――海の彼方の神がくもの女神に、大魔神の襲来を警告する。女神は家のあちこちに、針、栗、蜂、蛇、杵《きね》、臼を隠し、茅幹《かやがら》に身を変えて隠れる。大魔神が襲ってくると、針などがそれぞれの仕方で大魔神を懲らしめ撃退した。

マンシ族（シベリア）――鼠が、仲間を殺した長老に仕返ししようと、長老を家に招く。長老が来ると、家に隠していた熱い灰皿・まな板・煮たての腹子・犬・鉄の棒・ナイフ・斧などが長老を攻撃して殺した。（下略）

朝鮮族――娘が来訪者に、毎夜虎に襲われ、今夜は自分が食われる、と訴える。来訪者の仲間の甲虫《かぶとむし》・卵・蟹・ひしゃく・突き錐・臼・むしろ・チゲが、家のあちこちに隠れ、襲ってきた虎をさまざまに攻めて撃退した。

苗《ミャオ》族（中国）――ひよこが、山猫に殺された親の仇討ちにいく。針・蟹・栗・牛糞・洗濯棒が援助し、山猫の家に身をひそめていて、帰宅した山猫をみんなで攻め、仇討ちをした。

ロダ族（インドネシア）――杵・針・棒・卵・泥の塊がいっしょに海賊にいき、婆の家に忍び込む。婆が帰ってくると、みんなで婆を痛め殺し、その財産を持ち帰った。

インド――雀が王に奪われた妻を取り戻しに出かけると、唐箕《とうみ》・箒《ほうき》・雀蜂・川が加勢し、みんなで王を攻めたてて降参させた。

ドイツ――老いたロバが、老犬・老猫・老いた雄鶏を仲間に語らい、ブレーメンの楽隊にやとわれようと出かける。一同は強盗の家に身をひそめ、強盗が帰ってくるといっせいに鳴きわめき、それぞれに攻撃してその家を占拠した。

昔話の大樹はこのように、核心モチーフという一つの種から、民族ごとに、多様な構成の木に育ち、さらに根を張り枝を伸ばし果実をつけていく。

いま一例、日本民族の「花咲爺」で見よう。このタイプは、神秘的な犬を主人公とし、その核心モチーフは「殺された神秘な犬が木に転生し、さらに次々と転生をつづけて主人に恩恵をもたらす」となる。また日本本土の東北地方では、灰が空を飛ぶ雁の目に入り、雁の大猟となる、と結ばれる。

漢民族では日本民族と同じ核心モチーフの「狗耕田故事」が広い人気を保っている。この民間故事（昔話）は、話の真の主人公（犬）が登場するまでに次のようにも語られる。

シベリア・ツングース族の「生命の木」（筆者撮影）

① 兄弟が親の遺産を分け、兄は牛、弟は牛のしらみを得る。
② 弟はしらみを鶏に食われ、そのつぐないとして鶏を手に入れる。
③ 鶏が犬に食われ、弟はそのつぐないとして犬を手に入れる。

ここまでは、いわば木の幹をささえる地下の茎や根にあたる。つづいて、

④ 弟の犬が耕地を耕し、兄が犬を借りてまねるが失敗し、弟は利益を得、兄は金を失う。
⑤ 兄が犬を殺すと墓から竹が生える。弟はその竹で編んだ籠でたくさんの魚を採るが、兄が借りると蛇が採れる。

こうして、語り手は興に乗って、次々に話の枝を伸ばし、花を咲かせ、実をつける。

昔話の枝葉は、予想を上まわって自由に延びる。日本全

土と大陸にはさまれた沖縄では、同じこの核心モチーフが次のような木に育っている。

孝行な弟が雷雨をついて母の墓に参り、墓からとび出した猫を連れ帰る。猫は一日に米一合を食わせると、毎日黄金を生みつづける。それを知った不孝な兄が猫を借り、一日に米一升を食わせると猫は死んでしまう。弟が猫を葬った上に木を植えると、木は育って黄金の実をつけつづける。

「生命の木」昔話は、自由でくったくがない。昔話は民族の個性に添い、生々発展する文芸である。

＊1　野口芳子氏の訳文による。
＊2　本書ではこれまでの『グリム昔話集』『グリム童話集』の併用を改め、『グリム昔話集』に統一した。
＊3　核心モチーフ――説話（神話・伝説・昔話）構成の核心となるモチーフで、その他の構成モチーフが加わって説話タイプを形成する。説話の伝承は、このモチーフを核心の不変部分としてなされる。
＊4　Antti Aarne. *Die Tiere auf der Wanderschaft-Eine Marchenstudie*, FF Communications No.11, Hamina 1913. なおこの論文をめぐる考察に関しては、西村正身氏の御助言に拠るところが大きい。
＊5　自然条件に左右されることなく、食料を必要なだけ生産できるようになることを意味する。
＊6　構成モチーフ――説話タイプの多数は、一つの核心モチーフに、その他のモチーフ（構成モチーフ）をつがえてなりたつ。
＊7　なお「こぶ取り爺」のタイプはAT五〇三の昔話として、ヨーロッパで「小人たちの贈り物」（『グリム昔話集』）、「ノック・グラフトンの伝説」（アイルランド）、中東地域で「こぶの上のこぶ」として伝わっている。
＊8　劉魁立「民間説話の生命の木――浙江省現代狗耕田タイプの形態構造分析」アジア民間説話学会第六回シンポジウム（二〇〇〇年十月二十八日）

（稲田浩二）

第二部　世界の代表的昔話——あらすじと解説

《アジア文化圏》

●日　本●

舌切り雀（ＩＴ八五）

〔あらすじ〕　婆が川で洗濯していると、籠《かご》が二つ流れてきたので、「汚い籠はあっち行け、きれいな籠はこっち来い」と言うと、きれいな籠が流れてくる。子のない爺婆は籠の中の雀をわが子として育てる。ある日、爺婆の留守に雀が婆の糊を食べてしまったので、婆はその舌を切って追い出す。爺が雀を捜しに出かけ、途中で馬洗いや牛洗いの求めるままに洗い水を飲むなどして道を教えてもらい、雀の王国にたどり着く。爺は雀の御殿で手厚いもてなしを受ける。帰りにみやげとして大小のつづらを出されると、小さいのを選び、帰ってあけると財宝が出てくる。婆がまねて行くが、欲張って大きいつづらをもらい、途中であけると蛇やむかでが出てくる。

〔解説〕　柳田國男は『桃太郎の誕生』の中で、この昔話タイプの東北地方などに残る、登場者が川上から人界に流れ下る発端部の伝承に注目し、「桃太郎」「瓜姫」「犬むかし（「花咲か爺」「雁取り爺」）」などとともに、これを霊妙な主人公の登場を告げるモチーフとした。この昔話（舌切り雀）の主人公は爺婆ではなく、桃太郎や瓜姫と並んで、雀と見なされる。舌を切られた雀は、その本性にたちもどって物語を主導する。爺婆は雀の王国を訪ねるが、途中でいくつもの試練のテストを受ける。しまいに雀は、たどりついた謙虚な爺を厚遇し、貪欲な婆を懲らしめる。この昔話は近世の日本本土で五大お伽噺《とぎばなし》の一つとされ、明治以降には教科書にも採用されて、沖縄を除く全土の日本民族に普及した。ただし北陸や近畿では、冒頭に嫁や娘が舌を切られて雀になり、奄美地方ではたんみゃ（たにし）が舌を切られることになる。こうした異同にもかかわらず、「桃太郎」「瓜姫」などと同じく、主人公が川上から流れくるという発端部の伝承に留意すると、これらはいずれも、本土日本人がもっぱら伝え育てた同族タイプ群と見なされよう。なお、このタイプは日本本土を代表する昔話タイプの一つではあるが、国際的な分布は皆無に近く、わずかにミャンマーのヨー地方で記録されたという資料が一例のみ報告されている。この資料は、日本の伝承に酷似しており、現地の原住民が伝承したとすることがはばかられる。

（稲田浩二）

竹切り爺（IT九〇）

〔あらすじ〕　爺が竹薮で竹を切っていると、通りかかった殿様に、そこで竹を切っているのはだれか、と咎《とが》められる。爺が「日本一の屁ひり爺」と名乗っておもしろい屁をひると、殿様は感心して褒美《ほうび》を与える。それを聞いた隣の爺が、殿様の前でまねようとするが、糞をひってしまい、怒った殿様に尻を切られる。

〔解説〕　屁の妙音によって富を得ることから、「屁ひり爺」とも呼ばれ、日本本土に広く伝わり、なかでも中国地方に豊かな伝承のある昔話である。

聞き手を楽しませる屁の音は、「あいにさらさら　こがねさらさら　ぴんぽんぱちんぷー」（青森）、「錦さらさら五葉の松原、とっぴんぱらりのブウー」（岩手）、「黄金《こがね》さらさら、ちちんぷんぷん」（京都）、「ちちんぷいぷい、ごよの盃おちちんぷ」（滋賀）、「小米ザラザラ、小豆バラバラ、スッポロホンのホンホン」（広島）と多様である。地域によって違いがあるものの、屁を表わす擬音語が、錦・黄金・小米ザラザラという、富に恵まれた状態を表わす言葉と組み合わされており、七音を基調にして唄うように語られる心地よいリズムがある。下《しも》のことを無条件に好む幼な子には、とくに親しまれており、地域によっては、ケガの痛み除けのおまじないの文句にも使用されるほどである。

伝承の厚い中国地方では、殿様に屁を所望され、ただひるのではなく、殿様の膝の上や肩、頭のてっぺんで屁をひるという語り手の趣向が加えられ、笑いを助長している。

妙音の中には、鳥の鳴き声が聞かれることもあり、鳥を飲んだり口にしたりすることによって音のよい屁が出るようになった「鳥飲み爺」（IT九一）との交流も見られる。「鳥飲み爺」は「竹切り爺」とは兄弟関係にある話で、「動物の特徴がその動物を食べることによって得られる」（TMI・D一七九三・一）を核心モチーフにもっており、アイヌでは、日本民族でいうところの「隣の爺型」にあたる「パナンペとペナンペ」の放屁譚《ほうひたん》として語られている。朝鮮族では、蜜蜂の巣を食べたことにより甘い糞がでるようになった男の隣人譚になっており、中国の壮族《チュワン》、ミャンマーのパラウン族にも類話が見られる。下《しも》のものをも文芸化して楽しむおおらかな土壌は、東アジア地域に広がっており、ヨーロッパの伝承を主な基盤に作成されたATには、このタイプに相当する話は見あたらない。

（福嶌　志）

桃太郎（IT一二七）

〔あらすじ〕　婆が川に洗濯にいくと川上から桃が流れてくる。それを拾って帰り爺とともに食べようと切りかけると、中から元気な男の子が生まれる。桃から生まれたので「桃太郎」と名づけて大切に育てていると、その子は異常な成長をとげて剛の者となる。その怪力を見込まれて、または自発的に、鬼征伐に出かける。爺と婆はきび団子を持たせて桃太郎を送り出す。鬼が島へ行く途中、出会った犬、猿、雉にそれを分け与え、供として連れていく。桃太郎は供の協力で鬼退治に成功する。鬼が詫びを言って命乞いをしたので、桃太郎は許してやり、金銀財宝を持って帰る。

〔解説〕　これが標準の桃太郎話で、異常誕生譚の一つである。話の骨子は、水辺に漂流する物から小さ子が現われ、後に英雄になるというもので、これは旧約聖書のモーゼが幼いときナイル川のほとりで拾われたのと同じであるところから、「モーゼのモチーフ」と呼ばれていて、中国、朝鮮半島、東南アジアをはじめ、世界中に見られる英雄出現の形式である。「瓜姫」や「花咲か爺」も同じ根をもつ話であり、柳田國男はこれらを「わが国の固有信仰から生まれた昔話」としている。

桃太郎の銅像

　江戸時代の中期以後、赤本など書物の力で一般普及し、さらに明治二十年（一八八七年）には『小学国語読本』に採録された。その後、第二次世界大戦が終わるまで、小学校の国語の教科書により、この標準型の桃太郎が日本国中で読まれた。さらに文部省唱歌にもなっている。絵本や再話による読み物の出版は数多く、いわゆる五大お伽噺《とぎばなし》の中でも、国民的にもっとも親しまれた昔話である。

しかし一般に流布《るふ》されたのとは異なる口承の桃太郎話が各地に根強く残っている。①発端の流れ着く場面で、東北・北陸では桃が箱に入っていたと語る例がよくある。前出の『小学国語読本』（明治二十年）には誕生したばかりの子が産湯《うぶゆ》を使ったたらいを高く差し上げて、爺と婆を驚かせている。口承の伝承がまだ残っていたのがうかがえる。②爺と婆が、川で拾った桃を食べて若返り、子（桃太郎）をもうけたという伝承もいくつかの地方にある。このタイプは回春型といわれ、滝沢馬琴たちが江戸時代に多く再話している。③「寝太郎」のように寝るばかりしている男が、起き上がったら大力を発揮し、しまいには鬼退治に成功するタイプは中国・四国地方に残っていて、子どもに支持されている。④桃太郎の供が、犬、猿、雉とは限らない伝承もまた中国・四国地方に見られる。なぜ犬、猿、雉になったのか。滝沢馬琴の『燕石《えんせき》雑誌《ざっし》』によると、その当時流行した十二支陰陽《おんよう》説から、うしとらの方角（陰）に住む鬼を退治するには、対極（陽）に位置するひつじ、さる、とり、いぬでなくてはならない。その中から弱いひつじが除かれた。そして鳥の中から国鳥であり、よく戦う雉が選ばれた、という説が正しいであろう。犬、猿、雉が供に選ばれたころから、口承桃太郎の本来の姿は見失われた。中国地方にかなりの数、伝承されている桃太郎話には、鬼退治に、栗、蟹、臼、腐れ縄などがきび団子をもらって加勢するタイプがある。この系譜をたどれば、元の桃太郎を探る助けにはなる。⑤鬼征伐の後、さらわれていた娘を助ける話も少ないが残っている。

「桃太郎」話にはバリエーションが多い。本来は、神が授けた子が、長じて鬼退治という偉業をなしとげ、富を得て、幸せな結婚をする話であっただろう。後に信仰の裏づけを失ってからは、江戸時代の回春型の桃太郎、明治時代以降の教科書型、大正時代からの「気はやさしくて力持ち」の子ども向きの童話化した桃太郎、太平洋戦争中は鬼畜米英を征伐する桃太郎と、変容を続けた。現代はコンピュータゲームのキャラクターにもなっている。桃太郎は年齢を問わず日本人の心に残っている主人公といってよい。

（稲田和子）

運定め―男女の福分

（IT一四七）

〔あらすじ〕金持ちの男が旅の途中にお宮で泊まると、夜中によその神様がお宮の神様を村のお産に誘いに来る。今夜は客があるので、とお宮の神様が断ると、よその神様は一人で出かけてゆく。帰ってきた神様が、村に男の子と女の子が生まれたが、男の子には青竹三本の運、女の子には塩一升の運を授けてきた、と告げて去る。男が家に帰ると、自分の家には男の子が、隣の貧乏な家には女の子が生まれている。男が年ごろになった二人を結婚させると家は裕福になるが、息子は嫁を嫌って追い出してしまい、女は再婚して金持ちに、男は落ちぶれて箕《み》作りになる。ある日、男が前妻の家とは知らずに箕を売りにいくと、女は前夫に気づき、握り飯に小判を入れて与えるが、男は握り飯を他人に与えてしまう。

〔解説〕　神々によって定められた運命とそれに対する人間の葛藤を語る昔話はアジアからヨーロッパまで広く分布しているが（「運命譚」AT九三〇―九四九）、日本には神仏や精霊が子どもの将来の運を定める「運定め話」として、「男女の福分」のほか、死の運定め「水の運」「水の神」「虻に手斧」（IT一四九―一五一）、結婚の運定め「夫婦の因縁」（IT一四八）などがあり、このうち、「水の神」以外は神々の運定めが実現する話と言える。また日本では、奄美・沖縄地方に特徴的な「子どもの寿命」「寿命の取り替え」（IT一五二、一五三）といった昔話も運定めの昔話として考えられており、これらは短命を予言された子どもの寿命を神に願って延ばす話である。

「男女の福分」の資料には前夫が死に、竈《かまど》の神として祭られるという結末を迎える場合もある。また、女の再婚相手を炭焼きとする例もあり、「炭焼き長者―再婚型」（IT一四五B）と関係の深い昔話でもあるが、冒頭の運定めのモチーフの有無を区別の基準と考えることもできる。

冒頭に神々の運定めのモチーフをもつ「男女の福分」は朝鮮半島にも見られる。一方、漢族や苗《ミャオ》族・侗《トン》族・瑶《ヤオ》族などには、占いによって夫には福分がなく、妻には福分があると告げられる「金貨を見分けられなかった乞食」（丁乃通八四一A）という話型があるが、夫の都合で別離した二人の運命のなりゆきは日本の「男女の福分」とほぼ同じであり、竈神《かまどがみ》由来となっていることが多い。

また、漢族では男女の名を「張郎と郭丁香」とし、語り物の「竈書」など芸能化されて語られてきた。日本での初出文献は室町期の『神道集』巻八「釜神事」で、やはり釜神由来であり、近世琉球の『雍正旧記』『遺老説伝』などでは宮古島の伝承として収められている。

（前田久子）

蛇婿入り（IT二〇五A）

〔あらすじ〕　蛇が若い男に変身して、毎

夜娘を訪れる。心配した親が娘に、訪れた男の裾に針糸をつけさせ、糸をたどって帰っていった男の正体を確かめると、男は蛇であることがわかる。

〔解説〕　このタイプの大きな特徴は、①東北アジアの日本民族、漢族、朝鮮族の、温帯系水稲作地域を中心に伝承しており、水の神信仰を核に生まれたこと、②とくに日本民族では十指に近いサブタイプをもつもっとも成熟したタイプで、現代にあっても根強く伝承されていることである。娘を訪れる男の正体は、日本民族では例外なく蛇であるが、漢族では「何首烏《かしう》」(テルドクダミ)、ナマズなど、朝鮮族では「チロンギ」(ミミズ)、ウワバミ、童蔘などさまざまになる。また、娘が産む子は、「鴨君《かものきみ》の祖《おや》」(『古事記』)「甄萱《キョンフォン》」(朝鮮族の『三国遺事』)などと始祖譚になることも多く、後世の口承においても、朝鮮族では道術使いや崔沖(高麗)、崔致遠(新羅)とされる。日本の古典には、昔話と同一の核心モチーフをもつ神話・伝説が、奈良時代八世紀の『古事記』の三輪山神話をはじめとして、『日本書紀』『肥前国風土記』『新撰《しんせん》姓氏《しょうじ》録《ろく》』などに神話として、『平家物語』『横笛草子』(お伽草子)、『伊吹童子』(同上)などに伝説として見える。また沖縄でも『御嶽《みたけ》由来記』(十八世紀)などに神話が残されている。一方漢族では『太平広記』四百七十七「張景」に収載された唐張読の『宣室志』、朝鮮族では十三世紀、高麗、一然の『三国遺事』などの古典にあとをとどめ、日本、漢(中国)、朝鮮の諸民族の神話・伝説を代表するものとなっている。日本・漢(中国)、朝鮮の諸民族が今日まで口承してきた昔話はいずれもこれらの神話・伝説と同一の核心モチーフをもつタイプとして伝わってきた。とりわけ日本本土では九―十世紀の平安時代初期から多くのタイプを生み、現代にあっても、伝説色を帯びながらもっとも根強く伝えられている。代表的なサブタイプIT二〇五D「蛇婿入り―嫁入り型」をモチーフ構成の形で掲げると、①爺が日照りに困り、田に水を入れてくれた者に三人娘の一人を嫁にやる、とひとり言を言うと、蛇がすぐ水を入れてくれる。②爺が娘たちに頼むと、上の二人はことわるが末娘が承知し、針千本とひょうたん千個を持って、迎えに

「蛇婿入り」の伝説が残る三輪山

きた若者について出かける。③山奥の池についた若者が、いっしょに水底の家に入ろうと誘うと、娘はひょうたんをみな池に投げこんで、これを沈めてくれたら入る、と言う。④娘は、若者が蛇の姿になってひょうたんを沈めようともがいているところへ針千本を投げて蛇を殺す――となっている。このサブタイプにあっても伝説性を色濃くもつことがあり、欧米の昔話学者が日本の昔話すべての伝説性を主張する点も理解できる。

（稲田浩二）

三枚のお札（ＩＴ三四七）

〔あらすじ〕小僧が山へ行きたがるので、和尚は「危ない目にあったときに使え」と言って、三枚のお札（護符）を渡し、山行きを許す。日が暮れたために、小僧は親切そうな老婆のいる一軒家に泊めてもらう。夜なかに雨だれの音が「起きて婆の面《つら》を見ろ」と鳴って教えたので、見たら、婆は角の生えた鬼婆に変わっていて、包丁を研《と》いだりしている。小僧が何とかして脱出しようと考えて、「便所へ行きたい」と言うと、婆は小僧の腰に縄をつけて行かせる。小僧は縄を便所の柱に結び換え、一枚の札を置き、便所の神様に後を頼んで逃げだす。婆が「まだか」と尋ねるたびに、お札が「まだまだ」と返事をする。やがて逃げられたと気づいた鬼婆が小僧を追いかけてくる。小僧はつかまりそうになると、お札を一枚ずつうしろに投げて、「大きい山」や「大川」、あるいは「大火事」などを出現させて、鬼婆の行く手を阻《はば》む。小僧がやっと寺へ逃げ帰ると、和尚は小僧を隠してくれる。鬼婆が来て、「小僧を出せ」と言うが、和尚はしらをきって取り合わず、化け比べをもちかける。鬼婆が和尚にはめられて、豆に化けたところ、和尚は豆粒を餅に挟《はさ》んで食べてしまう。鬼婆が大火事によって死んで終わるタイプもある。

〔解説〕魔法の力によって、怖いものから逃れる――呪的逃走（マジック・フライト）をモチーフとした、昔話の中ではもっとも完成した話で、ほぼ日本全土に分布するが、東北地方と新潟県にはとくに豊かに伝承されている。世界的にも広く分布がある。「三枚のお札」と同じ型の話に、「悪魔の娘」（ＡＴ三一五）や「魔法使いの弟子」（ＡＴ三二五）があり、ヨーロッパを中心に伝承がある。呪的逃走には三種類がある。①呪物が逃走者にかわって返事をする。②呪力で障害物を作って逃げる。③逃走者自身が変身して、追跡者の目をくらます。

　お札のほかに、櫛、手ぬぐい、玉、帯などを投げて、逃げる例もある。櫛は山になり、手ぬぐいは川に変わって障害になる。

日本最古の歴史書、『古事記』、『日本書紀』にも、この呪的逃走のモチーフは登場する。『古事記』では、イザナギノミコトが黄泉《よみ》の国から逃げ帰るとき「クロミカズラ」（呪力でブドウが生える）、「ミツマグシ」（呪力でタケノコが生える）、「桃の実」を投げて、追っ手がそれらを食べている間に逃げきり、難を逃れた、としている。『日本書紀』では、桃のかわりに、イザナギノミコトが大樹に向かって放尿したところ大きい川が現われて、追跡者の障害になったとしている。

「三枚のお札」では、便所の神様が主人公の主要な援助者となっている。この神が、子どもの成育を助け、災厄を除く神として祀られた古い習俗を見ることができて、興味深い。怖いものから逃れたいのは人間に共通の願望であるため、この昔話の人気は高い。

（稲田和子）

食わず女房（IT三五六A・B）

〔あらすじ〕欲の深い男が「飯を食わぬ」、あるいは「口のない女房が欲しい」と、口に出して言うと、望み通りの女が来たので、嫁にする。飯を少しも食わないのに、米がどんどん減るので、男は妻を疑う。ある日、出かけるふりをして天井に隠れてうかがっていると、女房は大量の飯を炊き、頭の髪の中に隠した口から食べている。怖くなった男が、夕方、降りてきて、「別れてくれ」と言う。女は見られた、と悟って、形見に大きい桶を所望する。桶に男を入れて担ぎ、女は山へ帰っていく。途中で一休みしたとき、男はうまく桶から出て、女をつけていくと、女は実は鬼婆（山姥）だった。餌にするつもりの男に逃げられ、怒った鬼婆は、引き返して捜すが、男はショウブとヨモギの茂みに隠れていたために助かる。鬼婆はショウブとヨモギの毒のために死ぬ。女が蛇であった場合も、ショウブとヨモギに近づけない。また別のタイプでは、飯を食わぬ女の正体はクモである。男に逃げられた後、子どもに「明日の晩は、クモになって男を取ってきてやる」と約束しているのを、男は盗み聞きする。そこで男はあくる日の晩、仲間を頼んで、自在鍵を伝って降りてくるクモを、囲炉裏《いろり》に叩き落して退治する。

〔解説〕厄難克服話の一つで、「口なし女房」ともいう。飯を食わないはずの女が、実は大食いの化け物だったとして、笑い話に展開する型もある。男が山で、願いを口に出して言った言葉が現実になるくだりは、古代の言霊《ことだま》信仰に由来しているといえる。飯を食べない女の正体が鬼婆や山姥だったとする話は東日本に多い。鬼婆退治の日が五月五日だったから、その日、魔よけとして、ヨモギとショウブを軒に差すようになった、と語られる場合が多い。五月のショウブの節供《せっく》の由来となっている。一方、西日本には、女の正体がクモだったとする話が多く、蛇だったとするタイプは日本全土にある。どちらも口が上または体の端にあって、女の頭の上の口と一致する。「蛇女房」のこの話は「夜グモは親に似ていても殺せ」のことわざや、夜、クモを見たら「おとつい来い」と言う言い伝えと結びつけて語られることが多い。これらの話を運搬したのは、家々を回って歩く渡り職人の桶屋であったと思われる。

外国では、中国—宋の『太平広記』に、「妻の正体が夜叉《やしゃ》であって、狩りの獲物を生で食う」話がある。口承では、アメリカ、ミクロネシア、ヨーロッパに広く分布している（AT一三七三）。身勝手な欲望を抱いた男は怖い目にあうが、殺されないのは、昔話が常に主人公の味方であるためであろう。

頭髪の中に隠された口は、クモや蛇に発想を得ているとはいえ、人間の裏面を目に見えるように描いた、すぐれた形象である。

（稲田和子）

和尚と小僧（IT五九八—六二五）

〔あらすじ〕一例をあげると、和尚がこっそり飴をなめているところを小僧に見つかり、「子どもには毒になるものだ」と、あわてて言いつくろう。小僧は、和尚の留守に飴をなめつくし、寺宝の茶碗を割って泣くふりをする。小僧は帰ってきた和尚にわけを尋ねられ、「粗相《そそう》のお詫びに毒をなめて死のうとしたが、なめてもなめても死に切れない」と言う、など。（IT六〇三「和尚と小僧—飴は毒」）

〔解説〕「和尚と小僧」は、あらゆる面においてすぐれているはずの和尚が、はるかに劣っているはずの小僧に、その頓智や機転によってやりこめられてしまう笑話タイプ群の総称であり、一休さんの頓智話としても広く親しまれている。

「飴は毒」は、狂言の「附子《ぶす》」でもよく知られている。朝鮮では、干柿を毒といつわる坊主と小僧の話が見られ、ベトナムやインドのパンジャブ地方にも、酒やりんごジャムを毒といつわる主人と下男、妻と恐妻家の夫の話が伝わっている。

さらに和尚は、精進《しょうじん》の身でありながら生臭ものを口にしようとして小僧に見つかる。卵のことを白なすとごまかす「卵は白なす」（IT六〇四）や、鮎をかみそりとごまかす「鮎はかみそり」（IT六〇五）がそれにあたり、小僧を伴っての道すがら、ごまかしたものに出くわして、小僧から「かみそりが泳いでいる」と皮肉まじりに揶揄《やゆ》されている。ベトナムでも、高僧が犬の肉を豆腐とごまかすが、犬の吠える声を聞いた小僧に、「寺の豆腐と村の豆腐がけんかしている」と皮肉られている。

また、「鮎はかみそり」を受けて、和尚から「見たことは見のがし、聞いたことは聞きながせ」と言われた小僧が、落ちた和尚の帽子を拾わずに見のがすと、「馬から落ちたものは何でも拾え」と言われ、馬の糞を受けて差し出す「馬の落とし物」（IT六〇六）が連鎖して語られることもある。タイやミャンマーでは召使いが糞を拾って差し出し、愚か者のふりをして目上の者をやりこめている。

「和尚と小僧」は、仏教圏の日本本土で人気が高く、仏教徒ではない沖縄やアイヌの人々には伝わらない。古くは鎌倉時代の『沙石集《しゃせきしゅう》』『雑談集《ぞうだんしゅう》』『駿牛絵詞《すんぎゅうえことば》』紙背文書に記録されており、識字階層である僧侶たちが、説法の際に聴衆の心を捉えるため、みずからをけちで愚直な存在におとしめて語り、笑いをもたらしたと考えられている。

このほかに、小僧が和尚と和尚の色女それぞれに告げ口をして、けんか別れさせてしまう「鼻が低い」（IT六二一）や、小僧を草刈りに行かせた和尚が、小僧に男女の睦言《むつごと》を聞かれて閉口する「和尚の女遊び」（IT六二二）などもある。漢民族では、放牧に行かせた息子に、嫁との睦言を聞かれた父という、父と子の組み合わせで語られている。（福嶌　志）

フクロウ神の村めぐり

〔あらすじ〕村を司る神である私（シマフクロウ）が、「獲物がたくさんいる、魚がたくさんいる」と鳴きながら川を下り、ポンオキクルミ（オキクルミの息子）の村のヌサ（祭壇）に降りて鳴いていると、村人たちがポンオキクルミの命令で着物の前をはだけてオパラパ（悪魔払い）するので、飛び帰る。またあるとき、同じように鳴きながら川を下り、サマイクルの村のヌサで鳴いていると、サマイクルは丁寧に拝礼し、村人にイナウ（木幣）を作らせて私に供え、村を守ってくれるようにと祈る。私は村人の行為に感謝して帰り、しばらくしてアイヌモシリ（人間の国土）の飢饉《ききん》の噂を聞く。私が、沖を司る神（シャチ）に使いを送ると、サマイクルの村には鯨がやってくるが、ポンオキクルミの村では食物がなく餓死する。私はサマイクルの村を見守っている、とフクロウの神がカムイオイナ（神謡）を語った。

〔解説〕アイヌ民族は、狩猟と漁撈、採

集を中心とし、自然と共生する生活を営んできた。それゆえに、あらゆるものを神とあがめ、自然の恵みに感謝する叙事文芸に富んでいる。この話もその一つで、カムイモシリ（神の国）からの訪問者であるフクロウの神に、感謝の祈りを捧げ、イナウを供えて丁重に霊送りすれば、神は人間の行為に感謝して、再び来訪してくれる、という思想が根底に流れている。また、フクロウの神は位の高い神であるから、それにふさわしい霊送りが必要とされている。したがって、そのフクロウの神を丁重にもてなしたサマイクルには豊漁が、不敬なおこないをはたらいたポンオキクルミには飢餓がもたらされている。

この話の核心を担っているのは、「変装した神（聖者）が厚遇に対しては報い、冷遇に対しては罰する」というモチーフ（TMI：Q一・一）で、これは東アジアの諸民族の昔話に多く見られる。日本民族では、「大みそかの客」（IT一四）として、全土にわたって伝承され、乞食に宿を提供した貧乏人には黄金が授けられ、宿を拒んだ長者は没落している。中国の漢民族、東郷《トンシャン》族、布依《プィ》族、瑶《ヤオ》族、台湾の漢民族、ベトナムやタイにも類話が確認されており、乞食を快く迎え入れもてなした者に金銀などが授与されている。

知里幸恵の美しい日本語訳によってよく知られている、「梟《ふくろう》の神の自《みずか》ら歌った謡《うた》『銀の滴《しずく》降る降るまわりに』」（『アイヌ神謡集』所収）では、フクロウの神から立派な宝物、神様の宝物に加え、限りない大きな恵みを授けられる。この恵みを受けたのは、「昔お金持ちで今は貧乏になっている人」で、当時の社会に置き換えるとアイヌであり、反対に恵みを受けられなかった「昔貧乏人で今お金持ち」は、シサム（和人）であると考えられる。この話において登場者と授かり物は、その時代と語り手の願いを映す鏡であり、伝承される文芸のみずみずしさを感じさせてくれる。

（福嶌　志）

炉縁《ろぶち》の化け

【あらすじ】　小さな狼の神（私）が浜辺で小男に出会う。私がいたずら心で小男の行く手をさえぎると、小男は腹を立てて、「悪たれ小僧、お前はこの岬の昔の名と今の名を言い当てられるか」と言う。私が「この岬の昔の名は神の岬、今の名は御幣《ごへい》の岬」と答えると、小男はつづけて、「この川の昔の名と今の名は」と問う。私がまた、すぐさま「昔は流れの早い川、今は流れのおそい川と言う」と答えると、男は、「ではおたがいの素《す》性《じょう》の解きあいをやろう」と言う。私がす

昔話とうた

昔話の語りに見られる「うた」を、「その前後の地の文の表現と区別される際立った意味上のまとまりをもち、音程またはリズムのある表現」と定義しておこう。

たとえば、「川上から瓜がどんぶりこんぶりと流れてきました」(「瓜姫」)と語る場合は、傍点部の擬声語によって瓜の流れ来る状況が象徴的に描写されている。そこを「どんぶりこんぶりこうぶしやく　婆の口にひょっと入れ　爺の口にひょっと入れ」(隠岐《おき》島西郷町で聴取)と語ると、この傍点部が「うた」である。瓜の流れ来る状況が描写されるにとどまらず「瓜よ、婆の口に入れよ、また爺の口にも入れよ」といった意味が加えられて、一種の願望の気分が暗示される。グリムの「大入道と仕立屋」(KHM一八三)では、大ぼら吹きの仕立屋が森を歩いてゆく様子が「ぶらりぶらりとあるいてく／橋もわたれば、まる木もわたり／(中略)／行きたいほうへ、どこまでも」(金田鬼一訳)と歌われる。この「うた」によって仕立屋の楽天的な自由人とでも言うべき人柄や行動の特徴が描き出されている。これらの「うた」は、状況に何らかの意味づけを与えながら、それを描写する機能を果たしている。この種の「うた」を「描写のうた」と呼ぼう。

ところで、「こうご掘れけんけんけん、ああそご掘れけんけんけん」(「花咲か爺」の犬が爺に知らせる)、「(前略)あたしの兄きはあたしをころして／橋の下にほうむりました」(グリム・KHM二八「唄をうたう骨」の角笛が歌う・金田鬼一訳)などはどうだろうか。これらは描写ではなく、情報や心情を表示する機能を果たしている。「表示のうた」と呼ぼう。話を要約していくと、「描写のうた」は擬声語に、「表示のうた」は会話文に置き換えることのできる段階に至る。

次に「描写」でも「表示」でもない「うた」として、鳴き声の聞きなしや語呂合わせ、謎などの言葉遊びや歌比べの「うた」がある。それらを含む話を要約しようとすると「うた」の形を壊すことができない。「うた」の形の表現そのものが話の要素となっている。「要素のうた」と呼ぼう。「弟恋しや掘って煮て食わしょ」(「時鳥と兄弟」・聞きなし)、「ちやっくりがきす」(「茶栗柿酢」・売り声)、「りんりんとりんと子どもに責められてこの風鈴はわしが取りりりん」(「りんの歌」・頓知)などである(最後の例は音程はなくリズムのある「うた」である)。以上、昔話の語りに見られる「うた」を三種に分けて考えてみた。

(田中瑩一)

ぐさま「お前は大昔オキキリムイが狩り小屋を建てたとき、はしばみの木で炉縁《ろぶち》を作ったが、気にいらなくて腹を立て、川へ投げ捨てた。神々があちこちにただよう炉縁をもったいないがって、それを魚にし、炉縁魚と名づけられた。炉縁魚は自分の素性がわからず、人に化けてうろうろしている。お前はその炉縁魚なんだ」と言ってやると、小男は「お前は小さい狼の子さ」と悪態をついて沖へ去っていった、と幼い狼の神が物語った。

〔解説〕　アイヌ族にはこのカムイユーカラに類した物語が、「徳利」「海亀」「たばこ入れ」などを対象として多く語られる。国際的なTMI、E四四三・三「名前を言い当てて幽霊を追い払う」をモチーフとする、人類のもっとも古い物語の一つであろう。同種のものは、日本民族の昔話にも「蟹問答」（IT二九九）、「大工と鬼六」（IT二九九）のように成熟したタイプがあり、また、「茸《たけ》」「古楊枝《ふるようじ》」「鏡」「棺《ひつぎ》」などの化け物が登場する世間話に近いタイプも少なくない。

（稲田浩二）

● 朝鮮族（韓国・朝鮮）●

金の砧《きぬた》・銀の砧（KT四六〇、AT四八〇、六一三、ET二八、IT八一）

〔あらすじ〕　弟は正直でおとなしく、両親に孝行をつくしたが、兄のほうは荒っぽいうえ不孝者であった。ある日、弟は山の中に行って薪を取ってから家に帰るしたくをした。しかし日が暮れて、荒れた辻堂があったので、そこに入って夜が明けるのを待つことにした。夜が更けたとき、トケビがやってきた。弟は怖くってがまんできず胡桃《くるみ》を一つ口に入れて噛んだ。トケビたちはその音を聞いてびっくりし、金の砧（棒）・銀の砧（棒）を置いたまま逃げていった。弟はその砧（棒）をもって帰り、金持ちになった。

欲張り兄はこのたよりを耳にして、たまらず弟を訪ねてきた。わけを聞かせてもらった欲張りの兄は同じ場所に行き、待っていると、本当にトケビがやってきた。兄は胡桃一つを口に入れて噛んだ。ところがどういうわけか、トケビたちは逃げないで、兄はかえってトケビにつかまってしまった。兄はひどい目にあわされた。弟は両親とともに幸福に暮らしたという。

〔解説〕　この昔話も韓国では広く知られている。トケビはトカビともいう。日本の鬼にまったく似たものだとはいえないが、妖かしの小鬼に似ている。トケビの正体は、昔話に登場する場合は小鬼の姿をして、貧しい者を富まし強欲者を懲らしめるなどするが、世間話では、箒が人間に化けたり、火のかたまりが女性に化けたりしたものに人間が化かされた場合も、「トケビに惑わされた」という。

この種の昔話も、多様に変化しているものの一つである。ある伝承には終末の部分が「意地悪なトケビたちが、兄の性器を延ばしてからそのまま帰らせた。途中、大雨で川が氾濫《はんらん》したので、人々が困っていた。そこで兄が長い性器で橋をこしらえ、人々がその上を渡りはじめた。ところが、その一人がタバコを吸い終わって灰を落とそうと、キセルを橋に叩きつけた。それがあまり熱かったので、火傷をした兄が性器を収めたら、人々は皆川に落とされた。ようやく岸に上がった人々は、兄を袋叩きにして帰らせた。ひどい目にあって帰ってきた兄を見た弟は、呪宝の砧（棒）を出してきて、長い性器をもとに戻した。それからは兄も反省をし、以後は幸せに暮らした」（崔仁鶴『韓国の昔話』三弥井書店、一九八〇年）。

この系統の類話には、日本の「地蔵浄土」（IT八一）があるが、内容は相違点がある。むしろ中国の、古くは唐の時代、段成式『酉陽雑俎続集《ゆうようざつそ》』巻一（旁㐌説話）により近い類話が載せられている。

（崔　仁鶴）

沈清の話（KT三八五、AT三〇〇、IT一四三）

〔あらすじ〕　ある村に沈清という娘がいて盲目の父の世話をしながら住んでいた。ある日父は、「白米三百石を仏様に奉納したら目が見える」という話を坊さんから聞いて、喜んで何も考えず約束をしてしまった。娘は心配のあげく、自分の身を売ることにした。商人から白米三百石をもらい、仏様に奉納したけれど、娘は商人に連れていかれた。

娘は貿易船に乗せられた。航海中、海が荒れてきたので、沈清はいけにえとして海の中に身を投じた。海は静かになり船は予定通り航海を続けた。船が帰ってくるとき同じ場所に大きい花が咲いていた。船員たちは不思議に思い、その花を取って王様に捧げた。花の中から沈清が出てきて、竜宮の竜王様から人間に戻りなさいと言われたという話を聞いて王様はたいへん喜び、王妃に迎えた。王妃になった沈清は、全国の盲人の宴会を開いた。宴会の最後の日に父が現われ、娘と父は巡り合えた。このとき父の目が開いた。

〔解説〕　この話は、代表的な親孝行譚の一つである。韓国における竜宮思想と孝行思想および仏教思想が組み合わさり、再生モチーフを生かしてこの昔話が構成されたと思われる。この昔話は韓国の古代小説「沈清伝」として残され、またパンソリ（十八世紀ごろ以来、庶民の間で唱劇につけて歌われた謠）にもある。また現実の地名と結びつけられ、伝説化して語られる場合もあるが、それは後にできたもので、実は昔話のほうがより古い。一部のモチーフは古い文献にも受容されている。たとえば『三国史記』四十八巻「孝女知恩」、『三国遺事《いじ》』五巻「貧女養母」、二巻「居陁知」などである。日本の類話には「申し子といけにえ」（IT一四三）があるが、ごく一部のモチーフのみが似ている。（崔　仁鶴）

九頭怪盗（KT二八四、二八五、AT三〇一、ET一二二、IT三二九）

〔あらすじ〕頭が九つついている怪物がいた。ある日、この怪物が宮中に現われ三人のお姫様をさらっていった。王様は武士たちを遣わし、お姫様を捜してくるように言いつけた。しかし、失敗に終わった。王様はしかたなく、「その怪物を殺し、娘を取り返してきた者には私の財産の半分とその娘とを与うべし」という榜文（立札）を全国に貼りだした。ちょうどこのとき一人の若者がいて、王様に「勇敢な武士を三人付け添えてください」と言い、王様は許可をした。

若者は苦労のあげく、怪物の居場所を捜し、将軍たちを待たせてから自分で地下の国へ入っていった。地下国は別の世界であり、そこの頭《かしら》は頭が九つついている怪物であった。若者は末の姫の助力を受け、怪物と闘い首を切って殺し、三人の姫を救いあげた。地上に戻るため出口の穴まで来た。ちょうど綱が揺れるので外で待っていた武士たちは大喜びで、これを引き上げた。しかし、最後の綱は降りてこなかった。三人の武士たちは、三人のお姫様をつれて宮殿に戻っていった。

一方、地下に残された若者は、鶴のおかげで地上に戻ることができ、宮殿に行った。そうしたら三人の武士は、王様に嘘をついて、三人の姫と結婚をしようとしていた。ちょうどこのとき若者が王様の前に現われ、事情を告げた。三人の武士は罰を受け、若者は三番目のお姫様と結婚をし、幸せに暮らしたという。

〔解説〕韓国のこの系統の話には、いくつかの変形が認められる。①若者が姫を探しにいく途中、三人の武士に会い、義理の兄弟を結ぶ。②若者が地上に行けず地下に迷っているとき、鶴が魚を捕って飛んでいくのを見つけ、魚を救った。そのおかげで竜宮に招かれ、鴬一羽と水滴一つをもらい地上に出た。鴬は美女になり、若者は彼女と結婚をし、水滴は何でも欲しいものを出す呪宝で、若者は金持ちになった。③若者が姫を捜しにいく途中、ハゲワシにけがをさせられたカササギに会い、足を治してやったら、九頭怪物が隠れている場所を教えてくれる。④九頭怪物が、ある村の金持ちの娘をさらっていった。彼女はすでに怪物の女房になっていたが、彼は娘の協力を受け怪物を退治し娘と結婚した。

　この系統の昔話はいわゆるアンドロメダ型またはペルセウス英雄説話型に当たるものである。日本では、「八岐《やまた》の大蛇《おろち》」神話がこれに相当するし、昔話では「甲賀三郎」（IT三二九）型にあたる。また、「妻女奪還―鬼退治型」（IT三二八C）は、韓国の「九頭怪物」（KT二八五）に相当するものである。中国類話は、「雲の中から刺しゅうのついた靴が落ちる」（ET一二二）に似ている。韓国のこの系統の昔話は、作者・年代ともに不明だが、古代小説『金圓伝』に、昔話の要素をきちんと整えて記してある。

（崔　仁鶴）

ホンブとノルブ（興夫と乭夫）

（KT四五七、AT四八〇、ET二二、二二四、IT三六五）

〔あらすじ〕　ホンブとノルブという兄弟が住んでいた。兄のノルブは大した金持ちではあったが欲深い意地悪な男で、弟のホンブは貧乏だが心のやさしい男であった。ある日、ホンブが仕事から帰ってきたら、一匹の蛇が現われて、燕の巣を襲った。燕は逃げるとき、脚を挫いた。これをみて、ホンブは薬を持ってきて治療をしてやった。燕は冬をすごす江南へと飛んでいき、冬が過ぎて、春とともに再び飛んで帰ってきた。飛んで帰ってきた燕は、ひょうたんの種を一つ落とした。ホンブはその種を庭先の垣根の下にまいておいた。芽はみるみるうちに伸び、しまいにひょうたんが実った。そのひょうたんから宝物がたくさん出てきた。ホンブはたいへん金持ちになった。

　一方、欲張り兄のノルブは弟を訪ねてそのわけを聞いた。さっそく家に戻り、弟の言う通りにしようと一羽の燕を巣から出して無理にその脚を折り、傷口に薬をつけてやって、巣の中に入れておいた。その後は弟の言う通りであった。ノルブは喜んでそのひょうたんを割ってみると中からトケビたちがたくさん出てきてノルブは死ぬほど叩かれた。汚れ物もたくさん出てきた。

〔解説〕　兄弟間の葛藤譚である。この話は、兄弟の葛藤をテーマにした類話の中で、もっとも代表的なものの一つである。現在、広く伝わっている古典小説の「興夫伝」は、もとになった「パンソリ」の台詞を小説化したものである。「パンソリ」というのは、朝鮮時代の英祖以後から唱劇に合わせて一般に歌われた物語調の歌である。

韓国昔話にとくに兄弟葛藤譚が多いのは、親の遺産管理について長子に絶対的所有権の問題があるからである。これは長子相続を建前にする韓国の社会構造的な問題でもある。それゆえに昔話において兄は欲が深く、金持ちに描かれており、弟は善良で貧乏ではあるが、最後には逆転し金持ちになるというふうに描かれている。

日本の昔話、「腰折雀」（IT三六五）は類話である。韓国では燕であるが日本では雀、韓国では兄弟の葛藤になっているが、日本では隣人になっている点が相違しているだけで、全体的構造からみて、この昔話は一つの根から発生した昔話であると思われる。さらにこの系統の昔話の内容は、農耕文化と関わりがあり、その分布状態は世界的といえる。もっとも中国、韓国、日本の昔話が一致しているのは同一文化圏に属しているからではないかと思われる。

（崔　仁鶴）

親棄て山（KT六六二、AT九八一、ET二〇一、IT四一〇A・B）

〔あらすじ〕　昔、人が六十歳になると山の中に捨ててくる習慣があり、ある男が父親を捨てにいき男の息子もついていった。帰るとき、息子はチゲ（背負梯子）を持っているので、男は「そんなものは持って帰るのではない。お爺さんと一緒に捨てるんだ」と言った。息子は「お父さんが年を取ったとき、私はこのチゲで、またお父さんを捨てようと思います」と言った。男は、「息子の言う通り、いつかわしも山に捨てられる身になるんだな」と考えると、急に悲しくなってきた。男は息子の言葉に心を打たれ、捨てた父を再びチゲに乗せ家に連れて帰った。

〔解説〕　幼いころ、よく母から親孝行譚として聞かされた昔話だ。この話は二種類がある。一つはあらすじの内容と同じもので、もう一つは親が負われていくが、山で左右の小枝を折っていく。そのわけを尋ねると、「お前が帰りに道に迷わぬためだ」と言う。その親の言葉に感動し、息子は再び親を連れ戻る、という筋である。

チゲ（背負梯子）

韓国には日本のような後半の難題型（IT四一〇A）はない。この系統の昔話はおそらく仏教の影響だろうと思う。『雑宝蔵経《ぞうほうぞうきょう》』巻一「耆老国縁條」にも同じ内容がある。中国ではエバーハルトの「人間の年齢」（ET七一）に見られる六例があり、「手本」（ET二〇一）にも類話がある。韓国では昔、高麗葬《こうらいそう》という一種の葬礼儀式があったようだ。人が死ぬ前に山に運んで、ある期間食べる糧食と所持品をそこに置いてくる。ただしこの葬礼儀式というのは、一般的慣習ではなかったらしい。

（崔　仁鶴）

雨蛙（KT八）

〔あらすじ〕　親不孝な雨蛙の息子は、母親の言うことの逆ばかりをする。そこで病気になった母親は山に葬ってもらいたいと思うが、息子の蛙が逆をおこなうだろうと考えて川に埋めてほしいと遺言する。息子蛙はこれまでの所業を反省して母の遺言通りに川のそばに葬る。それ以来、雨蛙は雨の日には墓が流れないかと心配して鳴く。

〔解説〕　雨が降りそうになると鳴くという雨蛙の習性の不思議から生まれた伝承であり、「蛙はなぜ雨のときに鳴くか」（TMI・A二四二六・四・一・二）が話の核となるモチーフである。朝鮮族でははじめから雨蛙の親子の話として伝承されているが、日本では親不孝な子どもが前世のおこないの結果蛙に生まれ変わって墓の流失を心配して鳴くという、動物前生譚の形をとるものも多い（IT四五五）。

古典においては、中国唐代の『酉陽雑《ゆうようざっ》俎《そ》』に、丘に埋葬してもらいたかった父が、死後は水中に葬ってほしいと言い残すと、いつも父の言うことに逆らってばかりいた息子は改心して遺言通りにした、という渾子《こんし》の話、日本近世の『茶のこもち』「遺言」に、あまのじゃくのような息子なのできっと逆のことをするだろうと、父が「死んでも必ず物入りすな。菰《こも》に包み川へ捨てよ」と遺言すると、息子が、一生に一度のことなのでこればかりは父の言う通りにしよう、と考える話が見られるが、いずれもはじめから終わりまで人間の親子の話となっている。

インド、パンジャブ地方の伝承には、妻が洪水で流されたので男が川上に捜しにいく。友人がわけを尋ねると男は、妻はいつも言われたことの逆ばかりしていたので皆が川下へ流れたのなら妻は川上だと答えた、とあり、同様の内容のものがトルコ十五世紀ごろの『ナスレッディン・ホジャ物語』に収められている。「妻が流れのなかに落ちる」（AT一三六五A）が、これらの伝承に対応している。

（墺水尾真由美）

意地悪い虎の退治（KT五四、IT五二四、五二五、五二八A）

〔あらすじ〕　意地の悪い一匹の虎がいつもある老婆の大根畑を荒らすので、ある日、老婆は虎にむかって、「小豆の粥をご馳走するから、今夜家に来てくれ」と言い、準備をしておいた。訪ねてきた虎は、火を起こすため火鉢を吹くと、灰が目の中に入った。今度は水甕《みずがめ》の水で目を洗うと、水に混ぜてあった唐辛子が目に入った。手拭いでふくと、ついていた針が虎の目を刺した。このときだまされたことに気づき、虎は逃げようとしたが、牛糞ですべり庭に倒れた。むしろが来てくるくる巻くと、チゲ（背負子）が虎をかついで深い海の中へ捨ててしまった。

〔解説〕　また次のようなものもある。「虎がやってくる時刻になると、婆は泣いていた。そこで卵、すっぽん、犬の糞、針、むしろ、臼、チゲ（背負子）などが協力して婆を助けることにする。成功した後に、婆は協力者たちに小豆粥をたくさん食べさせた」。

日本の昔話では、「柿争い―仇討ち型」（IT五二二A）、「子馬の仇討ち」（IT五二四）、「雀の仇討ち」（IT五二五）、「寄り合い田―仇討ち型」（IT五二八A）、アイヌの昔話では「海魔の来襲」がこの話と同じモチーフのK一一六一を核心としており、同じタイプの話ということができよう。

（崔　仁鶴）

兎の肝（KT三九）

〔あらすじ〕　竜宮の王が病気にかかり、兎の肝が病気にきくというので、亀が竜王の命を受けて使いに出る。亀は竜宮へ招待したいと兎をだまして背中に乗せて竜王のもとに行く。竜王が本当のことを告げると、兎は知恵を働かせて、肝は岩の上に置いてきた、と言う。竜王が肝を取ってくるように命じると兎は亀の背に乗って再び陸に戻る。兎は亀に、肝を出し入れする者はこの世にいない、と言って姿を消した。

〔解説〕　日本でも「猿の生き肝」（IT五七七）として有名な伝承であり、乙姫の病気のために亀が猿をだまそうとする。門番のクラゲが本当のことをしゃべったために猿は逃げ去り、クラゲは骨抜きにされて現在の姿になったと結ばれる伝承もあり、「クラゲの骨なし」とも称されている。だまされた動物は、肝は陸に置いてきたと「偽の口実を使ってのがれる」（TMI・K五五〇）という伝承がほとんどを占めており、アジア各地にも広く伝わっている。たとえば、中国チベット族では母の病気のために蛙が猿を連れ出すが、肝は木の上と偽って猿は逃走し、ベトナムでも水の国の后の病気のために蛸《たこ》が猿を連れ出すが、猿は同様に逃げ去る。そのほか、インドネシア、フィリピンなどにも多くの類話が見られる。

インドには、魚の妻が猿の肝を食べたがるので魚が猿をだますが、川の中ほどで本当のことを聞いた猿は、肝は木の上にあると答えてもとの陸地に引き返す。木に登った猿は、狐が、ライオンに襲いかかられて逃げたロバに、おまえの妻がおまえに抱きつこうとしたのだ、と言ってだまし、これを信じて戻ったロバがライオンに食われた話を引いて魚の愚かさを笑った、という伝承がある。これと同様の構成の伝承が古代よりインドとの交易がさかんであった東アフリカ・インド洋沿岸地方にも見られ、サルタン（回教主）の病気のためにサメが猿をだますが、心臓は木の中と答えて引き返した猿は、兎がロバをだましてライオンのところに連れていって殺させて、次にライオンをだましてロバの心臓と耳を先に食ってしまった話を引いてサメを笑った、とされている。これらはインドの古典『パンチャタントラ』四「猿の心臓を取りそこなった鰐」の構成ともきわめてよく似ている。

そのほかにもインド『ジャータカ』五十七には鰐と猿、漢訳仏典の『六度集経』、『生経』、ペルシアの『カリーラとディムナ』五、日本の『今昔物語集』五には亀と猿、『沙石集』五本・八には虯《きゅう》と猿、高麗時代の『三国史記』列伝第一「金庾信」上には亀と兎の話として収められており、これ以外の古典文献にも数多く類話が見られる。またAT九一にも「心臓を家に置き忘れた猿（猫）」として登録されている。

（塓水尾真由美）

虎より怖い串柿（KT五〇、AT一七七、一六九二、ET一〇、IT五八三）

〔あらすじ〕　虎が食べ物を求め、ある農家にやってきた。ちょうどそのとき、子どもが泣きだした。母親が「そら虎が来たよ」と脅かしたけれども、子供は泣きやまなかった。次に母親が、「ほら串柿だよ」と言うと、子供は泣きやんでしまったので、虎は「串柿というやつはおれより恐ろしいやつに相違ない」と考えた。そのときちょうど牛泥棒が来ていて、虎を牛と見違えてそれに乗ってしまった。虎は「これが串柿というやつに相違ない」と思い、一目散に逃げだした。夜が明けてきたのでよく見ると、牛と思ったのは虎だったので、泥棒はあわてて飛び降りた。そして虎も、「やれ助かった」とばかり振り向きもしないで逃げてしまった。

〔解説〕　この系統の昔話は後半の部分の変化が多い。次のような話が連結しているものもある。夜明けになると牛泥棒は、虎から飛び降りて枯木の穴に隠れた。熊が泥棒を見つけてやってきたが、かえって彼に陰茎を切られて死んだ。彼はそれを焼いて食べた。遠くからこの様子を見ていた虎が、自分も肉を分けてくれと言う。牛泥棒は、虎をだまして真っ赤に焼いた小石を口の中に入れたので、虎は焼死した。泥棒は熊と虎の皮を王様にささげ、褒美《ほうび》をもらった。その後牛泥棒は良い人になった。（任晳宰『韓国口伝説話①』平民社、一九八七年）

　また次のような話が連結されているものもある。牛泥棒は穴のある枯木の中に隠れた。すると、虎は熊を呼んできて牛泥棒を殺そうとしたが、熊はかえって陰茎を切られ、虎は逃げてしまった。牛泥棒は熊をかついで村にやってきて、牛小屋の家を訪ね、自分の行為について謝った。その後、心の善い人になった。（朝鮮総督府『朝鮮童話集』、一九二四年）

　これと似た話は『パンチャタントラ』五・二にもあり、『ジャータカ』にも「夕暮が怖い」という話があるので、比較研究に値する。日本のこの系統の話は、「古屋の漏り」（IT五八三）であるが、登場人物が爺と婆になっており、馬泥棒や猿が出てきたりし、中国の「雨漏りに対する心配」（ET一〇）の類話と同じ系統といえる。

（崔　仁鶴）

パンチョギ（片身人間）

（KT二〇三）

〔あらすじ〕　足だけは両方そろっているが、体、頭、手などはすべて片方しかない男の子が生まれたので、名を片身という意味のパンチョギとつける。パンチョギは父や兄から疎《うと》まれるが母に守られて成長する。やがて大力の持ち主となるが、この大力があだとなって村人からも迷惑がられるようになる。パンチョギは結婚したいと思うが誰も相手にしてくれないので、隣村の金持ちの娘を嫁にすると宣言する。金持ちは家来を武装させて警戒するがパンチョギはすきを突いて侵入し、計略を用いて娘を背負って連れて帰る。パンチョギは庭ででんぐりがえって美男子に変身し、二人は結婚して幸せに暮らした。

〔解説〕　この話は、「異常な肉体をもった子ども」（TMI：五五一）、「異常出産児がなみはずれた力をもつ」（TMI：五五〇・二）、「完全な体への変身と結婚」という三つの特徴をもち、肉体が片身であるという点にその特異性がある。同様の特徴をもつ伝承はインドネシアにも見られる。子のない夫婦が呪医に頼むと、足も何もかも片身しかない子が生まれる。彼は結婚を望むがかなえられないので、旅に出て試練を克服しながら神のもとに行く。五体満足な体を願うが聞き入れられず、泣き叫び続けると、その声に辟易した神の妹が神に訴えて望みがかなえられる。彼は帰郷して母と再会し美しい娘を嫁にした、というものであり、スマトラのトバ・バタク族をはじめとして、インドネシア各地に広く伝わっている。

　片身人間と似た人の形の記載は中国古代の神話的地理書である『山海経《せんがいきょう》』「海外北経」に、人となり一つの手、一つの足、『山海経』「大荒西経」に、臂《かいな》一つの民、などを見ることができる。一方インドで四世紀ごろ現在の形になったとされる大叙事詩『マハーバーラタ』「集会の巻」で、マガダ国のジャラーサンダの生い立ちを、子のない王が子の誕生を聖仙に頼むと、聖仙は膝の上に落ちてきたマンゴーにマントラ（真言）を吹き込んで王に渡す。この実を二人の妃が等分して食べると、それぞれに肉体が片身しかない子が生まれる。妃は子を捨てるが、拾ったラークシャサの女（羅刹女）が食べるのに運びやすくするつもりで一つにまとめると完全な肉体に変身し、長じて比類のない剛勇の王になったと語っている。

　インドネシアの片身人間の伝承には、出産前に妻は木の実を半分だけ食べたとあり、朝鮮族の類話にも、子のない女が仏に願をかけた帰途に見なれない実の二個は全部、一個は半分だけ食べると三男が片身人間だったとあり、木の実と片身人間誕生の関係がうかがえる。

　なお、インドネシアの西イリアンなどには、変身と結婚を伴わない片身人間の冒険譚も伝わっている。（墺水尾真由美）

●漢民族（中国）●

穀物盗み（盗谷）

（ET八六、IT九）

〔あらすじ〕王子が蛇王のところにハダカムギの種を盗みにいった。王子は山の神に助けられ、犬に変身して蛇王の宮殿に潜入した。いくつもの苦難を乗り越え、ハダカムギの種を体につけて人間界に逃げてきた。こうして、人々はハダカムギの種を得たが、これを知った蛇王は呪いをかけて、王子を人間に戻れないようにした。ある娘が王子を心から本当に愛し、彼と結婚したので、この呪いは解け、王子は人間に戻ることができた。

（チベット族）

〔解説〕 この話は中国では大変広く分布しているものの一つである。人間界に食糧あるいは穀物の種がなかったときに、ある若者が神仙のところに穀物を盗みにいくが、帰る途中で神仙に見つかり犬にされてしまう。人々は人間に幸せをもたらすために犠牲となって犬に変えられてしまった勇敢な若者を記念するため、毎年収穫の季節になると初穂をまず犬に食べさせるというものである。この穀物盗みの話は中国の苗《ミャオ》族、瑶《ヤオ》族、荘《チュワン》族、侗《トン》族、傈僳《リス》族、哈尼《ハニ》族、チベット族などの少数民族の中でとくに多く見られる。「あらすじ」にあげたチベット族のほか、哈尼《ハニ》族の伝承では「ある娘が、人間の苦しみを救うために、天の神が穀物を乾かしているときに一袋盗んでくる。娘はそれを知った天の神に犬にされてしまう」と語る。漢民族のものは変形しており、「大洪水の後、人々の生活が苦しかったので、神が家畜や家禽に穀物の種を持って人間界に行くように命じたが、犬だけが穀物を持ってきた。しかしその犬も海を渡るとき体につけた種は全部流され、尾の上のほうについていたものだけが人間界にもたらされた」と伝える。この話は伝説から昔話への足跡をよく表わしている。この話には天の神と犬が出てくるが、これらはこの話型の起源を推測させてくれる。犬は比較的早く人間に馴化された動物の一つであり、朝晩生活をともにして人間に大きな貢献をしている。とくに農業や牧畜において大きな助けとなっているため、人々は伝説や昔話の中で犬の人類に対する恩恵をこのように描き、賛美する。また、原始的な考えでは犬は早くから人間の信仰や崇拝の対象となっていた。苗《ミャオ》族、瑶《ヤオ》族などの民族では歴史上そのトーテムであった。このような観念のもとで、犬を神の使者と考え、あるいは初穂を収穫時に犬に捧げたりすることは、自然なことであった。人々は自分たちの想像力を働かせて、このような観念に形を与え、詳しく描き出し、加工してこのような人の心を打つ伝説や昔話を作り出した。この話は日本のアイヌ族にも伝承されている。（劉魁立）

幸福を探して（找幸福／問活仏）

（AT四六一A、ET一二五、丁乃通四六一・四六一A、CT二四二、IT四八）

〔あらすじ〕 貧しくて嫁をとれない若者が、神（あるいは仏など）のところに幸せになる方法を尋ねにいく。途中で、困っている人たちに難題の解決法をついでに尋ねてくれるように頼まれる（娘の口がきけない、木に実がならない、蛇が昇天できない、など）。若者は神に会い、まず他人の質問をして最後に自分の質問をしようとすると、神は「質問は三つまでしか答えられない」と言い、若者自身の質問は拒絶される。帰り道、若者が一つずつ回答を告げると（金銀に執着しているから、木の根が宝に押さえられているから、夫になるべき人に出会ったら話せるようになる、など）、若者はそのたびに多額の礼をもらい、口がきけなかった娘と結婚する。このようにして、若者の貧しさと嫁とりの問題は自然に解決し、若者は幸せになる。

〔解説〕漢民族のほか、マオナン族、黎《リー》族、彝《イ》族、ホイ族、ウイグル族などの少数民族を含む中国全土に分布し、構造上の変化は少ない。話型名は「找幸福」のほか、「問活仏（仏に尋ねる）」、「三根金頭髪（三本の金髪）」などとも呼ばれる。若者が旅に出る動機は、ただ貧しいというだけではなく、金持ちの娘に求婚し、常識では得ることのできないものを結納として要求されたためというものもある。この場合は、質問の回答のたびに質問者が持っていた宝を得、それがすなわち結納として求められたものであったとする。また、質問をする対象は、菩薩《ぼさつ》、天の神、太陽などとするものが多い。イ族、チベット族の伝承では主人公は生まれたときに国王になると予言され、国王はその子どもを殺させようとするが、それを哀れんだ手下はこの子どもを籠に入れて川に流す。子どもは漁師に拾われて育ち、成人後、狩りにきた国王に出会い、国王はこれがあのときの子どもだと知る。国王はこの若者に、この者を殺すようにとの手紙を持たせて王宮に使いに出すが、途中で不思議な老人が手紙を書き換えたため、若者は王女と結婚する。国王はこの若者に命じて太陽の頭髪を取りにいかせる。途中で頼まれた質問に答えてたくさんの宝を得て帰ると、国王はみずからその宝を手に入れようと出かけるが、渡し守に舟を漕ぐ棹を渡されたため、渡し守になってしまい（渡し守は若者にいつになったらこの仕事をやめられるかと尋ねてもらい、棹を他人に渡したときという回答を得ている）、王位は若者が継ぐことになる、という、グリムの昔話集にあるものに非常によく似ていることは注目に値する。

（髙木立子）

ひき蛙息子（蛤蟆児）（ET八六、丁乃通四四〇A、IT一三九）

〔あらすじ〕子のない夫婦がひき蛙のように小さい子でもいいから欲しいと願うと、そのような息子を得る。息子は成人し、美しい娘を嫁にしたいと言うと、娘の両親は苛酷な条件を出す。息子は条件をなしとげ（あるいは脅かし）結婚する。娘の母親は、婿が夜は立派な若者になることを聞き、蛙の皮を焼き払わせる。二人は美男美女の幸せな夫婦になった（または男は消えうせる）。

〔解説〕 この話は、漢民族をはじめ多くの民族にも伝承があり、中国全土に分布している。地域によって三つのサブタイプに分けることができる。主に漢民族と北部の少数民族に伝承されているのは「能動型」で、「妻が蛙を産むと、夫は家を離れて商いに出かけ、ずっと帰ってこなかったので、蛙息子は母を助けて働き、暮らしは次第によくなる。息子は成人して父親を捜しにいき、知恵によって父親を見つける。豊かな家の者が蛙息子が皮を脱いで立派な若者になるのを覗き見し、蛙息子に求婚する」。西部の少数民族に多く見られるのは「威嚇《いかく》型」である。「蛙息子は成人して、自分で求婚にいくが、蛙に娘はやれぬと断られる。そこで蛙は笑う、泣くなどの方法で地震、洪水などを引き起こし、堪えられなくなった娘の両親の許しを得る」。南部地区と西南地区の少数民族が伝えているのは「難題型」で、求婚にいった先で難題を与えられ、それを首尾よくこなして結婚する。これらは民族によってかなり純粋な形で伝承しているものから、互いに複合しているものまでバラエティーに富む。複合は、サブタイプ同士の複合とほかの話型との複合が見られる。たとえば、「両親を威嚇して連れ帰った妻が、競馬大会に突然出現した立派な若者が自分の夫だと悟り、留守にその皮を焼いてしまう。夫がこの世で生き延びるために妻が夫の任務（この世の人々を幸せにすること）をしようとするが失敗する」、難題型の中に「幸福を捜して」がはめ込まれる、などである。ほかには結婚のモチーフがなく、蛙息子が老夫婦を一定期間助けて暮らしがよくなると天に帰るというもの、主人公を娘とするものなども見られる。

（高木立子）

蛇夫（蛇郎）（AT四三三C、ET三一、丁乃通四三三C・D、IT一六五）

〔あらすじ〕 蛇が老人に娘を求める。三人（二人または七人）の娘のうち末娘だけが承諾し、蛇と結婚する。末娘が里帰りしたとき、姉が妹の夫がハンサムでよい暮らしをしていることを知り、うらやむ。姉は妹を井戸に突き落として殺し、妹になりすまして夫のところに帰る。末娘は、鳥になって、姉が髪を梳《す》くときにこれを罵《ののし》る。姉はこの鳥を殺して料理する。夫がこの料理を口にすると肉は柔らかくうまいが、姉が口にすると飲みくだせない。妹はまた、木または竹に生まれ変わる。夫はこれを大切に育てるが、姉は切り倒す。妹は次々に生まれ変わって姉の罪を暴《あば》く。姉はとうとう殺され、妹は生き返って夫と幸せに暮らす。

〔解説〕　この話型は話が複雑で変化に富む。「冒頭」部分で展開の条件を整え、「結婚」の部分では男女の主人公の理想的な状態を示す。「殺害」部分で敵役が主人公を殺し、理想的な状態を破壊して偽の理想を作る。「闘争」部分では主人公と敵役の何回にもわたる戦いがあるが、これは真善美と偽醜悪との戦いの繰り返しである。「結末」部分では敵役がとうとう罰を受けることになる。この話型は普通「蛇夫（蛇郎）」と呼ばれているが、実は二人の姉妹の物語である。この二人は被害者と加害者、真善美と偽醜悪との代表であり、物語はこの二人をめぐって展開する。蛇の夫は重要な場面ではしばしば登場せず、最後の懲罰の部分でも主要な役割を果たさないこともある。中国でこの話型がいつからあるのかを示す文献はないが、この話型は始祖伝説と関係がある。すなわち、この人間の娘を娶《めと》った蛇はのちにある民族または氏族の始祖となる。このことはこの話が相当に古いことを示している。始祖型の蛇夫物語は福建省の一部と台湾に多く分布している。おそらく古代の越人が蛇を信仰していたことと関係があるだろう。類話の中には蛇が龍や狼とされているものもある。この話型は活力に富み、さまざまな形で伝えられている。「虎のお婆さん」、「田螺《たにし》女房」「灰娘」などの話とも結びつき、さまざまな姿を見せている。採集例は非常に多く、一九三〇年代、鍾敬文が『蛇郎故事試探』を書いたとき、当時記録されていた三十篇を示したが、現在では各省区、各民族に広く伝承されていることがわかっている。この話型はAT四三三Cに分類されるが、ATではインドの例があげられているだけで、ヨーロッパ各国の記録はない。（劉魁立）

灰娘（葉限《しょうげん》／灰姑娘）

（AT五一〇、ET三二、丁乃通五一〇A・B、KT四八、四五〇、IT一七四）

〔あらすじ〕　ダジャはいつも継母にいじめられていた。雌牛を放牧すると同時に麻三斤を紡ぐことを命じられて泣いていると、雌牛は麻を食べて、麻糸を尻から出して助ける。継母はそれを知り、怒ってこの雌牛を殺して食べてしまう。ダジャは牛の骨を集めて大切に埋めておく。祭りの日、継母は実子のダルンを美しく着飾らせて出かけるが、ダジャには穴の開いた桶で水を汲むこと、三斗の緑豆とゴマをより分けることを命じる。ダジャは小鳥に助けられ、すぐに仕事を完成してしまう。小鳥に教えられて、牛の骨を埋めたところに行くと、美しい衣装と、金のアクセサリーと靴があるのでそれを身に着けて祭りに行く。途中橋を渡るとき、うっかり靴の片方を川に落としてしまう。靴を拾ったその土地の主人の息子が、一人一人にこの靴を履かせる方法でダジャを捜し当てて結婚する。

　結婚後、ダジャは幸せに暮らしていたが、里帰りしたとき、嫉妬した継母とダルンに殺される。ダルンはダジャになりすまして婚家に帰るが、ダジャほど美しくない。人に「米は搗《つ》けば搗くほど白くなる、肌は搗けば搗くほどきめ細かくなる」と教えられ、臼の中に入って母親に思いきり搗いてもらうと死んでしまう。母親もそれを見て死に、ダジャはよみがえる。（荘《チユワン》族）

〔解説〕　この話は主に中国の南部地方を中心に分布している。唐代の『酉陽雑《ゆうようざつ》俎《そ》』（九世紀）に「葉限」と題した文字記載があり、シンデレラ型の話の世界でもっとも古い記録として知られている。筆者はこれを現在の広西チワン族自治区出身の人が語った話と注をつけているが、これは当時の越人であり、現在の分布も越人の系統を引く民族（荘《チユワン》族、傣《タイ》族、侗《トン》族、苗《ミャオ》族、シュイ族など）に多い。実母の生まれ変わりと見られる娘を助ける動物は、「葉限」では魚であるが、現在の伝承では、魚は傣《タイ》族に見られるだけで、ほかの民族では牛が多く、小鳥などもある。主人公の娘が与えられる仕事には、あまり変化がない。祭りは西南部の少数民族に見られる歌垣に類する、結婚相手を捜す意味をもつ祭りであることが多いが、芝居見物、法事などの例もある。日本のこの話型に属する話には見られないシューテスト（靴のテスト）のモチーフはほとんどの類話がもっている。金の靴のほかに、刺繍《ししゅう》を施した靴というものも多い。中国では靴は普通、女が布で作るもので、美しい刺繍を施し、婚約のしるしに恋人に与える習慣のある地域もある。したがって、刺繍を施した手作りの靴を手に入れた男には、その作り手との結婚が約束されたとみなすことができると分析する学者もいる。現在の伝承では、多くが「偽の花嫁」のモチーフをもつが、「葉限」では存在せず、継母とその実の娘は石に打たれて死ぬとされる。このモチーフの存在は、同じく南部地方に多く分布する「蛇夫」の話との複合であるかと考えられる。題名は、西洋の「シンデレラ」のように、主人公の名前だけのものもあるが、日本のように継娘と実子の名を並べるものも多く、なかでもキン族の「米屑姉さんと糠妹（米砕姐和糠妹）」という題は穀物を並べるという点で、日本の「米福粟福」に通じるものがある。中国の学界ではこの話型を西洋からの翻訳で「灰娘（灰姑娘）」型といったり「葉限」型といったり、名称が統一されていない。

（髙木立子）

画の中の人（画中人）（ＥＴ三六、丁乃通四〇〇Ｂ、ＩＴ二一九）

〔あらすじ〕　貧しい若者が年越しの買い物の市で、有り金をはたいて美人画を買う。夜になると絵の中から美人が降りてきて、若者と夫婦になる。美人は若者に糸を買ってこさせ、それで美しい布を織って若者に売りにいかせたので暮らしが楽になる。絵の中の美人を妻にしたことは誰にも言ってはいけないと言われていたが、若者は母親に話してしまう。母親が不安に感じていると、若者の留守に訪ねてきた道士がこの絵を置いておいたら不吉なことが起こるというので、母親は絵を渡してしまう。若者は妻を失って病気になるが、西酉に捜しにくるようにという妻の言い残した言葉を聞き、どこにあるかわからない西酉を捜して旅に出る。苦労の末ある晩、道士の家に泊まる。泊まった部屋の壁は裏庭への戸になっていて、そこを入っていくと妻がいる。妻は道士の魔法の剣を盗んで二人で逃げるが、途中で道士に追いつかれる。妻は魔法の剣で戦い、若者が気がついたときには妖怪の死骸が転がっていた。

〔解説〕　主に長江より北の漢民族に分布している話で、ほかの話と複合し、話が複雑化しているものが多い。いずれにせよ、絵の中から降りてきた美人が男と結婚するというモチーフをもつ。主人公の多くは貧しい男とされるが、読書人などの上層のものと設定しているものも目につく。単に絵があることから始まる場合も多いが、年末に有り金をはたいて絵を買ってしまうもの、病中に与えられた絵の中の女が降りてきて看病するもの、親切への礼として見知らぬ老人に与えられるものなどがあり、中国の異類女房譚の冒頭部に用いられるモチーフがランダムに出現する。女は昼間は絵の中にいて、夜になると降りてくるという形式の、非公開の婚姻である場合が多いが、子どもが生まれるというものも多い。その後権力者、家族、邪悪な方術者などに、絵を取り上げられたり焼かれたりすることで、二人は離別する。主人公が上層階級の場合はそのまま話が終わることが多いが、子どもがいる場合は子どもが、いない場合は主人公が絵の中の女を捜しにいく。加害者は罰せられ、完全に人間になった女と幸せに暮らすと語るものが多い。複合は後半に多く、「絵姿女房―物売り（百鳥衣）型」（ＩＴ二一七Ｂ）に相当する展開をするものが比較的目立つ。百鳥衣型は、西南部の少数民族を中心に中国全土に広く分布するが、絵の中から美人が降りてくるモチーフは少数民族の伝承には見られない。また、この話型と似ているもので、人形が貧しい男の妻になる話もあるが、この場合は、女の消失によって、加害者の賠償として男は人間の妻を得ることになる。『太平広記』（第二百八十六巻）に『奇聞録』（十世紀）からとして、「画工」と題した、絵から降りてきた女と結婚する話がある。

（高木立子）

田螺《たにし》女房（田螺娘）（ET三五、丁乃通四〇〇C、IT二二九）

〔あらすじ〕 貧しい若者が巻き貝を拾う。巻き貝は娘になり、二人は結婚する。子どもも生まれ幸せに暮らすが、夫が約束を破って妻の正体をあかしたため、妻は巻き貝になって去る。

〔解説〕 この話型の歴史は長く、もっとも古い記録は約千七百年前の晋代の束皙の選による『発蒙記』にある。その後まもなく、有名な詩人、随筆家である陶淵明の『捜神後記』の巻五に「白水素女」がある。ほかに梁の任昉『述異記』、唐代の『原化記』記載の「呉堪」、宋代の洪邁の『夷堅志』などは田螺女房説話の古い記録である。これらは〈謝端系統〉と〈呉堪系統〉の二つの系統にはっきり分けられる。田螺女房は仙女で謝端（あるいは呉堪）という名の青年が孤独で苦しい生活をしているのを憐《あわ》れんでこの男の生活を助け、子どもを産んで去る。女が置いていった田螺の殻に米を入れておくと、どれだけ使ってもいつまでもなくならない。あるいは男が小川の水が汚れないように守っていたが、天の神がこの男が独身であることを憐れんで、田螺を娘に変えて妻として与えた。県知事がこの女を横取りしようと男に難題を与えるが、そのたびに女の助けで乗り切り、最後には県知事の家屋敷を焼き払って去る。「白水素女」から「呉堪」への変化は、悲劇的な物語から、田螺の妻が夫を助けて県知事に勝つ話になっていて、時代が下るにつれて、物語の社会的意義が強くなることを表わしている。この話型は中国の各地に広く分布しており、一九二〇―三〇年代から採集が始まり、五〇―六〇年代には大量の資料が蓄積された。一九九〇年前後の記録はさらに多い。浙江省で近年採集され出版された県別の資料集（『民間文学故事集成・県巻本』）には二十一話、福建省の『県別資料集』には十九話があげられている。現代採集されたものを分析すると、やはり謝端系統と呉堪系統のはっきりとした痕跡が見られる。しかしほとんどの類話が円満な結末になっており、田螺女房は天に帰ることもなく幸せに暮らすとしている。幼くして両親をなくし、働き者で善良な主人公は美しく不思議な力をもつ田螺女房の真の愛情を勝ち取り、生活をよくしていくところに、民衆の社会の下層に位置する孤児に対する深い同情がこめられている。主人公と田螺女房の婚姻と離別は田螺の殻を隠すこととそれの発見による。この重要な部分においてタブーの概念が強くはたらいている。少数民族における伝承はほかの話型との複合が見られるものが多い。たとえば、貴州省の布依《ブイ》族の伝承では狗耕田《くこうでん》型と結びつき、マオナン族では百鳥衣型に連なり、台湾の高山族でも百鳥衣型のモチーフが紛れ込んでいる。

（劉魁立）

白鳥処女（天鵝処女）（AT四六五、ET三四、丁乃通四〇〇、KT二〇五、IT二二一）

〔あらすじ〕兄夫婦にいじめられている若者が年老いた牛だけを与えられて家を追い出される。牛の指示で、水浴びをしている天女の服を盗み、その天女と結婚し、子どもも生まれ幸せに暮らす。それを知った天の西王母が、天女を連れ戻す。男は牛の指示にしたがってあとを追っていき、もう少しで追いつくところだったが、西王母がかんざしで川を作り、川が二人を隔てることになる。西王母は一年に一度、七月七日にだけ会うことを許す。

〔解説〕中国の白鳥処女型の話の代表は、日本でも七夕の話としてよく知られる「牛飼と織り姫（牛郎織女）」の話である。漢民族ではおおむね右のように語られる。晋代の『玄中記』、『捜神記』など、古代文献の記録も多く、これらの表題である「毛衣女」をこの型の名称とする場合もある。西南地区をはじめとする少数民族の間にも孔雀《くじゃく》（傣《タイ》族）などの鳥類が羽根を脱いで水浴することが若者との結婚の契機となる話が広く伝承されているが、漢民族の伝承とは比較的大きな違いが見られる。まず西南部の少数民族では七夕の起源とはしない。ほかの民族的行事の起源とするものもあるが、行事と関係なく語られるほうが多い。また、後半部分で男が天女を追って天上に行った後の展開は日本と近く、天女の父親に難題を与えられる。難題の多くは、焼き畑農業に関する木の伐採、野焼き、種まき、まいた種の回収などであるが、その途中事故に見せかけて殺害しようとするものも少なくない。ほかに、食事の中や寝床に毒をもった虫などを入れるもの、ユニークなものとしては隠れんぼなどがある。これらの伝承では、天女の助けで難題を解決し、二人はこの世に戻り幸せに暮らすというハッピーエンドになっている。また、漢民族と北部地区の少数民族には変形として、天の神が孝行だが貧しい若者を憐《あわ》れんで娘をつかわし、若者と夫婦となり子どもも生まれるが、期限が尽き、天女は天に帰る。子どもが母親を慕って捜しにいき、水浴中の母の衣服を隠して会い、特別な力をもらい民族や氏族の始祖となる、というものもある。このようにこの話は異類女房譚のほかの話型と複雑に交錯している。なお、学者によっては異類女房譚をすべて白鳥処女型と扱うものもいる。（髙木立子）

虎のお婆さん（老虎外婆）

（ET一一、丁乃通三三三C、KT一〇〇、四五〇、IT三四八）

〔あらすじ〕何人か子のいる母親が、子どもたちに留守番をさせて親戚の家に行く。途中で虎（または狼）が化けた女に会い、子どもの名前など家のことを詳しく聞かれたあと、その女に食われる。虎は祖母に化けて子どもたちがいる家にうまく入り込む。

虎は尻尾を隠すため水瓶の上に座ったりするので、上の子どもは疑うが、末の子どもはこれを祖母と信じて一緒に寝る。夜中、上の子どもは虎が物を食べている物音を聞きつけ、何を食べているのかと聞くと、虎は「ニンジンだ、食べたいか」と言って、末っ子の小指を投げてよこす。上の子どもたちは末っ子が食べられていることに気づき、便所に行くと偽って庭に出て木に登る。虎が子どもたちを捜しに出てきて、どのように木に登るのかと子どもたちに尋ねる。子どもたちは油を塗るとうまく登れると教え（または腐った綱を下ろし）、木の途中から虎を落として殺す。

〔解説〕この話は中国の各地に広く分布している。そのためいろいろな細かい変化がある。たとえば、浙江省、山東省、湖南省などでは妖怪は虎の化け物であるが、安徽省、江蘇省、四川省、河南省、河北省、北京市、山西省などでは狼の化け物がこれに代わる。そのほか、熊、狐、鴨などの動物や野人、妖怪などとするところもある。子どもは女の子三人とするものが多く、名前は、日常生活の中で使われる道具類、とくに戸締まりに関するものが多い。そして話の最後に教訓として、戸締まりの重要さや、知らない人への警戒を怠ってはいけないことが付け加えられることも少なくない。解放後の一時期は知恵を使って敵と戦うことが強調される傾向があった。

　中国の昔話は、モチーフの相互借用や話型の複合が著しい傾向があるが、この話も広く分布しているだけに、複合が目立つ。とくに東北地方をはじめとした北部地域では、この後、子どもたちが妖怪を煮て食べ、その骨を埋めたところから白菜が二株生える。行商人がそれを買い取り、籠に入れていくと次第に重くなる。籠を下ろして見てみると、その一つから母親と末っ子が、もう一つから、妖怪の子どもが出てきたとするものや、その白菜がそれぞれ美しい女の子に変わったので行商人が育てていると、やがて蛇に求婚され……と、蛇夫の話につながっていくものが見られる。

　清代黄之雋の「虎媪伝」に同話型の話が記載されている。（髙木立子）

犬が田を耕す（狗《く》耕田《こうでん》）

（ET三〇、丁乃通五〇三E、KT四五八、四五九、IT三六四）

〔あらすじ〕　二人（あるいは三人）の兄弟がいる。兄嫁はけちで、分家をしようと言い張る。欲張りの兄は大部分の財産を独り占めし、正直者の弟には犬を一匹与えただけだった。あるいは、弟は牛のしらみを一匹もらったが、このしらみが他人の鶏に食べられたので鶏で弁償してもらい、鶏が犬に食べられたので犬で弁償してもらうという紆《う》余曲折《よきょくせつ》をへて、犬を手に入れる。弟はこの犬に鋤《すき》を引かせて田を耕すが、それによって利益を得る。兄はそれをうらやみ、犬を借りてきて田を耕すが、かえってひどい目にあう。兄は犬を打ち殺すが、その墓から竹が生えてきて、弟に金銀などの宝物を落とす。兄がその竹を横取りすると、汚いものや毒蛇などが落ちてくる。

〔解説〕　この話型は、少数民族地区も含む中国の各地に広く分布している話の一つである。最近出版された浙江省各県の昔話資料集『民間文学故事集成・県巻本』には二十八の新しい類話があり、四川省の各県の昔話資料集には七十九の新しい類話が採集されている。この話型は変体が多く、高くそびえる木に大小の枝が伸びているように、この一つの基幹プロットからさまざまな発展が見られる。ある変体の結末は、兄が犬の墓から伸びた植物を切り捨てると、弟はその枝で籠を編み、その籠で魚を捕る、あるいはその籠に鶏に卵を産ませて大収穫を得る。兄がまねると逆にひどい目にあう。また、別の変体では弟は兄が壊《こわ》した籠を焼くとその灰の中から豆を見つけ、それを食べると香りのよい屁をひるようになる。その屁を売って大金を得るが、兄はそれをまねて、人の衣装を汚してしまい罰せられる。さらにほかの変体は、弟が兄の壊した籠を燃やして飯を炊くと、空の鍋の中にご馳走が現われる。兄がまねると火事になり、家が一切焼けてしまう。さらにそれに続けて弟が兄の家の消火を手伝ったあと山で休んでいると、動物たちの話し声が聞こえ、宝物の隠し場所を知って金持ちになるが、兄がまねると動物たちに叩き殺される、とする変体もある。この話型は語るときしばしば韻文が混《ま》ぜられ、伝承の安定性を強めている。この話には、民衆の道徳観、価値観やよい生活への願望のほかに、兄弟間の遺産相続についての対立も反映している。その中には末子相続の古い習慣の名残りが見られるほか、霊魂の転生という古い観念の跡も見ることができる。この話型についての研究は多く、中国では劉魁立、劉守華、日本では稲田浩二、伊藤清司、直江広治、韓国では崔仁鶴、孫晋泰、崔来沃などがそれぞれの立場から研究している。

（劉魁立）

●モンゴル族●

八本足のナイガル・ザンダン

〔あらすじ〕 老夫婦に、一人息子がいた。息子は一頭の羊を可愛《かわい》がっていた。羊が殺されると、踝《くるぶし》の骨を取って残し、金と銀の踝と呼んだ。父親が狩りをしていると、妖怪が現われ、息子をよこさないと殺すと言っておどしたので、父親は、息子を妖怪にやることに決めた。そして、息子の大切にしている金と銀の踝を地面に埋めて引っ越した。

息子は、俊足の八本足の馬に乗って、踝を取りに戻った。息子が家のあった場所に着くと、妖怪のお婆さんがいた。息子が踝を見つけて帰ろうとすると、お婆さんは鞭《むち》で馬の足を全部切りとった。お婆さんは、息子を食べずにそばに置いた。

一羽の鳩が飛んできて、息子を救い出そうとした。鳩はお婆さんの鞭で殺された。次は、雄牛が来て、息子を背中に乗せ、逃げ出した。

鳩と雄牛は、昔可愛がっていた羊が変身したものだった。雄牛は息子に、自分を殺して、毛と足と内臓と肉をまくよう言いつけた。息子が言われた通りすると、まかれた雄牛は、お妃《きさき》や家来や家畜や財産に変わった。

〔解説〕 モンゴル人民共和国、中国の内モンゴル自治区、甘粛省などに伝わる。

羊の踝の骨は玩具として、大人、子どもを問わず、種々の遊びに使われる。この話では、殺された羊は息子の守護神として種々の動物に転生し、最後には富をもたらす。守護神としての動物は、漢族の昔話にも現われる。

たとえば、「灰かぶり」では、実の母親の転生した牛や魚が娘を守り、継母に殺されて骨になっても、食べ物や着物を出して娘を助ける。この点は「白鳥処女」でも同様である。主人公の男は、けちな兄と分家したときもらった一頭の牛から、常に援助や教示を受けつづける。なお、息子を食べようとした妖怪は、ミハチンと呼ばれる人食い婆であろう。ミハチンは日本の鬼婆に似た妖怪である。

（千野明日香）

婆さん爺さんの二人

〔あらすじ〕　昔、一組の夫婦がいた。妻は賢く、働き者だったが、夫は大食いの愚か者だった。夫は肉を食べるのが好きで、わずかに残った家畜も毎日一頭ずつ食べてゆき、妻が出かけたすきをねらって最後の一頭も食いつくした。妻は夫に愛想をつかし、雌の家畜の乳房だけ持って家を出ていった。

山の岩屋にたどり着くと、妻は乳房を壁に貼りつけ、乳をしぼって生活した。妻は残してきた夫のことが気になったので、バターを持って夫のもとへ出かけた。夫が灰を食べていたので、妻はバターを投げ込んで帰った。それから何回もバターを持っていったので、夫は妻のすみかをつきとめた。そして、岩屋へやってくると、壁に貼りつけた乳房をはぎとって食べた。それを知ると、妻は岩屋を捨て、乳をしぼれる動物をとらえ、暮らしをたてた。ところが、夫が追いかけてきたので動物は逃げ出し、妻も再び夫から逃げ出した。

一人で野原を歩いていると、パオ(包)があって、中には食物があった。そこは、狼や狐などの動物の家だった。動物たちは、妻一人きりなら住んでもよいと言った。動物たちの手伝いをすることを条件に、妻はそこに住み込んだ。夫は妻を捜しあて、妻から食べ物をもらっていたが、隠れているところを動物たちに発見され、殺された。

〔解説〕　モンゴル人民共和国、中国の内モンゴル自治区に伝承がある。また、インドの『シッディ・クール』がモンゴルに伝わり、土着化した『モンゴル伝承シッディ・クール』にも類話が見える。

この話では、働き者の妻は、大食いで無能な夫に愛想をつかしながらも捨てきることができない。結局乳しぼりをしながら養ってやるところにおかしみと暖かみがある。内モンゴルに、隣のお婆さんの命を助けたため、どんな家畜の乳でも、その娘がしぼれば、無尽蔵に出る不思議な手をもつことになった娘の昔話がある（「神奇的擠奶姑娘」）。妻が機織《はた》りや農作業ではなく、乳しぼりで夫を養うところに、遊牧民の生活が反映されている。

また、壁に貼った乳房から乳がしぼれるなど、動物の身体の一部が一人前の機能をもち、活躍する話は、モンゴルやチベットでは珍しくない。（千野明日香）

豚の名医

〔あらすじ〕怠け者の夫が、働き者の妻と暮らしていた。妻が、働く気を起こさせようと、夫を馬に乗せ、犬を連れて出かけさせると、狐が現われた。男が追いかけると、狐は穴に逃げ込んだ。男は馬を犬とつなぎ、帽子で穴をふさぐが、狐は穴から飛び出し、帽子を頭に掛けて逃げた。犬は狐を追いかけたので、馬も犬といっしょに駆け去ってしまう。無一物になった男は、王の家畜小屋の藁《わら》にもぐり込んだ。

すると、王妃が来て、男の目の前で指輪を落とした。指輪は、家畜のフンにまぎれ、囲《かこ》いに貼りついてしまう。指輪を探すため、お触れが出された。男が指輪を持って王のもとへ行き、豚の頭をもらって占うふりをすると、フンから本当に指輪が出てきた。

男は王から数珠《じゅず》の行方探しも頼まれて困惑するが、盗んだ犯人が恐れて男に打ち明けた。次に王妃が病気になり、王の家畜が死んだ。男は占いを頼まれて困惑するが、偶然厠《かわや》で黒牛たちの話を聞き、王に黒牛を殺させると、王妃の病気は治り、家畜も死ななくなった。

男は何の値打ちもない物をほうびにもらって家に帰った。妻は男に言いつけて、もっと値打ちのあるものを王からもらわせ、夫婦は幸せに暮らした。

〔解説〕モンゴル人民共和国、中国の内モンゴル自治区から、チベット自治区に伝承が多い。朝鮮半島にも伝わり、日本の昔話では「にせ占い」（IT七三一A）にあたる。インドの『シッディ・クール』が、イラン高原、チベットを経て、モンゴルに伝わり、土着化した『モンゴル伝承シッディ・クール』にも類話が見える。

賢い妻が怠け者の夫の尻を叩いて成功させる話だが、類話によって、細部に違いがある。たとえば、冒頭は、怠け者の夫を妻がむりやり外に追い立てる話もあるが、妻が夫を発憤させようと、あらかじめ食料を外に隠し、夫に発見させて働く気が起こるように導く話もある。結末では、ほうびをもらうだけでなく、国の半分を分けられ、統治者になる場合もある。また、王妃を病気にかからせたりして悪さをする悪者の正体は、マングースと呼ばれる人食いの妖怪である。マングースは、十二や二十など、多くの頭を持つ。

（千野明日香）

●チベット族●

転《ころ》がるツァンパ

〔あらすじ〕貪欲で金持ちの兄と、誠実で貧乏な弟がいる。ある日、弟はツァンパの団子を落とし、転がるツァンパを追いかける。ツァンパはある洞窟に転がっていったので、弟も入っていくと、そこには異人がいて、呪宝からいろいろな食べ物を出して歓待してくれる。弟はその呪宝をもらって帰り、呪宝のおかげで豊かに暮らす。弟が金持ちになったことを知った兄は、弟から事情を聞き、自分もツァンパを無理に転がして洞窟に行くが、異人は兄を食べてしまう。

〔解説〕ツァンパとは青稞麦《チンコ》を炒って粉にした物で、チベット人の主食である。これを水や茶でこねて食べる。

この物語は、悪兄善弟の外枠をもった典型的な異郷訪問譚で、国際的には「泉の側で糸を紡ぐ娘たち」（ＡＴ四八〇）に属する。ＡＴ四八〇は、中国大陸ではいくつかの下位類型に分化しながら流布《るふ》しているが、この物語に見られるような、転がる食品を追いかけて異界へ導かれるモチーフは、チベットとその周辺にだけ見いだされる。類話は四川省西部から青海省、西蔵自治区に居住する蔵族の間に流布し、雲南省北西部に住む傈僳《リス》族にも及んでいる。

この物語の基本的な構想は、日本の「地蔵浄土」（ＩＴ八一）とよく似ている。団子を落とした爺が転がる団子を追いかけて地下の世界へ行き、地蔵の教示を得て鬼の宝を盗んで帰り、これをまねた隣の爺は失敗するという話である。チベットに伝わる類話のなかには、地下の世界に入った主人公が最初に菩薩像に出会う趣向や、洞窟の中の神が主人公に妖怪たちの宝を盗むように教示するなど、さらに「地蔵浄土」と酷似した部分をもつ話もある。

転がる団子を追って異界へ導かれる物語といえば、日本では「地蔵浄土」以外に「鼠の浄土」（ＩＴ八二）が知られている。面白いことにチベットにおいても、ツァンパが転がった先が鼠の国だったと説く話がある。ラサ付近の伝えでは、貧しい妹が落とした団子を追って鼠の穴に入る。そこにいた鼠が地面を転がって出るように教えてくれる。そのようにすると体中に金銀がついている。姉がまねをすると、体にはガマや蠍《さそり》がついていたという。類話はブータンにもあり、チベット文明圏にはこのような形式もそれなりに広まっていたらしい。

　ヨーロッパにも、転がるケーキを追いかけた娘が異界に行って宝をもらい、まねをした娘は失敗するというAT四八〇の伝承が、北欧からトルコにかけてまとまった形で展開している。このチベットの類話群は、このような昔話の背後に、ユーラシア的な大きな物語の流れがあったことを示唆するものとして、注目すべきである。

（斧原孝守）

金を吐く王子

〔あらすじ〕二頭の怪物が毎年いけにえを要求し、王子の番になる。友人の牧童と一緒に怪物のところへ行った王子は、怪物たちの会話を盗み聴き、怪物の弱点と、さらにその頭を食べれば宝を吐くことができることを知る。二人は怪物を退治してその頭を食べ、宝を吐くことができるようになる。王子と牧童は旅に出る。二人は隠身帽と魔法靴を奪いあっている男たちと出会い、彼らを競走させてそのすきに呪宝を奪う。二人は王のいない国へ行き、宝を吐く力によって王子は国王になり、牧童は宰相《さいしょう》になる。国王になった王子はやがて結婚するが、王妃の行動を不審に思うようになる。宰相が隠身帽で身を隠し、王妃を見張っていると、王妃はラマと密会し王を殺そうとたくらんでいる。約束通りラマは王を殺すために鳥に変じてやってくるが、宰相は鳥を火に投じて殺してしまう。

〔解説〕ヨーロッパから東方に広く展開する昔話のなかには、チベット・モンゴルを東限とするものがいくつかある。この物語の前段をなす「魔法の鳥の心臓」（AT五六七）などもその例で、ここではそこに「悪魔たちが魔法の品物を争う」（AT五一八）が結合している。後段の王妃とラマとの密会の部分は、「鳥になった王子」（AT四三二）に類似しているが、全体的には婚礼の夜に王子を殺しにきた化け物を、死者が退治するという「婚礼の夜の怪物」（AT五〇七B）に近い物語である。いずれも西方的な昔話を巧みに接合し、起伏に富んだ物語に仕立てあげている。

　このような物語は、西蔵自治区、四川省西部、雲南省北部に住むチベット人（蔵族）の間に伝わっているほか、モンゴル族にも伝わっている。モンゴルの仏教説話集『シッディ・キュル』にも整った類話があり、おそらくチベット語からモンゴル語に翻訳され、ラマ僧などによって語り広められたものであろう。類話はラマ教圏を離れて、ウイグル族やキルギス族にも伝わっているが、漢族には知られていない。

　シェルトン（A. L. Shelton）がラサで

採録した類話では、ガマ蛙の化け物を退治した王子とその友人は旅に出て、酒屋の女主人とその娘に金を盗まれるが、結末でその母娘をロバに変え報復するくだりがある。また四川省西部に伝わる類話では、吐金能力を得た王子と牧童は別れて旅に出、王子は酒屋の主人に吐金能力の源泉たるガマを奪われてしまう。一方、女妖から自在棒と人を猿に変えることのできる魔法の花を得た牧童が王子の危難を知り、酒屋の主人を猿に変えて王子のガマを取り返すことになっている。

吐金能力の源泉を盗んだ犯人をロバに変えることにより源泉を奪い返すという説き方は、ヨーロッパに伝わる「魔法の鳥の心臓」では一般的である。おそらくチベットにおいても、このような形式が本来的なものであろう。また甘粛省甘南では主人公を兄弟とし、雲南省中甸では一人の若者の物語とするなど、地域により物語の構想はかなり大きく変化している。

（斧原孝守）

●中国少数民族●

歌う猫

〔あらすじ〕　豊かな兄が貧しい弟を追い出す。弟は歌を歌うことのできる猫を捕まえ、そのおかげで豊かになる。これを知った兄は弟に猫を借りるが、猫が歌わないので殺して埋める。そこから木が生える。弟がその木の下で泣くと木から金銀が落ちる。兄がまねると汚い物が落ちるので、兄は木を切り倒す。弟がその木で豚の餌箱を作ると豚は大きく育つ。兄がその餌箱を借りると、兄の豚は死ぬ。兄は餌箱を燃やす。弟が燃え残った木で櫛を作って髪を梳くと、弟の髪は美しくなる。兄がその櫛を借りると毛が抜ける。兄は櫛を燃やす。弟は燃え残った櫛から釣り針を作り、魚を釣ろうとする。針にかかった魚が針をつけたまま逃げてしまう。弟が釣り針を捜していると、一人の娘が泣いている。娘は父が口に針を刺して苦しんでいるのだ、と言う。弟は娘の案内で竜宮に行き、竜王の口に刺さった針を抜いて褒美をもらう。兄もまねをするが失敗する。

〔解説〕　この物語は、善良な弟が入手した歌を歌う猫が転生を繰り返して弟を富ませ、一方弟のまねをする貪欲な兄には害を与え続けるという、奇跡の猫の転生を主題とする物語である。

猫は死後、木・豚の餌箱・櫛・釣り針の順に転生すると説くものが多いが、雲南省西双版納《シーサンパンナ》に住む傣《タイ》族の類話のように、竹・豚の餌箱・樋・箸の順に転生して釣り針にはならず、最後に竹になって主人公がそこから楽器を作ることになっているものもある。

類話は中国西南部から南部にかけて居住する苗《ミャオ》族、瑶《ヤオ》族、壮《チュワン》族、傣《タイ》族、彝《イ》族、佤《ワ》族の間に伝わっており、分布の中心は、苗《ミャオ》・瑶《ヤオ》族にある。広東省連南の瑶《ヤオ》族では転生する動物をハクビシンとし、四川省涼山の彝《イ》族では狐とするが、地域的な変化であろう。

この話は「花咲か爺（犬むかし）」（IT三六四A）、中国の「狗耕田故事《くこうでんこじ》」（ET三〇）などと同じく、動物が死後転生をつづけて飼い主に福をもたらしつづけるものであるが、主題の核が猫になっているところに特徴がある。ここで面白いのは、琉球諸島の「母の猫」（IT二五七）の伝承である。弟が金をひる猫を手に入れる。兄が猫を借りるが金をひらないので殺す。猫は木に転生して金の実をつける、という話である。猫が歌うわけではないが、転生の主体を猫とする伝承にも、それなりの広がりがあったことになる。

（斧原孝守）

長い鼻

〔あらすじ〕　貧しい弟が豊かな兄に種籾を借りる。兄は弟に炒った籾を貸してやる。一本だけ出た芽が伸びて大きな穂をつける。ある日、鳥がその穂をくわえて飛び去ったので、弟は慌てて鳥の後を追う。山中に入った弟は、そこで神仙たちが呪宝を用いて酒食を出して飲み食いするのを覗き見る。神仙たちは朝になると呪宝を隠して帰ったので、弟はその呪宝を持ち帰って豊かに暮らす。これを知った兄は弟がやった通りにして山へ行き、神仙たちが飲み食いするのを覗き見る。しかし神仙に発見され、呪宝を盗んだ罰として鼻を長く引き伸ばされてしまう。弟は呪宝を使って兄の鼻を縮めてやろうとするが、兄は自分で慌てて呪宝を使ったため、鼻が顔にめり込んでしまった。

〔解説〕　この昔話は、末段を欠いた形で唐代の随筆集『酉陽雑俎《ゆうようざっそ》』に新羅の話として見えるほか、十三世紀に成立したとされるモンゴルの仏教説話集『シッディ・キュル』にも見え、古くから東アジアに流行した物語であったらしい。

現在、この物語は漢族にも広く伝わるが、周辺の少数民族の間に広汎に流布《るふ》しており、北は黒竜江省に住む満族、内モンゴル自治区北部の達斡爾《ダフール》族から、南は海南島に住む黎《リー》族、西は新疆ウイグル自治区に住むモンゴル族に至るまで、かなりまとまった形で伝わっている。

満族の例では、肉を盗んだ猫を追って、弟がある家に行くことになっている。家には七人の娘たちがいて、魔法の銅鑼《どら》で食べ物を出して食べている。弟は銅鑼を盗んで帰り、まねをした兄は娘たちに首を伸ばされる。兄嫁は弟の銅鑼を借りて首を縮めようとするが、兄の娘が銅鑼を続けざまに叩いたため、兄の首は胴にめり込んでしまった。黎《リー》族の例では、兄に追い出された弟が山で猿の群れと出会う。猿は銅鑼を打って果物を出している。弟はその銅鑼を盗んで帰る。まねをした兄は猿に捕まって蛇のように伸ばされる。兄は弟の銅鑼で体を縮めてもらおうとするが、遅いのに苛立った兄嫁が銅鑼を続けて打ったために兄は卵のように丸まってしまう。

　中国大陸の南北にわたって変異が少ない物語が広がっているのは、この物語がよほど強い力によって一元的に語り広められたことを示すものであろう。その中にあって、朝鮮半島にはやや独自性の強い物語が展開しており、韓国の「金の砧《きぬた》、銀の砧」（KT四六〇）は、この物語の朝鮮的な変異型である。

　丁乃通の『中国民間故事類型索引』（一九七八年）では、この類型を「二人旅人」（AT六一三）の亜型として整理している。山中の野獣たちの話を盗み聴くなど、「二人旅人」と複合している例もあるが、この物語は物語形式としては「泉の側で糸を紡ぐ女たち」（AT四八〇）の下位類型の一つとみなすべきであろう。

（斧原孝守）

ヒヨコの仇討ち（AT二一〇）

〔あらすじ〕雌鶏がヒヨコたちと暮らしている。あるとき、雌鶏が山猫に食べられてしまったので、ヒヨコたちは母親の仇討ちに出かける。途中、竹、針、魚、牛糞、砥石《といし》などが助太刀に加わる。彼らは山猫の家に入り、竹は囲炉裏《いろり》に、針はベッドに、魚は水甕の中に、牛糞は家の出口に、砥石は門の上に、それぞれ身を隠す。山猫が帰ってくると、囲炉裏で竹が爆《は》ぜ、ベッドでは針が刺し、水甕の魚が顔を打つ。逃げようとした山猫が牛糞で滑ったところへ、上から砥石が落ちてきて山猫を仕留める。

〔解説〕さまざまな動物や道具などがそれぞれの特性に応じて敵を攻撃するという「旅歩きの動物たち」（AT二一〇）の伝承は、洋の東西にわたって広く展開しているが、中国大陸ではいくつかの個性的な小類型を形成しながら流布している。その一つである「ヒヨコの仇討ち」は、母鶏を山猫に殺されたヒヨコの仇討ちを主題とした動物昔話として構成されているところに特色がある。

　この物語の分布は、中国西南部に住むチベット・ビルマ語族に属す、彝《イ》族、哈尼《ハニ》族、羌《チャン》族、普米《プミ》族などの諸族を中心に、周辺の苗《ミャオ》族、侗《トン》族、傣《タイ》族、布依《プイ》族、布朗《プーラン》族などの諸族に及んでいる。

この物語は、鶏と山猫やイタチなどの害獣の対立を基軸に、蜂や針、蟹、魚、棒、石、糞などの援助を説くものが多いが、雲南省南部に住む布朗《プーラン》族や傣《タイ》族には、やや異なった類話がある。雀の雛を象が踏みつぶす。母雀が泣いていると、蜂と蝿と蛙がやってきて仇を討とうという。蜂が象の目を刺し、蝿が卵を産む。傷が膿んで目が見えなくなった象は、水を飲もうと蛙の鳴き声につられて進み、崖から落ちて死ぬ。

この形式は明らかに一世紀から六世紀までに成立したという、インドの『パンチャタントラ』の第十五話「雀と啄木鳥《きつつき》と蝿と蛙と象」にきわめてよく似ている。『パンチャタントラ』の話は象に巣を壊された雀が啄木鳥と蝿と蛙の助けによって象を倒す話である。蝿が羽音によって象を眠らせ、啄木鳥が象の目を潰し、蛙が鳴いて象を大きな池に誘い溺死させたとある。蝿のはたらきが変化しているだけで内容はほとんど一致している。

ただ西南少数民族の伝える一般的な類話は、むしろ日本の「雀の仇討ち」(IT五二五)に一致している。これは雀の雛が母雀を食べた山姥を退治する話である。雀の卵を食べにきた山姥が母雀も食べてしまう。残った卵から生まれた雛が、栃の実、針、牛糞、臼などの助太刀で山姥を倒す。援助者群が類似しているほか、四川省の彝《イ》族には敵を妖婆とする伝承もある。

(斧原孝守)

●シベリア少数民族●

七十の言葉 (AT六七〇)

〔あらすじ〕 猟師が野宿をしていて目を覚ますと、濃い霧に包まれている。驚いて弓を構えると、霧が炎の蛇になる。炎の蛇は、「わたしは何年も青い毒蛇と戦っている。力を貸してくれ」と言う。明け方、青い毒蛇が飛んできて、戦いが始まると、猟師が助太刀して毒蛇を退治する。炎の蛇が猟師を自分の国へ連れていくと、蛇の両親がお礼に猟師に獣や鳥や木の言葉を教え、「このことをだれにも話すな。話したらおまえの命はない」と告げる。猟師は七十の言葉を覚えて家に帰る。帰途、猟師は鼠が、「毒蛇が殺された仲間の仇討ちに飛んでくる。どうしよう」と言っているのを耳にし、毒蛇を待ち伏せて殺す。金持ちの家のそばまでくると、そこの犬が、「うちの主人はけちで、あなたに食事を与えないから、よそへ行きなさい」と言う。猟師が貧しい家に行くと、そこの犬が、「うちへ寄っていきなさい。うちの主人が羊を殺してごちそうします。そうしたら、わたしに骨をください」と言う。猟師は犬の言葉通りにする。夜中にその家に狼がやってくるが、犬に追い払われる。狼は隣の金持ちの家へ行き、太った馬をその家の飼い犬と一緒に食ってしまう。

三年ぶりに家に帰った猟師は床下で二匹の鼠が話しているのを聞く。「どうやってミルクを飲もう?」「おまえがおれの尻尾をくわえろ。おれが壷にさかさにぶら下がってミルクを飲む。そしておまえと交替する」。まず一匹がミルクを飲み、もう一匹と交替するが、くわえてもらっていた尻尾がすべり、鼠が壷に落ちる。鼠たちの話を聞いていた猟師は大笑いし、溺れかけていた鼠を救い出す。妻が夫の笑い声を聞き、夫に問いただす。夫は、「わけを話したら死なねばならない」と言うが、妻が信じないので、やむなく妻に葬式の支度をさせ、「明日、すべてを話す」と約束する。その晩、猟師は家畜たちの話を聞く。羊たちは、「主人の追善供養のために、おれたちのリーダーが殺されようとしている。そうなったら、いったい誰が水飲み場や放牧地へ行く道を教えてくれるのだ」と言い、馬小屋では馬たちが、「狼どものいる場所を迂回する道を知っている鹿毛の馬が追善供養のために殺されようとしている」と言い、牛小屋では雄牛が、「おれは一人でこんなに大きな群れを率いているのに、ご主人はたった一人の女房をもてあましている」と言い、老犬が、「おれはご主人のお供をしてあの世へ行く。奥さんに殴られるだけだから」と言い、若犬も、「おれも死ぬほかない」と言う。猟師ははずかしくなり、わがままな女房を家から追い出して別の女と結婚し、幸せになる。

〔解説〕　これはブリヤートの昔話だが、類話の分布はヨーロッパ諸国をはじめ、トルコ、インド、インドネシア、アフリカ、アゼルバイジャン、カザフ、タタール、モンゴルなど、広範囲に及ぶ。ロシアのアファナーシエフの話では、燃えている切り株の中にいる蛇が猟師に命を助けられ、万物の言葉がわかる能力を授ける。日本の「聞耳頭巾」(IT一一一)にも国際的な話型に近いものがある。

(斎藤君子)

月へ行った娘　(IT五〇五)

〔あらすじ〕　継娘が継母の言いつけで夜中に川へ水汲みに行った。川の氷を割って水を汲み、天秤棒に担いでつるつるすべる道を家まで運ぶのは大人でもつらい仕事だった。女の子はあまりのつらさに途中で立ち止まり、夜空を見上げて月に我が身の不幸を嘆いた。すると月が娘を哀れんで手を差し伸べ、娘を自分のところへ引き上げた。だから月には天秤棒をかついだ娘の姿が見えるのだという。

〔解説〕 ナーナイの昔話。月面に水桶を担いだ娘が立っているとする話は、ウラル・アルタイ諸民族をはじめする、ユーラシア大陸北部の民族に帯状に分布している。主人公の娘は継娘のほか、農奴、嫁などである。アムール河流域のツングース系民族には、蛙娘が主人公の話もある。水と結びつきが強い上に、多産で知られる蛙が豊穣をもたらす月と結びつくのは自然だろう。花嫁衣裳に蛙の刺繍がほどこされていることも、蛙と女性との結びつきを証明するものである。カナダ北東部のミクマックでも、月の黒斑を月に貼りついた蛙の姿だと説明する。

話の結末に、犬が月に向かって吼えるのは、月へ行った娘を恋しがっているのだとする謂《いわ》れがつくこともある。

この話の類話はアイヌにもあるが、主人公は多くの場合男の子で、水汲みをいやがり、遡上する川の魚に悪態をつき、月を見上げてうらやんだために、罰せられて月へ連れ去られたのだとされている。沖縄では、アカリヤザガマという赤い顔の男が、人間に若返りの水を浴びせるために天上界から派遣されるが、一休みしているすきに蛇が若返りの水を浴びてしまったので、やむなく人間に死水を浴びせて天に帰ったために、太陽に罰せられ、月に立たされているのだとされる。

（斎藤君子）

火種

〔あらすじ〕 三人の猟師が狩りに行き、野宿をすることになった。マッチを忘れたことに気づき、一人が木に登ると、遠くに明かりが見えた。男が火種をもらいに行くと、森の中でおじいさんが一人、焚火にあたっていた。男が「火種をください」と頼むと、おじいさんは「おもしろい昔話を語ってくれたら、火をやる」と言った。昔話を知らない男は仲間のところへ引き返した。次に別の男が火種をもらいに出かけたが、この男も昔話を知らなかったので、手ぶらで引き返してきた。最後に一番若い男が出かけていった。おじいさんが、「おもしろい昔話を語ったら、火をやろう」と言うので、若い猟師は語りだした。

「おれは一夏の間に蚊を袋に一杯、羽虫を一杯、虻を一杯殺して売った。すると蚊が馬一頭と牛一頭、羽虫が馬一頭と牛一頭、虻が馬一頭と牛一頭になった。牛を殺して皮を剝《は》ごうとすると、牛がはね起きて逃げ出した。おじいさん、見ろ、天が落ちる！」

猟師がそう叫ぶと、おじいさんが黄金の塊に姿を変えた。猟師は仲間を呼び、黄金をそりに積んで家に帰った。

〔解説〕　これは西シベリアに住むハンティの話だが、類話は東スラブ諸民族をはじめ、マリー、チュヴァシ、コミ、ヤクート、ブリヤート、エヴェンキなど、ロシア共和国に住む多くの民族に流布している。コミの話では、主人公は猟師、火を与える不思議な人物は森の精である。猟師は現実にはありえない、不思議な話を森の精にすることによって、火打石、擦《す》りへることのない狩猟用具、打ち損じることのない銃、傷を治す魔法の草などをもらい、優れた猟師になったとされている。

東スラブでは復活祭の晩のできごととして語られる、宗教伝説的色彩の濃い昔話である。貧しい男が復活祭の晩に火種を分けてもらおうと村の家々を回るが、誰も分けてくれない。困った男が森へ行くと小屋が建っていて、炉に火が焚かれ、死者が横たわっている。男が祈りを捧げると、死者がむっくり起きあがり、炭をどっさりくれる。家に帰ると、炭が金銀に変わる。その話を聞いた隣人がそれを真似て炭をもらってきて床に置くと、家が焼けてしまう。東スラブのタイプ・インデックス（СУС）では七五一B に分類され、類話はロシア四、ウクライナ七、ベラルーシ二である。

日本の「大歳《おおとし》の火」（IT一八）では主人公は囲炉裏《いろり》の火の管理をまかされている女性だが、ロシアでは男性である。これは復活祭の火、すなわち儀礼の火がロシアでは男性の火であることによると思われる。

森の中の不思議な老人が火を与える条件として求めるのは昔話、踊り、あるいは歌を披露することである。これは愉快な歌や踊りを披露して天狗を喜ばせ、こぶを取ってもらう、わが国の「こぶ取り爺」（IT四七）に通じるところがあり、興味深い。

（斎藤君子）

狐とアザラシ

〔あらすじ〕　狐がモモンガに、「雛《ひな》をよこせ。よこさなければこの尻尾で木を切り倒す」と脅《おど》す。モモンガが雛を投げ与

「狐とアザラシ」（E. ラチョフ画）

え泣いていると、アオサギが来て、「尻尾では木は切れない」とモモンガに教える。腹を立てた狐がアオサギの脚をつかむと、アオサギが飛び立ち、狐を海の島に運ぶ。困った狐はアザラシに仲間の数を数えてやるといって一列に並ばせ、背を渡って陸に上がる。このあと狐はカ爺さんの罠《わな》にかかって死ぬ。カ爺さんが狐の皮を剝ぎ、身を外に捨てる。捨てられた狐は寝転がったまま泣き、「雨よ、雹《ひょう》よ、霰よ、雪よ、降れ！」と叫ぶ。すると雨、雹、霰、雪が降り、再び狐の体に毛が生えて蘇る。狐がカ爺さんの家に行くと、人々はみな酔っ払って寝ている。狐がそこにいたアオサギと一緒に飲み食いし大声で騒ぐと、寝ていた人たちが起き出し、棒で殴《なぐ》りかかる。狐とアオサギは逃げ出す。

〔解説〕　ナーナイの別の類話では、結末でアオサギは逃げ、狐は捕まって皮を剝がれるが、再び呪文を唱えて蘇生する。

　ナーナイなどツングース諸民族には狡猾な狐がほかの動物を連続してだます、「狐サイクル」と呼ばれる昔話群があり、「背渡り」モチーフもその中に組み込まれて語られる。導入部に狐が樹上の鳥に雛を要求するモチーフがあることも、この地域に共通する特徴である。

　カムチャトカ半島とチュコトカ半島に居住するパレオ・アジア諸民族では、カモやアビといった水鳥たちが隊を組んで舟や筏に見せかけ、狐を海に誘うところから物語が始まる。

　このように、シベリアの話は鳥によって沖へ運ばれた狐がアザラシなど海獣に、「仲間の数を数えてやる」といって並ばせ、背渡りをするが、日本の「稲葉の素兎《しろうさぎ》」は発端のモチーフを欠き、兎がなぜ離島にいるのか、説明がない。

　まんまと海獣をだまして陸に上がった狐は、ツングースでは人間の罠にかかって皮を剝《む》かれるのに対し、パレオ・アジアでは狐はずぶ濡れになった毛皮をみずから脱ぎ捨てて裸になる。毛皮と目玉を干して寝ているところへワタリガラスが通りかかり、干してあった目玉を食べたり、裸の体に水を浴びせたりして狐をいじめる。このワタリガラスのいたずらは八十神の所業に通じるところがある。

　ナーナイの狐はみずから呪文を唱えて自然界にはたらきかけ、自力で蘇生する。この狐はシャマンであり、日本の兎とオホナムヂの役を兼ねているといえる。

　また、狐にだまされたことを知ったアザラシが、「おまえは罠にかかる」と予言し、その予言が的中するのもツングースの話の特色である。

（斎藤君子）

●東南アジア●

「よこしま」氏と「正直」氏

（AT六一三）

〔あらすじ〕「よこしま」と「正直」という名の人がいて、二人は仲がよかった。「正直」は外国へ行って富を得る。それをねたんだ「よこしま」は「正直」を船底に閉じ込め、食事と引き換えに、両目をくり抜いてしまう。そのあげく、森へ連れていって放り出す。彼は一匹の犬に見つけられる。正直が「ブットー（仏）タンモー（法）サンコー（僧）」と唱えると、犬は「正直」を修験者のところに連れていく。修験者は「正直」を立派な目や耳をもった美しい姿に生まれ変える。「よこしま」はそれをねたんで同じことをするが、犬が来ると腹を立ててののしり、犬に噛み殺されてしまう。

〔解説〕吉川利治・赤木攻編訳『タイの昔話』（三弥井書店、世界民間文芸叢書第三巻）第二編（二）十（二四六頁）。AT六一三「二人の旅人」。日本では、「もの言う亀」（IT三九六）、「兄弟と狼」（IT一六二）。同じく『タイの昔話』第二編（二）十六の類話では、「ブッダ（仏）」「タンマ（法）」「サンカ（僧）」という名の三匹の犬が登場し、この犬たちの名前を正しく呼んだために助けられたことになっている。

世界中に類話が非常に多い話で、古代エジプトのパピルスにもあるという。中国の「阿先と阿後」（澤田瑞穂「中国の昔話」、世界民間文芸叢書第一巻三〇二—三〇八頁）はよい兄が悪い弟にだまされるが、化け物の話を立ち聞きして国王の婿になる。朝鮮では、不老草を求めにいった兄弟のうち、悪い兄が弟をだまして盲目にさせ、不老草を持ち帰る。弟はある島に流れ着き、王女の婿になり、母を連れてこさせる。スリランカ（Clouston. W. A., *Popular Tales and Fictions* Vol. 1 p. 464f., Goonetilleke による採集）では、故郷を出た善悪二人の農夫のうち、善人が羅刹《らせつ》の集会を偶然聞いて王になる。悪人はそれをまねて失敗する。甘粛省に住む少数民族ヨグル族の伝承（Malov. S. E. 1967. Jazyk zheltyx ujgurov. Teksty i perevody, No. 114, http://home.arcor.de/marcmarti/yugur/folktale/tale21b.htm による）では、もともと目が見えなかった兄が、目の見える弟にだまされて野に置き去りにされるが、狼、大烏、禿鷹の会話を聞いて、目も見えるようになり、妻も得る。弟がまねをするが食われてしまう。（増田良介）

穀物盗み

〔あらすじ〕 ある日男がいつものように山芋の根を掘っていると、その根元にぽっかり大きな穴があいた。男は妻を伴って、その穴から地下の国へ降りていった。そこには、見たこともないいろいろななりものがいっぱい実っていた。妻は急いでそれをもぐとお腹に隠した。夫は小さな粒を爪に、大きな粒をへそに、とっても大きいものを頭にのせた。二人は急いで地上へ帰りかけたが途中で崖が崩れ、妻は岩に埋もれて死ぬ。夫は無我夢中で地上へ走り上がって、持ち帰ったいろいろな種子をまいた。すると小さな粒は粟《あわ》に、大きな粒は豆に、一番大きい粒は薯《いも》に育った。（台湾、高砂族）

〔解説〕 人類が穀物などを手に入れ栽培する過程を語る昔話には、大別して三つのパターンがあり、このうちアジアの諸民族でもっとも多いのは、これをよそから盗む仕方である。日本民族、アイヌ族、チベット族、荘《チユワン》族、苗《ミヤオ》族、インドネシアなどでは、日本民族の弘法大師、アイヌ族のオキクルミなどの文化英雄が、異郷や天界から盗み帰り、しばしば、犬がその援助者となる。しかし例示したように台湾の原住民、高砂族の伝承は例外なく主役の男女が地下の国へ赴き、小豆・粟・米・薯、里芋、落花生などを地下の人々に追われたり、災害にあったりしながら命がけで盗んで帰る。穀物を入手する昔話はこのほかに、中国の漢族、彝《イ》族、苗《ミヤオ》族、布依《プイ》族、傈僳《リス》族、アイヌ、アルタイ族の動物、とくに犬の援助で入手することが多い。こうした昔話は、人類が採集狩猟から農耕牧畜へと大きく変革をとげていった歩みに伴って作られていった昔話で、「死体化成神話」の系列の昔話――日本民族の「犬むかし（花咲か爺・雁取り爺）」、漢族の「狗耕《くこう》田故事《でんこじ》」など――と並び、農耕民の語りはじめたものであろう。（稲田浩二）

杵とその仲間の海賊
（AT二一〇）

〔あらすじ〕 昔、杵と針と蜂と卵と泥のかたまりが仲間になり、海賊に出かけた。一行は舟に乗り、とある小島を目指した。島には一人の老婆が床の高い家に住んでいた。海賊の一行は浜辺で食事のしたくをしながら、老婆が家を留守にするときを待ち、みんなでそれぞれの役割を決めた。それで、泥のかたまりは家の前に身を伏せ、蜂は懸樋《かけひ》の下に隠れ、卵は竈《かまど》の灰の中にひそみ、針はござの目に忍びこみ、杵は入り口のかもいに掛かることにした。日の暮れ方に老婆は夜食の煮物をしようと、柴を拾いに出かけた。杵たちは「しめた、今の間だ」と、相談で決めたように、それぞれの持ち場に身をひそめた。暗くなって老婆は帰ってきた。しかし家の前まで来ると、泥のかたまりにつまずいて倒れ、汚れた手を洗おうと懸樋のもとまで行った。すると待ちかまえた蜂が飛び出して、老婆の手を刺した。痛くてかなわず、竈で火を燃やすと、卵がはじけ、そのかけらが老婆の目に入った。老婆は手さぐりで寝床まで行き、ござの上に横たわった。すると、そこにいた針が刺さったので、飛び上がって入り口めがけて走った。ところがそのとき、かもいに掛かっていた杵が落ちかかった。老婆は階段からころがり落ち、首の骨を折ってしまった。そのとき、杵とその仲間たちは、老婆の持ち物を一つ残らず運び出し、船に積んでふるさとの村を目指して逃げ帰った。（アン・ドゥ・フリース編、齊藤正雄訳『インドネシアの民話・比較研究序説』一一九ページ）

〔解説〕　この風変わりな昔話タイプは、例話に掲げたインドネシアのハルマヘラ島北部のロダ族をはじめスラウェシ島やベトナム全域で広く分布している。このタイプに比較的近いタイプは、日本本土の「猿蟹合戦」（IT五二二A「柿争い─仇討ち型」）で、後半殺された蟹の子を援助した栗・蜂・牛の糞・臼たちが、敵《かたき》の猿が外出したすきにその家のあちこちに身をひそめ、帰ってきた猿をそれぞれのやり方で痛めつけて仇をとるというモチーフが共通している。また、アイヌ族、モンゴル族、チン族（ミャンマー）、ヴォグール族（シベリア）・チュクチャ族（同上）、ナーナイ族（同上）、タイ族、イラン人、北米のネイティブ・アメリカンなどでも恐ろしい敵の襲来にあたり、さまざまな小動物や物たちがそれぞれの力を発揮して敵を倒し主人公を守る昔話を伝えている。これらの伝承を比べると、この海賊たちの昔話は一行の異様な活躍ぶりのみが強調されている。視野を広めると、このタイプは「雄鶏と雌鶏アヒルとピンと針が旅に出る」（AT二一〇）に含まれ、「夜営地の動物たち」「ブレーメンの音楽隊」（AT一三〇）ともタイプの核心となるモチーフK一一六一（家のいろいろな場所に隠れた動物たちが、その家の持ち主が入ってくるとき、それぞれ特有の力をもって襲い殺す）が一致している。（稲田浩二）

蛙が月を食べる（AT六一一）

〔あらすじ〕　旱魃《かんばつ》にあえいで旅に出た二人兄弟に、インドラ神が、死者を蘇らせることのできる樹皮を教える。二人がその樹皮を持って旅を続けていると、ある国で「死んだ王女の命を取り戻した者には、その王女をめとらせる」というお触れが出されている。二人は王女を生き返らせ、兄が王女と結婚し、王から国を譲り受ける。月日が経ったある日、兄は生家に帰ることにした。その際、「満月の夜に、樹皮をくるんだ包みを開けてはいけない」と言い残すが、インドラ神は妻に霊力をかけて約束を破らせ、樹皮を取り戻してしまう。帰ってきた夫は、なんとか取り返そうと、多くの動物たちに月と戦って薬を取り返すように命ずる。いろいろな動物が空へ昇るが、みな星になってしまった。しかし蛙はよく戦ったため、東北地方の人々は月食になると、蛙が戦って月を食べていると考え、皆で大きな音や声で応援する。

〔解説〕吉川利治・赤木攻編訳『タイの昔話』第一編（二）五（二九頁）によった。ナコーンサワンの話。二人兄弟が神などから呪的な薬を教えられる話は、AT六一一「小人の贈り物」、AT六一二「三枚の蛇の葉」などがあるが、この話ではそれに月食の由来譚が組み合わされている。

何らかの動物が月を食うために月食が起こるという伝承をもつ民族は多い。朝鮮では、天上の国々の一つである「暗黒国」の王に命ぜられた「火の犬」という獰猛な犬が、太陽や月を盗もうとしてかじりつくと、日食や月食が起こるのだとされている（黄浿『韓国の神話・伝説』二五九頁）。中国雲南省大理の白族《ペー》には、太陽に取られてしまった魔法の薬草を取り戻しにいった主人を助けようと黒犬が太陽や月にかみつくという話が伝承されている（大理白族自治省文化局『白族民間故事選』一〇三―一〇五頁、日本民話の会・外国民話研究会編訳『太陽と月と星の民話』一一一―一一四頁によった）。インドでは、ラーフという怪物が日食と月食を引き起こすことになっている。このラーフが姿を変えて神々の甘露を飲もうとしたとき、太陽と月がそれに気づき、ヴィシュヌがラーフの首を切り落とした。しかし少し飲んでいたのでラーフの首は不死になり、今でも太陽と月を怨んで食を引き起こす（『マハーバーラタ』一・一五―一七）。蛙が天体を飲み込むという話では、十二個あった太陽のうち十一個を蛙が飲み込んだという話が中国のトゥチャ族にある（『太陽と月と星の民話』一八―一九頁）。

（増田良介）

猿と亀のバナナ争い

〔あらすじ〕猿と亀が一本のバナナの木を分ける。猿は実のついたほうを取り、亀は根を取る。亀が植えた根は成長し、やがて実がなる。猿は亀のバナナの木に登って実を食べ、亀にはやらない。怒った亀は木のまわりに先を尖らせた竹を挿し、狩人が来たと言って猿を驚かせる。あわてて木から飛び降りた猿は竹に刺されて死ぬ。亀は猿の肉を切り取り、仲間の猿たちをだまして食べさせる。これを知った猿たちは、亀を捕まえ穴に埋めようとするが、亀は平気だという。池に投げ込もうとすると、亀は勘弁してくれと泣く。猿たちは亀を池に投げ込むが、亀は笑って逃げる。

〔解説〕　アジア大陸の東部沿岸、島嶼地域には、木登りの得意な動物とそうでない動物とが果実をめぐって争い、最終的に木登りの苦手な動物が勝利をおさめるという物語が南北に広く展開している。猿と蟹が柿をめぐって争う、日本の「猿蟹合戦」（ＩＴ五二二Ａ・Ｂ―「柿争い」）もその一例である。

猿と蟹の組み合わせは中国や朝鮮にもあるが、北方のサハリンからアムール川流域ではシマリスと蛙になり、台湾では猿とセンザンコウになる場合が多い。そしてさらに南方の島嶼部では、猿と亀がバナナの実をめぐって争う話が流行している。

このような猿と亀の葛藤譚は、フィリピン群島からインドネシアにかけて居住するオーストロネシア諸族に広く分布しており、微弱ながら大陸部でもタイなどに類話が知られている。亀が猿を殺して終わる単純な形式もあるが、それだけに終わらず、亀が猿をさまざまな方法でだましつづける連鎖譚の形式をとる場合が多い。

フィリピンのイロカノ族の類話では、だまされた猿が亀を川に投げ込むところまでは同じだが、亀はエビをくわえて川から上がってくることになっている。亀は石をくくりつけて飛び込めばエビが捕れると猿に教え、その通りにした猿は溺れ死ぬ。スラウェシ島のミナハサの類話では、池に投げ込まれた亀は岩の間から猿に声をかける。猿が手をさし込むと亀に噛みつかれる。猿はカモシカに頼んで池の水を飲み干してもらおうとするが、カモシカは失敗する。フィリピンにはさらに、猿が亀をココヤシの実と間違えてその上に乗って尾を垂らしたところ、亀に尾を噛みつかれるという話もある。これなどは日本の「尻はさみ型」の「猿蟹合戦」（ＩＴ五二二Ｂ）で、蟹の穴に尻を向けた猿が、蟹に尻を挟まれる趣向と関連するものであろう。

いずれにしても、動物の果実争いという構想をもった物語が、それぞれの地域の生物相によって、動物や果実を変換させながら南北に展開していたのである。その中でも、「猿と亀のバナナ争い」は、もっとも広く流行した話ということになる。

（斧原孝守）

山とヤマアラシ（AT二〇三一）

〔あらすじ〕 一つの小山があった。そこに住むヤマアラシが山にたくさんの穴を掘ってしまった。山は悲しくなり、「私もヤマアラシだったらなあ」とつぶやく。すると山はたちまちヤマアラシになってしまう。しかしヤマアラシは犬に吠えられ、「犬のほうがよかった」と言うと犬になる。しばらく人間に飼われて楽しく暮らすが、ある日飼い主に蹴られ、「私も人間になったほうがよかった」と思うと、人間になる。しかし部落長に仕事を命ぜられ、部落長になることを望む。しかしその部落長も村長に命令されるので、村長になる。こうして次々と上の地位の人間になるが、人間はどこまで行っても上の人間に命令されることに気づき、「やはり山のほうがよかった。そうすれば誰にも命令されない」と思う。すると彼は山に戻り、元の場所に立っていた。

〔解説〕 ドゥ・フリース『インドネシアの昔話』一―三頁。AT二〇三一「土竜《もぐら》の嫁入り」。ドゥ・フリースは、ジャワ西部、スンダ地方の話を収録しているが、ニアス島、ボルネオなどにも類話があることを指摘している。

　より高い目標を望み、結局元に戻るという話は世界中に似た話を探すことができる。インドの『パンチャタントラ』（三―一二）にある「鼠の嫁入り」がなんといっても有名であると思われるが、日本にも「鼠の婿選び」（IT五六八）がある。また、「竜宮童子」（IT七五）や、『グリム昔話集』の「漁師とその妻」（KHM一九、AT五五五）は思いがけずいろいろな望みが叶う境遇を得た主人公が、欲を出しすぎて元に戻ってしまうという筋であるが、類似が感じられる。

　このインドネシアの話では、次々と山が姿を変える動機が「命令されたくない」ということである点に、官僚制度に対する皮肉な見方が感じられて興味深いが、次々に上を望む動機はさまざまである。『パンチャタントラ』の理想の夫を求める鼠や、朝鮮の『於于野談』での、男児のために嫁を捜す野鼠の老夫婦のように、結婚相手を捜すものが多いが、トルコ（Eberhard. Nr. 24. Der ibibik「やつがしら」）では茨《いばら》にはまった小鳥が次々と強い者を呼び、中国の『応諧録』中の「猫の名前」（東洋文庫「中国笑話選」二一九頁）では、飼い猫に強そうな名前をつけようとして、虎猫―竜猫―雲猫―塀猫とめぐったあげく「鼠猫」で落ちになっている。

（増田良介）

●インド●

ヴェッサンタラ太子の布施《ふせ》

〔あらすじ〕　ヴェッサンタラ太子は誰であれ自分に布施を請うものは拒《こば》まないという誓いをたてた。太子は、国土の安寧《あんねい》を省みず、神通力のある象を喜捨してしまう。そのために太子は追放され、妻と二人の子どもだけを伴い、馬車に乗って国を出る。しかし一人の物乞《ものご》いに馬と馬車を乞われ、それらを与える。徒歩で森に入った太子に、醜い婆羅門《バラモン》が子どもたちを奴隷《どれい》として要求し、与えてしまう。婆羅門はついに王妃も乞うが、それも拒絶しない。その瞬間、婆羅門は実はインドラであったことを明かす。

〔解説〕　『ジャータカ』五四七「ヴェッサンタラ・ジャータカ」。ほかにアーリヤシューラの『ジャータカマーラー』(九)「ヴィシュヴァンタラ・ジャータカ」、単独のアヴァダーナ文献『ヴィシュヴァンタラ・アヴァダーナ』。トカラ語、チベット語、ビルマ語にも訳されている。また、倉田百三の戯曲『布施太子の入山』は、この話の非常によく似たバリエーションである『六度集経』巻二収載の須大拏《スダーナ》王子の話を素材としている。参考文献や図像については、『ジャータカ全集』第十巻三〇八―三一五頁の辛島静志氏による文献リストが非常に詳しい。

仏教の出家者は、基本的に一般の人々の布施によってのみ生活する集団であった。そのためか、仏教説話には、布施という行為の重要性を強調するものが初期から非常に多い。それらの登場人物の多くは、常識的な範囲をはるかに逸脱した布施をおこなう。このヴェッサンタラ王子のように、全財産や家族を与えてしまう話以外では、『ディヴヤアヴァダーナ』二二の「チャンドラプラバ・アヴァダーナ」に登場するチャンドラプラバ王は邪悪な婆羅門に自分の頭を与えてしまうし、同三二の「ルーパーヴァティー・アヴァダーナ」では、同じくチャンドラプラバという名の八歳の童子が自分の目を鳥に施し、全身を鳥たちについばまれて死んでしまう。彼は生まれ変わるが、やはり十六歳になったとき、自分の肉体を飢えた牝虎に与えて死ぬ。

惜しむことのない布施という徳は、別に仏教だけで強調されたわけではない。仏教以外の文献にもこれらと共通する話は多く見ることができる。たとえば『マハーバーラタ』(三・一三〇―一三一)ではシビ王ウシーナラが、鷹(実はインドラ)に追われて庇護を求めてきた鳩(実はアグニ)のために、鳩と同じ重さの自分の肉を与えることを承諾する。

（増田良介）

子どもを争う二人の女

（AT九二六）

〔あらすじ〕　一人の女が息子を連れていた。夜叉女《やしゃおんな》がそれを見て子どもの肉を食べたいと思い、連れて逃げ去ろうとした。その女が夜叉女を捕まえると「これは私の子だ」と言った。二人の女は口論しながら賢者のいる堂の入り口にやってきた。賢者マホーサダは事情を聞いて、地上に線を引き、その中央に子どもを置き、夜叉女に手を、母親に足を持たせて、子どもを引っ張り寄せることのできた女を母と認めると言い、引っ張らせた。二人が引っ張りはじめると、子どもは痛がって泣き叫ぶ。一方の女が思わず手を離してしまい、実の母であるとわかった。マホーサダは夜叉女を教え諭《さと》し、五戒を授けてやった。

〔解説〕　『ジャータカ』五四六「マハーウンマッガジャータカ」。AT九二六「里子と実子」。「名裁判―母二人に子一人」（「大岡裁き」）（IT七四〇）。「マハーウンマッガ（大トンネル）ジャータカ」は、大きなトンネルを掘ってヴェーデーハ王を敵の陣中から脱出させた賢者マホーサダを主人公とする長大なジャータカであるが、このエピソードはヴェーデーハ王が七歳のマホーサダに課した試験の一つとして登場する。ほかに『賢愚因縁経』巻一「檀膩輢品」。わが国では大岡政談でよく知られている。また、ベルトルト・ブレヒトの戯曲『コーカサスの白墨の輪』は、この話が重要なモチーフとして使われている。

　類話は古くから世界中で知られている。旧約聖書『列王記』上第三節一六―二八・八のソロモンの裁判では、二人の遊女が同時に子を産み、そのうち一人の子が死んでしまったために争いになる。ソロモン王は「生きている子どもを二つに裂き、その半分を両者に与えよ」と命ずる。一人の女が「この子を生きたままこの人にあげてください。絶対に殺さないでください」という。王は、この女を本当の母親と認める。朝鮮（孫晋泰『朝鮮民譚集』一七三頁）では子どもではなく、二人の商人が一疋の木綿を争い、本当の持ち主は布が破れることを恐れて先に手を離す。『今昔物語集』巻二十七第二十九「雅通中将家在同形乳母二人語」では、源雅通家で二人の乳母が子どもを奪い合っているので雅通が太刀を取って駆けつけると、その一人が掻き消すように消えたという怪異譚になっている。そのほか、南方熊楠の随筆「大岡越前守子裁判の話」（全集第二巻六八頁）には多くの類話があげられている。

なお、「名裁判―母二人に子一人」（「大岡裁き」）（AT七四〇）、「嫁と姑」（AT九二〇）は、嫁姑が同時に子どもを産んだためにどちらがどちらの子かわからなくなる話だが、ここでは二人の親と二人の子どもの血を採って水に浮かべ、それぞれくっついたほうが実の母子であるとする。南方熊楠（同上）によると、「改訂史籍集覧」の収める『左大史小槻季継記』には、一人の子を二人の女が争う、やはり同じような裁判で、三人の血を採って調べようとしたが、八歳の子に血を流させるのは不憫《ふびん》であるということで、二人の女に両方から引き合わせたという話があるという。（増田良介）

マヌと大洪水

〔あらすじ〕　朝早く、マヌが手を洗っていると一匹の魚が彼の手の中に入った。その魚は「私を飼ってください。そうすれば、あらゆる生物を滅ぼす洪水がやってきてもあなたを守りましょう」と言う。そこでマヌは、最初は瓶の中で、魚が大きくなると穴を掘ってそれを飼った。ついに穴にも入らなくなると海へと放した。魚は「これこれの年に洪水がやってくるから、それにそなえて船を作っておけ」と言い残す。その年になると魚の言った通り洪水がやってきた。マヌが船に乗ると、あの魚が泳いで近づいた。マヌはその角に船綱を結びつけた。マヌは北の山へと船を導いた。魚は「水が引くにしたがって少しずつ降りるように」と言い残して去る。世界に一人残されたマヌは、苦行をし、供物を水中に供える。一年後、水の中から一人の女性が現われる。彼女はマヌが供えた供物から生まれたのだった。マヌは彼女とともに苦行をしつづけ、子孫を産む。これが現在の人類である。

〔解説〕　『シャタパタ・ブラーフマナ』一・八・一、一―一〇。辻直四郎訳『インドの説話』（一七―二二頁）によった。

この話は、なんといっても旧約聖書（「創世記」第六章）の「ノアの方舟」や『ギルガメシュ叙事詩』（第十一書板）など、オリエント起源とされる洪水伝説との関係で古くから関心をもたれている。ただしインドの話は聖書やギリシア神話の「デウカリオンの洪水」（オウィディウス『変身物語』一巻二六二―四一五行）とは異なり、この洪水に、人類に与えられた神の罰という意味はない。その点では『ギルガメシュ叙事詩』などと共通している。

インドではほかに、『マハーバーラタ』三・一八五、『マツヤ（魚）・プラーナ』一・一一―二・二〇、『バーガヴァタ・

プラーナ』八・二四などにも見られる。『マハーバーラタ』では、七名の聖仙とあらゆる種子を、『バーガヴァタ・プラーナ』ではそれらに加えてあらゆる生類を船に乗せているので、より「ノアの方舟」の話に近くなっている。また、『マハーバーラタ』では、魚は最後にブラフマン（梵天）の化身であると名乗っているが、後にヴィシュヌ信仰がさかんになると、『バーガヴァタ・プラーナ』に見られる話のように、この魚はヴィシュヌ神の化身（アヴァターラ）の一つと見なされるようになる。（増田良介）

ヴィシュヌの三歩

〔あらすじ〕無敵の魔王バリはインドラの支配する天界の都アマラーヴァティーを攻撃する。神々は都から退避し、バリが三界を支配する。神々の母は嘆き悲しみ、子どもたちが栄光を再び取り戻せるようにとヴィシュヌに帰依し願う。ヴィシュヌはアディティの願いを聞き入れ、朱儒（ヴァーマナ）の姿をとって、カシュヤパとアディティの子として生まれる。彼はバリのところへ行く。バリは朱儒の姿に喜び、何でも望みのものをやると約束する。朱儒は自分が三歩で歩けるだけの土地を望み、バリは承知する。とたんに朱儒は巨大になり、一歩で全地上、二歩で天界を踏む。バリは「罰として三歩目は私の頭の上に置いてください」と言う。ヴィシュヌはバリを賞賛し、スタラ（地獄界の一つ）に住むよう命じる。

〔解説〕『バーガヴァタ・プラーナ』八・一五―二三。インドの口承文芸において神々の、そして神々の中でヴィシュヌの存在が非常に大きいことは言うまでもないが、そのヴィシュヌについて語られる話の中で、これはもっともポピュラーな話の一つである。後世になりラーマ、クリシュナ、魚、亀などと並んで、朱儒はヴィシュヌの化身（アヴァターラ）の一つとされた。舞踊などでもこの話を扱うものは多い。バダーミやエローラ、ヴァラーハマンダパ（マハーバリプラム）には、左足を高く上げて三界をまたごうとするヴィシュヌの浮き彫りがある。

　インドの神々の中でヴィシュヌが主要な地位を占めるようになったのは、ヴェーダ散文文献以降であるが、それ以前の『リグ・ヴェーダ』（一・二二・一六―一八など）の中でも、ヴィシュヌが全宇宙を三歩で歩くという記述はすでに見られる。『リグ・ヴェーダ』では、「ヴィシュヌが空間または大地を横切ってしまう三歩のうち、最初の二歩は目に見えるが、三歩目は鳥の飛ぶよりも向こうにあって、神々の住むところへ導く」とされる。ここで、ヴィシュヌは太陽を神格化したもので、三歩とは、昇って天上に達し、再び沈む運動を表現したものであると考えられている。『リグ・ヴェーダ』よりも一段階新しいブラーフマナ文献において「三歩」はさらに重要な概念となる。ここではヴィシュヌの三歩はそれぞれ大地、中空、天空をまたぐものとされる。

（増田良介）

太陽を飲もうとしたハヌマーン

〔あらすじ〕　ヴァーユ（風神）を父として生まれた猿のハヌマーンは、非常に強い力をもっていた。彼が幼いとき、太陽を果物と間違えて食べようとした。彼があっという間に天へ駆け上がったのに気づいたインドラが怒って、彼の武器である金剛杵（ヴァジュラ）を投げつけたので、ハヌマーンの左のあごが割れた。それゆえ彼は「ハヌマーン（あごをもつもの）」と呼ばれる。息子にけがをさせられたヴァーユは怒り、一切の風を止めてしまった。ヴァーユの怒りを静めるために、ブラフマンはハヌマーンに、武器によって殺されない性質を、インドラは、自分の望むとき以外に死なない力を与えた。

〔解説〕　『ラーマーヤナ』第四巻「キシュキンダーの巻」六六・二〇―二八。トゥルシーダース『ハヌマーン・チャーリーサー（四十詩篇）』などにもある。現代のインドにおける『ラーマーヤナ』のポピュラリティは日本人の想像をはるかに超えるものがあり、インドの口承文芸を語る際にこれをはずすことはできない。とくに、ランカー島へ渡り、誘拐された妃シーターを救出するラーマを助けて活躍する猿のハヌマーン（またはハヌマーン、ハヌマット）は人気が高く、信仰の対象ともなっている。『西遊記』の孫悟空はハヌマーンを元にしているとも言われている

このエピソードは、ちょうどわが国の金太郎が熊と相撲を取った話のごとく、幼年時代のハヌマーンの力強さと無邪気さを表わす話であるが、ハヌマーンの逸話としては現代のインドでもっとも親しまれているものの一つである。ハヌマーンが絶大な人気を得、また信仰の対象となるに至ったことにおいては、トゥルシーダースに負うところが大きい。トゥルシーダース（一五三二―一六二三）は近世の最高のヒンディー語詩人とされる人で、彼が『ラーマーヤナ』を翻訳（実際には大幅に改編を加え、独立した作品となっている）した『ラーム＝チャリト＝マーナス』は名高い。

なお、ルーマニアには、「眠ろうとし

ない幼児イエスにマリアがりんごを二つ与えると、イエスはそれを空高く投げ、それらが太陽と月になった」という歌があるという（日本民話の会・外国民話研究会編訳『太陽と月と星の民話』二四八頁）。類話とまでは言えないが、神的存在の幼年時代の逸話であること、その力を表現するために、果実と太陽が同一視されている点が共通している。

（増田良介）

クリシュナとゴーヴァルダナ山

〔あらすじ〕　牛飼い村の人々がインドラのための犠牲祭の準備をしている。クリシュナは「我々はいつも森と山のおかげで生活しています。だから牝牛とバラモンと（ゴーヴァルダナ）山を敬って犠牲祭をおこないましょう」と、父であるナンダに言い、ほかの牛飼いたちもそれに従う。インドラはこれを怒り、牛飼い村に激しい雷雨を降らす。村人たちは困り、クリシュナに助けを求める。そこでクリシュナはゴーヴァルダナ山を持ち上げ、それを牛飼いたちの上にかざし、七日間一本の指で支え、雨を防ぐ。これを見てインドラは驚嘆し、雨を降らせることをやめた。インドラは降りてきて、自分の高慢を悔い、クリシュナを「ゴーヴィンダ（牛たちの主）」の位につけた。

〔解説〕　『バーガヴァタ・プラーナ』一〇・二四―二七。そのほか『ヴィシュヌ・プラーナ』などにも見られる。クリシュナ若き日の逸話。クリシュナはもともと『マハーバーラタ』の登場人物であるが、非常に人気が高く、のちには信仰の対象となっていく。クリシュナについては大叙事詩以降にさまざまなエピソードが作られた。とくに幼年時代や青年時代の話は数も多く、広く親しまれている。ゴーヴァルダナ山を持ち上げたというこの話も、現代のインドで非常に愛好される話の一つで、ゴーヴァルダナ山自体も信仰の対象になっている。ヴェーダ時代に神々の長であったインドラが、クリシュナ（クリシュナはヴィシュヌの化身とされる）の引き立て役に回り、神々の世代交代を強く印象づける。

　山を引き抜くというのは大胆な発想だが、インドにはしばしば見られるモチーフである。そもそも『マイトラーヤニー・サンヒター』（一・一〇・一三）には、山にはもともと翼があって飛び回っ

山を持ち上げるクリシュナ

ていたが、その翼をインドラが断ち切ったので動かなくなったという話がある。また、有名な乳海攪拌《かくはん》の話では、海を攪拌して不死の飲料である甘露（アムリタ）を得る際のかきまぜ棒として使うために、ブラフマン神が大蛇ヴァースキに命じてマンダラ山を引き抜かせている（『マハーバーラタ』一・一五―一七）。『ラーマーヤナ』第六巻「ユッダ・カーンダ」（戦闘の巻）では、ラーマの傷ついた弟ラクシュマナを治療するための薬草を取るために、ハヌマーンがヒマラヤのカイラーサ山へ赴き、薬草の生える山を引き抜いて持ってきたという話がある。（増田良介）

月と兎

〔あらすじ〕　森の中でカワウソ、山犬、猿、兎の四匹が仲良く暮らしていた。兎はほかの三匹に向かって常々施しを惜しまぬよう説いていた。インドラがそれを見て、兎を試そうと考え、婆羅門《バラモン》に姿を変えて四匹に食物を乞《こ》う。カワウソは魚を、山犬は肉やオオトカゲとバターを、猿はマンゴーと水を施すが、兎は施すものがないので自分の体を施すと言う。兎は火を用意するよう頼み、その中に身を投げる。しかしインドラの作った火であったので、兎は毛穴一つ焼けなかった。インドラは兎の行為を讃えるため、山を絞って山の汁をとり、それで月面に兎の姿を描いた。

〔解説〕　『ジャータカ』三一六「ササ（兎）ジャータカ」。ジャータカは釈尊の前世の行為を語る説話であるので、ここではカワウソがアーナンダ（阿難）、山犬がモッガラーナ（目連）、猿がサーリプッタ（舎利弗）、兎が釈尊であるとされている。この話は『六度集経』巻三、『旧雑譬喩経』など多くの漢訳仏典に見られる。また、『菩薩本生鬘論』巻二「兎王捨身供養梵志縁起」や『菩薩本縁経』巻下「兎品」、『撰集百縁経』巻四「兎焼身供養仙人縁」などでは、兎以外の動物が登場しない形の話が伝わっている。いくつかの獣が登場する形にせよ、兎だけが登場する形にせよ、兎はリーダー格、時には王として登場することが多い。

日本の『今昔物語集』巻五第十三「三獣行菩薩道、兎焼身語」にある話では、動物が兎、狐、猿の三匹であること、兎が身を焼いたまま生き返らないという点、また、兎が動物たちのリーダーではない点など、いくつかの点においてジャータカの話と異なっている。『今昔』ともっとも一致する話が見られるのは『大唐西域記』巻七の婆羅尼斯国《バーラナシー》の項である。直接の関係があったというわけではないにせよ、『大唐西域記』が『今昔』の淵源の一つとなった可能性は高いであろう。良寛の長歌「月の兎」はこの『大唐西域記』に基づいていると考えられる。なお日本昔話では「月の兎」（ＩＴ五〇五）の伝承がある。　（増田良介）

鰐《わに》と猿（ＡＴ九一）

〔あらすじ〕　ある河に果物のなる樹が生えていた。そこに一匹の猿が住んでいた。猿はそこへやってきた鰐をもてなし、仲良くなる。鰐は妻にそのことを話す。鰐の妻は「猿の心臓の肉が食べたい」と言い出す。夫は妻をたしなめるが、断りきれず承知する。鰐は猿を自分のすみかに招待するとだまして連れてくる。途中で鰐は猿に、本当は心臓を取るために連れてきたのだと明かす。猿は「心臓は樹の穴に置いてきたから戻ってくれ」と言う。鰐が戻ると猿は逃げる。

〔解説〕　ＡＴ九一「心臓を家に置き忘れた猿」。アジア各地に分布している話で、日本では「猿の生肝」（「クラゲ骨なし」）（ＩＴ五七七）などとして知られている。

『ジャータカ』には三つの所伝、すなわち五十七「ヴァーナリンダ（猿王）ジャータカ」、二〇八「スンスマーラ（鰐）ジャータカ」、三四二「ヴァーナラ（猿）ジャータカ」がある。このうち二〇八と三四二では、猿が「心臓を河岸にかけてきた」と鰐をだますのに対し、五七にはこの部分がない。そのかわりに猿が「口を開けて待ち、私が近づいたら私を捕えろ」と言う。鰐は口を開くと目が閉じることを利用して、そのすきに猿が逃げるのである。

　類話としては、『パンチャタントラ』第四巻、『マハーヴァストゥ』中の「マルカタ（猿）ジャータカ」、『仏本行集経』巻三、『六度集経』巻四（三十六）、『カリーラとディムナ』（菊池淑子訳、東洋文庫）二〇一頁、Ａ・Ｋ・ラーマヌジャン『インドの民話』（中島健訳）一一四―一一六頁、日本では『今昔物語集』巻五第二十五「亀為猿被謀語」、『沙石《しゃせき》集《しゅう》』五―八、『大成』第一巻二五三頁などがある。いずれもだまし方は、ジャータカ二〇八、三四二と同様、「心臓を忘れてきた」とだますタイプである。

　だまされる動物は、インドでは鰐だが、『仏本行集経』や『沙石集』では「虬《きゅう》」なる動物とされ、わが国の昔話では亀やクラゲとなる。乙姫の病気を治すためにクラゲが猿の生肝を取りにいく話では、使いにやられたのはクラゲで、失敗した罰として骨を抜かれるという由来譚となっている。また、鰐の妻が猿の心臓を食べたがる理由として、ジャータカ二〇八、三四二は妊娠による異常嗜好となっているのに対し、五七ではそうなっていない。各地の所伝には両方のタイプがある。

（増田良介）

二羽の雁と亀（AT二二五）

〔あらすじ〕　旱魃《かんばつ》で池が干上がってしまい、亀が困っている。亀は、やってきた二羽の雁に、一本の棒の両端をくわえてもらい、自分がその中央をくわえるという方法で空中を旅行することを頼む。雁は、もしも口を開いてしまえばおまえは落ちて死んでしまうぞ、と警告した上で承知する。しかし亀が飛んでいるところを見た人々はそれをはやしたてる。それに言い返そうとした亀はうっかり口を開いてしまい、落下する。

〔解説〕　『ジャータカ』二一五。「鶴が狐に飛び方を教える」（AT二二五）。インドではほかに、『パンチャタントラ』『ヒトーパデーシャ』などにある。この話は非常に人気があったようで、仏教文献を通して日本、『パンチャタントラ』を経由してアラビア、ヨーロッパと、ユーラシア大陸全域に伝わり、各地に類話が見られる。東端は日本の『注好選』（下巻十）、『今昔物語集』（五巻二十四）など、西端はおそらく英国のトマス・ノースの『ドーニの人倫の道』であろう。

ところで、これと似た話として（二羽でなく）一羽の鳥が、亀を（棒を介さずに）くわえて飛行し、やはり何らかの原因で亀が墜落するという話（AT二二五A「亀が鷲に運ばせる」）がある。この形はイソップの寓話集、『旧雑譬喩経』巻下（三十九）などに見られる。二羽型との関係はわからないが、プリニウスの報告するように、亀を上空まで運び、そこから落として甲羅を割る知恵のある鳥がいたとすれば、この型の話が各地で独立発生した可能性は二羽型よりも高いであろう。興味深いのは『今昔物語集』の話で、これは二羽型の『五分律』巻二十五と一羽型の『旧雑譬喩経』の型を折衷したような話になっている。ほかにも『今昔物語集』の話は、上空から見た風景の描写など独自の要素が多い。

また、「一本の棒の端を雁が、もう一本の端を亀がくわえて飛行する」という非常に珍しい型が『塵袋』巻九第三十段、およびこれを踏襲した『塵袋壒嚢《あいのう》抄《しょう》』巻二・二十八にある。これはおそらく『五分律』巻二十五、またはこれを引用する『法苑珠林』巻八十二の型を誤って解釈したことによって生まれたと考えられる。

なお、世界の類話については、松村恒、Analecta Indica、親和女子大学『研究論叢』第二五号（一九九三年）、一五七―一七七頁が詳しい。

（増田良介）

黒檀《こくたん》の馬

〔あらすじ〕ペルシアの国の王には二人の王女と一人の王子がいた。あるとき、三人の賢者が王に贈り物を持って参内《さんだい》し、それぞれ、時を告げる孔雀《くじゃく》、急を知らせるラッパ、空を飛ぶ黒檀の馬を献上した。最初の二人の贈り物は王の御意《ぎょい》にかない、両人ともに王女と結婚することができた。王子が黒檀の馬に乗ると、馬は大空を翔《か》ってとある宮殿に着いた。王子は宮殿に入っていって姫君と相思相愛の仲になる。姫の父王は無断で入ってきた王子に怒り、軍勢をさしむけて王子を包囲したが、王子は黒檀の馬を操《あやつ》って難を逃れた。姫は王子を思うあまりに病気になるが、王子は日を改めて姫をさらうと故国の離宮に住まわせる。婚礼の準備が整って姫を迎えにいくと、黒檀の馬を献上した賢者が姫をかどわかして異国へと連れ去った後だった。王子は姫の跡を追い求めてその行方をつきとめると、医者のふりをして王宮に捕らわれていた姫のもとに近づいた。そして一計を案じると姫と一緒に黒檀の馬にまたがり、首尾よく故国に帰り着くことができたのだった。

「黒檀の馬」

〔解説〕いわゆる「婿難題」ものの話である。『アラビアンナイト（千一夜物語）』に収録されており、単独の物語としても多くの童話作家によって再話された。これと同じ「婿難題」ものの説話としては、やはり『アラビアンナイト』に入っている「アフメッド王子と空飛ぶ絨《じゅう》毯《たん》」がある。ただし、どちらの物語も『アラビアンナイト』のアラビア語原典中には所在が確認されておらず、同物語集をはじめてヨーロッパ社会に紹介したフランス人翻訳者アントワーヌ・ガランがシリア人の語り手から聞いた中に含まれていたのではないかとされている。インド、イラン、アラブなどの説話を集大成した『アラビアンナイト』には、ペルシア系の恋愛物語がいくつか収録されており、同物語集の最古層に属するとされている。こういったペルシア系の恋愛物語では、王子が姫の噂を聞く、もしくはその絵姿を見ただけで熱烈な恋に落ち、相手に会うための冒険の旅路をたどるという展開が多い。魔法やペリー（妖精）

が重要な役回りを演じるという特徴もある。これに対し、同物語集に収録されている初期アラブ系の恋愛物語は、ベドウィン（遊牧民）の暮らしや厳格な名誉の掟《おきて》をテーマとしており、恋人たちの死をもって終わるものが多い。一般的にいって初期アラブないしバグダード期のものとされる物語では、魔法が介入するケースは少なく、現実的な因果関係によって話が展開していくという特徴がある。

（西尾哲夫）

マレク・ジャムシードの物語

（AT三〇一）

〔あらすじ〕　三人の王子をもつ王がいる。三男（マレク・ジャムシード）がもっとも勇敢である。王はりんごの木をもつ。ある年に七つの金のりんごがなる。毎晩一つずつ実が盗まれる。長男と二男が居眠りをして番に失敗する。マレク・ジャムシードが毛むくじゃらの手を切る。血の跡を追って井戸に着く。兄二人は井戸が熱くて入れない。マレク・ジャムシードは井戸に入る。三人の娘を捕らえる竜を剣で殺す。娘たちは井戸から出る。マレク・ジャムシードは兄二人にだまされて井戸に残される。鷹《たか》の雛をねらう蛇を倒す。鷹からお礼に羽をもらう。水を支配する竜を退治して、殿様の姫を救出する。白と黒の羊が現われるが、鷹の指示とは逆に黒い羊に乗ってしまい、暗黒界に落ちる。暗黒界で七つの頭をもつディーヴを倒し人々を救う。鷹によって地上世界に連れ帰られる。競技（棒を割る、獅子を倒す、鎖をちぎるといった大道芸的なもの）で目立った成績を達成する。兄たちはうなだれる（殺されない）。王位を継ぎ娘と結婚する。

〔解説〕　この話はイランのアンジャヴィー・シーラーズィー編『イランの民話』に収録され、イラン北西部のタブリーズで採話されたとされる。同話型の類話が同書に七つあるところからもわかるように、イランでは比較的知られた話である。AT三〇一「奪われた三人の王女」に分類され、ヨーロッパ全域から中東、南アジア、中国等に広がるとされる。日本の「甲賀三郎譚」と同話型である。

この話型は、「①主人公は超自然的な出生で超自然的な強さをもつ」、「②転落」、「③捕われた娘たち」、「④救出」、「⑤裏切られた主人公」、「⑥再認識」の六つのエピソードから構成される。イランのこの事例では、「⑤裏切られた主人公」と「⑥再認識」の間に「地下世界での冒険」のエピソードが複数独立して見られる点が特徴的である。

この事例では井戸にいるのは竜となっているが、これは例外的であり、ほかの類話ではディーヴ（悪魔）である。さらに、鷹にこの世へ連れ戻してもらうとあるが、鷹ではなくイランの神話上の大鳥シーモルグであることが一般的である。

イランのこの話型の昔話には、英雄観、異界観や異人観だけでなく、細部において民俗学的価値の高い描写が数多く見られ、非常に貴重な資料である。

（竹原　新）

こぶの上のこぶ（AT五〇三）

〔あらすじ〕　背中にこぶのある男が明け方にハンマーム（公衆浴場）にいく。男がハンマームに入ろうとすると、浴室の中から歌声が聞こえる。中を見ると結婚式がおこなわれており、大勢で男も女も踊ったり歌ったりしている。男も中へ入って一緒に踊るが、先にいた彼らの足を見ると蹄《ひずめ》がついており、人間ではなく妖怪であることがわかる。男は恐れたが、それを顔には出さずに踊りつづける。男は妖怪たちに気に入られ、背中のこぶを取ってもらう。その話を聞いた、もう一人の背中にこぶのある男は、別の日の明け方に同じハンマームに行き浴室で歌って踊る。しかし、その日、妖怪たちは葬式をおこなっていたため気分を害し、男のこぶの上にもう一つのこぶをつける。

〔解説〕　イランのアンジャヴィー・シーラーズィー編『寓話とたとえ話』に収録されるこの話は、アンティ・アールネの『昔話の型』においてヨーロッパ全域から中東、南アジア、日本にかけて分布するとされる「こびとの贈り物」（AT五〇三）と同じ話型で、日本では「こぶ取り爺」（IT四七）の話として知られる。イランでは民衆の間では非常によく知られる話である。この話型は単純で、『昔話の型』によると「①こびとの気に入り」、「②報酬」、「③仲間は罰を受ける」の三つのエピソードから構成される。

主人公の男のこぶを取ったりつけたりするのは、日本の「こぶ取り爺」では鬼、グリムの「こびとの贈り物」ではこびとであるが、イランの話では、多くの場合はジンである。ジンについてはイスラム教的解釈が可能であるが、イランでは人間に似た形をした、もっとも一般的な妖怪で、足が蹄状であったり、足首が逆さまについているなど、とくに足に人間との形状の違いがあると考えられている。また、人間と同じような社会をもっており、集団で現われることがあるとされる。

また、魔物が現われる場所は日本では山の中、グリムでは丘とされるが、イランのこの話ではハンマームとされる。イランでは古くからハンマームはあの世への入り口と考えられおり、ハンマームと異界が関係する昔話や習俗も少なからず存在する。このような場所にジンが現われるとされるのはごく自然な発想である。

このように、エピソード構成が単純な話型の昔話は、ストーリー自体が大きく崩れることはなく、表面的に当該地域の思想に合うように改変されると考えられる。したがって、こういった話型は、ジンと鬼とこびとの間に共通する機能が存在しうることが指摘できるなど、比較民俗学的には有用な資料となるのである。

（竹原　新）

放浪の小夜鳴鶯

（AT七二〇、IT二七四A）

〔あらすじ〕姉と弟とその父親と継母がいる。継母が弟を殺すことを父親に求める。弟が薪を集めているときに父親に殺され、家族に食べられる。姉は骨を薔薇《ばら》の木の下に埋める。小骨が小夜鳴鶯に変身する。小夜鳴鶯は仕立屋と靴屋で「私は、小夜鳴鶯です。放浪の小夜鳴鶯です。山や岩場をさまよいました。父親に殺され、母親に食べられ、姉がかわいそうに思って、これこれこういうわけで薔薇の木の下に埋めてくれました。そして、神様が私を小夜鳴鶯に変えたのです」と鳴いて、服と靴をもらう。父親には金の首輪を与えて、継母には灰をかけて殺す。姉の口には角砂糖を入れてやる。

〔解説〕この話はテヘランの郊外のヴァラーミーン地方ピーシュヴァー地区ガルエノウ村で採集されたものである。AT七二〇「母に殺され、父に食べられ――ねずの木」に分類され、ヨーロッパを中心として南アジアやアメリカ大陸などに広がるとされる。『グリム昔話集』の「ねずの木の話」（KHM四七）と同じ話型である。

この話型は、『昔話の型』によれば、「①殺人者」、「②変身」、「③仕返し」、「④二度目の変身」の四つのエピソードから構成される。しかし、このイランの事例では「④二度目の変身」は確認できない。殺されて小夜鳴鶯に変身した少年が仕返しをするところで終わっている。ほかのペルシア語の昔話集などの事例でも「④二度目の変身」は確認できない。

イランの昔話では、継子とされるのは少女であることが多く、少年であるとされる事例はほとんど見られない。この話では姉弟が継子とされるが、比較的珍しい例である。兄妹（あるいは姉弟）の継子が主人公になるイランの昔話としては、ほかに「かよわい鹿」（AT四五〇）があげられる。

薔薇《ばら》に小夜鳴鶯がいる情景はペルシア

文学によく見られるものの一つであるが、この昔話で鳥が小夜鳴鶯、骨が埋められる場所にある木が薔薇であることは、これを反映したものであると考えられる。
　イランで確認できるこの話型の類話は、いずれも『昔話の型』と比べて全体的にモチーフやエピソードの大きな差異は見られないため、民話の地理・歴史的研究の分野での資料的価値は高いと考えられる。
（竹原　新）

一グラム多くてもだめ、一グラム少なくてもだめ

（AT八九〇）

〔あらすじ〕　ある町に隣りあって二人の男が暮らしていた。一人は金持ちだが、もう一人は貧乏だった。あるとき、貧乏な男は本当に一文無しになり、金持ちの家に行って借金を申し込んだ。金持ちは千ポンドの貸付を快諾してくれたのだが、それには条件がある。「もし一年以内に借金を返すなら問題はない。だがそれができなければあんたの肉を百グラムもらい受ける」というのである。金を返すあてもないままに一年がたった。貧乏な男は国王に一件をゆだねることにし、金持ちもそれに同意した。二人の訴えを聞いた国王は返答に窮し、宰相に助言を求めた。宰相が国中を歩き回って答えを探していると、「ごっこ」遊びをしている子どもの声がして「ぼくの肉を切り取ってもいいけど、一グラム多くても一グラム少なくてもだめだ」と言う。宰相は王宮に参内《さんだい》すると、この話を申し述べた。国王の裁定は「貧乏人の体から肉を切り取ってもよいが、両人が同意した量より一グラム多くても少なくてもいいかん。仕損じた場合には死罪」というものだった。金持ちは肉を切り取る権利を放棄し、うちひしがれながら法廷を退出した。

〔解説〕　この話はイランのクルディスタンに住んでいたユダヤ教徒（現在はイスラエルに移住）が伝える昔話である。もちろんここにはユダヤ人（ユダヤ教徒）は登場しない（あるいはすべての登場人物がユダヤ教徒だともいえる）が、シェイクスピアの『ヴェニスの商人』でおなじみの「人肉一ポンド」（J一一六一・二）をめぐるモチーフが出現している。ただしこの昔話では、借金返済の期限に間に合わなければ契約違反として肉体の一部を提供するのであり、借金の利子という意味合いはない。「龍退治」（AT三〇〇）のエピソードや「父の遺言」（AT九一〇A）のエピソードと結びついた類話は、シナイ半島やパレスチナでも採話されており、「人肉一ポンド」エピソ

ードの原型と思われるモチーフを含んだ類話はイランで採話されている。中東地域を中心にして、地中海地域、アイルランド、北欧、南米、中央アジア、朝鮮半島にも同モチーフが分布しているが、構造上の比較から判断すると、中東地域に起源をもつものが拡散したとみるのが妥当であろう。ヨーロッパへは書承によっても伝播《でんぱ》している。（西尾哲夫）

裁判官とパン屋（AT一五三四）

〔あらすじ〕　ある男がパン屋のもとにアヒルを持ち込み、焼いてくれるように頼んだ。パン屋は友人の裁判官と焼け上がったアヒルを食べてしまった。アヒルの持ち主が怒って、一緒に裁判官のもとに行こうと言う。道中、コプト教徒が仲裁に入ったが、パン屋の指が目に入ってコプト教徒の目を潰《つぶ》してしまった。三人で裁判官のもとに急ぐ途中、パン屋の腕が妊娠中の女性にあたって女性は流産してしまった。パン屋はモスクに逃げ込んでミナレットから飛び降りたが、お祈りをしていた男性の上に落下したので、その男性は死んでしまった。全員で裁判官のもとに急ぐ途中、パン屋はロバに乗って逃げようと思って尻尾をつかんだが、はずみで尻尾が切れてしまった。裁判官の判決がくだった。アヒルの持ち主に対しては「アッラーは骨が朽ちた後であってもこれを蘇らせるお方である。汝はこれを否定するのか」。目を潰されたコプト教徒に対しては「ムスリムの片目とコプト教徒の両目の価値は等しい。パン屋は汝の残った片目を潰し、汝はパン屋の片目を潰しなさい」。流産した女性の夫に対しては「パン屋に妻をひきとらせて身ごもらせなさい」。死んだ男の弟に対しては「ミナレットからパン屋の上に飛び降りなさい」。全員、それには及ばないと言って、法廷を騒がせた罰金を払って退出した。最後にロバの持ち主が登場して言った。「私のロバには最初から尻尾がありません」。

〔解説〕　エジプト全域を通してかなりポピュラーな昔話である。最後にロバの所有者が言う「わたしのロバには最初から尻尾がありません」という言葉は、当然要求できる権利を放棄することを意味することわざとして使われている。これの類話はイラン、イラク、パレスチナ、アラビア半島、ベルベル、スーダン、サハラ以南に広く分布している。道中のエピソードが類話によって若干異なる場合もあるが、何らかの原因で肉体の一部を欠損し、その欠損部分を元に戻すための判決をくだすという大筋は共通している。文献としてはトルコ語によるものが一番古いのだが、多くの類話では舞台がシリアのホムスになっていることから判断すれば、起源については別の可能性を考えることもできる。一五八二年にドイツで刊行されたドイツ語民衆歌謡の本『一五八二年のAmbraser の歌本』にも同様の話が収録されている。ただし、こちらにはロバの尻尾を引き抜いたり、目を潰したりするエピソードは含まれていない。

（西尾哲夫）

羊の群れを手に入れた禿《はげ》

（AT一五三五）

〔あらすじ〕　ある禿がある女の家に物乞いに行くが、女は偶然浮気の最中であった。女は禿を追い返そうとするが、禿はなかなか帰らない。女が油断したすきに、禿は隠れている女の浮気相手の男の口に熱い油を注いで殺してしまう。禿は大声で「父親が死んだ」と騒ぐ。女は浮気がばれることを恐れて、禿に金を渡して死体を埋めるように言う。禿は死体をロバにくくりつけ、ロバを麦畑に入れる。麦畑の主人は怒ってロバを殴ると、死体がロバから落ちる。そこで禿は「父親が死んだ」と騒ぐ。すると、主人は禿に金を渡して、死体を埋めるように言う。禿が死体を埋めて、木陰で休んでいると隊商民がやってくるのを見る。禿はもらった金を木の幹や枝に貼りつける。禿は、隊商民には「この木が半年に一度、金のなる木だ」と言い、木を隊商民の全財産と引き替えに売る。半年後、嘘がばれ、怒った隊商民は禿を追いかける。追われている禿を見た羊飼いが理由を尋ねると、禿は王女と結婚させられそうなので逃げていると言う。羊飼いは、羊の群れと引き替えに禿の身代わりになることを申し出る。身代わりになった羊飼いは隊商民に海に投げ入れられる。一方、禿は羊の群れをしたがえながら村の者たちに「私は海に突き落とされたが、なんと落ちたところが羊の群れだった」と言う。村の者たちは羊を手に入れようと子どもを海に投げるが皆溺れる。

〔解説〕　これはイラン南部のバンダレ・アッバース近郊のダルトゥージャーン村に伝わる笑い話である。アンティ・アールネの『昔話の型』におけるAT一五三五に分類できる話で、ヨーロッパを中心に中東、アジア、アメリカなど世界中に伝播しており、日本の「俵薬師」（IT四三八）、「馬の皮占い」（IT四四一）もこれに近い話である。

アンジャヴィー・シーラーズィー編『イランの民話』の第三巻には、この話の類話として六例が収録されている。ただし、浮気をする妻が懲らしめられるというモチーフを中心とする類話のため、必ずしも禿が現われる同じ話型ではない。しかし、浮気をする妻をモチーフとした笑い話が、イランでは比較的広範囲に伝承されていることがわかる。

　この話の面白さは、禿（キャチャル）が機知によって次々と他人をだまし、利益を得ていくという点にある。禿はイランの民話では通常は子どもとされ、賢く、機知に富み、性悪であるとされ、さまざまな昔話に登場する。子どもであるのに老人のように髪の毛がないという世の摂理に反する状態が、トリックスター的要素を強めるのであろう。イランでは禿と同様に機知をもつ者としてクーセ（髭が生えない男）をあげることができる。

（竹原　新）

勇士アフマド（AT一六四〇）

〔あらすじ〕アフマドという名のおどけ者でいたずらな少年が、冗談で鍛冶屋に「槍一本で三百人殺す勇士アフマド」と自分の斧に彫ってもらう。人々も少年を冗談で「勇士、勇士」とはやし立てているうちに、やがて皆、彼を本当に勇士だと思うようになる。王がその勇士の噂を聞き、王宮へ招く。王は少年を王女と結婚させ、軍の将官にする。少年は戦場へ行くことになるが、馬の乗り方を知らないので馬に自分の体をくくりつける。これを見たまわりの者たちもそれが勇士のしるしだと勘違いする。戦闘の始まりを告げる太鼓の音に驚いた馬が少年を乗せたまま敵陣めがけて走り出す。少年は慌てて馬を止めようと木に摑まるが、木が根っこから抜ける。大木を抱えて一騎で敵陣に切り込む勇士の姿を見て、敵軍は恐れて散り散りになる。勇士アフマドは期せずして戦いに勝ってしまう。

〔解説〕この話はイランのバンダレ・アッバースの郊外にあるダルトゥージャーン村に伝わるものである。アンティ・アールネの『昔話の型』でAT一六四〇に分類される話で、日本でも「運のよいにわか武士」（IT一一四三）として伝わる。ヨーロッパから中東、アジア、アメリカに至るまで世界中に伝播している話である。また、『グリム昔話集』では「勇ましいちびの仕立屋」（KHM二〇）として知られる。

　イランに伝わるこの話の聞き手にとっての面白さは、冗談や嘘がいつばれるかと思いながらも、結局最後にはその冗談や嘘が本当になってしまうことにあるだろう。主人公の少年がおどけて勇士を名乗ったときから、敵軍をたった一騎で蹴散らして本物の勇士になるまでずっと、聞き手の心をとらえて離さないのである。

　イランでは勇敢とは言えない少年が機知あるいは偶然によって成功するという

話が少なからずある。多くは禿（キャチャル）として描写されるが、怠け者であったり、この話のように単におどけ者やいたずら者とされることもある。

　また、アフマドという主人公の名前は、この昔話では一般的な男性の名前という以外の意味はないと考えられる。同様に、イランの昔話ではとくにモハンマド、ハサン、ジャムシードなどの名前が主人公の名前として使われやすいが、多くの昔話ではその名前の由来となる歴史上または神話上の預言者、聖人、王等とは直接の関係はない。

（竹原　新）

駆《か》けるロバ（AT一六八二＊）

〔あらすじ〕ジュハーのロバはひどく痩せてあばら骨が浮いて見えるほどだった。ジュハーはどうしてもこのロバを十ポンドで売りたかったのだが、その半値でも買う人はなさそうだ。そこで薬種商のところに行ってトウガラシを求めた。その後、考えなおしてさらにトウガラシを買い足した。緊急の場合に必要になるのではないかと思ったからだった。市が開かれると、ジュハーはロバを売りにいった。だれも買い手がつかなかったのだが、用意のトウガラシをロバの尻に突っ込むと、ロバは棒立ちになったかと思うと綱をひきちぎり、すさまじい勢いで駆けだした。人々はロバを追いかけたが捕まるものではない。ジュハーは商品のロバを失うものかと、かねて用意のトウガラシを自分の尻に突っ込んだ。ジュハーは狂ったように走りだし、自分では止まることができなくなった。どうにもならなくなったジュハーは見物人に叫んだ。「ロバはいいから、おれを止めてくれ！」。

〔解説〕エジプトではゴハーと呼ばれるトリックスターを主人公としたこの話は、AT一六八二＊、あるいはより正確には、モチーフ「のろまなロバへの唐辛子」（X一一）に対応している。エジプト全域に広く流布しており、サハラ以南のアフリカ地域でも類話が採話されている。ジュハー（ジョハー、ゴハーとも）は昔話の主人公として有名であり、アラブ人なら誰でもジュハーが登場する小話やジョークの一つや二つはすぐに話すことができる。ジュハー話のほとんどは笑話あるいは滑稽《こっけい》譚であり、馬鹿で愚かなジュハーが常識はずれなことをしたり言葉の意味を間違ったりして、とんちんかんな行為や間抜けな失敗を引き起こすという展開になっている。ジュハー話はかなり古くから語られていたらしく、九世紀の文筆家ジャーヒズが、愚行で知られた人々の一人としてジュハーの名前をあげている。現在のアラブ世界で語られているジュハー話の中で活字化されているものの多くは、もともとのジュハー話が十三世紀以降トルコに伝播《でんぱ》してトルコ起源のナスレッディン・ホジャ物語と結びつき、それが再びアラビア語訳されて流《る》布《ふ》したものであるとされている。ジュハー話はアラビア語圏だけでなく、ペルシア語圏、東アフリカのスワヒリ語圏や北アフリカのベルベル語圏にも流布している。イスラム世界との文化交流を通して、マルタやイタリアの説話の中にもGiufa あるいは Giucca などの名前で登場する。

（西尾哲夫）

終わりのない話

〔あらすじ〕　あるアラビアの国王には美しい姫があった。姫と結婚したいという若者が殺到したが、姫はまったく応じない。国王の命令により、終わりのない話を聴かせる若者に姫を与えることになる。ただし、話を途中で止めた場合には打ち首となる。若い王子が宮廷を訪れて姫と相愛の仲となった。王子は姫を得るために終わりのない話をする。

「昔、たいそう賢い王がいた。王には予知能力があり、大飢饉《だいききん》が訪れることがわかった。国中の畑に麦を植えさせたので大豊作となり、倉庫は麦でいっぱいになった。だが大雨の日に倉庫の一隅に小さな穴があいてしまい、アリがせっせと麦粒を運び出すようになった。最初の日は二十粒程度しか運び出すことができなかった。では、二日目からは何粒運ぶことができたか、今からその話を続けよう」

王は王子の話をさえぎった、「そのような話は終わりがない」。そこで王子は、「王様は、終わりのない話をする者に姫を与えるとおっしゃいました」と言った。王は約束通り姫を与え、二人の未来を祝福した。

〔解説〕　この話は、シリアのハカワーティ（職業的語り手）から聞き取ったものである。婿選びのエピソードが話の枠《わく》となり、難題を与えられた婿が智恵を使ってそれを解いていく。王の命令によって話を語らなくてはならない、その物語はこの世で一番面白い話、あるいは「終わり」がないという特殊なものでなければならない、さもなければ処刑や求婚失敗などの結末となるという筋書きは、『アラビアンナイト』冒頭に語られるシェヘラザードをめぐるエピソードと共通している。また、同物語集中の「ムハンマド・サバーイク王と商人ハサンの物語」にも同様の展開が出現する。「終わりのない長い物語」の条件にあわせて麦の数を数えるというモチーフはドイツの昔話にも登場し、大麦と小麦を分けるなどのバリエーションがある。ここで紹介した話は、シャーミーによるアラブ昔話モチーフ索引のZ一一・一「終わりのない物語―一度に一粒ずつ運ばれるとうもろこし」に対応しており、「A終わりのない物語」群と「B王のしびれを切らせる」群に関連づけられる。前者はレバノンやエジプト、後者はレバノンやモロッコでも採話されている。

（付記／本昔話はNHKスペシャル「文明の道」取材班による取材録音である。本昔話の分析には東京外国語大学の小田助教授と共同開発中の昔話モチーフ索引データベースを利用した）

（西尾哲夫）

ナスレッディン・ホジャの話

〔あらすじ〕　モッラー（ナスレッディン）とその身重の妻がいる。出産が近くなり、妻はモッラーに産婆を呼びに行かせる。モッラーは産婆を捜して歩き回ってやっと見つけるが、産婆は高額な料金を提示する。モッラーは、産婆を呼ぶのをあきらめて家に戻ることにする。道中でクルミ売りを見つけ、クルミを三つ買って帰る。モッラーが家に帰ると妻は「陣痛が始まったようだわ。痛いのよ。私のことを心配してよ」と言う。そこで、モッラーはクルミを部屋の端に置いて「十分ほど待っていなさい。子どもはクルミ遊びがしたくなって出てくるよ。これなら、産婆がいらない」と言う。

〔解説〕　この短い笑い話は、イランのテヘラン州サーヴォジボラーグ地方にあるバラガーン村という山村に伝わる事例であり、一九九八年に採録されたものである。数多知られるいわゆる「ナスレッディン・ホジャ」の話の一つである。

もちろん、ナスレッディン・ホジャの物語といえば、主にトルコ人の間で知られる一連の笑い話のことであり、その伝承範囲は中東だけでなく、中央アジアから東欧に至るまでと広い。このイランの事例が示すように、現在でも実際に口承文芸として語られている。

このイランのナスレッディンは「ナスレッディン・ホジャ」ではなく、「モッラー・ナスレッディン」の物語とされる。モッラーとはイスラム僧のことであり、もちろん、教養があり信心深い者として人々によって敬意が払われる対象である。イランではこれら一連の笑い話のナスレッディンのことを、あえて敬意を込めてモッラーと呼び、それがさらに笑いを誘うのである。

イスラム僧がトリックスターとして選ばれるのは、僧侶が異界とつながりがある異人と見なされているからであろう。ナスレッディンが信心深く教養のある者であるからこそ、話の面白さが増すのである。

（竹原　新）

老人と父と子（韓国「兢齋」金得臣画）

ちりめん本
——外国に紹介された日本昔話

　日本の昔話がいつ、どのように外国に紹介されたかは興味ある問題である。まとまったものとしてはまずミットフォードの『古い日本の物語』(ロンドン、一八七一年刊)があげられよう。昔話は二巻目に「舌切り雀」「花咲か爺」など九編が、日本の絵師による木版画とともに優れた英訳で紹介された。ついでお雇い外国人として京都に滞在した眼科医ランゲックが『扶桑《ふそう》茶話』(ウィーン、一八八四年刊)で三十一の話を取りあげているが、すこぶる綿密な日本文化紹介となっている。次にW・E・グリフィスの『日本の昔話』(ロンドン、一八八七年刊)があげられる。絵は南谷で、「頼光」なども含め三十四話を優れた学識で紹介した。

　これらについで一八八五年から長谷川武次郎が二十巻二十一冊(十六巻は初め「鉢かづき」だったが、途中で「文福茶釜《ぶんぶくちゃがま》」に変わった)の彩色木版挿絵入り、和綴じ小型の昔話をはじめとして、二百種に近い「ちりめん本」(平紙も含む)を出版し、弘文社のほかロンドンのグリフィス&フェアラン社、ライプチッヒのアーメラング社、香港などのケリー&ウォルシュ社とも契約を結び販売した。

　この本の何よりの特徴は、永濯、芳宗、蕉窓など、当代一流の絵師の絵を木版多色刷りで和紙に刷り、そこに欧文の昔話を活字で配し、それをちりめん状に縮めて絹糸で和綴じにした造りである。

『桃太郎』

我々が驚くのはその工芸品のような造本のみでなく、昔話の訳者たちである。武次郎は早くから築地のクリストファー・カロザースの英語塾で学び、来日宣教師たちと親しく交わったので、まず「日本昔話」の英語訳を出版した。「桃太郎」など五大昔話はD・タムソンの素直な訳である。宣教師仲間との交際の中からヘボンとも知り合い「こぶ取り」を訳してもらっている。ヘボンを通してチェンバレンとも接触をもつようになる。チェンバレンは熱心に協力し「海月」「玉の井」「俵藤太」を訳したほか、アイヌの昔話を三冊訳出している。チェンバレンの慫《しょう》慂《よう》でハーンも五冊のちりめん本を出版する。これらの英語版のほか「日本昔話」は、J・ドートルメールによる仏訳、A・グロートやK・フローレンツによる独訳、スケルンベーキのオランダ語訳、一九〇〇年代に入ってからはエスパダによるスペイン語訳も刊行した。

昔話以外で優れたものも多く、E・ローゼイミラー英訳『かぐや姫』、フローレンツ独訳『日本の古代歌集』(A・ロイドの英訳もある)、『東の国からの詩の挨拶』、『日本の芝居―寺子屋、朝顔』(J・アダンの仏訳もある)は貴重本である。『孝女白菊』は落合直文の新体詩を訳したものでフローレンツの独訳のほか、A・ロイドの英訳もある。J・アダンの仏訳『日本の咄家《はなしか》』(O・エドワーズの英訳もある)、シャーロット・ピークの『刀と桜』には万葉集から古今集の歌が見事に英訳されて、優美な絵とともに優れた三巻本となっている。長谷川武次郎の出版人としての優れた業績を広く知ってほしいために昔話以外にも触れたが、黎明期の挿絵本として忘れがたい逸品である。

一九〇三年には小波《さざなみ》の『日本昔噺』二十四編のうち十二編がリッテル女史、グリーン女史らによって英訳され、また尾崎号堂夫人テオドラも同年ニューヨークで優れた『日本昔話』を出版している。

（石澤小枝子）

『舌切り雀』

『花咲か爺』

『猿蟹合戦』

《ヨーロッパ文化圏》

● イギリス・アイルランド ●

鳥の戦争（AT三一三）

〔あらすじ〕ある王子が蛇に捕まった鳥を助ける。悪い魔法で鳥に変えられていた若者が、命を助けられ、魔法を解いてもらったお礼として、王子に立派な宮殿を包んだ袋を与える。誤って森の中で袋を解いてしまった王子に、現われた巨人が援助を申し出る。王子の息子が七歳になったとき、その子をもらい受けるという条件だ。不注意にも王子はそれを約束し、宮殿を袋に戻してもらう。

息子が七歳になって巨人がやってくると、王子夫妻は拒みきれない。息子は巨人の家に連れていかれ、その三人の娘とともに成人する。やがて、末娘と恋仲になった息子は、巨人から次々に難題を出される。まず、七年間一度も手を入れられたことのない巨大な厩《うまや》を掃除すること、次いでその厩の屋根を鳥の羽でふくこと、しかも同じ鳥、同じ色のものが一枚もないこと、という厳しさだ。息子は末娘の援助でこれをなしとげる。三日目の難題は、五百フィートの高さのモミの木のてっぺんにあるアオサギの巣から、五つある卵を一つも壊さずに取ってくることである。末娘は自分の全身の骨ではしごを作り息子を助ける。降りるとき、息子ははしごを一段踏みはずし、そのため娘は生涯足が不自由になる。さらに、卵を一つ壊したため、息子は娘とともに一頭の馬に乗り逃走する。

追跡してきた巨人に捕まりそうになって、息子はリンボクの枝をうしろに投げる。巨大なリンボクの森が現われ、しばらく巨人の追跡をかわす。次に捕まりそうになって石ころを投げると巨大な岩山が出現する。最後に水滴を投げると、巨大な湖が現われ、巨人を飲み込む。息子と末娘はめでたく結婚する。

〔解説〕スコットランドの昔話。十九世紀中葉、スコットランドの西ハイランド地方で、「スコットランドのグリム」と呼ばれるジョン・フランシス・キャンベルによりゲール語で採集された「呪的逃走」譚の秀逸である。イングランドでは、ジェイコブズの「ニクス・ノート・ナシング」（ないのないのなんにもない）がよく知られているが、ここにあげた話の原話は英訳で一万語（日本語訳にすれば四百字詰め五十枚）近く、親子二代にわたる壮大なロマンとなっている。同地方では、二十世紀後半になっても、「物知りのグリーンマン」と称する同規模の類話が報告されており、研究者の間でもとくに注目されている。（三宅忠明）

ジャックと豆の木（AT三二八）

〔あらすじ〕　ジャックが牝牛を売りに市場に行き、めずらしい色の豆を持った老人に出会う。ジャックが牝牛とその豆を交換して帰ると、母親は怒って豆を庭に投げ捨てる。翌日起きてみると、天に届く豆の木が生えている。ジャックがそれを伝って天に住む巨人の豪邸に行き、そのおかみさんの助けでものかげにかくれていると、巨人が帰宅し、

フィー・ファイ・フォー・ファン
イギリス人の匂いがする
生きていようが死んでいようが
そやつの骨で粉を挽き、
パンに焼いて食ってやる

と歌う。おかみさんが取りなしてうまく関心をそらすと、巨人は大きな袋を取り出し、中身の金貨を数えながら寝てしまう。ジャックはその袋を失敬し、豆の木を伝ってわが家に帰る。

あくる日も豆の木を伝ってジャックが巨人の家に行くと前日と同じことが起こり、今度は金の卵を生むメンドリを持ち帰る。三日目には、歌う金のハープを盗み出すが、ハープの歌で目覚めた巨人に追いかけられ、ほうほうのていで逃げ帰る。一足先に地上に降り立ったジャックは豆の木を切り倒し、巨人を退治する。

〔解説〕　イングランドの昔話。イギリスでもっともよく知られ、疑いもなく国を代表する昔話である。十七世紀初頭からさまざまな類話が語られはじめ、なかにはジャックの行為を正当化するため、巨人の宝物はもともと巨人に殺されたジャックの父親のもので、かつて巨人に奪われていたのをジャックが復讐し取り戻すという形にしたものもある。

巨人が隠れているジャックの横で歌う「フィー・ファイ・フォー・ファン」の歌は、子どもたちの間でことさら人気がある。これが始まると、面白がって語り手に声を和す子どもがいる一方、怖さのあまり泣き出す幼児もいる。

十九世紀末のJ・ジェイコブズによる

再話であまりにも有名になったため、イギリス独自の昔話と考える向きも多いが、欧米に広く分布する国際話型である。アールネとトンプソンの分類によれば、アイルランドの八九話を最高に、フランス系アメリカの五八話、フィンランドの五四話が目ぼしいところである。分布は北欧から地中海沿岸、中央アジアにまで及ぶ一方、カリブ諸国の八話も注目に値する。

（三宅忠明）

アザラシ女房（ＡＴ四一三「衣服を盗んで妻にする」）

〔あらすじ〕　ある満月の夜、漁師の若者が小さな無人島の近くを進んでいると、にぎやかな楽の音が聞こえてくる。舟を島にこぎ寄せてみると、海からアザラシの大群が次々と上陸し、毛皮を脱いで人間の姿になっている。やがて勢ぞろいした老若男女は、音楽に合わせてダンスを始める。若者は、その中にひときわきれいな娘がおり、どこに毛皮を置くかをよく見ていた。そこで、その毛皮を盗み、自分の船底に隠す。

夜が白むとアザラシたちはそれぞれの毛皮をまとい、次々に海に帰っていった。最後に娘が一人残り、さめざめと泣きはじめた。そこに若者が近づき、親切そうに声をかける。「いったいどうしてそんなに悲しいのかね」。

娘が、「毛皮が見つからないので海に帰れないのです」と言うと、若者は、「じゃあ、うちにおいで。ぼくと一緒に暮らしたらいいよ」と言った。

やがて結婚した二人は三男をもうけ、幸せな家庭を築く。平穏な七年が過ぎ、上の子が六歳になったある日、漁に出ないで納屋で仕事をしている父親を眺めていた。父親は、何やらとても大切そうにしているものがある。あくる日、息子がそのことを母親に告げると、母親は何かに思い当たる。

父親が漁に出てゆくと、母親は納屋をくまなく探し、ついに自分の毛皮を発見する。母親は、三人の子どもと名残りを惜しみ、ご馳走を作って食べさせ、こまごまといろいろな注意を与えたあと、家を出る。

父親が帰宅し、子どもたちから、昼間の出来事を聞くと、納屋に飛んでゆく。しかし、いくら探しても毛皮は見つからない。そこで、妻が永遠に去ったことを知る。

〔解説〕　スコットランドの昔話。一読して「天人女房」（ＩＴ二二一）を思わせる国際話型である。ヨーロッパでは、鳥（多くの場合、白鳥）が羽を脱いで娘の姿になり、水浴をしている間にその羽を盗むというものが、大陸部、島嶼《とうしょ》部ともに一般的であるが、その役をアザラシが演ずるというのがスコットランドの特色である。背景風土が昔話に反映した好例である。なお、「天人女房」同様、妻を、あるいは母親をあきらめきれぬため、父子で捜しにゆく（AT四七〇）、というモチーフが加わるものもある。

（三宅忠明）

オシーン、常若の国へ

（AT四七〇）

〔あらすじ〕　ある日、若い騎士オシーンが仲間と一緒に狩りをしていると、海のほうから見事な白馬が駆けてくる。白馬にまたがった乙女の美しさに、オシーンたちは目を見張る。一同の中に乗りつけると、乙女は馬上から声をかける。

「フィン・マックールの長子オシーン殿はいらっしゃいますか」。

乙女の姿もさることながら、その声の甘美さにも一同は息をのんだ。オシーンは、思わず一歩進み出た。

「私がオシーンだ」。

「はじめまして、オシーン殿。私は常《とこ》若《わか》の国ティル・ナ・ノーグの王女で、金髪のニァーヴと申します。アイルランド随一の騎士といわれるそなたをお連れしにまいりました。私の夫となり、ティル・ナ・ノーグにおいでくださいませんか」。

オシーンがニァーヴのうしろにまたがると、白馬は風のように駆け出し、海上に出ても、まるで平坦な野を駆けるように、波の上を疾走していった。

ニァーヴの夫となったオシーンは、ティル・ナ・ノーグですべてに満ち足りた、夢のような三年をすごす。しかし、故郷に帰って仲間に会ったり、野山を眺めてみたいという思いもつのり、ついに、オシーンはこの望みを妻のニァーヴに打ち明ける。

「わかりました、オシーン殿。私たちがここに来るとき乗った白馬をお使いくださいまし。あの馬には乗り手の心がわかります。何も言わなくても、指示をしなくても、目的地に連れていってくれましょう。ただ、決してアイルランドの土を踏んではなりません。馬からは、どうか降りないでください」。

「よくわかった。馬からは降りまい」。

アイルランドに帰ってきたオシーンは、あまりの変わりように目を疑う。見知った人は一人もいない。そのうち、大きな石の下敷きになった男を助けようとして、つい馬から降りてしまう。とたんに、オシーンはみるみる年を取る。

〔解説〕　アイルランドの昔話で成立の時代は西暦二、三世紀と思われる。世界中に分布する「異界」訪問の物語である。

異次元世界での時の経過は「相対性理論」そのものである。この話でも、三年と思っていたのは、実は人間界の三百年だった。

（三宅忠明）

トム・ティット・トット

（AT五〇〇）

〔あらすじ〕 昔、おかみさんがパイを五つ焼き、娘に全部食べられてしまったので、仕方なく戸口に出て糸を紡ぎはじめる。「娘が食べたよ、五つとも。娘が食べたよ、五つとも」と歌っていると、王様が通りかかり、おかみさんに尋ねる。「娘さんが五つどうしたのかね」。

おかみさんは、急に恥ずかしくなって、つい、「娘が一日で糸を五かせ紡《つむ》いだんですよ」と言ってしまう。

王様はこれを聞くと、その娘をぜひ嫁にもらいたいと言う。一年のうち十一か月はごちそうを食べ、自由に遊んで暮らしたらよいが、残りの一か月は一日に五かせの糸を紡ぐというのが条件だ。

妃《きさき》となった娘は、王様の条件を忘れて、気ままな十一か月をすごした。ところが、その最後の晩、王様が言った。「明日からの一か月は、約束通り一日五かせの糸を紡ぐんだよ。一かせでも足らぬ日があったら、その首がとぶからね」。

翌朝、娘はうす暗い部屋に入れられ、さめざめと泣きはじめた。すると、全身真っ黒で気味の悪い顔をした小鬼がやってきて援助を申し出る。

一か月の間に自分の名前が当てられなかったら、小鬼のものになるという条件だ。娘は、ひと月もあれば、と思ってこの申し出を受ける。それから毎朝、小鬼は材料を持ち帰り、夕方にはきちんと五かせの糸を届けた。そして、明日が最後

NIMMY NIMMY NOT
YOUR NAME'S TOM
TIT
TOT

「トム・ティット・トット」

という晩、王様が入って来て言った。「今日、面白いものを見たよ。山奥のほら穴で、妙な生き物がものすごい速さで糸を紡いでるんだ。おいらの名前は『トム・ティット・トット』って、歌いながらね」。

あくる日、五かせの糸を受け取りながら、娘は小鬼に言った。「あんたの名前は、『トム・ティット・

トット』っていうんでしょ」。

とたんに、小鬼は悲鳴をあげ、外の闇の中へ消えていった。

〔解説〕　イングランドの昔話。名前が生命の一部と考えられていた原始時代までさかのぼれそうな古い昔話である。とくに、魔性のものは、名前を知られると力を失うと信じられていた。グリム兄弟の「ルンペルシュティルツヒェン」、日本の「大工と鬼六」（IT二九九）、フランスの「ロバケ」、ロシアの「キンカッチ・マルチンコ」、ハンガリーの「ヴィンテルコルベ」など、同系統の話が全世界に分布している。

（三宅忠明）

ノックグラフトンの伝説

（AT五〇三「小人の贈り物」）

〔あらすじ〕　昔、アイルランド東南部のある寂しい村にラズモアという名のせむし男が住んでいた。ラズモアはとても心根の優しい若者だったけれど、背中のこぶがあまりにも大きくて不気味だったので、村人たちは誰一人としてラズモアに近づかなかった。

ある晩、ラズモアがノックグラフトンの妖精塚のほとりを通りかかると、中から楽しい歌声が聞こえる。しかし、

月曜、火曜……、月曜、火曜……

と、同じ言葉が繰り返されるだけだ。そこでラズモアが、間《ま》をはかりながら、次に妖精の歌が、月曜、火曜、まできたとき、「水曜日」と付け加えてやった。すると、ラズモアはいきなり塚の中に引きずりこまれた。妖精たちは、「よくぞ、私たちの歌を完成してくださった」と、大喜びだ。「明日もここに来て私たちと一緒に歌ってくだされ」。

ラズモアがそう約束すると、妖精たちは、「確実に来てくださるように、これを預かっておきましょう」というが早いか、背中のこぶを取り去った。急に身が軽くなったラズモアは大喜びで村に帰っていった。背筋の伸びたラズモアを見て、村人たちは口々に祝福した。

村にはもう一人マデンという名のせむし男がいた。こちらは、みにくい上に心根も悪く、ラズモア以上に嫌われていた。マデンは、ラズモアの話を聞くと、自分もこぶを取ってもらおうと思って、さっそくノックグラフトンに出かけた。

塚の中から同じ歌声が聞こえてくる。

月曜、火曜……、月曜、火曜……

マデンは、タイミングも何も考えず、

水曜日、お次は木曜、金曜だ、

と続けた。マデンもいきなり塚の中に引きずりこまれた。妖精たちは、「よくも私たちの歌を台なしにしてくれたね。もう来てくれなくてもいいから、これは返すよ」と言って、ラズモアのこぶをマデ

ンの背中にくっつけた。

〔解説〕　アイルランドの昔話。アジアも含めて全世界に分布する国際話型である。日本でもっともよく対応するのは無論「こぶ取り爺」（IT四七）で、アジアにはほかに韓国（KT四七六）、ベトナム、フィリピン、インドに類話が伝わっている。

（三宅忠明）

親指トム（AT七〇〇）

〔あらすじ〕　子どものない夫婦が、親指の大きさでよいから子どもが欲しいと願い、アーサー王の魔術師マーリンによってその願いがかなえられる。いたずら盛りの幼年期を過ぎ、冒険好きの若者になっても、親指トムの体の大きさは変わらない。たとえば、お母さんの作っているプリンの鍋に飛び込み、道に捨てられてそれを拾った鋳掛け屋を大声で驚かしたり、ミルクをしぼっているお母さんのかたわらで、牛にくわえられ、口の中で暴れ回って牛を驚かす。またあるときは、年上の子どもたちと遊んでいて、相手をだまそうとしたのがばれてひどい目にあったりする。

若者になって働きはじめると、牛を追って家に帰る途中で鳥に捕まり、鬼の城まで運ばれる。鬼に呑み込まれるが、腹の中で大暴れをしたため、城の下の海まで吹き飛ばされ、海では大きな魚に呑み込まれる。その魚が漁師に捕らえられ、アーサー王の宮殿に運ばれる。魚の腹から料理人に助け出された親指トムはアーサー王の大のお気に入りとなる。

あるとき、許可を得て両親の家に帰るが、そこで食中毒をおこし、やせて体が軽くなったため、タンポポの羽毛に乗って城に帰る。ところが、城の上で羽毛の操縦を誤り、王様に出す麦がゆを運んでいた料理人の鍋の中に落下する。王様の好物である麦がゆを台なしにしたかどで裁判にかけられ、一週間の鼠罠の刑に処せられる。これは、鼠罠に入れられて、毎日猫に引っ掛かれるというものである。刑期を終えた親指トムは、その器用さと機転のために、再びアーサー王の信頼を取り戻す。それどころか、サーの称号まで与えられ、貴族にふさわしい待遇を受ける。

ところが、ある日狩りの途中で猫に襲われて重傷を負い、妖精国で治療を受けることになる。全快して帰ってみると、数百年が経過しており、両親もアーサー王も円卓の騎士たちも、誰もいない。

しばらくは、新しい王様にも取り立てられて楽しい生活を送るが、最後は毒グモに襲われて命を絶つ。

〔解説〕　イングランドの昔話。アーサー王伝説と結びつけたところはイギリスならではであるが、もともとヨーロッパ全域からカリブ諸国、さらにはアジアまで広がる国際話型である。

わが「一寸法師」と、身体サイズ以外の共通点を探すのは難しいが、フィリピンでこれとそっくりの話が報告されている。おそらくヨーロッパ人のもたらしたものであろう。

（三宅忠明）

三匹の子豚（ＡＴ一二四Ａ）

〔あらすじ〕　独立するために三匹の子豚が家を出る。最初の子豚がわら束を運んでいる男に出会う。

「おじさん、おじさん、そのわら、ぼくにくださいな。きれいなおうちを建てるから」。

わらの家ができると狼がやってくる。

「こぶたくん、こぶたくん、ぼくを家の中に入れとくれ」。

「いやだよ、やだよ、やなこった」。

「言ったな、こいつ、こんな家などおいらの息でひと吹きだ」。

狼はフーッとひと息でわらの家を吹き飛ばし、ペロリと子豚を食べてしまう。

二番目の子豚はハリエニシダを運んでいる男に出会う。

「おじさん、おじさん、そのハリエニシダ、ぼくにくださいな。きれいなおうちを建てるから」。

ハリエニシダの家ができると狼がやってくる。

「こぶたくん、こぶたくん、ぼくを家の中に入れとくれ」。

「いやだよ、やだよ、やなこった」。

「言ったな、こいつ、こんな家などおいらの息でひと吹きだ」。

狼はフーッとひと息でハリエニシダの家を吹き飛ばし、ペロリと子豚を食べてしまう。

三番目の子豚はレンガを運んでいる男に出会う。

「おじさん、おじさん、そのレンガ、ぼくにくださいな。きれいなおうちを建てるから」。

レンガの家ができると狼がやってくる。

「こぶたくん、こぶたくん、ぼくを家の中に入れとくれ」。

「いやだよ、やだよ、やなこった」。

「言ったな、こいつ、こんな家などおいらの息でひと吹きだ」。

狼はフーッ、フーッ、フーッと吹くが、レンガの家はビクともしない。狼は屋根に登って煙突から入ろうとするが、子豚は大鍋に湯を煮えたぎらせて待ちかまえる。狼が鍋に落ちるとすかさず蓋をし、煮て夕食にして食べる。

〔解説〕　イングランドの昔話。三度の繰り返しは、昔話伝承の生命の一つである。重要なのは三度目の決定的変化である。世界中で知られているが、とくにイギリスで人気のある動物昔話であり、児童向けに出版された絵本だけで数百種にのぼる。問題はその多くが、最後に狼と子豚が仲直りし、ともに仲良く暮らすように書き換えられている点である。論議を呼ぶところではある。　（三宅忠明）

湖水の女（妖精譚）

〔あらすじ〕　昔むかし、美しいリンの湖の近くに、ギンという名の牛飼いの少年が住んでいた。ギンは、毎朝、牛の群れを連れて、リン湖のほとりにやってきた。

ある日、ふと湖のほうに目をやると、鏡のような水面に、見たこともない娘が立っている。ギンは、娘の美しさに目を見張った。あくる日も、その次の日も、娘は水面に現われた。ギンの娘への思いはつのりにつのり、一生懸命求婚してついに娘と結婚の約束をとりつける。

「わかりました。ただし、どんな理由であれ、私を三度ぶったとき、私たちは終わりになるのです。それでもよろしいか」。

「どうして君をぶつようなことができよう。こんなに愛しているのに」。

二人は結婚し、男の子が三人生まれた。上の子が七歳になったある日、二人は、村の別の家に生まれた赤ん坊の命名式に招かれ、連れだって出かけた。ところが、途中で妻が急に立ちどまり、「困ったわ、あなた。手ぶくろをテーブルの上に置き忘れてきました。取ってきてくださいませんか」と言う。

ギンは手袋を持って引き返してくると、うしろ向きに立っていた妻の肩をたたきながら言った。

「ほら、持ってきてあげたよ」。

「あなた、気をつけてくださいよ。あと二度ですよ」。

命名式のとき、突然、妻が泣き出した。ギンが、妻の肩をたたいて、たしなめると、妻はびっくりしてふりかえり、「また、私をぶたれましたね。私が泣いたのは、この子が間もなく死ぬからなのです」と言った。

妻の言った通り、赤ん坊は、三日後に死んだ。葬式のとき、今度は妻が声をたてて笑い出した。ギンがまた妻の肩をたたいてたしなめると、妻は、「この子がもし生きていたら、とてもみじめな一生を送るところだったのです。でも、あなたはとうとう私を三度ぶたれましたね」と言うと同時に、妻はギンの前から消え去る。

〔解説〕　ウェールズの昔話。妖精との結婚は、一種の異類婚であり、イギリス・

『ハリー・ポッター』と昔話

『ハリー・ポッター』シリーズに出てくる幻獣や魔法アイテムには、昔話や伝説でおなじみのものが多い。うすのろの巨人トロルや危険な竜、姿が見えなくなる透明マント、魔法の杖から日本の河童《かっぱ》まで。ほかにも『ハリー・ポッター』と昔話には、似通った点がいくつも見られる。

孤児ハリーは伯母の家で育てられる。伯母の子ダドリーが甘やかされ放題なのに、ハリーは非常に冷遇される。階段下の狭い物置が自室で、お腹いっぱい好きなものを食べたことなどなく、着るものはぼろぼろのお下がりばかりで、つねに虐《しいた》げられている。この極端な対比はグリムの「ホレおばさん」などの昔話の実子と継子の関係を思い起こさせる。

ハリーは赤ん坊のころに邪悪な魔法使いを滅ぼしたために、魔法界では超有名人であり、偉大な魔法使いに成長するものと期待されている存在である。だが、魔法界と関《かか》わりたくない伯母夫婦は、それを阻止しようと躍起になる。主人公の運命があらかじめ定められていて、回避しようとしても無駄だというのは、世界中の昔話にあるし、赤ん坊のころからずばぬけた特質を見せたり、印がついていたり（ハリーの場合は額の稲妻型の傷跡）するのは英雄の生誕にまつわるエピソードとしては、定番である。ちなみに「ホレおばさん」の南欧の類話では、主人公の額には星が、継母の実子の額にはロバの尻尾がつく。そしていやしんぼのダドリーは魔法でお尻に豚の尻尾を生やされる。

登場人物が主人公に対する敵対者と援助者にはっきり分かれているのも、昔話的である。ご都合主義と評されようと、ハリーが必要なときに援助の手は差し伸べられる。

何よりも、薄っぺらだとか、人間的成長が見られないなどと、時として酷評されるハリーのキャラクターが、昔話の主人公のそれと重なる。昔話では主人公の性格が物語を展開させるのではなく、物語の展開によって主人公の成長を描き出す。主人公は試練の末に精神的に成長したなどとは、ことさら語られず、王女との結婚などの具体的な結果がその成長を示す。このように考えれば、『ハリー・ポッター』も物語中に散りばめられた謎を解くたびに、そして学年を乗り切るたびに着実に成長しているといえるだろう。

（岩瀬ひさみ）

アイルランドのケルト圏にとくに豊富である。しかし、この話は、南ウェールズのリン湖にまつわる有名な伝説といったほうがよいかもしれない。日本には鈴木三重吉が大正時代にすでに紹介している。三人の子どもは、湖に母を訪ね、その教えにより、長じて高名な医者になるというくだりが加わる類話もある。

（三宅忠明）

ゴタム村の賢者たち（「愚か村話」）

〔あらすじ〕①カッコーを囲う話――ゴタム村の広場に飛来したカッコーがとても美しい声で鳴くので、村人たちが相談して、よそに行けないように塀を立てることにした。塀ができあがると、カッコーはゆうゆうとそれを飛び越えていった。村人たちは互いに言い合った。

「しまった。塀が低すぎたんだ」。

「そうとも。もっと高くしておくべきだった」。

②数を数える話――ゴタム村の若者が十二人、川に魚を捕りにいく。帰るときになって、みんな無事かどうか、念のために数を数えるが、誰が数えても、十一人しかいない。一人溺れたに違いないと大騒ぎになる。みんなで嘆いていると、旅人が通りかかる。事情を聞いた旅人は、「もし私がお友達を見つけてあげたら何をくださるかね」と言う。

若者たちは口々に「今日捕った魚を全部あげますよ」「それに、私たちの持ち金も全部あげます」と言う。

「じゃあそれを先にください」と言って、報酬を受け取った旅人は、若者たちを一列に並ばせ、数を数える。ちゃんと十二人いる。若者たちは一人として自分を数えていなかったのだ。

③ウナギを溺れさせる話――ゴタムの村人たちが市場で大量の塩ニシンを買ってくる。一人が言った。

「今すぐに食べてしまうより、来年まで村の池に入れておいたらどうだろう」。

「そうだね。そうすれば子どもを産んで何倍にも増えるだろうからね」。

というわけで、村人たちは買ってきた塩ニシンを全部池に入れる。

一年後に池をさらえてみると、ニシンは一匹もいなくて大きなウナギが捕れる。

「わしたちのニシンを食ってしまうとは、けしからんウナギだ。どうやってこらしめてくれよう」。

「溺れさせてやろうじゃないか」。

怒った村人は、ウナギを大きな池に投げ込み、大量の水を注いだ。

〔解説〕イングランドの昔話。イギリスを代表する愚か村話である。ゴタムとは、ノッティンガムシャーにある実在の村。住民の愚かさを宣伝することにより、過酷な税を逃れたり、商談や交渉事を有利に運んだことは、世界の愚か村と共通するが、自分たちを「賢者」と言い張るところが面白い。（三宅忠明）

●フランス●

熊のジャン（AT三〇一B）

〔あらすじ〕　熊にさらわれた女が、熊の子ジャンを産む。成長したジャンは、怪力を発揮して、母親とともに熊の巣穴を脱出する。ジャンは母親の故郷で暮らそうとするが、その破壊的な力のために人々から疎《うと》まれ、旅に出る。

ジャンは、旅先で怪力の三人の男たちと出会い、道連れとなる。四人は、空き家に泊まり、交代で料理番をつとめることにするが、三人の仲間は料理中に次々と謎の老婆に倒されてしまう。四日目に料理番となったジャンが、ついに老婆を捕まえて、中庭の井戸に放り込む。食事のあと、老婆の後を追うために、ジャンは仲間に頼んで綱をつけて井戸の底に下ろしてもらう。井戸の底の老婆は、ジャンに命乞いをし、井戸の奥にさらわれた四人の王女がいることと、その救出方法を教える。ジャンは、老婆の助言に従って四人の王女を助け出し、地上の仲間に引き上げてもらおうとするが、王女たちの美しさに目がくらんだ仲間は、王女たちを引き上げたあとに綱を下ろさず、ジャンを井戸の底に置き去りにする。

ジャンは苦難の末に地上に戻り、仲間たちに復讐したあと、自分は末の王女と結婚する。

〔解説〕　地底の国から美女を救出する冒険の中でも、主人公の「異常誕生―獣と人間との婚姻」から始まるタイプで、AT三〇一Bに分類される。主人公は、人間にはない怪力で活躍するものの、その力ゆえに故郷を追放されたり、仲間からの嫉妬によって裏切られたり、と悲劇に見舞われることが多い。

西欧の昔話とアンデスのそれとが融合して成立したとされるペルーの話では、熊の子は妻子を追ってきた父親（熊）を罠《わな》にかけて殺す。母親は熊の子に洗礼を受けさせようとするが、熊の子は怪力のために誤って名付け親を殺してしまう。怒った教会の神父が熊の子を殺そうとして亡霊のもとへ使いに出すと、熊の子は亡霊を倒してその霊魂を救済する。しかし母親は息子の怪力を恐れ、結局、罠にかけて息子を殺してしまう。

日本でも、異類婚姻から生まれた子どもの末路は切ない。「鬼の子片づら」（IT三五〇）の鬼の子は、やがて人が食いたくなるから、と自ら死を選ぶし、長野県の小泉小太郎伝説（「蛇女房―蛇の子出世型」）でも、僧侶と竜女との間に生まれた小太郎は、怪力が禍いして養母を殺してしまう。のちに力持ちの武士になったともされるが、定かではない。語り手は、人間にはない力を持ちながら悲劇に見舞われた小太郎を、何とか「出世」させたかったのかもしれない。

（山根尚子）

死神の名付け親（AT三三二）

〔あらすじ〕貧しい男が、生まれた子どものために名付け親を捜す。神や聖人が次々と名乗り出るが、世の中の不条理に腹を立てている男はそれを断《ことわ》る。最後に死神が現われると、死神だけが本当に公平だと考え、男は死神を名付け親に選ぶ。

　死神は「自分が枕元に立っている病人は回復するが、足元に立っている場合は死ぬ」と病人の見分け方を教えて、男を医者にする。やがて男は名医となり、金持ちになる。

　あるとき男は、死神に招かれ、無数の寿命のろうそくを見せられた上で、一本の消えかかったろうそくが自分のものであると告げられる。男は隣の長いろうそくを継ぎ足して欲しいと頼むが、死神は、その長いろうそくが死神の名付け子となった男の息子のものであること、そのろうそくを継ぎ足せばその分だけ息子の寿命が短くなることを教える。死神に本当の公平さを諭《さと》された男は、司祭を呼んで死の準備を整える。

〔解説〕寿命のろうそく（E七六五・一・一）を核心的なモチーフとする話型（AT三三二）で、『ギリシア神話』（アポロドロス）にあるメレアグロスの逸話が、もっとも古い文献とされる。息子メレアグロスが、燃え木が燃え尽きるときに死ぬ、と予言された母親は、燃え木を箱にしまうことで息子を守ろうとするが、結局、燃え木は火に投げ入れられて燃え尽きる。

　『グリム昔話集』の話（KHM四四）では、報酬に目のくらんだ主人公が、患者のベッドを回転させることで死神を出し抜き、患者を助けようとする。怒った死神は、主人公の寿命のろうそくを倒してしまう。

　イタリア歌劇からの翻案とされる落語『死神』でも、主人公は同じ方法で患者を助けようとする。しかし結末は恐ろしく、無理に患者を助けたことで、主人公は自分の寿命と患者の寿命とを取り替えてしまったことになる。主人公は寿命のろうそくを継ぎ足そうとするが、手が震えて失敗し、息絶える。

　寿命の継ぎ足しに成功する場合もあ

る。日本の「寿命のろうそく」（IT三二）では、大病を患った兄のため、弟は夢のおつげに従って寿命のろうそくを立て直す。

病気などで死に直面したとき、潔く死の準備をするのか、あるいはとことんまで運命や死神に抵抗して生きる方法を探究するのか……。それは現代でも話題となる問題である。

ちなみに、落語『死神』の原典に関する謎や、その他の例話については、西本晃二『落語『死神』の世界』に、詳しく紹介されている。（山根尚子）

若い娘と狼（赤ずきん）

（AT三三三）

〔あらすじ〕　若い娘が、祖母に焼き菓子を届けるために森の中を通り抜ける。娘が針の道を通ると、狼はピンの道に入る。娘は無事に祖母に焼き菓子を届けるが、狼は道を横切って流れる川に行く手を阻《はば》まれて森を抜けることができない。翌日、娘は、別の焼き菓子を届けるために森の中を通る。狼が娘に前日通った道を尋ねると、「ピンの道を通った」と答える。狼が、ピンの道には川があったと言うと、娘は「川の水を飲めばいい」と教える。狼は川の水を飲み先回りする。狼は祖母を殺すと、その血をワイングラスに注ぎ、肉を皿に盛ると、自分は祖母のふりをしてベッドに入る。遅れて娘が家に着くと、狼は祖母の血と肉を勧め、娘が食べ終わるとベッドに誘う。危いところで狼の変装に気づいた娘が「おしっこがしたい」と言って家の外に出ようとすると、狼は娘の腰に綱をつけてやる。外に出た娘は、綱を解いて逃げだす。娘の逃亡に気づいた狼が追いかけると、娘は聖母マリアの助けで川を渡ってしまう。狼は川の水を飲み干そうとするが、飲み干さないうちに狼の腹が破裂する。

〔解説〕　ペローとグリムの話が有名で、話型の題名も「赤ずきん」（AT三三三）となっているが、口承では、ヒロインに名前がついているとは限らない。右にあげたのは一九五二年にアルプス地方で採集されたものである。ロワール県の話では、狼は帰宅した娘に母親の肉を食べさせようとする。娘がひと口食べるたびに、窓の外で小鳥が「おまえは母親の肉を食べ、母親の血を飲んでいる」と歌う。娘は不審に思うが、結局は狼の言うままにベッドに入り、食べられてしまう。

この話型そのものは、フランスを中心にイタリア、スイス、アイルランドなど限られた範囲にしか分布していないが、重要なモチーフが共通する話は、アジアにも見られる。

中国・苗《ミャオ》族の話では、虎が婆に化けて娘を家に泊める。一緒に寝た娘は、毛むくじゃらの体から婆の正体を知り、「便所に行きたい」と言って逃げ出す。

日本の「鬼の家の便所」（IT三四六）も同様で、男が婆の家に泊まると、婆は人肉を男に勧める。男が「排便のあとで食う」と言うと、婆は男を綱につないで外に出す。男が身代わりにお守りを柱にくくりつけて逃げると、お守りは婆がせかすたびに「まだまだ」と答える。待ちかねた婆が綱を引いて柱を引き抜き追いすがるので、男は木に登る。男が婆に「足を上にして登った」と教えると、婆は言われた通りに登り、木から落ちて死ぬ。

（山根尚子）

二文のヤニック（AT四〇一）

〔あらすじ〕何も買えないほどの小銭をもらって喜んでいた少年が、その愚かさのために「二文のヤニック」と呼ばれるようになる。ある日、水飲み場の蛙が「金銀をあげるからキスして欲しい」と頼むと、ヤニックは喜んで蛙にキスをする。翌日、蛙が再びキスを求めると、ヤニックは二度目のキスをする。翌々日、蛙がまたキスを求めると、ヤニックは三度目のキスをする。すると蛙は、魔法が解けて美しい王女になる。

王女はヤニックを自分の城に連れていこうとするが、約束の時になると、ヤニックは彼に悪意を抱く女性の策略で眠らされてしまい、王女はヤニックを連れてゆくことができない。王女に置き去りされたヤニックは、王女の行方を求めて、森の隠者を訪れる。隠者は、王女の行方を知る鷲に命じて、ヤニックを運ばせる。ヤニックが王女の城に到着したとき、王女は新しい婚約者と結婚しようとしている。ヤニックと再会した王女は「新しい鍵を作ったあとで古い鍵が見つかったので、古い鍵を使いたい」と話し、ヤニックと結婚することを公表する。

〔解説〕「魔法をかけられた王女」（AT四〇一）に分類される話。キスや誠意、三夜の試練によって魔法をかけられた王女を救い出そうとするところから始まり、救出に失敗する場合、成功して大団円につながる場合、成功はするもののヤニックのように失策から「失った妻を捜しにいく男」（AT四〇〇）へと続く場合と、結末は変化に富む。

グリム兄弟の『伝説集』では、古城に迷いこんだ騎士の前に、蛇が現われて三度のキスを求める。二度目までは何とか成功するが、三度目にとうとう蛇の醜さに耐えきれなくなり、騎士はキスをせずに逃げだしてしまう。日本の『古事記』

でも、美女コノハナサクヤを見そめたニニギは、ともに娶《めと》るよう勧められたイワナガの醜さが我慢できず、彼女を追い返してしまう。そのために彼の子孫は長生きできなくなったという。『カンタベリー物語』の騎士ガウェインは、課せられた難題の答えと引き換えに醜い老婆と結婚する約束をする。彼は婚約者の醜さに我慢できず顔を背けるが、約束通りに結婚式をあげると、その初夜、婚約者は呪いが解けて美女の姿になる。

　アメリカ・ブラックフット族の話では、野牛に恋した男が群れに行くと、一頭の野牛が男に向かって突進してくる。男は身動きすることなくそれに耐えなければならない。それが四回繰り返されると、野牛は美女になり男と結ばれる。

（山根尚子）

赤い仔豚（美女と野獣）

（AT四二五）

〔あらすじ〕　人間の夫婦から生まれた赤い仔豚が、人間の女性との結婚を望む。両親の心配をよそに、豚と女性が結婚する。不思議に思った姑が、嫁に様子を尋ねると、嫁は、豚が夜は皮を脱いで人間の姿になることを告白する。ある夜、姑は夫婦の部屋に侵入し、嫁と人間の青年が寝ているのを確認すると、豚の皮を燃やしてしまう。皮を失った夫は「鉄の靴がすり減るまで会えない」と妻に言い残して姿を消す。妻は鉄の靴を作らせて、夫を捜す旅に出る。妻は、道中でアーモンド、はしばみ、くるみを授けられ、旅の果てに、ある町にたどり着く。しかし夫はすでにほかの女性と再婚している。妻はアーモンド、はしばみ、くるみを次々と開け、中から出てきた宝物と引き換えに、再婚相手から夫と一夜をともにする権利を買う。一日目と二日目は、夫は再婚相手に睡眠薬を飲まされていて目を覚まさない。三日目に、不審に思った夫が再婚相手の勧める飲みものを飲まずに待っていると、元の妻が入ってくる。元の妻と再会した夫は、再婚相手と別れ、元の妻とともに両親の家に帰る。

〔解説〕　「男が失踪した妻を捜しにいく」（AT四〇〇）のに対して、これは「女が失踪した夫を捜しにいく」（AT四二

「美女と野獣」

五）物語である。A型からP型までのサブタイプがあるが、①異類との結婚、②魔法の解除、③夫の失踪、④夫の探索、⑤夫との再会、という基本の形は変わらない。ディズニー映画やその原作（ボーモン夫人の再話）で知られる「美女と野獣」はC型にあたる。愛の告白で瀕死の野獣が王子になるという甘く美しい物語であるが、そこで「めでたしめでたし」となってしまうため、このC型だけは、失踪した夫を捜しにいくモチーフがない。さまざまな困難を乗り越えて結ばれる男女の物語は、アジア諸国でも語られている。

韓国の話では、三人姉妹の末娘が蛇と結婚すると、蛇は皮を脱いで人間の姿になる。妻の姉が、蛇の皮を焼いてしまうと、夫は妻の前から去る。旅に出た妻が夫を捜しあてると、夫は二人の女性と暮らしている。元の妻に再会した夫は、三人の女に課題を与える。第一に水汲み、次に虎の眉毛と虎の爪を取ってくることを命じると、元の妻だけがすべてに成功したため、夫は元の妻を伴侶に選ぶ。

また異類が夜の間だけ人間の姿をしているというモチーフはオーストラリアの始祖伝説にも見られる。カンガルーの始祖は水の中から誕生し、昼間はカンガルー、夜は人間の姿で過ごしたという。婚姻の話ではないが、比較研究の資料として注目されている。（山根尚子）

灰かぶり（シンデレラ）

（AT五一〇A）

〔あらすじ〕　とある高貴な家に三人の姉妹がいる。末娘は姉たちと気が合わず、いつも暖炉の隅に隠れているために「灰かぶり」と呼ばれている。父親が遠出することになり、土産に何が欲しいかを訪ねると、長女と次女は美しい衣装を欲しがるが、末娘ははしばみの実を欲しがる。日曜日、教会のミサに、長女と次女が父親の土産である衣装を着て出かけると、末娘は一人で家に残る。末娘がはしばみの実を開けると、御者付きの馬車とすばらしい衣装が現われる。着飾った末娘が馬車に乗って出かけると、人々はその美しさに感心する。家に帰ってきた長女と次女は、教会に現われた謎の美女の噂をするが、末娘は「どんな美女も私ほどではない」と言い返す。次の日曜日も末娘は同じように着飾って教会に出かけるが、馬車に乗るときに片方の靴を落としてしまう。偶然に王の息子がその靴を拾い、その靴を履くまだ見ぬ美女を想像して、恋をする。王子は、教会に集まった娘たちに靴を履かせてみるが、誰の足にも合わない。次の日曜日には、各国の王女たちが集まって靴を履こうとするが、やはり誰の足にも合わない。最後に末娘が灰まみれの衣装のままで現われて靴を履きこなしたため、人々はみすぼらしい末娘が王子の婚約者となったことに驚く。しかし末娘がはしばみの実を開けて美しく変身したため、結局は誰もが納得する。

〔解説〕「シンデレラ」（AT五一〇A）の典型話として、フランスの『話型目録』にあげられている話。「シンデレラ」といえばペローの『童話集』とガラスの靴が有名だが、その類話には変化が多い。この話型に分類するためのエレメントは①虐げられる主人公、②魔法の援助、③王子との出会い、④同一人物であることの証明、の以上四つとされている。

　クロアチアの話では、王子が城で働く女性を「灰かぶり」と罵《ののし》りシャベルでなぐる。灰かぶりが美しく着飾って舞踏会に行くと、一目惚れした王子が出身地を尋ねるが、「シャベルの城から」とのみ答える。王子が何かで灰かぶりを殴るたびに、舞踏会に出席した灰かぶりは、王子が暴力に使用した道具の城から来たと答えて姿を消す。ついに恋患《わずら》いで寝込んでしまった王子に対して、灰かぶりが正体を明かすと、王子は許しを乞い、改めて求婚する。

　主人公が男性の場合もある。ハンガリーの話は、「ガラスの山の王女」（AT五三〇）との複合型になるが、三人兄弟の三男が「灰かぶり」と呼ばれている。隣国の王女が求婚者を募ると、灰かぶりは美しい騎士となって競技会に出かける。王女はその美しさと武勇に魅《ひ》かれて指輪を与えるが、灰かぶりは「本気で好きならば、捜してください」と言い残して姿を消す。王女は指輪を手がかりに灰かぶりを捜し出す。灰かぶりが競技会ごとに衣装を変えていったり、二人の兄が正体を知らずに「美しい騎士を見た」と噂をするところも、女性版と同じである。騎士の鎧《よろい》は全身を覆うため、中世説話では男性が正体を隠す場合によく用いられる。

　日本の「灰坊」（IT一八一）も主人公は男性で、灰にまみれて長者の家の風呂焚きをしていることから「灰坊」と呼ばれている。灰坊が着飾って出かけ、周囲の人々を驚かせるところは、諸外国の類話と同様である。ただし恋人となる長者の娘は、灰坊が賢く美男子であることを察していて、恋患いになる。

（山根尚子）

長靴を履いた雄猫（AT五四五）

〔あらすじ〕　粉ひき屋の末っ子が、親の遺産として猫をもらう。末っ子が猫にねだられるままに長靴を与えると、猫は長靴を履いて、末っ子を「カラバ侯爵」と名乗らせる。

　長靴を履いた猫は、王宮にたびたび出かけては、「侯爵からの贈り物」と言って狩りの獲物を献上する。贈り物が重なるにつれて、王は猫の主人とされる「侯爵」に好意を抱きはじめる。猫は主人の服を取り上げて、「侯爵が盗賊に襲われた」と王に訴えると、王から立派な衣装を賜わることに成功する。着飾った偽侯爵が王に謁見《えっけん》すると、その美貌に王の娘が恋に落ちる。王が偽侯爵を散歩に誘うと、猫は一行を先導しながら先回りし、畑や牧草地で働く人々に「ここは侯爵の領地だ」と言わせる。猫は、道の先にあった人食い鬼の城に入り、人食い鬼をおだてて「化けくらべ」を提案する。人食い鬼が鼠に変身したすきに、猫は鼠をひと呑みにして、城を侯爵のものにする。城に案内された王は、侯爵の財産に感心し、侯爵と娘の王女を結婚させる。


〔解説〕　ペローの童話集に収録された話で、AT五四五に分類される。「長靴を履いた雄猫」という題名がそのまま話型の副題になっているが、雄猫に長靴を履かせたのはペローの創作で、本来は、援助者は雌猫であったという指摘がある。

　ペローに先行する十六世紀イタリアの『楽しい夜』では、主人公が二人の兄から虐げられているのを見て、雌猫が主人公を援助する決意をする。猫は主人公と王女との縁談をまとめると、立派な城へと案内する。その城では、城主がすでに死亡していたため、主人公が新しい主として迎えられる。雌猫の正体は、実は妖精であったという説明はあるが、雌猫のその後は語られない。

　ノルウェーの話は、「白猫」（AT四〇二）との複合型ともされるが、魔法昔話としての完成度が高い。主人公が雌猫を大切に飼っていると、恩返しのために雌猫が「長靴を履いた雄猫」同様の活躍をしてくれる。雌猫はトロルをだまして城を乗っ取ると、主人公に自分の頭を切り落とすことを命じる。主人公が言われた通りにすると、猫は美しい王女となり、トロルの魔法で猫にされていたことがわかる。主人公は、城の主となり王女と結婚する。

　日本でも岩手県の「猫女房」は、雌猫が見込みのない主人公に富をもたらす話である。貧しい男が猫を大切に飼っていると、猫は臼をひいて団子を作り、男の生活を助ける。猫の望み通りに猫を伊勢参りに出してやると、猫は人間の女性となって帰ってくる。


（山根尚子）

手なし娘（AT七〇六）

〔あらすじ〕　母親が実の娘の美貌に嫉妬

する。母親は、男に娘を殺すことを命じ、その証拠に娘の心臓と両手を求める。男は娘の両手だけ切り落とし、それと犬の心臓を、母親のもとに持ち帰る。手を失った娘が、城の果樹園で果物を食べていると、館の王子が娘を見そめる。王子は、母親の反対を押し切って娘と結婚する。やがて王子は、身重の妻を残して出征する。妻が双子の男の子を産み、知らせの手紙を託すが、途中で姑に「二人の化け物が生まれた」と書き替えられる。王子が出した返事も「罪深い女を追い出せ」と書き替えられたため、妻は二人の子どもとともに館を出る。妻が泉で水を飲もうとして身を屈めたとき、泉に滑り落ちた子どもを抱き上げようとすると、神の恵みで両手が生える。戦場から帰った王子は、妻が追い出されたことを知って、妻を捜す旅に出る。王子は、旅先で利発な少年に出会い、少年から「自分には双子の弟と、手のなかった母親がいる」と聞かされたことから、家族の消息を知る。王子は、家族を連れて館に帰り、姑は幽閉される。

〔解説〕　バス・ノルマンディー地方で採集された「手なし娘」（AT七〇六）の類話。十三世紀に成立した『コンスタンチノープルの美しいエレーヌ』がのちに行商人本として普及したとされているが、原本は確認されていない。複雑な構成であるにもかかわらず、ほぼ構成の一致する話は世界各地に分布しており、『千一夜物語』や『グリム昔話集』、『ロシア民話集』（アファナーシエフ）の中にも類話が見られる。また、娘を助けて両手を授ける援助者は、キリスト教圏では聖母マリアや聖ペテロ、イスラム教圏ではアラーの神、日本では千手観音《せんじゅ》と、変化がある。

主人公が手を失う理由もさまざまで、イタリアの『ペンタメローネ』では実兄から求婚された妹が、拒絶のしるしに自分の両手を切り落とす。インドの話では、姉が花の咲く木に変身しているときに、妹たちが枝をむしりとったため、人間に戻ったときに手足がなくなっている。

日本の『高野山女人堂由来記《こうやさんにょにんどうゆらいき》』では、継母が継子の縁談を妬んで夫に讒言すると、夫は娘の両腕を切って谷に蹴落とす。娘が畑の西瓜を食べているときに、縁談相手に見出されて結婚する。夫の留守中に子どもが生まれ、知らせの手紙を託すが、途中で継母に書き替えられたため娘は家を追い出される。娘は旅僧の勧めで高野山へ行き、弘法大師加治の水で手が生える。夫が妻を捜しにきて妻子と再会し、親子で出家する。　（山根尚子）

半分にわとり（ＡＴ七一五）

〔あらすじ〕「半分にわとり」と呼ばれる鶏が、堆肥《たいひ》の中から金貨の詰まった財布を拾う。人間の王が、利子をつけて返すという条件で財布を借りていくが、いつまでたっても返さない。鶏は、道中で出会った狐、狼、川の水を仲間に加えると、仲間を翼の下に入れて、借金の取り立てに行く。

ところが王には借金を支払う意思がない。王が鶏を城の鶏小屋に閉じ込めると、狐が出てきて小屋の鶏を食い尽くす。羊小屋に閉じ込めると、狼が出てきて羊を食い尽くす。最後に王が鶏を竈《かまど》に放り込むと、川の水が出てきて王の城を押し流す。

〔解説〕不思議な呼び名が印象的なこの物語は、フランスではもっともよく知られた昔話の一つである。この名前の由来については諸説あるが、山岳地方の古老は「半分にわとりは、一本足、片翼で、頭も半分しかない」と語っている。家畜小屋に住む小妖精ファドは、一本足、片腕、一つ目で、足には蹴爪《けづめ》、頭には鶏冠《とさか》があるともされることから、半分にわとりも、動物ではなく妖精の仲間であったとも考えられている。性別は、雄鶏であることが多いが、雌鶏、雌雄同体のこともある。また「半分の子ども」の話もある。子どものない夫婦が、魔法の果物を半分だけ食べたり、「半分でもいい」と神に祈ると、体が縦半分しかない子どもが生まれる。子どもは、「半分にわとり」と同様にさまざまな能力を発揮し不正な権力者をこらしめて出世する。

「半分にわとり」（ＡＴ七一五）では、主人公は切り分けられたために、体が半分しかない鶏である。半分にわとりは、借金をめぐる葛藤の末に、人間の王に食べられるが、王の体の中で完全な鶏として再生する。リトアニアの話では、雄鶏は、貧しい飼い主のために領主の倉庫から金貨を尾の下に詰めて持ち帰る。怒った領主が雄鶏を料理して食べると、雄鶏は領主の腹の中で歌いだし、領主の尻から出てきて再生する。アフロ・アメリカンの話では、男が必死で命乞いする鳩を食べると、鳩は男の腹の中で歌いだす。苦しくなった男が海岸に彷徨《さまよ》い出ると、大波が男を襲い溺死させる。

動物の死と再生の物語といえば、日本では「犬むかし」（ＩＴ三六四）があげられる。この話型はアジアに広く分布し、漢民族の話では、弟を憎む兄が、弟の犬と雄鶏を殺す。弟が犬と雄鶏を埋めると楡《にれ》の木が生え、楡の木で籠を作ると鳥が来て兄に復讐する。モチーフや要素に共通点が多く、比較の対象としては興味深い。

（山根尚子）

コモール（青ひげ）

〔あらすじ〕　ヴァンヌ王の娘に、隣国の伯爵コモールが求婚するが、伯爵が次々と四人の妻を殺したという噂に、王は躊《ちゅう》躇《ちょ》する。聖者ヴェルタスは伯爵との戦争を避けるため、色で危険を知らせる魔法の指輪を持たせて王女を嫁がせる。

　やがて伯爵は王女に鍵束《かぎたば》を預けて旅に出る。数か月後に帰宅した伯爵に、王女が伯爵の子を身籠《みご》もったことを告げると、王女の指輪の色が変わる。伯爵に殺された四人の妻が墓場から現われ、伯爵は自分の子どもに殺されるという予言を恐れて身籠もった妻を殺したことを、王女に教える。妻たちは、伯爵が殺人に使った凶器―毒、綱、火、棒を授ける。王女は、毒で番犬を殺し、綱で城壁を下り、火で夜道を照らし、棒を杖にして故国を目指すが、途中で力尽き、男の子を産む。王女が鳥に指輪を託し、男の子を草陰に隠したとき、伯爵が王女に追いつく。子どもが生まれたことを知らない伯爵は、王女の首を切り落として帰途につく。

　急行した聖者が死体に命じると、王女の死体は自分の首と産んだばかりの男の子を抱いて立ち上がる。伯爵の城の前に到着した聖者が男の子を地面に下ろすと、男の子は立って歩き、神を讃える言葉とともに城を崩壊させて伯爵を滅ぼす。最後に聖者が王女の首を肩の上に乗せると、王女は蘇る。

〔解説〕　ブルターニュ出身の作家スーヴェストルが『ブルターニュの昔話』に収録した物語。コモールは、キリスト教が渡来したころのブリトン人の王で、息子に殺されるという神託を恐れて七人の妻を殺したと伝えられる。土地に固有の伝説のようにも思われるが、オーベルニュ地方に「青ひげ」という題名でほぼ同じ構成の話がある。登場人物に名前はない。殺された妻たちの援助で青ひげ公の城を脱出するところまでは同じだが、妻に逃げられた青ひげ公は、妻を探して森を彷徨《さまよ》ううちに人狼に殺される。

　ハンガリーの話では、悪魔が、命じた通りに山羊の頭を食べない婚約者を次々に殺す。百人目の娘が、山羊の頭を巧みに処分する。悪魔は悔い改めて娘と結婚しようとするが、娘に逃げられ娘の恋人に殺される。高地ブルターニュの話では、妖精に呪いをかけられた醜男《ぶおとこ》が、「お金のために結婚した」と言う妻の会話を盗み聞いて、妻を次々に殺す。三人目の妻が「愛しているから結婚した」と言うと、醜男は呪いが解けて美男の王子になる。

この話型は、殺人鬼と結婚した女性の恐怖を語るようで、実は、真実の愛と救済を求める男性の苦悩と悲劇を描いているとも考えられる。

（山根尚子）

● ドイツ ●

狼と七匹の子山羊《やぎ》（AT一二三）

〔あらすじ〕 母山羊が七匹の子山羊に、狼に気をつけるようにと言って、森に食べ物を捜しに出かける。まもなく狼がやってきて、母山羊のふりをするが、子山羊たちは、しわがれた声と黒い足から狼であることを見抜いて、戸を開けない。狼は白墨を食べて声をきれいにし、足に粉を塗って白くすると、また山羊小屋に現われる。今度はだまされて、子山羊たちは戸を開けてしまう。狼が入ってくると、子山羊たちは、それぞれ家具などの中に隠れるが、狼に見つけだされ、食べられてしまう。ただ、柱時計の中に隠れた末の子山羊だけは助かる。母山羊が帰ってきて、末っ子の山羊とともに草原で眠っている狼を見つける。狼のお腹を切り開くと、中から六匹の子山羊が無傷で現われる。狼は子山羊たちを丸呑みしていたのであった。山羊たちは狼のお腹に石を詰め込み、縫いつける。目を覚ました狼は泉で水を飲もうとするが、石の重みで泉に落ちて死んでしまう。七匹の子山羊は大喜びして泉のまわりで踊る。

〔解説〕 この話は『グリム昔話集』の初稿（一八一〇年）に「狼」という題で入っている。兄ヤーコプ・グリムがフランス系のハッセンプフルーク家の娘から聞いたものである。初版（一八一二年）以降は「狼と七匹の子山羊」（KHM五）という題で載せられる。第五版（一八四三年）以降は、シュテーバー編『アルザスの民衆冊子』（一八四二年）の「七匹の子山羊」によって書き換えられる。

国際話型としては「狼と子山羊たち」（AT一二三）に属する。この話はヨーロッパ全域からシベリアにも広がっている。中国、日本でもこのモチーフのある話が語られている。

この話は、古くは、ラテン語の写本で、『パエドルス寓話集』（一世紀）や、『ロムルス寓話集』（九―十世紀）に見られ、その後も中世の寓話集にしばしば登場する。たとえば、ボーナーの『宝石』（一三五〇年）の第三十三話、ラ・フォンテーヌの『寓話』（一六六八年）の第四巻十五話「狼と山羊と子山羊」である。後者では「白い足を見せてよ。でないと開けないよ」と子山羊が狼に言っている。

伝承地域によって、子どもたちを飲み込むのは、狼、熊、人狼、妖怪とさまざまでである。たとえば、中国では、たいてい豹や虎になっている。また、飲み込まれるのが子豚であると、ジェイコブス編『イギリス民話集』（一八九〇年）の「三匹の子豚の話」になるし、人間であると、ペローやグリム昔話の「赤ずきん」（KHM二六）になる。後者は国際話型としては「大食家」（AT三三三）に分類される。

日本昔話で、狼または山姥が、子どもをだまして家に侵入する話「天道さん金《かね》の綱」（IT三四八）は、冒頭部分がよく似ている。

（竹原威滋）

ブレーメンの音楽隊（AT一三〇）

〔あらすじ〕年老いて、役立たずになったロバが、飼い主から見放され、逃げ出して、ブレーメンに向かって旅立つ。そこへ行けば、町のおかかえの音楽師になれるだろうと思ったからである。旅の途上で、ロバは、いずれも飼い主に見捨てられた、年老いた猟犬、猫、雄鶏に出会い、いっしょにブレーメンに行って音楽師になろうと誘う。動物たちは日が暮れるころ、森にさしかかり、明かりのある家にたどり着く。その家では泥棒たちがご馳走を食べていた。動物たちは一計を案じて、ロバの背中に犬が跳《と》び乗り、犬の上に猫が乗り、猫の頭に雄鶏がとまり、一斉に大声を出して音楽を始めた。すると、泥棒たちは化け物が来たと思い、恐れをなして逃げ出す。動物たちはご馳走をたいらげると、寝場所を見つけた。ロバは堆肥《たいひ》の上に、犬は戸のかげに、猫は竈《かまど》の暖かい灰のかたわらに横になり、雄鶏は梁の上にとまった。真夜中に泥棒の手下が家の様子をうかがいにくる。猫は男の顔を引っ掻き、犬はその足に噛みつき、ロバは男を蹴とばし、雄鶏は大声で鳴く。泥棒は仲間のもとに帰り、「魔女がわしの顔を引っ掻き、ナイフを持った男に足を刺され、怪物に殴られ、裁判官に『悪党を連れてこい』と怒《ど》鳴《な》られ、夢中で逃げてきた」と言う。動物たちはその家が気に入り、ブレーメンには行かずに、そこに住みつく。

〔解説〕この話は『グリム昔話集』の第二版（一八一九年）以降に収録されている（KHM二七）。また、国際話型としては「野営の動物たち」（AT一三〇）に属する。このタイプの古い伝承では、泥棒のかわりに狼や熊が登場する。つま

ブレーメンの音楽隊の像（『グリム童話とメルヘン街道』くもん出版，より）

り、この話は、もともと、飼い慣らされた家畜が荒々しい野生の動物に打ち勝つ物語であった。

ギリシアの『イソップ寓話集』の「ロバと雄鶏と獅子」では、獅子がロバを襲ったので、雄鶏が鳴いて獅子を脅《おど》す（獅子は雄鶏の声を恐れるといわれる）話が載っている。

インドの『パンチャタントラ』には、飼い主に見捨てられた山羊が獅子の棲む洞穴を乗っ取る話がある。山羊は、ほらを吹いて言う。「わしは虎と象をたらふくたいらげて、今、一頭の獅子をねらっているところだ」。すると、獅子は恐れをなして逃げ出し、狐に助けを求めるが、結局はそれも役立たず、洞穴を山羊に譲ってしまう。

ラテン語の文献『エセングリヌス』（一一四八年）には、家畜が狼に打ち勝つ話がある。結婚式の祝宴のため家畜が屠《ほふ》られる運命にある。そのため、狐が家畜たちに、飼い主の家を逃げ出し、ローマへの巡礼の旅に出ようと誘う。ロバ、雄羊、鹿、のろ鹿、雄鶏、鵞鳥《がちょう》が狐とともに旅立つ。ある宿で出会った巡礼の狼を機転をきかせて打ち負かせている。

ハンス・ザックスの職匠歌（一五五一年）では、雄牛、馬、猫、雄鶏が十二頭の狼に打ち勝っている。また、ゲオルク・ロレンハーゲンの教訓詩（一五九五年）では、六頭の家畜（雄牛、ロバ、犬、猫、雄鶏、鵞鳥）が、雷に打たれた宿屋から近くの森に逃げる。家畜たちは、野生の動物（獅子、豹、狼、熊）の棲み処を襲い、打ち負かしている。

飼い主から逃げ出す家畜の話は、今日ヨーロッパ各地に分布しており、アメリカにも伝播している。日本の話は「馬と犬と猫と鶏の旅」（IT五七二）がこれに該当するが、グリムの話が民間に降りて伝わった可能性が高い。（竹原威滋）

ヘンゼルとグレーテル
（AT三二七A）

〔あらすじ〕森の端に貧しい木こりが妻と二人の子どもと住んでいたが、飢饉《ききん》で生活が苦しくなる。妻は子どもを森に捨てようと夫を説き伏せ、夫も仕方なく同意する。その会話を耳にした兄のヘンゼルは、夜のうちに小石を集め、ポケットにつめる。翌朝、みんなで森に行くときに、ヘンゼルは、歩きながら道しるべに小石を落としていく。森で焚き火を起こすと、両親は子どもを残して去っていく。うたた寝から覚めた兄と妹は小石を目印に家に無事たどり着く。しばらくして、また国中が飢饉になり、子どもたちは両親に森の奥深くに捨てられる。ヘンゼルは、道しるべにパン屑を落としていたが、鳥に食べられてしまう。道に迷った兄と妹は、小鳥の案内で、お菓子でできた家にたどり着く。二人がそれを食べていると、中から老婆が現われて、家に招き入れる。その老婆は人間を食べる魔女で、兄を家畜の檻《おり》に閉じ込め、ご馳走を与えて太らせ、妹には家事をさせる。ある日、魔女は妹をパン焼き窯《がま》で焼いて食べようとする。その企みに気づいたグレーテルは機転をきかせて、魔女にパン焼き窯への入り方を教えてもらうふりをして、魔女を窯に押し入れてしまう。妹は兄を檻から救い出す。二人は魔女の宝石を手に入れて、帰途につく。途中で、大きな川を鴨の助けで渡り、家に着く。父は再会を喜ぶが、母はその間に死んでいた。こうして三人は楽しく暮らした。

〔解説〕　この話は『グリム昔話集』の初稿（一八一〇年）に「兄と妹」という題で収められている。初版（一八一二年）以降は、「兄と妹」という題は別の話（KHM一一、AT四五〇）につけられ、この話は「ヘンゼルとグレーテル」（KHM一五）という題で載せられた。登場人物のうち「母親」は第四版（一八四〇年）以降、「継母」に変えられた。国際話型としては「子どもと鬼」（AT三二七）のサブタイプ「ヘンゼルとグレーテル」（AT三二七A）に属する。この話はヨーロッパ全域に広がっているが、とくにバルト諸国で好まれている。

子どもが森に捨てられ、道しるべをたどって戻ってくる導入モチーフは、古くはモンタヌスの笑い話集『園遊会』（一五六〇年）の「地の雌牛」に見られる。その道しるべはおが屑、もみ殻《がら》、麻の実である。さらにバジーレの『ペンタメローネ』（一六三六年）の五日目第八話「ニッニッロとネッネッラ」には道しるべに、灰と糠《ぬか》が使われている。また、ペロー童話（一六九七年）の「親指小僧」においては七人兄弟の末の親指小僧が道しるべに一度目は白い小石をたどって家に戻るが、二度目はパン屑を小鳥たちに食べられてしまい、森の奥深くの人喰い鬼夫婦の家に迷い込む。夜、人喰い鬼が七人の兄弟を打ち殺して食べてしまおうとしたとき、親指小僧は自分たち七人の頭巾と人喰い鬼の七人娘の金の冠を取り替える。そこで人喰い鬼は間違って自分の七人の娘を打ち殺してしまう。こうして七人の兄弟は難を逃れる。この話は国際話型としてはサブタイプ「親指小僧」（AT三二七B）に属する。

パン焼き窯に入れられるのは、一般的には人喰い鬼または魔女であるが、ギリシアや南・西スラブならびにラトビアでは犬頭の怪物「キノセファル」である。魔女は盲目か、弱視であるが、この怪物は一つ目である。インドでは魔女の役割を担うのは虎である場合が多い。

（竹原威滋）

蛙の王様（AT四四〇）

〔あらすじ〕　王様の末娘が森のお城の近くにある泉のほとりで金の毬《まり》で遊んでいたところ、毬が泉に落ちてしまい、途方に暮れていると、一匹の蛙が泉から顔を出し、「家に連れて帰ってくれるなら、毬を取ってきてやる」と言う。王女が、それを約束すると、蛙は泉から金の毬を取ってきてくれる。毬を受け取った王女は、蛙との約束を無視してお城に帰る。

しかし、まもなく蛙がお城にやってくる。王女は、王様に約束は守るようにと命令されたので、仕方なく扉を開けて蛙を中に入れてやり、蛙といっしょに食事をする。蛙はさらに「ベッドに連れていってほしい。いっしょに寝たいから」と言う。王女はまた、王様の命令にしたがい、やむなく蛙を寝室に連れてくるが、怒りにまかせて蛙を壁に投げつけてしまう。すると、蛙は若い美しい王子に変身する。

二人はいっしょに寝て、翌朝には王子の忠臣ハインリヒに迎えられ、馬車で王子のお城に向かう。その途上、ハインリヒの胸にはめられていた鉄の箍《たが》が喜びのあまり音を立ててはじける。

〔解説〕　この話は、『グリム昔話集』の初版（一八一二年）の第一巻の第一話に「蛙の王様、または鉄のハインリヒ」（KHM一）として登場する。これはすでに初稿（一八一〇年）の第二十五番にヴィルヘルムの筆跡で「王女と魔法にかけられた王子、蛙の王様」と題して収録されている。カッセルのヴィルト家の娘ドルトヒェンから聞いたものであろう。この話は第二版（一八一九年）以降も第七版（一八五七年）に至るまでグリム昔話の冒頭の話として収録されている。

グリムはこれとよく似た話――王女が泉から汲んだコップの濁《にご》り水を、蛙が結婚を条件に澄んだ水に変えた話を、フランス系のマリー・ハッセンプフルークより聞き、第二巻の第十三話に入れているが、第二版以降は削除して、注釈編（一八二二年）に回している。

胸の箍《たが》のモチーフは、「蛙の王様」においては、王子が呪われて蛙になって泉にいたとき、悲しみのあまり胸が張り裂けそうだった忠臣ハインリヒがはめていたものだった。

国際話型としては「蛙の王様、または鉄のヘンリー」（AT四四〇）に属する。この伝承はドイツのほか、北欧、東欧にも分布しているが、南欧ではまれである。グリムでは金の毬《まり》を拾ってもらうが、ほかに、腕輪や指輪を水の中から取ってきてもらう話もある。蛙のかわりに、東欧では蛇、ザリガニなどの場合もある。ベヒシュタイン『メルヒェンの本』（一八五七年）第三十六話「オダと蛇」にも蛇が登場する。また、変身の手段には、グリムのように壁に投げつけるほかに、娘がキスをする、蛙の頭を切るなどがある。

　古い伝承は、十三世紀ドイツのラテン語の文献、ならびに『スコットランドの訴え』（一五四九年）にも見られる。この話は、ジェイコブスの『イギリス民話集』の第四十一話「世界の果ての井戸」にも収められている。チベットの話では、老婆の膝から生まれた蛙が、お城に行って、姫に迫って強引に結婚する。不本意ながら蛙といっしょになった姫はあるとき、別の高貴な青年に一目惚《ぼ》れするが、じつはその正体は蛙であることがわかる。蛙の皮を燃やして、姫は晴れてその青年と結婚する。

（竹原威滋）

一つ目、二つ目、三つ目

（AT五一一）

〔あらすじ〕ある女の人に、三人の娘がいた。娘は上から順にそれぞれ一つ目、二つ目、三つ目を持っていた。二番目の娘は普通の人間と変わらない二つ目だったので、母親と一つ目と三つ目からいじめられ、粗末な服と食事しかもらえない。二つ目が山羊の番をして空腹のあまり泣いていると、賢女が現われ、山羊に呪文を唱えて食事を出す方法を二つ目に教える。二つ目は呪文を唱え、山羊に魔法のテーブルを出してもらい、たらふく食べる。二つ目が夕食を取らないので不思議に思った一つ目が様子をうかがうため、二つ目の山羊番についていくが、寝てしまう。次に三つ目が偵察に行き、開いていた三つ目の目で山羊が魔法のテーブルを出す様子を見て、母親に告げ口する。母親は包丁で山羊の心臓を突き刺して殺してしまう。悲しむ二つ目に賢女が現われ、山羊のはらわたを戸口の地面に埋めるとよい、と忠告する。言われた通りにすると、不思議な木が生えてくる。銀の葉が茂り、黄金の実がなっている。母親と一つ目と三つ目には、実が逃げて取れないが、二つ目が取ろうとすると、うまく手に入ってきて黄金のりんごを取ることができる。

　あるとき、若い騎士が通りかかり、この木を一枝所望するが、一つ目と三つ目には取れない。二つ目は見事に取れたので、騎士はお礼に二つ目をお城に連れて帰り、二人はお互いに気に入り結婚する。一方、不思議な木はお城についてきて、二つ目は幸せに暮らす。あるとき、乞食《こじき》姿で城に来た一つ目と三つ目を、二つ目は親切に迎え入れる。

〔解説〕　この話は『グリム昔話集』の第二版（一八一九年）以降に収録されている（KHM一三〇）。その原話は、T・ペシェック（一七八八年生）がオバーラウジッツに由来する話をビュッシングの『中世の友のための週間情報』第二巻（一八一六年）に公刊したものである。グリム兄弟はこれを自分流に再話している（たとえば妖精を賢女に書き換えている）。

　国際話型としては「一つ目、二つ目、三つ目」（AT五一一）に属しており、「灰かぶり姫」（AT五一〇A、KHM二一）、ならびに「千枚皮」（AT五一〇B、KHM六五）とともにいわゆるシンデレラ型の話型群を形成している。民間伝承としては、ヨーロッパ、とくにスラブ、バルト諸国に色濃く分布しており、アイルランド、フランス、ドイツにも事例がある。

　最古の文献としてはモンタヌスの笑い話集『園遊会』（一五六〇年）の「地の雌牛」があげられる。――継母と姉のアンネにうとんじられたマルガレーテは三度森に捨てられる。代母の助言で一回目はおが屑、二回目はもみ殻《がら》の跡をたどって家に帰るが、三回目は麻の実を鳥に食べられて帰れず、森深く道に迷い、雌牛の住む家にかくまわれる。雌牛の乳を飲み、雌牛のくれた絹とビロードの服で着飾り、平安に暮らしていたが、あるとき、姉のアンネに捜し出され、それを知った継母は雌牛を殺してしまう。マルガレーテが雌牛の尻尾を土に埋め、その上に角と蹄を置くと、三日目にそこから美しい木が生えてくる。その後、通りかかった殿様の息子にマルガレーテだけがりんごを取ることができて、それが機縁で殿様のところに赴く。

　この話型のサブタイプに「赤い小牛」（AT五一一A）がある。――継母に食事もろくにもらえず家畜の番をさせられた男の子が、不思議な赤い小牛から食事を得ていた。それを知った継母は仮病を使い、その薬として小牛を殺すよう要求する。男の子は小牛とともに逃走する。銅の森、銀の森、黄金の森を通過する際に、小牛は荒々しい雄牛と三度闘い、最後には打ち負かされる。男の子は死んだ小牛の角を取っておく。やがてその角から家畜の群れが現われ、金持ちになる。このタイプの話はヨーロッパでもとくに北欧に分布している。

（竹原威滋）

千枚皮（AT五一〇B）

〔あらすじ〕　昔、ある王妃が病になり、死の床で王様に、「私のように美しく、黄金の髪の人でないと再婚してはだめ」

と、言い残して死ぬ。国中を捜してもそんな美しい女性はなかなか見つからなかったが、亡き王妃と生き写しに美しく成長した自分の娘に目をとめた王様は、娘に求婚する。娘は結婚を避けるため、父に法外な要求をする。「太陽のように黄金に輝く服、月のように銀色に輝く服、星のようにきらめく服、そしてさらに国中のあらゆるけものの皮でできた外套《がいとう》をくださるなら、結婚します」と言う。王様は願い通り、三枚の服と千枚皮の外套を調達する。

姫はやむなく千枚皮の外套を被《かぶ》って、家出し、よその国にやってくる。そして森の中で、狩りに来たその国の王様の目にとまり、お城の台所女中として雇われる。あるとき、お城で祝宴があり、「千枚皮」と呼ばれていた娘は千枚皮の外套を脱ぎ、顔と手の煤《すす》を洗い落とし、太陽のように黄金に輝く服を着て、そっと舞踏会に出る。王様は、その美しい姫と踊り、すっかり気に入るが、千枚皮はすばやく台所に逃げ帰る。そのあと、千枚皮は、料理人の命令で王様にスープを作ったとき、スープの底に自分の黄金の指輪を入れておく。王様はスープの指輪について尋ねるが、姫は知らないと答える。

その後、二度目の舞踏会では月のように銀色に輝く服で、三度目の舞踏会では星のようにきらめく服を着て、王様と踊る。王様は最後のダンスの折には黄金の指輪をそっと姫の指にはめる。大急ぎで台所に逃げ帰った千枚皮は、一本の指を煤で塗るのを忘れていた。そのあと、台所女中としてスープを王様に出したとき、王様は指の黄金の指輪と白い指で千枚皮がダンスの相手であると見破る。こうして、千枚皮は晴れて王様と結婚する。

〔解説〕 この話は『グリム昔話集』初版（一八一二年）に収録されている（KHM六五）。ヴィルヘルム・グリムが当時十九歳のドロテア・ヴィルトから聞いた話に基づいている。

「千枚皮」（AT五一〇B）は「灰かぶり姫」（AT五一〇A、KHM二一）とよく似ており、両者とも、いわゆるシンデレラ型の話である。「灰かぶり姫」は自分の家で連れ子をしてきた継母にいじめられ、舞踏会で王子に見そめられ、逃げ帰るが、靴のテストで見いだされ、結婚する。これに対して、「千枚皮」は父の求婚から逃れるため、被《かぶ》り物を被《かぶ》って家出をし、ある王様の家で女中奉公して、そこで開かれた舞踏会に密《ひそ》かに行き、王子に見そめられ、台所に逃げ帰るが、スープに入れたアクセサリーでダンスの相手であることを見破られ、晴れて王子と結婚する。

国際話型としては「金の服、銀の服、星の服（藺草《いぐさ》の頭巾）」（AT五一〇B）に属する。民間伝承としては、全ヨーロッパに色濃く分布している。

導入部に近親相姦のモチーフが登場する話はヨーロッパ中世の文学にもよく見られるものである。たとえば、ストラパローラの『たのしい夜』（一五五〇年）の第一夜第四話「テバルド」においては姫のドラリーチェは父との結婚を避けるため、伯母の助言で木製の櫃《ひつ》に身を隠し、それが知らずに商人を通じてイギリスの王様に売られる。バジーレの『ペンタメローネ』（一六三四年）の二日目第六話「牝熊《めすぐま》」では王女プレツィオーサは老婆の魔法のおかげで熊に変身して森に逃げ、王子に見いだされる。またペロー童話（一六九四年）の「ロバの皮」では王女が仙女の忠告でロバの皮を被って家出して、ある王城で女中奉公し、王子に見そめられる。ムーゼウスの『ドイツ人の民話』（一七八二年）の「泉の水の精」では騎士の娘マティルデは水の精に教えられた呪文を唱えて姿を隠して父の城を出る。ジェイコブスの『イギリス民話集』（一八九〇年）の「藺草《いぐさ》の頭巾」では金持ちの娘が、「父を塩のように愛している」と言ったがために父に追い出されるが、藺草の頭巾を被って家を出て、大きなお屋敷の女中になる。

日本の昔話「姥皮《うばかわ》」（IT一七六）では継母に追い出された継子は姥皮を被って家出し、長者の家で火焚きに雇われる。また「鉢かつぎ姫」（IT一七七）では頭に鉢をかついで、家出し、殿様の家に奉公する。美しい娘が被り物を被ってカモフラージュして家出し、他家に奉公するモチーフは東西の説話に共通しており、非常に興味深い。（竹原威滋）

漁師とその妻（AT五五五）

〔あらすじ〕　昔、漁師が妻とともにあばら屋に住んでいた。ある日、漁師が海辺で大きなヒラメを釣る。ヒラメが「僕は魔法にかけられた王子だ。逃がしてくれ」と言うので、海に放してやる。家に戻ると、妻は、お礼に小さな家をもらうようにヒラメに頼めと言う。漁師は不本意ながらも妻の言うままにヒラメに会って「小びと、小びと、ティンペ・テ／海の中のヒラメ、ヒラメ／妻のイルゼビルが／おれの言うこと聞かないのだ」と歌って呼びかけて、妻の願いを伝える。漁師が帰ってみると、願い通り小さいながらも素敵《すてき》な家が建っていた。妻はしばらくはそれに満足していたが、今度は御殿が欲しいという。漁師がまた、ヒラメに頼むと、立派な御殿をくれる。妻の欲望は際限なく、そのあと、王様、皇帝、はては法王になりたいと言い、ヒラメはすべてをかなえてくれる。ついに妻が「お日様やお月様を昇らせることのできる神様になりたい」と言う。漁師はそれには困り果てたが、怒り狂う妻にせき立てられて、嵐の海辺に出て、ヒラメに頼むと、家はもとのあばら屋に戻っていた。

〔解説〕　この話は『グリム昔話集』に収録されている（KHM一九）。原話は、「ねずの木」（KHM四七）と同様、ポンメルン地方の画家オットー・ルンゲが聞き書きして手を加えたものである。グリム兄弟はこれをメルヒェンのお手本として方言のまま初版（一八一二年）に載せている。第五版（一八四三年）では画家の弟ダニエル・ルンゲがハンブルク方言に似せて書き換えたものに差し替えている。

　ベヒシュタインの『メルヒェンの本』（一八五七年）にはアルザス地方の話「酢《す》の壺に住む夫妻」が載っている。――ある夫婦が酢の壺のようなあばら屋に住んでいるのを嘆いていると、黄金の鳥が飛んできて願いを聞いてくれる。最初は小さな庭付きの家で満足するが、次に貴族の御殿を望み、さらには王様と王妃になることを望む。そして、最後に夫婦は「皇帝、法王、主《しゅ》なる神になりたい」と喚《わめ》いているうちに、もとのあばら屋に戻ってしまう。

　国際話型としては、「漁師とその妻」（AT五五五）に属する。民間伝承としては、おそらくフランドル地方にその起源があり、全ヨーロッパに分布している。また、スペイン人を通じて西インド諸島に、オランダ人を通じてインドネシアにも伝えられた。

　ゲルマン地域では魚の名前と妻の名前が出てくる歌を歌って願いごとをする。フランスやイタリアでは主人公が豆の蔓を伝って天に昇り、神様、または聖ペテロに望みをかなえてもらう話になっている。スラブ地域では切り株につまずいた男が怒って、その木に願いをかなえてもらうが、最後には罰として熊に変えられる話になっている。

　文学作品としてもドイツのギュンター・グラスやロシアのプーシキンによって取り入れられている。（竹原威滋）

白雪姫（AT七〇九）

〔あらすじ〕　冬のある日、王妃が縫い物をしていたところ、誤って針で指を刺してしまい、赤い血が雪の中に落ちる。それを見て、王妃は「雪のように白く、血のように赤く、黒檀《こくたん》の窓枠《まどわく》のように黒い髪の子どもがほしい」と願う。やがて王妃に望み通りの女の子が生まれ、「白雪姫」と名づけられる。その後王妃が亡くなり、王様は再婚する。新しい王妃は、真実を語る魔法の鏡を持っていて、国中で誰が美しいか問いかけると、鏡は「お妃《きさき》様」と答える。ところが白雪姫が七歳になったとき、鏡は「白雪姫がお妃より千倍も美しい」と答える。嫉妬に狂った王妃は、猟師に命じて、白雪姫を森で殺して、その証拠に肺と肝臓を持ってくるように言いつける。白雪姫のことを不《ふ》憫《びん》に思った猟師は、身代わりに猪を殺して、その内臓を持ち帰る。

一方、森の中で道に迷った白雪姫は、七人の小びとの住む家にたどり着き、家事と留守番をすることを条件に住み込むことになる。

魔法の鏡で白雪姫が生きていることを知った王妃は、物売りに変装して白雪姫のところに来て、胸紐を売りつけ、その紐で白雪姫の胸を締めつけ、気絶させる。仕事から帰ってきた小びとたちが、紐を切ってやると、白雪姫は息を吹き返す。

次に王妃は毒の櫛を売りつけ、櫛で白雪姫の頭髪を刺して、仮死状態にさせるが、小びとたちが櫛を抜いて助ける。

三度目には王妃は百姓女に変装して毒りんごを売りに来る。りんごを食べた白雪姫は息絶えてしまう。小びとたちは白雪姫をガラスの柩《ひつぎ》に納めて、見守る。

あるとき、森に迷った王子がそばを通りかかり、白雪姫を見て気に入り、小びとから柩を譲り受ける。柩を担いでいた家来が低木に足を取られた拍子に、りんごが口から飛びだして、白雪姫は生き返る。王子と白雪姫は結婚式を挙げる。式に招かれた継母は真っ赤に灼《や》けた鉄の靴を履かされ、踊り狂って死ぬ。

〔解説〕 この話は『グリム昔話集』に収録されている（KHM五三）が、版ごとに書き換えられている。兄のヤーコプがマリー・ハッセンプフルークから聞いた原話（一八〇八年）が、初版（一八一二年）ではジーベルトの話に基づき終わりの部分が書き換えられ、さらに第二版（一八一九年）ではシュタインの話に依って三度目の生き返りの箇所が書き換えられる。特筆すべきはこの版から王妃が実母から継母に変えられたことである。

この話の古い伝承はシェイクスピアのロマンス劇『シンベリーン』（一六一〇年）にも見られる。この劇の主人公イモジェンも白雪姫とよく似た運命をたどる。さらにバジーレの『ペンタメローネ』（一六三四年）の「奴隷《どれい》娘」（二日目第八話）には、こんな話がある。――薔《ば》薇《ら》の花びらから生まれたリーザが妖精の呪いで死に、ガラスの柩に入れられて、伯父の家でかくまわれる。伯父の妻がガラスの柩《ひつぎ》のリーザを見つけ、リーザを抱きかかえた拍子に頭から毒の櫛が取れて、リーザは目覚める。伯父の妻は、夫の隠し子と勘違いしてリーザを奴隷娘のように扱う。やがて伯父の機転で解放されたリーザは伯父の計らいで花婿を見つけてもらう。一方、伯父は妻を実家に帰す。

　また、この話は、ムーゼウスの『ドイツ人の民話』（一七八二年）に「リヒルデ」というタイトルで登場する。――継母のリヒルデが魔法の鏡で継子のブランカ（白姫）が自分より美しいことを知り、嫉妬にかられて、三度殺害（毒入り石榴《ざくろ》、阿片入り石鹸、手紙に入れた罌粟《けし》の実で）を試みる。ブランカはガラスの柩に入れられて、小びとたちに見守られる。騎士ゴットフリートがブランカの胸に聖遺物を置くと、目覚める。ブランカと騎士ゴットフリートの結婚式にリヒルデは真っ赤に灼《や》いた鉄の上履《うわば》き靴を履かされて、踊らされたあと、贖罪《しょくざい》のため塔に閉じ込められる。

　国際話型としては「白雪姫」（AT七〇九）に属する。民間伝承としては、おそらくイタリアにその起源があり、全ヨーロッパ、さらに小アジア、中央アフリカにまで伝播《でんぱ》したと考えられる。美を競うのは、ギリシアでは三人姉妹であり、お日様が「末娘が一番美しい」と答える。また、ケルト系の話では、魔法の鏡のかわりに池の鱒《ます》が美を告知する。姫をかくまうのは小びとのほかに、盗賊、人喰い夫婦など、一見危険な人物であるのが面白い。姫を殺害する試みも話によってさまざまな組み合わせがある。――〈毒入り靴・下着・黄金の針〉、〈ベルト・ヘアピン・針〉など。一般的には、櫛、ヘアピン、針など頭の髪に刺すものが多い。ロシアの話では、愛娘を失い悲しむ皇帝ツアーが水晶の城で黄金の柩に眠る娘と再会し、いよいよ葬るときに形見にしようとイヤリングをはずすと、娘はよみがえる。一方、継母は荒々しい雄馬の尻尾に縛られて、凍《い》てつく原野を引き回されて死ぬ。日本の話「お月お星（おぎん・こぎん）」（IT一八八）では、継母は最初に毒饅頭《まんじゅう》で、次に槍で継子を殺そうとし、最後には継子のお月は石の唐櫃《からびつ》に入れられる。

（竹原威滋）

ねずの木の話（AT七二〇）

〔あらすじ〕冬のある日、金持ちの男の妻が庭のねずの木の下でりんごを剝《む》いていたところ、誤って指を切ってしまい、血が雪の上に落ちる。そのとき、妻は血のように赤く、雪のように白い子どもが欲しいと望む。やがて、男の子が生まれるが、妻は病死する。夫は再婚し、後妻との間に、女の子が生まれる。後妻は先妻の男の子をいじめて、男の子が、りんごを取ろうと箱の中をのぞき込んでいる間に、蓋をしめて男の子の首を切り落としてしまう。継母は首を胴体の上に置いて、布を首に巻きつけて、男の子を椅子に座らせ、りんごを持たせる。りんごを欲しがった娘のマルレーネは、母親の勧めに従い、返事をしない兄の顔を打ったところ、首が落ちてしまい、自分が兄を殺してしまったと思い込む。継母は男の子を刻んで肉のスープを作り、夫に食べさせる。

妹のマルレーネは兄の骨を集めて、絹の布に包んで、ねずの木の下に置くと、そこから美しい鳥が飛び出してきて、「母が僕を殺した／父が僕を食べた／妹のマルレーネが／僕の骨を全部拾った／絹の布に包んだ／ねずの木の下に置いた／キーウィット、キーウィット、僕は何ときれいな鳥だろう」と歌う。鳥は金細工師のところで歌のお礼に黄金の鎖をもらう。また靴屋から赤い靴をもらい、次に粉ひき小屋では石臼をもらう。

鳥は、父の家に向かい、不思議な歌を聞いて出てきた父親に黄金の鎖を、また妹には赤い靴を贈る。継母が出てくると、鳥は石臼を頭に落として、継母を殺してしまう。すると、鳥は死んだはずの兄に戻り、三人は大喜びする。

〔解説〕 この話はグリム昔話に収録されている（KHM四七）。原話は、「漁師とその妻」（KHM一九）と同様、ポンメルン地方の画家オットー・ルンゲが聞き書きして手を加えたものである。グリム兄弟はこれをメルヒェンのお手本として方言のまま初版（一八一二年）に載《の》せている。第五版（一八四三年）では画家の弟ダニエル・ルンゲがハンブルク方言に似せて書き換えたものに差し替えている。特筆すべきは、文豪ゲーテがおそらく口伝えでこの話を聞いたらしく、『初稿ファウスト』（一七七四年）で、牢獄にいるマルガレーテに「鳥の歌」を歌わせている。

人間が鳥に変身するモチーフは古くはギリシア神話にも現われる（第三部⑵「ギリシア神話」参照）。

古代北欧神話の「ヴェルンドの歌」にもきわめてよく似た話が登場する。――小びとのところで鍛冶《かじ》を習ったヴェルンドは、ニドハッド王のもとに来るが、王に捕えられ、足の腱を切られ、足が不自由になる。復讐に燃えるヴェルンドは、王の二人の息子が尋ねてきて、箱の中の宝石を引っかき回していたとき、その箱の蓋を閉めて、首を刎《は》ねて殺してしまう。死んだ二人の息子の頭蓋骨で酒杯を作り、目から宝石を作り、歯から飾りを作り、王に贈る。さらに王の娘バドヒルトを犯す。その後、ヴェルンドはみずから鋳造した翼に乗って飛び去る。

国際話型としては「母が私を殺し、父が私を食べた。ねずの木」（AT七二〇）に属する。民間伝承としては、全ヨーロッパに分布しており、アフリカ（とくにエジプト）、オーストラリアにも伝播《でんぱ》している。また、この話型は「歌う骨」（AT七八〇）と混交して語られる場合もある。

日本の参照話型として「継子の訴え―継子と鳥型」（IT二七四B）をあげることができる。

（竹原威滋）

貧乏人と金持ち（AT七五〇A）

〔あらすじ〕神様が下界を歩いていたころのこと、夜になり、ある金持ちの家に泊めてもらおうと頼んだところ、体《てい》よく断られる。そこで貧乏人の家を訪ねると、快く泊めてくれる。貧乏人夫婦はジャガイモに山羊の乳を添えた夕食を出し、ベッドを旅人に供し、自分たちは床に藁《わら》を敷いて寝る。翌朝、神様がお礼に三つの願いをかなえてあげると言うと、貧乏人は、死んだら天国へ行くこと、生きている間は健康で日々のパンにありつけることを願う。神さまは三つ目の願いとして新しい家を与えて、立ち去る。

金持ちはそれを見て、事の次第を知ると、馬に乗って神様の跡を追い、三つの願いをかなえてくれるように神様に承知させる。帰りに馬が暴れるので、「首の骨を折ってしまうがいい」と怒鳴《どな》ると、馬は首の骨を折って死ぬ。さらに金持ちは重い鞍《くら》を担いで帰るのがいやになり、「こんな鞍などおれが担いで歩くかわりに、家にいる女房がまたがって、降りられないようになるがいい」と言うと、鞍が消える。家に帰ってみると、妻が鞍に座って降りられず泣いている。仕方なく夫は妻が鞍から降りられるようにと願を立て、かなえられる。こうして金持ちは三つの願いを無駄に使い、馬を死なせてしまったが、貧乏人夫婦はその後も信心深く暮らし、やがて天国に迎え入れられる。

〔解説〕この話は、『グリム昔話集』の第二巻の冒頭を飾る話として初版（一八一五年）以来同じ場所に収録されている（KHM八七）。その原話は、おそらく神学者のF・ジーベルト（一七九一―一八四七）がシュヴァルム地方に由来する話をグリム兄弟に提供したものであろう。

国際話型としては「(三つの)願いごと」（AT七五〇A）に属している。民間伝承としては、ヨーロッパ中に分布しており、アフリカ、アラブ、インド、インドネシア、中国、韓国にも事例がある。

神様や聖者の訪問を歓待し、願いごと

『グリム昔話集』と魔女

『グリム昔話集』に登場する魔女は、すべて老婆である。老婆以外の若くて美しい魔女は登場しない（「白雪姫」の継母は魔女術を使うが魔女ではない）。

魔女は目が赤く、鷲鼻で、魔法の杖を持ち、人を木や石に変えたり、動物に変身させたり、ストーブの中に閉じ込めたりする。杖によりかかってのろのろ歩くかと思えば、魔法の一里靴を使ったり、牡猫の背に乗ったりして、風のように迅速に行動する。毒の飲み物を作ったり、料理女や継母として現れて、子どもを料理して食べようとする。決して不死身ではなく、鉄砲で撃たれても鉛の玉なら平気だが、銀の玉だとやられてしまう。人に危害を与えることを旨とし、人に益することはしない。人のためになることをする老婆は魔女ではなく「賢女」である。「魔女は悪、賢女は善」という区別が、グリム兄弟によってなされている。

魔女は継母と並ぶ代表的「悪人」である。もっともひんぱんにおこなう悪行は、変身術をかけることだ。主に男性を蛙や鹿などに変身させるが、必ず元の姿に戻してやる。女性を変身させるのは一度しかないが、その場合、娘は元の姿に戻されず、棒のまま火にくべられ殺されてしまう（「トゥルーデばあさん」）。殺人する魔女はたいてい継母だ。実の娘を幸せにするため、出世した継娘を殺す。魔女の悪意というより、出来の悪いわが子を思う母心といえよう。毒殺を企てるが失敗し、かわりにその毒で自分が死ぬ羽目になる魔女、子どもを食べようとするが失敗し、未遂に終わる魔女、継子と勘違いして実子を殺してしまう魔女、こういう魔女は冷酷な悪者というより、愚かで慌《あわ》て者で悪戯《いたずら》好きなユーモラスな存在といえる。

実態としてそう悪くない魔女が「悪い」とされているのは、グリム兄弟が第二版以降で加筆したからだ。いずれにしろ彼女は、悪魔と契約して魔女集会で狂躁する悪魔学の魔女や、男性を性的に誘惑する魔女（宿命の女）ではない。また現実の魔女裁判の被告人の姿とも異なる。被告人の大半は無実の孤独な老婆であったが、グリム昔話の魔女は孤独な老婆ではあるが無実ではない。彼女は善悪両面をもつ古代の神々とも似た点をもつ。

（野口芳子）

をする話は、古代インド説話やギリシア・ローマ神話にも見られる。たとえば、オウィディウスの『変身物語』には「老ピレモンとその妻バウキス」の話がある。この夫婦は主神ユピテルを歓待したお礼に、夫婦が同じ時刻にこの世を去れるように願い、それがかなえられる。また、ミダス王にまつわるギリシア神話では、ミダス王は酒神バッカス（ディオニュソス）の従者シレノスを歓待した礼に、自分の体に触れる物がすべて黄金になるよう望む。しかし、自分の触れる食べ物や水までもが黄金に変わり、飢えと渇《かわ》きに苦しみ、再び願って、すべてが黄金になる魔法を解いてもらう。

　ペローの韻文による童話「愚かな願いごと」（一六九三年）では、主神ユピテルが貧しい木こり夫婦に三つの願いをかなえてやると約束する。夫はほろ酔い気げんで思わず「腸詰めが欲しい」と言うと、腸詰めが現われる。妻が夫の軽はずみな言動をののしると、木こりはかっとなり、「お前の鼻に腸詰めがくっつくがいい」と言うと、その通りなってしまう。こうして木こりは妻の鼻を元通りにしてもらうために最後の願いを使うことになる。これと同じ話は、ヨハン・P・ヘーベルの『ラインの家庭の友の宝箱』（一八一一年）にも採録されている。

　その他類似の話をあげる。『千一夜物語』の第五百九十六夜「聖断の夜に三つの願いをかけた男の話」、ベヒシュタインの『新編ドイツ・メルヒェンの本』（一八五六年）の第二十二話「三つの願い」、ジェイコブス『イギリス民話集続編』（一八九四年）の第六十五話「三つの願いごと」など。

　なお、日本での対応する話型は「三つのかなえごと」（IT一六）である。

（竹原威滋）

●スペイン・ポルトガル●

歌う袋（AT三一一B）

〔あらすじ〕父親が、三人の娘にそれぞれ金の指輪を買ってやった。ある日、末娘は泉へ洗濯に行った。傷めないよう、娘は指輪を外しておいた。家に帰り、忘れ物に気づいたので泉へ戻ると、そこに老人がいた。老人は指輪を返してほしかったらこの袋へ入れ、と言った。娘が入ると、老人はその袋をかついで歩き出した。

　老人は村に入り、歌う袋を持っていると告げ、「袋よ歌え、いやなら殴ってやるぞ」と言った。袋の中の娘は怖くなって、泣く泣く「泉で金の指輪を忘れました。この指輪のために、私は父さんも母さんも忘れて、袋の中で死ぬでしょう」

と歌う。このようにして老人は村々を回っては袋を歌わせ、たくさんのお金を手に入れる。

あちこち回るうち、やがて老人は少女の村へやって来た。そして偶然にも少女の家に泊まった。食事代のかわりにと、袋に歌わせる。姉さんたちは歌を聞くと、すぐに妹の声だと気がついた。老人が夕食後、酒場へ行ったすきに、姉さんたちは袋を開けて妹を救い出し、かわりに犬と猫を入れておいた。翌朝、老人は出かけ、隣村で袋を歌わせようとする。ところが袋は歌わない。腹を立てた老人は、袋を何度も殴りつけ、中を開けた。すると犬と猫が飛び出し、犬は嚙みついて老人の鼻を嚙みちぎり、猫は顔中を引っ掻いて傷だらけにしてしまった。

〔解説〕 スペインやラテンアメリカの国々にのみ分布する珍しい話。収集者のエスピノサは、これを笑い話に分類している。しかし苦難の末、主人公の少女が救われるメルヘンと考えたほうがよいだろう。あるいは子どもに、世の中の恐ろしさを教える教訓話として伝承されていたのかもしれない。

悪事が露見するきっかけとして、袋に入れられた犬や猫が「悪いじいさんだ、ワンワン」、「ずるいじいさんだ、ニャンニャン」と口をきく場合もある。また動物ではなく、腐った汚物の詰まったせとものが入れられる話もある。

（豊島和子）

鍛冶屋《かじや》のパチ（AT三三〇）

〔あらすじ〕 鍛冶屋のパチはとても性質の悪い男だった。それで悪魔が「地獄へ連れにきた」と言うと、パチは「行く前に食事をしよう」と言う。二人はテーブルに着く。食事をすませて悪魔が立ち上がろうとすると、パチがテーブルの片側にコールタールを塗っておいたので、体がくっついてしまい、悪魔はそこで三年を過ごす。やっとコールタールを溶かしてもらい、地獄へ逃げ帰る。

パチはさらに悪いことをしつづけるので、別の悪魔が地獄から送られる。パチは、「食事をする間、そこの長椅子に寝そべって待っていてくれ」と言う。悪魔が寝そべると、またくっついてしまい、そこで三年を過ごした後、やっと解放してもらう。

パチは前より悪いことをするので、別の悪魔が来る。パチは「食事をする間、そこのイチジクの木に登って、イチジクを食べていてくれ」と言う。悪魔がイチジクの木に登ると、またくっついてしまい、三年の間、学校帰りの子どもたちが石を投げて悪魔を苦しめる。

こうして年月が経ち、パチにも死が訪

れた。まっすぐ地獄へ行き、ハンマーで扉を叩くが、鍛冶屋のパチだとわかると、怖がって、誰も地獄へ入れてくれない。仕方なく天国へ向かうが、門番の聖ペテロは悪名高いパチを中に入れてくれない。そのとき、戸口のそばに老婆がやってくる。老婆はパチを見ると、ひどい目にあわされないように、パチのことをこの世で善行をした人だとほめそやす。聖ペテロはだまされて天国の門を開く。

〔解説〕　パチは人名の「フランシスコ」を指すバスク語。悪魔退治は日本の「鬼退治」に当たる。主人公の狡猾《こうかつ》者は、人々が恐れていた悪魔を人智で倒し、さらには天国入りまでする。

　では悪魔をやっつける人間がどうして鍛冶屋なのかという疑問がわく。これには諸説があり、鉄を鋳造する鍛冶屋に、呪術的能力を認めたという意見がある。また、昔のスペインでは、鍛冶屋は仕立屋や散髪屋と同様に、村から村へ移動して農具や鍋釜を修繕する旅の職人だった。村々に宿泊すると、伝播《でんぱ》者としての機能を発揮し、自分を主人公にした昔話、とくに笑い話を多く語ったためとも考えられている。

　スペインには宗教を題材にした昔話が多い。しかし教会の権威を無条件に肯定しているのではなく、天国もペテンで入れる、という教会を揶揄《やゆ》した笑い話もあることに注目したい。　（豊島和子）

不信心な男としゃれこうべ

（AT四七〇A「ドン・ファン伝説」）

〔あらすじ〕　不信心な男が墓場を通り、しゃれこうべをポンと蹴飛ばして言った。「今夜、お前にご馳走してやるから、家においで」。

　真夜中に誰かが戸を叩いたので、召使いが見にいくと、昼間の骸骨《がいこつ》だった。骸骨は、「ご招待くださったので、やってきたのです」と言って、男と一緒に夕食を食べる。食べ終わると骸骨は「明日は私が招待します。私の家がどこかはよくご存知でしょう」と言って、帰っていった。怖《こわ》くなった男は次の日、教会で司祭に告解をし、出来事を話す。司祭は十字架とお守りを与えて、「これを身につけて行くように。墓場に着いて、『清らかな聖母マリア様』と三回唱えると扉が開く。でもご馳走は食べるまねだけで、口をつけないように」と注意する。

　言われた通り男が唱えると、墓場の扉が開いた。しかし男は中へ入るのを拒む。すると骸骨が出てきて、「十字架とお守りがなければ、あなたは命がないところでした」と言う。そして神と聖母を信じていることを男に確認させたうえで、帰ることを許した。男は立ち去ると、洞穴に入り、草を食べて清らかな生活を送った。死んだときは、洞穴が光り輝いていたそうだ。

〔解説〕　土葬のおこなわれているカトリック国のスペインでは、昔話の中にも骸骨がしばしば登場する。この話はロマンセ（物語歌）としても広く伝えられているものである。

十七世紀のスペインは文学の黄金世紀と呼ばれ、とくに古典演劇が栄えた。当時の劇作家、ティルソ・デ・モリーナは『セビリアの色事師《いろごとし》と石の客人《まろうど》』を発表し、「女たらし」ドン・ファンを初めて舞台に登場させた。その作品の前半は、ドン・ファンが次々と女性を誘惑しては捨てる行状記であり、後半は、自分の捨てた乙女の父親を決闘で殺すが、その墓の石像を侮辱して、墓の中で石像に殺されるという内容になっている。像に対する侮辱と相互招待の後半部を、作者は昔話やロマンセから採り入れたと言われている。類似の話はすでに十四世紀ごろのラテン語にもある。

この話型は一種の「枯骨復讐譚」であるが、昔話の世界には、古典落語の「野ざらし」のように、骨を供養して報償を受ける「枯骨報恩譚」も存在する。

（豊島和子）

天使と隠者（AT七五六A）

〔あらすじ〕　砂漠の中に一人の隠者が住み、毎日天使が天から水とパンを運んでくれる。ある日、警官が捕らえた犯人を町へ護送するのを見て、隠者は「あんな悪人の魂は地獄へ落ちればよいのだ」と独り言を言う。神様は隠者の傲慢さを憎み、その日からもう天使は降りてこなくなった。悲しむ隠者のもとに天使が来て、神様があなたを罰せられたのだと告げる。そして、枯れたブドウ蔓《づる》を渡し、「毎日、これを枕に寝なさい。この枯れた蔓に青い芽が三本吹き出したら、神様があなたをお赦《ゆる》しになった証拠です」と言う。隠者は後悔のあまり、泣きながら施し物を求めて旅を続ける。

ある日、隠者は盗賊の巣窟《そうくつ》にたどり着き、盗賊たちの母親の老婆が隠者を泊めてやる。帰ってきた盗賊たちは隠者を見つけ、殺そうとする。母親が命乞いをすると、盗賊たちは、どうしてこんなところを旅しているのかと尋ねる。隠者が、悪人を罵《ののし》ったばかりに神様の罰を受けたことを話すと、「悪人を罵る言葉だけで罰を受けるのなら、毎日盗みや人殺しをしている俺たちはどんな罰を受けるのだろう」と空恐ろしく思う。その夜、皆は寝てしまう。翌朝、起きてみると隠者は死んでおり、枕の枯れた蔓から三本の青い芽が吹き出している。これを見た盗賊たちは心から悔い改め、それからは聖人のような生活を送った。

〔解説〕これはインドに起源をもち、ヨーロッパに伝わった「傲慢な隠者と悔い改めた罪人」の話である。聖職者の傲慢を戒めるこの話は、とくにスペインでは好んで話される。十七世紀に活躍した劇作家、ティルソ・デ・モリーナはこの昔話を題材に、宗教劇『不信心故に地獄堕《お》ち』を書いた。そこでは傲慢な隠者が地獄へ行き、極悪の山賊が悔い改めて天国へ行く結末になっている。日本の「姥の往生」（IT五六）や「念仏の品定め」（IT五七）も同じ趣旨の話である。

（豊島和子）

聖ペテロの母親（AT八〇四）

〔あらすじ〕聖ペテロの母親はとても強欲な人で、決して施し物をしなかった。ある日、畑の収穫物を腕に抱えて帰るとき、玉葱《たまねぎ》が一個落ちてしまった。拾うのが億劫《おっくう》だったので、「こいつは神様の名前で、欲しい者にくれてやるわ」と言った。

　母親はよいおこないを何もしていなかったので、死んでから地獄に送られた。天国の門番である聖ペテロは、主《しゅ》イエスに母親を赦《ゆる》してくださるよう頼み込んだ。十二使徒の長たる聖ペテロの母親が、地獄で永遠の業火《ごうか》に苦しんでいるのでは格好がつかなかったからだ。主は「あの者は生きているとき、私の名を崇《あが》めることを何かしたかね」と尋ねられた。聖ペテロは玉葱のことを思い出し、主に伝えた。主は地獄から天国まで、玉葱の葉を伝って登ることを許された。聖ペテロが玉葱の葉を地獄に投げると母親はそれを摑《つか》み、登り始めた。するとほかの亡者たちも救われたいので、葉にぶらさがってついてくる。傲慢《ごうまん》で性格の悪かった母親は、その重みで、もろそうな玉葱から落ちては大変だと思い、足元の何人かを蹴落とそうとした。そのとき葉は揺れて折れ、母親は亡者たちとともに落ちてしまった。ところが地獄からは出てしまっていたので、戻ることができなかった。だからといって天国へも行けず、宙ぶらりんのまま、宙に浮く状態になってしまった。ポルトガルでは物事が決まらず、中途半端なことを「天国と地獄の間にいる聖ペテロの母親のようだ」と表現する。

〔解説〕この話はポルトガルだけでなく、スペイン、フランス本土、コルシカ島など、ほかのカトリックの国々にも伝承されている。スペインでは聖ペテロの母親ではなく、聖女カタリナの母親だと説く話もある。日本ではお釈迦様の登場する芥川龍之介の「蜘蛛《くも》の糸」がよく知られているが、原話はこのヨーロッパの話である。

聖書では、聖ペテロは使徒たちの長として描かれ、直接イエスから天国の鍵を授かっている。カトリック教徒全体の指導者であるローマ教皇は、聖ペテロの後継者と見なされ、教皇の紋章は交叉した二本の天国の鍵である。それほどの偉大な聖ペテロの母親を、対照的に救いようのないエゴイストに仕立てあげたところに民衆のユーモアが感じられる。日本人以上に肉親との絆《きずな》が強いポルトガルやラテン系の人々なればこそ、この話がもてはやされたのだろう。

（豊島和子）

ドーナツの降るとき

（AT一三八一B）

〔あらすじ〕 夫は間の抜けた羊飼い、妻のマリアは抜け目のない女性だった。ある日、牧場で羊の群れの番をしていた夫がカバンを見つけた。中に硬貨がたくさん入っていた。ところが硬貨を知らない夫はオハジキだと思って、四、五枚、子どもに持って帰ってやった。妻はすぐにお金だとわかったが、黙って夫と一緒にカバンを取りに出かけ、そっくり持ち帰った。それから妻はドーナツを買いにいき、帰ると、屋根に登って、煙突にドーナツを投げ入れた。夫は「おい、マリア、ドーナツが降ってきたぞ」と叫んだ。次に妻は飼っていたロバの前にテーブルを置き、その上に聖像と火のついたローソクを乗せた。夫はこれを見つけて、「お前、ロバがミサをやっているぞ」と叫んだが、妻は知らぬ顔をしていた。

翌日、夫が昼食をすませて、いつものように羊の番をしていると、馬に乗った男がやってきた。男は「この辺でカバンを見つけた人を知りませんか」と尋ねた。夫は「知りません。でも昨日、古いカバンがあって、蹴るとオハジキが出てきたので、子どもの遊び道具にいくつか家に持って帰りました。そしたら、妻が全部取りにこさせたのです」と答えた。それを聞いた男は「それだ」と思い、夫に見せてほしいと家へ案内させた。夫は家に帰ると、「おい、昨夜、お前と俺とで持って帰った例のオハジキを見せてやってくれ」と言う。妻は「オハジキっていったい何のことなの」としらばっくれる。「マリア、忘れたのかい。もっとあったら取りにいこうと、お前が言ったじゃないか。ドーナツが降ったり、ロバがミサをやっていた日のことだよ」と夫は言い返した。これを聞いた男は「おかわいそうに。奥さん、あなたに神様のご加護がありますように」と言って帰っていった。

〔解説〕 スペインの昔話では、愚か者はフアン、抜け目のないその妻はマリアという名前である。愚か者の話には、たいていこの二人が対《つい》になって登場する。夫の語る真実をはぐらかし、嘘だと思わせるところが笑いを誘う。

この話はスペインで広く知られた笑い話だが、降る物はドーナツのほかに、ソーセージやブニュエロと呼ばれる油で揚げたお菓子などがある。またここでは男とだけしか言わないが、後日訪ねてくる人が警官であったりする。さらに、盗んだ金を隠した山賊が取り戻しにくる話もある。

（豊島和子）

金持ちの男と貧乏な男

（AT一五三五）

〔あらすじ〕　貧乏な男が家畜小屋で牛糞を掘り起こし、財布に何かを入れるのを見て、金持ちの男は「何をしているのか」と尋ねた。「ロバが銅貨をひり出している」と答えると、金持ちは「そのロバを売れ」と言って、無理に買い取る。ところがロバは何もひり出さない。貧乏な男は一羽のカササギを家に置き、もう一羽を連れてぶどう畑へ行く。金持ちがロバの文句を言いにくると、貧乏な男の妻はあらかじめ夫に教えられた通り、「エサに大麦をやったからで、まぐさをやらなければ駄目だ」と言う。そして「これから夫のところへ、カササギに弁当を持たせてやるところだ」と言う。畑へ行ってみると、貧乏な男が弁当を食べており、そばにカササギがいるので、金持ちは「使いをするカササギを売れ」と言って、買って帰る。しかしカササギは使いをしない。金持ちが腹を立てて、貧乏な男の家に来ると、男は妻としめし合わせて、妻の下顎を殴り、妻は倒れて死んだふりをする。それから男は笛を吹いて、妻を生き返らせる。金持ちはその笛を買って帰り、妻と女中を殺し、笛を吹くが、二人は生き返らない。

金持ちは怒って男を捕え、袋に入れて川へ捨てにいく。途中で、金持ちが休んで居眠りをしていると、袋の男は「連れていかれて、王様にされるのは嫌だ」と叫んでいる。通りかかった羊飼いがそれを聞いて入れ替わる。金持ちは袋を川へ捨てるが、村に戻ると羊番をしている貧しい男がいたので驚く。男は、川の中にいた羊をもらって帰ったのだと説明する。金持ちは自分も川の家畜を手に入れたくて、貧乏な男に川の中へ投げ入れてもらう。

〔解説〕　世界中に分布する狡猾者譚「金持ちの百姓と貧乏な百姓」のスペイン版。ここでは、村の隣人どうしの葛藤を表す「隣の爺型」の内容になっているが、兄が金持ちで弟が貧乏という「兄弟葛藤譚」の話も多い。モチーフには(一)「金をひるロバ」(二)「使いをする鳥」(三)「生き返らせる笛」(四)「入れ替わる袋」が使われている。スペインのほかの話では、「火なしに煮える鍋」「占いをする牛の皮(鳥の死骸)」などのモチーフも登場する。なお、(一)は日本の「金ひり馬」(IT六二九)、(四)は「俵薬師」(IT四三八)に相当し、木下順二の民話劇『三年寝太郎』もこの狡猾者譚の一つである。ただ日本の話では、最後に入れ替わって死ぬのは盲人か漁師が多く、狡猾者は魚を持って金持ちの家を訪ねる。一方、スペインではたいていが羊飼いで、狡猾者はその家畜を手に入れる。いかにも牧畜民族の特徴がよく現われている。

(豊島和子)

石のスープ(AT一五四八)

〔あらすじ〕一人の修道士が、修道院のために寄付を集めて歩いていた。ある暑い日の昼食時、農家の戸口に来て寄付を頼んだ。しかし農夫は何もくれなかった。そこで修道士は、せめて家の中で涼ませてほしいと頼み、聞き入れられた。修道士は「さあ、石のスープでも作ろうか」とひとり言を言った。農夫とその家族は冗談だと思って笑った。

修道士は表に出ると、手ごろな石を拾って水で洗い、農夫に深鍋を貸してくれと頼んだ。鍋を借りると、石と水と塩を入れて煮はじめた。やがて煮立つと、「ほんのわずかの油があればうまくなるのだが」と言った。家族は好奇心から、油を少しくれた。「これでよし。野菜があればもっといいんだが」と修道士は言った。家族は菜っ葉とカブラと立派なキャベツをくれた。それを入れ、しばらくすると修道士は「だいぶ煮えたぞ。ソーセージがあれば、王様にでも出せるシチューができるのだが」と言った。事の成り行きを最後まで見届けようと、農夫は、ソーセージをくれた。修道士はスープ皿を借りると、背負い袋からパンの塊を取り出し、皿に鍋の中身を移して、味わいながら食べた。鍋が空《から》になるまで食べると、底の石を取り出し、水でよく洗った。

「この石はもう一度使えるわい。神様のお恵みで、何でも手に入って石のスープを作るように、すべてうまくいきますように」。こう言って、修道士はその家から出ていった。

〔解説〕施し物をしない強欲な男の好奇心に訴えて、うまくペテンにかけるこの修道士の笑い話は、ポルトガルだけでなく、メキシコ、ボリビアにも分布する。

イベリア半島では、主人公のように、修道院設立の寄付集めなどの名目で、旅をする宗教者は多かったらしい。しかし昔は田舎を旅するときは、農家に宿を求めるのが普通で、たとえ旅籠屋《はたごや》に泊まっても、食事は出ず、自炊が原則だった。十五世紀にサンティアゴ・デ・コンポステーラ巡礼をしたフランドル商人は、旅籠屋の少なさに驚き、しかもほとんどの旅籠屋にはベッドすらない、と記している（『巡礼の道　星の道』）。　（豊島和子）

聖ロケの日（AT一八四八C）

〔あらすじ〕　司祭が、聖ロケを守護聖人としている村へ、その聖人の日に説教に行く。その村ではお布施がとても少ないと聞いていたので、告解をしにきた婦人にその訳を聞いた。すると説教に来る司祭が、聖ロケのことをあまり話さないからだと言う。さらに説教のときは、下働きの聖器係僧が葦と小刀を持って説教壇の下に隠れ、聖ロケの名前が出るたびに、葦に切れ目をつけていき、その合計数でお布施を払う習慣だと教える。

すべてを知った司祭は「今日は聖ロケ様の日ですから、皆さんは聖ロケ様に感謝を捧げなければなりません。私たちが聖ロケ様から受けた恩恵は大きいので、聖ロケ様の祭りを催すにあたり、限りなき感謝を聖ロケ様に捧げなければなりません」といった調子で説教を始める。さらに「ある者は聖ロケ様に父親の病気を治してもらおうとし、ある者は聖ロケ様に母親の病気を治してもらおうとし、ある娘は聖ロケ様に恋人を探してもらおうとし、またある娘は聖ロケ様に恋人と縁を切ることを頼みました」と、このように聖ロケの名前をあげながら、長々と説教を続ける。壇の下に隠れていた聖器係僧はそのたびに、葦に刻み目をサッ、サッと入れていたが、とうとう壇の下から姿を現わして叫んだ。「そこでちょっと待ってください、司祭様、もう一本葦を取りに行ってきますから」。

〔解説〕　これはスペイン・アンダルシア地方のコルドバで採集された、落語のような落ちのついた笑い話である。スペインでは、一年三百六十五日を特定の聖人・聖女と結びつけ、かつては生まれた子どもにその日の聖人・聖女の名をつける習慣だった。また各町村にもその地を守る守護聖人が決められており、今でも守護聖人の祝日には祭りが催される。

聖器係僧（サクリスタン）というのは、教会内の雑役をする最下級の聖職者である。昔話のなかでは、無教養の象徴とされたり、「和尚と小僧」（IT五九八―六二五）の小僧的な狡猾者として、司祭をだましたりすることがある。聖ロケは十四世紀フランス・モンペリエの司祭で、ローマへ巡礼した後、イタリアでペスト患者の救済に当たった。そのため南ヨーロッパで、ペストの守護聖人としてよく知られるようになった。

　清貧に甘んじていると思われる司祭も、その実はお金が欲しくてたまらない。そこが格好の笑い話の種となっている。この聖ロケの話は主にスペインでしか報告例が見られない。　（豊島和子）

好奇心の強い女

〔あらすじ〕　情け深く、隣人をよく助けるが、とても好奇心の強い女性がいた。窓辺に座って、外を通る人々や、外の出来事をいつも眺めていた。深夜でも道で物音が聞こえると、ベッドから起き上がって外を眺め、物音の原因を知ろうとした。

　ある夜の遅い時刻に、女性は行列のような多くの人々の通る足音を聞いた。急いで窓の隙間《すきま》から覗《のぞ》いてみると、白い衣を身につけ、手には十字架とローソクを持った苦行者の行列だった。女性は覗くだけでは満足できず、窓を開いて行列が通るのを眺めていた。すると一人の苦行者が、列からはずれて女性に近づいた。そしてローソクを一本渡し、「明日、もらいにきますから、これを預かっておいてください」と言った。女性はローソクを部屋へ持っていき、火を消そうとしたが消えなかった。怖《こわ》くなって祈り続けているうちに、眠気に襲われた。

　翌朝、ローソクの火は消えていたが、それは死人の脚の骨に変わっていた。女性は恐ろしくなって司祭のところへ行き、すべてを話した。司祭は迷える亡霊のためにミサをあげ、遅い時間に外を覗かぬようにと言った。女性は後悔し、泣きながら行列を待っていた。真夜中近く、骨に火がつき、ローソクに変わった。苦行者の行列が静かに近づき、昨日の苦行者はローソクを受け取ると、「これに懲《こ》りて行動を改めなさい、好奇心の強い女よ」と言った。女性は欠点を改めた。

〔解説〕　女性の好奇心を戒めるこの話は、ポルトガルだけでなく、スペインや、ブラジル、ボリビアにも分布する。ただし、スペイン・ポルトガル系以外の民族には伝承されていない。

　亡霊の行列はポルトガルやスペイン北部のガリシア、アストゥリアス地方ではとくによく噂されていた。日本の人魂《ひとだま》のように、このような行列が現われるのは死人の出る前兆と信じられ、怖れられてきた。

　国によると、行列ではなく、亡霊が深

夜、馬車に乗って走り、主人公にローソクを預けることもある。また亡霊から救われるために、赤ん坊を集めて泣かせておくように、と司祭が教える話もある。無垢《むく》な赤ん坊の泣き声は、亡霊除《よ》けに効果があったらしい。

結末については、この話のように女性が助かる場合と、失敗して亡霊に連れ去られる場合との二種類が半ばしている。

（豊島和子）

●イタリア・ギリシア●

プレッツェモリーナ（パセリちゃん）（AT三一〇）

〔あらすじ〕　妊娠中の女が魔女の菜園のパセリを盗み食いして見つかり、生まれてくる子を渡す約束をさせられる。生まれた女の子はパセリちゃんと呼ばれて成長するが、約束通り魔女の手に渡り、出口のない塔に閉じ込められる。魔女は成長した娘に長い編み毛を降ろさせて塔に出入りする。ある日、通りかかった王子がそれをまねて塔に登って娘と愛しあうようになり、二人は逃げ出す。気がついた魔女が追いかけるが、娘は塔から持ち出した櫛、針、石けんなどの呪物を投げ、山、森、川などの障害物を出して逃げおおせる。

〔解説〕　グリムの「ラプンツェル」（KHM一二）と同じタイプとされるが、共通するのは前半だけで、後半はまったく別の話といってよい。

この前半の「魔女の菜園」エピソードは、イタリアではほかのいくつかの話の発端にもなっていて、かならずしもこの話型だけの特徴ではない。とくに、魔女の家に連れていかれた娘が、その後、魔女にさまざまな難題を課され、それを助ける若者と結ばれる話（AT四二八）の主人公もプレッツェモリーナと呼ばれることが多く、混乱を招きやすい。この「魔女の難題」モチーフは二世紀、アプレイウスの『黄金のロバ（変身物語）』の挿話「アモールとプシケ」（AT四二五）に見られ、そのせいか、イタリアのAT四二五の多くに継承されるモチーフでもある。このような、モチーフの共有は昔話によく見られることであるが、その典型的な例の一つであるといえよう。

プレッツェモリーナという名前はプレッツェーモロ（パセリ）からきているが、イタリアでは地方によってはパセリのもう一つの呼び名ペトロセッロが使われ、昔話の主人公も、ペトロシネッラと呼ばれることが多い。頻度はプレッツェモリーナとほぼ互角といってよい。

グリムの「ラプンツェル」が、身ごもったまま追放され、離れ離れになった主人公たちが放浪の末に再会する、哀れで感動的な物語であるのに対して、イタリアの話は、例話のように後半が逃走モチーフになっているため、恐怖を楽しむスピード感のある、日本の「三枚のお札」（IT三四七）に近い興趣をもっている。

　呪物を投げて障害物を作って逃げる呪的逃走モチーフは、広く世界に見られるが、このモチーフを含む話型は地方によってそれぞれ異なる。イタリアでは本話型がこのモチーフを含むことが特徴であるといってよい。

　イタリアを中心とする南欧やギリシアなどに多く分布するが、ほかの地方にも散見される。

（剣持弘子）

三つのオレンジ（AT四〇八）

〔あらすじ〕　白いチーズに落ちた赤い血を美しいと感じた王子が「白くて赤い娘」を妻にしたいと捜しにいく。手に入れたオレンジを割ると中から美しい娘が出てきて水を乞う。王子は水を調達できず、娘は消える。二つ目を割ったときも同様のことが起こるが、泉のそばで三つ目のオレンジを割り水を飲ませると、娘は王子のもとにとどまる。王子は娘を木の上で待たせ、いったん帰宅する。その留守に泉に水を汲みにきた魔女が、水に映った娘を見て自分の姿だと勘違いするが、そのことに気がつくと、言葉巧みに髪を梳《す》かせ、娘の頭にピンを刺す。娘は鳩になって飛び去る。王子が娘を迎えに戻ってきて、娘になりすました魔女を連れ帰る。祝宴の準備をする台所に鳩が来て歌を歌い、コックを眠らせ料理をだいなしにする。鳩をつかまえ王子がピンを抜くと、鳩は美しい娘に戻り、二人は結婚する。

〔解説〕　イタリアの代表的な昔話の一つであるが、古い時期に東方から伝播《でんぱ》したものであろう。十七世紀の『ペンタメローネ』にすでに見られ、以後イタリアの民間の語り手にも影響を与えてきた。『グリム昔話集』には入っていない。

　イタリアには、例話のように、鳩から娘に戻るところで終わる話（A）のほかに、鳩が殺されて木に再生し、木の実から再び娘が生まれるところまで続く話（B）、再生した木の実が老婆の手にわたり、老婆の留守に娘が出てきて家事をすることが露見して、王子のもとに戻る（C）となる話もある。一般にヨーロッパではAで終わる話が多いが、イタリアには、BとCのつく話が約三分の一存在する。

　近年紹介されたイランの資料や、インド、チベットなどの話を見ると、A・B・Cが揃った話が主流であり、この話がイタリアに伝播した後にBとCが欠落し、それが、さらにほかのヨーロッパに伝わったと想像される。

BとCにあたる「殺された娘の転生と再生」「老婆の家の家事」というエピソードは、「三つのオレンジ」だけでなく、「シンデレラ」「蛇婿入り」につくことも知られており、これらはアジアに多い。

また、果物からの誕生、偽嫁モチーフなどの共通点から、日本の「瓜姫」（IT一二八）とのつながりも考えられ、「三つのオレンジ」は昔話の東西の交流を考える鍵となる話型といえよう。

イランなどの中近東のほか、ヨーロッパではとくに南欧に多く分布し、南米にも運ばれている。

発端エピソードは、イタリアでは例話のような「白くて赤い娘の探索」が主流であるが、ほかの地方では「老婆の呪い」のほうが多い。

偽嫁となる敵役は、黒人の奴隷《どれい》となっている文献も多いが、時代が下ると、たとえばイタリアでは魔女と語られることが多くなっている。これは一時代の社会の実情を映すものから、昔話の悪役の代名詞的な魔女に抽象化されてきたといえる現象かもしれない。

口承話としてだけでなく、イタリアのカルロ・ゴッツィの仮面劇や、ロシアのプロコーフィエフの歌劇「三つのオレンジへの恋」などでも知られるようになった。

（剣持弘子）

眠り姫（AT四一〇）

〔あらすじ〕　待ち望んだ末に生まれた王女の洗礼式に、七人の仙女が呼ばれ、それぞれが王女に美徳を贈ることになる。ところが呼ばれなかった仙女が現われて、「王女はつむが手に刺さり、それが元で死ぬ」と予言する。一人の仙女の機転で死は眠りに緩和されたものの、目覚めるには百年の歳月が必要となった。十五、六年後、予言は実現し、王女は眠りに落ち城は森に覆われる。百年後、一人の王子が通りかかり、目覚めた王女を発見し二人は結婚する。

しかし王子は妻を国に連れ帰らず、森の城に置いて通い、子どもが二人生まれる。父王が没し跡を継いだ王子は、妻子を城に迎える。ところが、王子が戦争に行った留守に人食いの母親は孫と嫁を森の中の別荘に追いやり、そこで食べようとする。料理長は子どものかわりに子羊や子山羊を料理し、嫁のかわりに牝鹿を料理して出すが、それを知り逆上した王妃が蛇やマムシを入れた大桶の中に三人を放り込もうとしているところへ王子が駆けつけ助ける。

〔解説〕　右はペローの「眠れる森の美女」のあらすじである。現在、もっともよく知られるグリムの「いばら姫」（KHM五〇）は、目覚めた王女と王子が結婚するところで終わっている。だが、イタリアでは十七世紀のバジーレの『ペンタメローネ』の「太陽と月とターリア」をはじめ、民間に伝わる話のほとんどに後半のエピソードがついている。むしろ、前半よりも後半のほうが主ではなかったかと思わせる状況である。グリムの話は伝承の過程で子どもの聞き手が考慮されて前半が膨らまされ、後半の残酷なエピソードが削除されたものであろう。

以上にあげたように、バジーレ（イタリア）、ペロー（フランス）、グリム（ドイツ）といった作家による作品で知られる話であるが、口伝えの話は意外に少ない。中ではイタリアが比較的多いようであるが、それらによると、王女の眠りが百年と定められる話はない。おそらく、ペローの創意によるものであろう。ペローは口伝えの素朴な昔話をより架空性の強いお伽話《とぎばなし》へと向かわせ、それを受けたグリムによって、いっそう子ども向きに、しかも読む昔話として世界中に広められたという図式が成り立つとすれば、さしずめ、「眠り姫」はその典型的な例であるといえよう。

なお、右にあげた文献のほかに、十四世紀フランスの「トロワリュスと美しいゼランディーヌ」も、前半が「眠り姫」と酷似しているが、イタリアの民間伝承の話には、ほかにも眠っている娘と契《ちぎ》る若者の話は多く、軽々に直結させることはできないだろう。

（剣持弘子）

アモールとプシケ

（AT四二五A・B）

〔あらすじ〕　王の末娘プシケはあまりの美しさに美の女神ヴェヌスに憎まれるが、その息子のアモールに見そめられ、妻となる。姿の見えない夫と暮らしはじめたプシケは、妹の幸せを妬《ねた》んだ姉たちにそそのかされ、警告を無視して夫の美しい姿を見てしまう。灯油がたれて火傷をした夫は妻を置き去りにし、プシケは夫を捜しに出る。苦労の果てに夫の家に着くが、ヴェヌスに穀物の選択、金の羊毛採り、滝の水取りなどの難しい課題を与えられる。最後の課題は冥界の王妃のところに美の小箱を取りにいくことであった。いくつもの障害を越えて小箱を取ってくるが、好奇心に負けて蓋を開け、中から出てきた眠りに捉《とら》えられる。そこへ夫が来て妻を助け、許されてプシケは神の仲間入りをする。

〔解説〕　例話は、二世紀のローマの作家アプレイウスの『黄金のロバ（変身物語）』の中で語られる神話仕立ての挿話「アモールとプシケ」である。この話名がAT四二五の代名詞のように使われることが多い。アモールは、クピドまたはエロスとも呼ばれる愛の神である。この作品の存在は、当時すでにこれに近い口承話が流布《るふ》していたことを示唆しているが、一方、イタリアにはこの作品がその後の口承話に影響を与えた痕跡も見られる。

　しかし、AT四二五話群「失った夫の探索」は、十五を数えるサブタイプのうち、ここに取り上げるAとBに限っても、この作品の影響だけとは考えられないほど多様でもある。

　このAとBを区別する根拠は明確ではなく、国によって、あるいは研究者によって異なるのが現状である。話群名が示すように、中心となる、姿を消した夫を探索するエピソードは、ほぼ共通である。現実的には、区別の根拠は、多様すぎる発端のエピソードではなく、後半のエピソードとするのが妥当であろう。イタリアに例をとれば、後半にエピソード「魔女の課題」が含まれるかどうかが一つの目安である。例話のヴェヌスによる課題に当たる。一応AT分類に従えば、これを含むものがB型、含まないものがA型となる。このように分けた場合、A型にはイタリアでは再会した夫の再婚相手を呪宝で買収するエピソードが多い。

　また、本話型の発端では、人間の娘が怪物、動物（蛇、豚、馬、鳥など）、または目に見えない存在などといったん結ばれるが、娘には「姿を見るな」「秘密を漏らすな」などの禁令が課され、この禁令が破られた場合、夫が姿を消す展開が多い。この点が、日本の「異類女房」と比較されることがある。本話型は「異類婿」であること、また、異類であっても、もとは人間であるという点で日本の場合と異なるが、さらに禁令違反によって破綻《はたん》した婚姻で物語も終わるか、探索の旅という新たなドラマにつながるかという違いもあり、東西の昔話の比較研究にとって興味深い話型である。

　なお、スウェーデンのスヴァーンに学位論文「クピドとプシケの物語」がある。

（剣持弘子）

みどりの小鳥（もの言う鳥）

（AT七〇七）

〔あらすじ〕　三人姉妹のおしゃべりを立ち聞きした王が、王と結婚したら祝福された子を産むといった末娘と結婚する。王妃は三人の子を生むが、妬《ねた》んだ姉たちは子どもを動物の仔《こ》ととり替え、籠に入れて川に流させる。妃《きさき》は王宮の奥に閉じ込められる。

　一方、川に捨てられた三人の兄妹は王の庭師に拾われ、育てられる。大きくなって庭師の残した屋敷に住み、王の目にとまる。ある日、一人の老婆が庭を愛《め》で、踊る水、歌う木、もの言う鳥がそろえばいっそう素晴らしくなると示唆する。兄妹は呪宝探索の旅に出る。石像に変えられるという危険を冒しながらも、無事三つの呪宝を持ち帰った兄妹は、王を招待し、その席で、もの言う鳥が真実を暴露し、王妃も救い出される。

〔解説〕世界のかなり広い範囲に分布する話であるが、現存するもっとも古い文献は、おそらく『千一夜物語』であろう。マルドリュス版の七七四夜―七七九夜「薔薇《ばら》の微笑のファリザード」はじつに豊かな話である。

　作家の手になるものとしては、イタリアのストラパローラ（十六世紀）の『たのしい夜』第四夜第三話、フランスのオーノワ夫人（十七世紀）の「ベル・エトワール王女とシェリ王子」、『千一夜物語』から十八世紀にフランスのガランによって抄訳・紹介された「妹を嫉妬する二人の姉」、同じくロシアのプーシキン（十九世紀）による民話詩「サルタン王物語」などが知られており、それぞれ特徴があるが、それらの作品が生まれた地域では、口承話へのかなり濃厚な影響が見られる。

　これらの作品をはじめ、口承された話にも、各モチーフがそろった長いものも多いが、いくつかのモチーフを欠き、かなり変形された話も少なくない。グリムの「三羽の小鳥」（KHM九六）が知られていないのは、あまり豊かな語りになっていないせいであろう。

　一般に、発端モチーフは変化することが多いが、本話でも例外ではなく、かなり多様である。ちなみに、もっとも多い「三人姉妹の会話の立ち聞き」モチーフは、日本の「歌婿入り―ごもく型」（IT二三五A）にも見られるモチーフである。

戦争に出かける王様

　探索される呪宝は、例話のように、踊る水、歌う木、もの言う鳥が多く、あまり変化はない。最後に真実を暴露する鳥は、イタリアではみどりの小鳥として知られるが、これは十八世紀に、カルロ・ゴッツィが仮面劇に取り入れた際にタイトルにしたものを、イタロ・カルヴィーノが『イタリア民話集』（一九五六年）編纂《へんさん》に際して踏襲したものである。日本でも「みどりの小鳥」として紹介されている。

（剣持弘子）

●ロシア・東ヨーロッパ●

蠅のお屋敷（AT二八三＊）

〔あらすじ〕　蠅が森の中に小さな家を建てる。そこへ蛙がやってきて、「これは誰のお屋敷？」と尋ねる。「ブンブンバエよ。ところであなたは誰？」「わたしはケロケロガエルよ。わたしを入れて」「どうぞお入り」。こうして蠅と蛙が同居する。そこへ鼠がやってくる。再び問答の末、鼠は家に入れてもらう。さらに兎、狐、狼が順に来て、お屋敷の住人が増えていく。最後に図体の大きな熊がのっしのっしとやってきて、「ここに住んでいるのは誰だ」と尋ねる。住人たちが、「ブンブンバエと、ケロケロガエルと、チョロチョロネズミと、ピョンピョンウサギと、オメカシギツネと、ハイイロオオカミ。ところで、あなたは誰？」と尋ねる。熊が「おれさまはガニマタグマだ！　とっとと入れろ」とどなる。獣たちが「このお屋敷はもういっぱいだから、無理」と断ると、熊が怒って屋根を踏みつける。お屋敷がつぶれ、中から動物たちが飛び出し、森の中へ逃げる。

〔解説〕　東スラブとその近隣諸民族の間で語られている昔話である。記録された類話の数はロシアがもっとも多く、二十五話である。動物たちが体の小さいものから大きいものの順に登場するところに、この昔話の大きな意味がある。小さな蠅にぴったりの小さな家に、いったいどれだけたくさんの動物たちが入れるのかと聞き手たちをはらはらさせながら物語が展開していき、最後に図体が大きくて乱暴な熊の登場によって緊張が最高潮に達し、お屋敷がつぶれることによってその緊張が一気に解消する。動物たちは森の中へ逃げ、森の中は最初の状態に戻る。典型的な累積昔話で、積み木崩しのような楽しさで幼い子どもたちを楽しませてくれる昔話である。

登場する動物たちがシラミのモゾモゾ、ノミのピョンピョン、鼠のチュチュリューシェチカ、トカゲのシェロシェーロチカなど、鳴き声や動作の特徴からつけられた、語呂のいいあだ名で名乗りをあげるところも、この昔話の魅力の一つになっている。

東スラブの類話には人間が落としていった手袋の中に森の動物たちが住みつく話もあり、ラチョフの絵によって有名な「てぶくろ」はこれをもとにしている。ロシアの児童劇場ではマルシャークの戯曲がしばしば演じられ、子どもたちの人気を集めている。

（斎藤君子）

大蛇退治（AT三〇〇）

〔あらすじ〕 昼がなく、夜ばかりの王国があった。それは大蛇のせいだった。その王国に三人の息子をもつおじいさんがいて、末息子のイワンはあだ名を灰坊といい、十二年間灰まみれで寝ていた。そのイワンが突然起きあがり、十五プードの棍棒を作ってもらい、二人の兄と大蛇退治の旅に出る。鶏の一本足の上に建つ小屋にやってくる。大蛇の棲家だ。イワンは自分の手袋を吊るし、「この手袋から血が流れ出したら、助けにきてくれ」と兄たちに頼んで小屋へ行く。三頭の大蛇が現われ、イワンと闘う。イワンが勝つと、六頭の大蛇が現われる。この大蛇も退治すると、今度は十二頭の大蛇が現われる。イワンは大蛇の九つの頭を切り落としたところで、鳥に頼み、眠っている兄たちを起こしてもらう。二人の兄が来て、三人で大蛇を退治する。大蛇の頭を二つに割ると、国中が明るくなる。家に帰る途中、イワンは手袋を忘れたことに気づき、一人で小屋に引き返し、大蛇の妻と娘たちの話を立ち聞きする。兄のところに戻ってしばらく進むと、青々とした草原に出る。草原には絹の枕がある。兄たちはここで馬を休ませ、自分たちも一眠りしようというが、イワンが棍棒で枕を叩くと血が流れ出る。さらに馬を進めると、黄金の実がなるりんごの木が立っている。兄たちがりんごを食べようというが、イワンが押しとどめ、棍棒でりんごを叩くと、血が流れ出す。さらに馬を進め、泉にやってくる。兄たちが泉の水を飲もうとするのをイワンが制止し棍棒で泉を叩くと、水から血が流れ出す。草原も、絹の枕も、りんごの木も、泉も、すべて大蛇の娘たちだった。大蛇の娘たちを殺すと、大蛇の妻が飛んできてイワンを呑み込もうとするが、鍛冶屋の助けを借りて殺し、灰にして撒く。こうして三人兄弟は無事に家に帰る。

〔解説〕 アファナーシエフの一三五番に収められているロシアの昔話で、ここでは大蛇退治のモチーフが「奪われた太陽を取り戻す神話」と結びついている。

十二年間暖炉の上で灰にまみれて眠っている主人公が暗闇の国に光を取り戻す偉業を成し遂げる。暖炉とその灰は祖霊崇拝と結びつき、灰にまみれていることは祖霊の火を守ってきた証といえる。

「大地から天まで」ひと呑みにしようとするのは昔話に登場する大蛇の特徴であり、未開民族の加入儀礼で蛇が若者を呑み込んで吐き出すことを想起させる。

大蛇退治のモチーフはエジプト、バビロニア、ギリシア・ローマ、インド、中国など、すべての古代国家の宗教に認められることから、V・プロップはこのモチーフが国家体制とともに生まれたと推論している。

（斎藤君子）

魂のない巨人（AT三〇二）

〔あらすじ〕ある国に一人息子のイワン王子をもつ王様がいる。王子が幼いとき、乳母たちは「王子様、大きくなったらお捜しよ。それはかわいいお姫様を。この世の果ての塔に住むワシリーサ姫を」と子守歌を歌う。年ごろになった王子は花嫁捜しの旅に出る。途中、一人の男が鞭打たれているのを見て身代金を払い、救出する。男は鋼の勇者と名乗り、王子の忠臣となる。この世の果ての国に着くと、鋼の勇者はワシリーサ姫を捜し出し、「イワン王子からのご挨拶です」といって鶏や鴨やガチョウの羽をのせた皿を差し出し、姫の手をつかんでさらい、イワン王子とともに逃げる。娘がさらわれたと知った父王は追っ手を差し向ける。途中、鋼の勇者が一人で引き返して追っ手を殺す。その夜、野宿をしていると不死身のコシチェイが現われ、ワシリーサを奪い去る。王子たちがコシチェイの住まいにたどり着き、羊飼いになりすましていると、ワシリーサの召使いが山羊のミルクを取りにくる。王子は自分の指輪をミルクの壷の中へ投げ入れる。壷の中からイワン王子の指輪を発見したワシリーサは羊飼いを呼びにやり、王子と再会する。鋼の勇者はワシリーサに、コシチェイの魂のありかをコシチェイから聞き出すようにいう。戻ってきたコシチェイから姫は、「海の中に島があり、その島に一本の樫の木が立っていて、その根元に箱が埋めてあり、その箱の中に兎がいて、その兎の中に鴨がいて、その鴨の中に卵があり、その卵の中におれの魂がある」ことを聞き出す。二人の勇士はコシチェイの魂を探す途中、犬と鷲と蟹の命を助ける。二人は目指す樫の木を見つけて抜き、出てきた箱を取り出す。箱のふたを開けると兎が飛び出し、逃げる。助けた犬が兎をくわえてくる。兎を引き裂くと、鴨が飛び出し、空高く舞いあがる。命を助けた鷲が逃げた鴨をくわえてくる。鴨を引き裂くと、卵がころがり出て海に落ちる。蟹がその卵をくわえてくる。二人の勇士は卵を持ってコシチェイのもとに引き返す。コシチェイの額に卵をぶつけると、コシチェイは死ぬ。こうして王子は姫を救出し、姫と結ばれる。

〔解説〕ロシアでは「不死身のコシチェイ」の名で知られ、「三つの地下の国」（AT三〇一）、「忠実な下僕」（AT五一六）と結合することが多い。巨人に囚われている美女を救出し、彼女と結婚する

話はヨーロッパの典型的な魔法昔話である。コシチェイの魂が入っている卵は生命力のシンボルである。（斎藤君子）

蛙の王女（ＡＴ四〇二）

〔あらすじ〕　年ごろの三人の王子をもつ王様がいる。王様は王子たちに、「一本ずつ矢を射て、矢が落ちたところの娘を嫁にせよと命ずる。上の王子が射た矢は貴族の屋敷に落ち、中の王子が射た矢は商人の屋敷に落ちる。下のイワン王子が射た矢は沼に落ちる。イワン王子が矢を探しにいくと、沼の蛙が矢をくわえて出てきて、「わたしを妻にしてください」という。こうして三人の王子は花嫁を見つける。王様は三人の王子を結婚させ、宮殿で宴を開く。蛙が美しい王女に変身し、金の馬車に乗って宮殿に到着する。ダンスが始まり、上の二人の花嫁が踊って腕を振ると、王様に当たる。次に蛙の王女が踊り、右の袖を振ると宮殿の庭に池が現われ、左の袖を振るとその池に白鳥が舞う。イワン王子は宮殿を抜け出し、妻が再び蛙の姿に戻ることのないよう、蛙の皮を焼く。王女はそれを知り、「わたしに会いたければ、鉄の靴を三足履きつぶし、鉄の聖パンを三つかじりつくして、探してください」と言い残し、姿を消す。妻を追って旅に出た王子は、鉄の靴を三足履きつぶし、鉄の聖パンを三つかじりつくし、腹を空かせていると、カワカマス、熊、鷹、蟹の順に出会うが、命乞いをされ、助ける。そのあとイワン王子は一軒の小屋にやってくる。小屋に老婆がいて、蛙の王女の母親とわかる。老婆は、「海を渡ると石があり、その石の中に鴨がいて、その鴨のおなかに卵がある。その卵を持ち帰れ」と命ずる。王子は海岸へ行き、助けたカワカマスの援助で魚の橋を渡り、石のところへ行く。熊を呼んで石を割ってもらうと中から鴨が飛び出す。そこで鷹を呼び、鴨を捕まえてもらう。鴨の腹を裂くと、中から卵が出てきて海中に落ちる。蟹を呼び、卵を拾ってきてもらい、老婆のところへ持っていく。老婆は卵を割ってパンを焼き、イワンに隠れているように言う。すると蛙の王女が現われる。老婆が蛙の王女にパンを食べさせると、王女は、「ああ、イワン王子が恋しい」と言う。二人は再会し、王子の国へ帰る。

蛙の王女（I. ビリービン画）

〔解説〕　王子の妻になる動物には蛙以外に、猫、鼠（ポーランド、フィンランド）、蛇（エストニア）がある。ロシアの場合、後半に「失った妻を求める夫」（AT四〇〇）が結合するのは昔話を題材にした木版画の影響と見られる。「不死身のコシチェイ」と混交することも多い。矢で花嫁を射止める冒頭のモチーフはキューピッドの矢に通じ、狩猟道具である矢に呪力を認めた名残りである。ロシアには新妻が子どもを出産するまでの間、蛙を刺繍した帽子を被っている習わしがあり、この昔話も子宝を授ける蛙の観念と関係があるものと思われる。また一般に、動物との結婚を物語る昔話には、自然界の力を味方につけ、福を得ようという願いがこめられている。

（斎藤君子）

十二の月の贈り物（AT四八〇）

〔あらすじ〕　継母が継娘を嫌い、真冬にもかかわらずスミレの花を摘んでくるようにと言いつける。継娘は花を探しまわるうち、森の中で月の精たちが焚き火を囲んでいるのに出会う。継娘がわけを話すと、三月の精が一月の精と交替する。するとたちまち一面に花が咲き乱れる。継娘がスミレの花を持ち帰ると、継母は継娘に、「もう一度森へ行って、イチゴを採ってこい」と言いつける。継娘が再び月の精たちの援助でイチゴを持ち帰ると、継母は今度はリンゴを採ってこいと言う。継娘はこの難題もやりとげる。継母は継娘を妬み、自分が実の娘を連れて森へ行くが、月の精たちの怒りに触れ、命を落とす。

〔解説〕　チェコの昔話である。月の交替によって森の雪が溶けて木々が芽吹き、白一色の冬景色から色とりどりの花が咲き乱れる春に一変する様があざやかに語られる。ロシアの作家マルシャークの『十二月』はこの昔話をもとにした作品で、一九五六年にアニメ化され、美しいカラー映像で世界の子どもたちを魅了した。

ロシアの昔話では継娘に贈り物をするのは、厳寒を擬人化したモロースじいさんである。この昔話のサブタイプに、継娘が森の中の小屋で鼠の助けを借り、熊との目隠し鬼ごっこに勝ち、褒美をもらって家に帰る話もある。

ヨーロッパの継子話には、このほかに「継子と井戸」（AT四八〇＊）や「継母が火種をもらいに継娘を森の魔女のところへ使いにやる話」（AT四八〇B＊）などがある。「継娘と井戸」では継娘は水に落とした紡錘を追いかけて水底に住む老婆のところへ行き、そこで課された試練をクリアし、褒美をもらって帰る。紛失した紡錘を探しに行く途中、牛の乳を搾ってやったり、馬のたてがみを梳かしてやったりして紡錘のありかを教えてもらう類話は、日本の「舌切り雀」（ＩＴ八五）を連想させる。

森の中や水底で継娘に課される仕事は家庭内の女の仕事であり、それらを立派にこなせた娘だけが一人前の女として社会的に認知される成女式に関わる伝承と思われる。（斎藤君子）

火の鳥と灰色狼（ＡＴ五五〇）

〔あらすじ〕王様の宮殿に金の実がなるりんごの木があり、毎晩火の鳥が金の実をついばんでいく。王様は三人の王子に、火の鳥を捕らえよと命ずる。上の二人の王子は捕らえることができないが、末のイワン王子は火の鳥の尾を摑《つか》み、尾羽を一枚抜き取る。王は三人の王子に、火の鳥を探して持ち帰るよう命ずる。上の二人が旅に出たあと、イワン王子が旅に出、分かれ道にやってくる。道標が立っていて、「まっすぐ進む者は飢え、右に進む者は自分は無事だが馬が死に、左に進む者は馬は無事だが、自分は死ぬ」とある。右に進むと灰色狼が現われ、イワン王子の馬を食う。王子が途方にくれていると、狼が自分の背に王子を乗せ、火の鳥がいるドルマート王の宮殿へ連れていく。狼が金の籠には手を出すなと忠告するが、王子は金の籠に手を出し、捕らえられる。ドルマート王は、「アフロン王のところから金のたてがみをした馬を連れてくれば、火の鳥をやろう」と言う。アフロン王の国に着くと、狼が金の轡《くつわ》には手を出すなと忠告するが、王子は手を出し、捕らえられる。アフロン王は、「この世の果ての国からエレーナ姫を連れてきたら、金のたてがみをした馬と、金の轡をやる」と言う。エレーナ姫の国へ行くと、狼が宮殿からエレーナ姫をさらう。そして王子とエレーナ姫を乗せ、アフロン王の国に戻る。イワン王子が姫との別れを悲しむと、狼はエレーナ姫に変身して姫の身代わりになり、王子に金のたてがみの馬と金の轡を手に入れさせる。狼はすきを見て逃げ出し、イワン王子とエレーナ姫をドルマート王のもとへ連れていく。狼は金のたてがみの馬に変身し、自分と交換に火の鳥と金の籠を手に入れさせる。狼は再びすきを見て逃げる。王子は姫を伴って国に帰る途中、草の上で眠る。そこへ二人の兄が通りかかり、弟を殺して姫と火の鳥や金の馬を横取りし、父王のもとに帰る。灰色狼がイワン王子の死体を見つけ、死水と生水を鳥に運んでこさせ、王子を蘇らせる。王子が帰国すると、宮殿で上の兄とエレーナ姫の婚礼の宴が開かれている。エレーナ姫はイワン王子の姿を見つけ、王様に真実を話す。王は上の王子たちを罰し、イワン王子とエレーナ姫を結婚させる。

〔解説〕ヨーロッパ全体と中近東に分布し、古いものでは十六、十七世紀にイタリアで書かれたストラパローラの『たのしい夜』、バジーレの『ペンタメローネ』などにある。ロシアの作家エルショフの『せむしの子馬』（一八四三年）もこの昔話に近い。グリムの「金の鳥」の援助者は狐である。

　殺された主人公を蘇生させる死水・生水は、年のはじめに若水を汲む習俗と関係する。

（斎藤君子）

予言（AT九三〇）

〔あらすじ〕貧しい老夫婦が神様のお恵みで子どもを授かる。三人の運命の女神が生まれた子の寿命を定めにくる晩、たまたま領主が雨に降られ、この家に泊めてもらう。運命の女神たちは、「この男の子は長生きをし、領主を殺してその娘を妻にする」と予言する。領主はこれを聞き、生まれたばかりの子を大金で譲り受け、川へ投げ捨てる。この川の下手に山羊飼いが山羊に水を飲ませにきていて、一頭の山羊が薮にひっかかっていた赤ん坊を見つけ、乳を飲ませる。山羊の持ち主がこの山羊の乳が出ないのを不審に思い、翌日は自分で山羊の放牧に行き、赤ん坊を見つける。そして赤ん坊の親を捜し出し、この子が大きくなったら返してもらう約束で、親に渡す。赤ん坊が成人すると、父親は約束通り山羊飼いの主人に渡す。たまたまこの村を訪れた領主がこの若者を気に入って素性を聞き、自分が川に捨てた子とわかる。領主は妻に宛て、「この手紙を持参する者を殺し、大砲を打て」と手紙を書き、若者に届けさせる。手紙を届ける途中、若者が横になって一眠りしていると、黒い大男が通りかかる。大男は若者の胸から手紙を抜き取って読むと、「この若者をもてなし、わたしたちの娘と結婚させよ。婚礼をあげるときは大砲を打て」と書き替える。何も知らない若者は領主の家へ行き、奥さんに手紙を渡す。奥さんは手紙を読んで若者をもてなし、娘と結婚させて大砲を打ち上げる。領主が喜んで家に帰ると、若者が自分の娘と結婚している。領主は驚き、再度若者を殺そうと企み、鍛冶屋《かじ》に、「明日若者をやるから殴り殺して首をはね、布に包め。あとでもう一人の若者を使いにやるから、それにその首を渡せ」と命じる。そして娘婿を呼び、「明日鍛冶屋に行き、わしが頼んだ品をもらってこい」と言う。若者が翌朝早く鍛冶屋に行こうとすると、妻が押しとどめる。領主は自分の息子に娘婿が鍛冶屋へ行ったかどうか確かめさせる。息子は義兄がまだ寝ているのを見て、自分が代わって鍛冶屋に行く。鍛冶屋は若者を殺し、首をはねて布にくるむ。そこへ領主の義理の息子がやってきて包みを受け取り、領主に届ける。領主は驚き、今度は召使いを呼び、「夜中に馬がけんかしたら、娘婿に馬を静めに行かせるから、殴り殺せ」と命ずる。夜中に馬がけんかを始める。娘婿が領主の命令で馬を静めに行こうとすると、妻が押しとどめる。しばらくし、馬がひとりでに静まる。領主は婿が死んだと思い、厩《うまや》へ行く。召使いは婿が来たと思って殴り殺す。娘婿が領主の地位に就き、運命の女神の予言通りになる。

〔解説〕　これはアルバニアの話である。ヨーロッパ諸国をはじめ、トルコ、インドネシア、中国に分布している。古くはアッシリア、中国、インドで記録されている。西欧の昔話ではこのあとに「悪魔の三本の金のひげ」が結合するが、スラブではこのモチーフがないものが多い。

（斎藤君子）

ころころパン（AT二〇二五）

〔あらすじ〕　あるとき、おじいさんがおばあさんに、「パンを焼いてくれ」と言う。おばあさんは箱の底にわずかばかり残っていた小麦粉をかき集めてパンを焼く。焼きあがったパンをさまそうと窓框の上にのせておくと、パンが逃げ出す。窓から長椅子の上へ、長椅子から床へと転がり、床の上をころころ転がって玄関へ、玄関の敷居を越えて表階段へ、表階段から庭へ、庭から門へと転がる。こうして外へ出たパンは道を転がっていくうち、兎に出会う。パンは自分の誕生からこれまでのいきさつを兎に歌って聞かせ、逃げる。さらに旅を続け、狼や熊など森の獣たちと出会うが、そのたびに自分の一生を歌って逃げる。最後にずるがしこい狐に出会い、狐に歌を誉められてすっかり気を許したパンは、請われるままに狐の舌の上にのったところをパクリと食われる。

〔解説〕　ここに要約した話はアファナーシエフの『ロシア民間昔話集』に収められているもので、この話型の主な分布地はロシア、セルビアなどスラブ諸民族をはじめ、バルト、スカンジナビア、ドイツなどである。イギリスの「逃げるホットケーキ」も同じタイプの話である。

物語の展開上、重要な役割を果たしているのはパンが歌う歌である。

おいらは焼きたて、ころころパン
おばあさんが粉をかき集め、
ミルクをまぜ、バターをくわえ、
まあるくこねて、かまどに入れ、
こんがり焼いて、窓べでさました。
おいらはおじいさんから逃げ、
おばあさんから逃げ、
兎さん、おまえからも逃げてやる！

この歌は新たな出会いのたびに一行ずつ加わり、長くなる。主人公の短い一生を歌うこの歌が、貪欲な森の獣たちから逃げる呪文の役割を果たしている。シベリアではこれと似た呪文が、呪いをかけられた病人に唱えられることが知られている。

もう一つ、この歌と関係するものとして、妖怪と出会ったときに亜麻の一生を歌って逃げたという話がスラブ諸民族にあり、実話とされている。中近東では古くから大麻を麻薬の原料として利用し、これから作られた幻覚作用のある飲み物を祭りのときに飲用した。T・V・ツィヴィヤンによれば、この聖なる飲み物を生産する過程に大麻の製造工程を物語るプロセスが組み込まれ、それが純度の高い麻薬を得るための浄化装置、すなわち「祈りのフィルター」として機能していたという。この「大麻物語」がスラブに伝わる中で「亜麻物語」になり、「小麦物語」になった。「ころころパン」も大麻と同様、種をまかれ、刈り取られ、粉にされ、こねられ、竈《かまど》で焼かれるなど、さまざまな苦難を味わって誕生する。彼が受けたこの苦難こそが彼を強靭にし、森の獣から逃れる呪力を与えた。セルビアでは、パンになるまでの小麦の苦しみを歌う呪文によって雹雲を追い払った。

「ころころパン」が残りものの粉をかき集めて作られたことも、彼が呪力をもつ一因である。スラブでは末っ子の誕生はこね鉢のへりにくっついたパン生地をかき集めてパンを作るようなものだと考えられてきた。こうして誕生した末っ子には呪力が宿るとされ、さまざまな儀礼の場で末っ子に呪術を担わせた。

（斎藤君子）

大きな蕪《かぶ》（AT二〇四四）

〔あらすじ〕　おじいさんが一粒の蕪の種を植えた。おじいさんが蕪を抜こうとするが、抜けない。おじいさんはおばあさんを呼んだ。おばあさんがおじいさんに、おじいさんが蕪につかまって引っ張ったが、抜けない。そこへ孫娘がやってきた。孫娘がおばあさんに、おばあさんがおじいさんに、おじいさんが蕪につかまって引っ張ったが、抜けない。そこへ子犬がやってきた。子犬が孫娘に、孫娘がおばあさんに、おばあさんがおじいさんに、おじいさんが蕪につかまって引っ張ったが、抜けない。そこへ一本足がやってきた。一本足が子犬に、子犬が孫娘に、孫娘がおばあさんに、おばあさんがおじいさんに、おじいさんが蕪につかまって引っ張ったが、抜けない。そこへ一本足がもう一本やってきた。もう一本の一本足が一本足に、一本足が子犬に、子犬が孫娘に、孫娘がおばあさんに、おばあさんがおじいさんに、おじいさんが蕪につかまって引っ張ったが、引き抜けない。このようにして五本目の足まで繰り返され、最後に五本目の足が加わって引っ張り、「蕪を引き抜いた！」というところで終わる。

〔解説〕 アファナーシエフの『昔話集』に収められている話である。これとほとんど同じ内容の歌が、一八六八年に出版されたヴェッソーノフの『童謡集』にあることから、この話は次のような所作を伴う幼児の遊戯から生まれたのではないかと考えられる。「蕪」になった子が座る。もう一人が「蕪」の片足をつかんで引っ張るが、引き抜けない。三番目の子が加わって引っ張るが、やはり抜けない。さらに四番目、五番目と続き、最後の子が加わってとうとう「蕪」を引き抜くというものである。正体不明の「一本足」は「蕪」の片足をつかんで引っ張ることに由来するのかもしれない。

わが国ではアレクセイ・トルストイ再話、内田莉沙子訳『大きなかぶ』が小学校の教科書に採用され、子供たちに親しまれている。原題の「レープカ」は蕪を意味するレーパの指小形で、「大きな」という意味はなく、「大切な」蕪といったニュアンスをもつ。

オンチュコーフが一九〇八年に出版した『北方昔話集』に収められている話にはこの不可解な一本足は登場せず、おじいさん、おばあさん、孫息子、孫娘、その次に鼠が登場し、鼠が蕪を食べてしまう。

ロシア、ウクライナ、リトアニア、スウェーデン、スペインでしか記録されていない珍しい話で、ロシアでは四話の記録がある。登場人物が一人ずつくっつき、人の鎖がしだいに長くなっていくところから、累積昔話に分類される。

（斎藤君子）

●スカンジナビア・アイスランド●

尻尾の釣り（ＡＴ二）

〔あらすじ〕 魚売りの男が魚を積んだ荷馬車を走らせていると、狐が忍び込んできて魚を食べた。男に見つかり、狐は鞭《むち》で打たれて死んだようになった。男は狐の毛皮を手に入れられると思い、狐を荷馬車に放りこんだまま道を進んだ。すると狐は魚を次々と投げ落とし、たくさんの魚を手に入れた。おいしそうに食べていると、熊がどのようにしたのかと尋ねた。狐は、氷の穴に尻尾をつけていたら魚が食いついてきたのだと答えた。それを信じた熊は自分でもやってみようと尻尾を氷の穴につけた。「すぐに引き上げてはいけないよ。魚がしっかり食いつくまで待っているように」との狐の忠告に従って、熊はしばらく待っていた。そろそろいいだろうと引き上げようとしたところ、凍りついてしまっていて、必死で引っ張ると尻尾は根元から切れてしまった。その日から熊の尾は短くなった。

〔解説〕　スウェーデンに伝わる「どうして熊の尻尾は短いか」という昔話は、熊の尾の短い由来を説明する話となっていて、前半は死んだふりをした狐が魚を盗むという「魚泥棒」（ＡＴ一）、後半は「尻尾の釣り」（ＡＴ二）という二つの話が組み合わされている。ともに有名な動物昔話で、ことに「尻尾の釣り」の話型は世界的に広く分布し、尻尾が凍結する凍結型と、尻尾に籠《かご》をつける籠曳《ひ》き型がある。フィンランドの「熊と狐」では、怒った熊が狐を捕まえてかみ殺そうとするがだまされて口を開き、逃げられてしまったり（ＡＴ六）、仮病を使った狐が熊におぶわれて運ばれたり（ＡＴ四）と、いくつかの挿話が重なっているが、最後は「どうして熊の尻尾は短いか」と同型で終わる。イヌイトに残る話では、赤狐が狼をだまして尻尾の釣りをさせている。十二世紀から十三世紀末にかけてヨーロッパ、とくにフランス、ドイツに広く流布した『狐物語』などの動物叙事詩には、狡猾《こうかつ》な狐が狼をだます尻尾の釣りのエピソードが見られ、当時すでに人気を博していた話であったことがわかる。尻尾をつけた水が凍結してしまうところから、「尻尾の釣り」の話型は寒冷地帯が源であろうと思われ、北欧の口承説話を起源とする説もある。

ヨーロッパの昔話では狐がだます相手は熊や狼が多いが、アジアにも類話は多く、たとえば朝鮮の昔話では、狐と同様トリックスターとなるウサギがだます側で、虎が尻尾を失う話がある。日本においても全土に多くの類話が残されていて、北欧の昔話ときわめて近い。「尻尾の釣り」（ＩＴ五三五）では、カワウソがしかえしとして尻尾の釣りを教え、猿の尾は短くなったという話があり、同様に熊が猿をだます話もあり、「カワウソと狐」では、カワウソは狐をだまし、尻尾を失うのは狐のほうであるというように、いろいろな組み合わせがある。

（米原まり子）

三匹の山羊（AT一二二）

〔あらすじ〕　三匹の山羊が草を腹一杯に食べて太ろうと山の牧場へ出かけることにした。その途中には大きな谷川があって橋を渡らなければならなかった。ところが橋の下には巨大なトロルが住んでいた。まず一番小さな山羊が橋にさしかかると、トロルは「おれの橋を渡るのは誰だ」と怒鳴りつけ、食べてしまおうとした。小さい山羊は、少し待てばもっと大きな山羊が来ると言って、トロルから逃れた。二番目の山羊も橋を渡ろうとし、やはり少し待てばもっと大きい山羊が来ると言って逃れた。まもなく一番大きな山羊が橋を渡りだした。トロルはまたしても捕まえようと飛び出してきた。しかし今度ばかりは大きな山羊はとても強く、二本の角で目玉を突き刺し、蹄《ひづめ》で蹴飛ばしてトロルを川へ突き落としてしまった。三匹の山羊は無事、山の牧場の草を食べたいだけ食べることができた。

〔解説〕　アスビョルンセンとモーの『ノルウェー民話集』に収められたこの話は、北欧の昔話の中でとても喜ばれたものの一つで、日本でも絵本「三びきのやぎのがらがらどん」として幼い子どもたちの心をひきつけてやまない。口承による語りの面白さが顕著で、次第に大きくなる三匹の山羊とトロルとの問答は、ほとんど同じ口調で三度繰り返される。昔話においては三という数字がとりわけ愛されているが、「三匹の山羊」では三回の繰り返しそのものが物語を決定している。トロルに勝利する勇壮な山羊は、古代北欧において雷神の戦車を曳《ひ》き、雷鳴を轟《とどろ》かせた山羊の面影があるのだろうか、いかにも北欧らしい。ドイツの昔話では、三匹の山羊の旅を待ちうける恐ろしい敵は、トロルではなく狼となっている。

この話は「狼が獲物を失う」（AT一二二）の話型と考えられ、その要点は嘘の口実によって獲物が逃れてしまうところにある。類話には獲物を逃した者の哀れさ、滑稽さを描くものも多い。スウェーデンの「腹ぺこ狐」の狐は、子馬や雄羊を食べたいと思い、交渉するのだが、いいように嘘をつかれ、いつまでたっても腹をすかせたままである。『グリム昔話集』の「狐と鵞鳥《がちょう》」（KHM八六）では、最後のお祈りをさせてほしいという鵞鳥たちの願いを聞き入れたばかりに、いつまでもお祈りを続ける鵞鳥の前で、狐はいまだに食べ損ねている。クロアチアには、「ブレーメンの音楽隊」（KHM二七）で名高い、「野営地の動物たち」（AT一三〇）の類話として、猫がロバや羊という仲間を集めて旅をし、男たちの家を奪うという昔話があり、ここでは狼に食べられそうになった羊が、大きく口をあけていてくれればそこに跳び込むと偽り、逆に狼を殺してしまうエピソードが組み込まれている。（米原まり子）

北風のくれたテーブルかけ

（AT五六三）

〔あらすじ〕　母と暮らす息子がパンを焼こうと粉を用意するが、北風が粉を吹き飛ばしてしまう。息子は北風から粉を取り戻そうと旅に出る。北風に出会うと、北風は粉の代わりに食べ物を出してくれる魔法のテーブルかけをくれた。帰路の宿屋で息子はその効能を試してみる。それを盗み見た宿のおかみさんはテーブルかけをすり替えてしまう。帰宅してみると、テーブルかけは食べ物など少しも出そうとしない。息子が北風に文句を言いに行くと、今度は金を吐き出す羊をくれた。だがそれも同じ宿ですり替えられてしまう。息子はまた北風に文句を言いに出かけ、ひとりでに叩きつづける棍棒《こんぼう》をもらう。同じ宿に泊まった息子は寝たふりをして見張っていた。すると案の定、宿のおかみさんが普通の棍棒と取り替えようとしたので、魔法の棍棒が叩きつづけ、息子は宝物をすべて取り戻すことに成功した。

〔解説〕　ノルウェーに伝わるこの昔話は、「テーブルとロバと棍棒」（AT五六三）として国際的に知られる話型で、広範囲にわたって伝播《でんぱ》している。奪われた宝物を棍棒によって取り戻す話は類話も多く、スウェーデンに伝わる「雄鶏とひき臼と棍棒」では、二人兄弟の弟が大旦那から金貨を吐き出す雄鶏と小麦粉を挽くひき臼をもらうが、宿を借りた小屋のトロルの女にいずれも盗まれてしまい、棍棒によって取り戻す。動物報恩譚の形をとるものもあり、コーカサス地方には、命を助けた鳩からテーブルかけと銀貨を出すロバと棍棒という三つの呪宝《じゅほう》をもらう話がある。『グリム昔話集』の「テーブルよ、食事のしたく」（KHM三六）では、一人の主人公が宝物を手に入れるのではなく、家を追い出された三人兄弟がそれぞれ得るが、兄二人の品は宿の主人にすり替えられてしまい、末弟の棍棒によってすべてを取り返す。

北風が宝物をくれる話はヨーロッパ各地に伝わっているが、そのほかにも奉公先の老婆、悪魔、蛇や鳥など、さまざまなものが呪宝を授けてくれる。パンジャブ地方には、たった一本のわらしべしか持たなかった鼠が、羊飼いから魔法のポットをもらうというように、導入部が日本全土に伝わる「藁《わら》しべ長者」（IT九六）に似た筋のものがある。

食べ物や金を出してくれる魔法の宝物の話は古代インド、中国、アラビアなどでも記され、かなり古い時代からの伝承であると思われる。それぞれの地域に密着した宝物が昔話に彩《いろど》りを添え、たとえばシベリアにはたくさんの毛皮を出す皮や、魚を捕まえる網の話がある。北欧では幸運や富をひき出す臼の話はよく知られていて、呪宝の中でもひき臼に焦点を当てたものが「魔法のひき臼」（AT五六五）と考えられる。　（米原まり子）

塩ひき臼（AT五六五）

〔あらすじ〕貧しい弟はクリスマスイブに食べる物さえなかったので、金持ちの兄に恵んでほしいと頼んだ。兄は弟にハムを与え、地獄へ行けと命じた。弟はすなおに出発し、老人に「古いひき臼をもらうまでは悪魔たちにハムを渡してはいけない」と忠告を受ける。弟はハムと引き換えに魔法のひき臼を手に入れる。老人から臼の使い方と止め方を教えてもらった弟は、やがてすばらしい富を得る。うらやんだ兄は臼を欲しがり、譲り受けると早速ニシンとお粥《かゆ》をひき出したが、止め方がわからず道にまで広がってしまった。弟はお粥を止める代わりにひき臼を取り戻した。ある船長が不思議な臼の噂を聞きつけ、大金を払って買い取ると、海上で塩をひき出した。しかし止め方を知らなかったため、船は塩の重さに耐えかねて沈んでしまった。臼もまた大海の底に沈み、今もなお塩を挽《ひ》きつづけている。そのために海の水は塩辛いのである。

〔解説〕この話はアスビョルンセンとモーの『ノルウェー民話集』に収められた「海の底のひき臼」という北欧の代表的な昔話の一つで、スカンジナビア各国に「塩ひき臼」「地獄のひき臼」などとして、ほとんど同じような筋立てで記録されている。世界的に、ことにヨーロッパに多くの類話が見られる。「海の水の塩辛いわけ」を説明するこの話は「魔法のひき臼」（AT五六五）として知られる話型で、ブルターニュ地方の昔話では、魔法使いが魔法の臼を作り出し、噂を耳にした船乗りが臼を盗んで塩をひき出すが、止め方がわからず、船は沈み、海は塩辛くなったという。この話型の要点は、主人公が魔法の臼から莫大《ばくだい》な富を得るが、止め方を知っているのは主人公のみであるため、ほかの者が臼を手に入れても臼は途方もない量をひき出すばかりで、失敗してしまうところにある。『グリム昔話集』には「おいしいお粥」（KHM一〇三）として、お粥をこしらえる鍋の話がある。

欲しいものを出してくれる魔法の石臼の話は古くから知られていて、古代北欧の神話的世界観を伝える『古エッダ』（九―十二世紀ごろ成立）には、「グロッティ（石臼）の歌」があり、黄金や平和や幸福をひき出す臼の記述が見られる。同様に一二二〇年ごろに記された『散文のエッダ』でも触れられ、塩ひき臼のエピソードがあり、少なくとも北欧ではそれ以前に広く伝承されていたのであろう。

日本でもほとんど同じストーリーで語られる「塩ひき臼」（ＩＴ一一〇）の昔話が数多く残されている。やはり兄弟間の出来事で、クリスマスイブが大晦日《おおみそか》になり、小人が登場したりと、北欧の話ときわめて似通っていて、世界の海を航行する海の民による伝播を示唆すると思える。

（米原まり子）

西洋昔話の三人のお姫さま

西洋昔話のキャラクターのなかから知名度ランキングをとると、「白雪姫」、「シンデレラ姫」、「ねむり姫」の三人のお姫さまは、現在でも、きっと、上位に入るだろう。ジェンダー・チェックをうけて、王子を待つだけの受け身の生き方や美しいことで幸せをつかむという単純な価値観が問題視され、時代遅れな話と批判をうけている一方で、その人気は衰えてはいない。彼女たちは、あこがれの対象であり、ドラマの主人公なのである。個性もあり、深読みができるし、女の子像をシミュレーションする源にもなっている。十八世紀末からの古いイギリスの子どもの本で、絵本になったお姫さまを見ても、ここ二百年以上にわたって、さまざまの版で、繰り返し繰り返し刊行されている。

「白雪姫」は、明治時代から、英語の「スノー・ホワイト、雪のように白いお姫さま」からの訳が定着しており、怖いところが面白いグリム昔話のなかでも、魔女と森に住む小人のイメージによって、知らない人がないほどの存在となっている。

「シンデレラ姫」は、ペローの「サンドリオン」の英訳（Cinder＝灰にellaという接尾語を加えて名前らしくしたもの）をへて日本にやってきた。グリム昔話にも「灰かぶり」として知られる同種の話があるが、しかし、絵本となると「灰かぶり」をそのまま、あるいは、再話したものは、ほとんどない。母親との霊的な交流が核となるので、語りで耳から聞く話なのだろう。ペロー版のシンデレラが、台所でこき使われるかわいそうな場面、姉たちのおしゃれを手伝う場面、妖精が登場し、かぼちゃの馬車などを出し、ぼろ着から舞踏服への華麗に変身する場面、舞踏会から十二時で魔法が切れるので階段を駆け下りて逃げる場面、ガラスの靴を試す場面と、順に述べると、映像化しやすく、画家のイメージ作りを刺激することがわかる。その華やかでロマンチックなイメージが一度、脳裏に焼

『シンデレラ』（ラッカム画）より

きつくと、そのイメージは時代によって変化しながらも、受け継がれ再生していくのである。

「ねむり姫」(英訳 The Sleeping Beauty)はというと、逆に、ペローの「眠れる森の美女」ではなく、グリムの「いばら姫」が、数多く絵本になっている。妖精たちの予言や、十五歳でつむに刺される、いばらにつつまれたお城、王子の登場の場面は、両者に共通しているものの、姫が、王子様のキスによって百年の眠りから覚めたあと、簡潔に終わっているグリムのほうがすっきりと脳裏に刻まれるのである。蛙の登場する始まりが劇的なことと、王子の両親が出てくる場面のないあっさりした終わり方の違いが、グリムの絵本の多い理由なのである。

一八六〇年代には、定着していたお姫さまランキングも、三番手のお姫さまが「ねむり姫」でなく「美女と野獣」のベルであるものもまじってくる。「美女と野獣」(一七五七年)は、ボーモン夫人作の仙女物語で、イギリスでは、大掛かりなパントマイム(現在のミュージカルのような劇)で、十九世紀後半、人気キャラクターとなったからである。これらお姫さまは未来でも、パロディーや風刺などに数多く使われ、「末永く幸せ」であるかどうかはわからないものの、したたかに生き続けていくことは確かだろう。

(三宅興子)

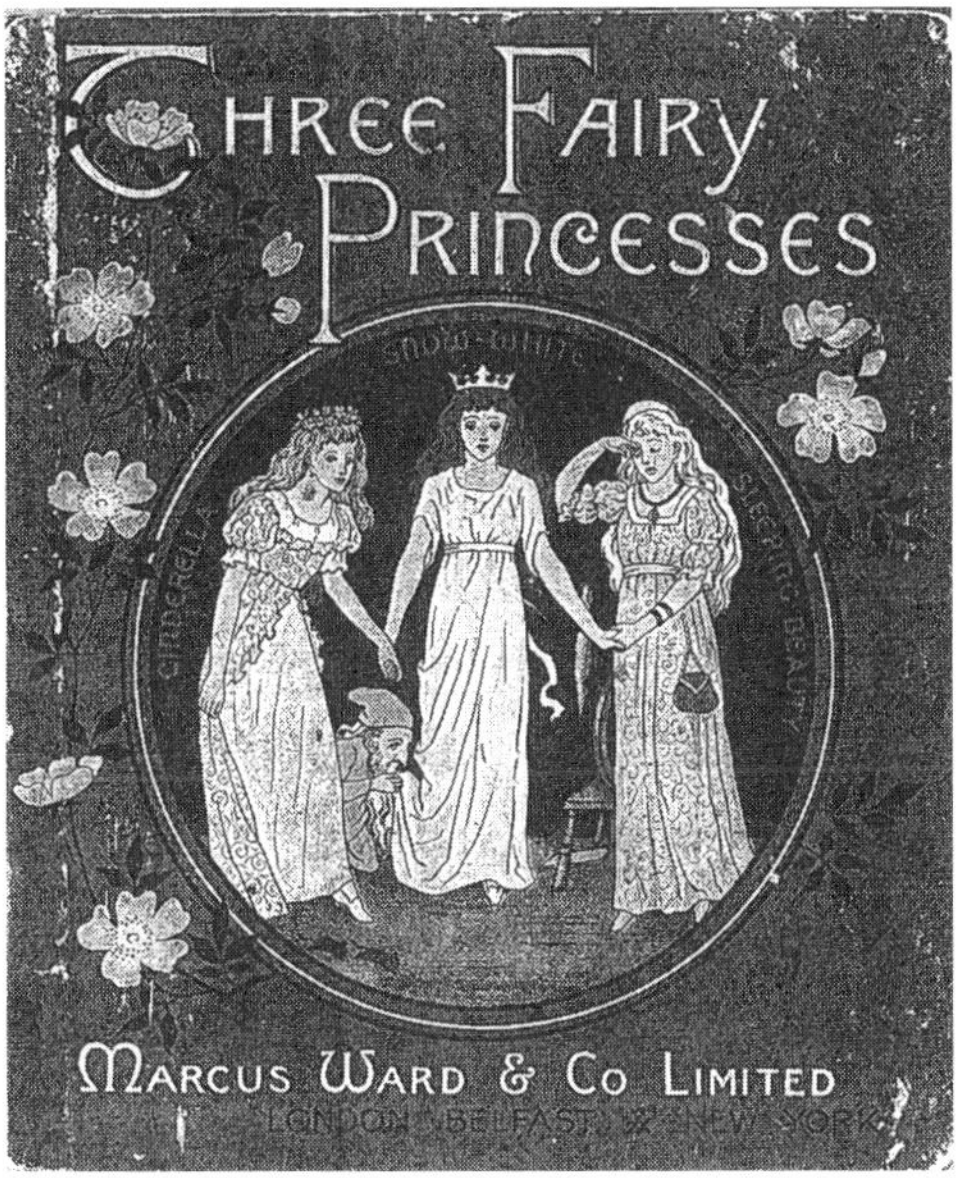

1870 年代の絵本の表紙

《アフリカ文化圏》

●西アフリカ●

バター娘

〔あらすじ〕 結婚したけれども子どもができない人がこまって、呪術師のところにいくと、呪術師は呪術で、バターを娘に変えてくれる。呪術師は、娘を決して太陽や火に近づけるなと言う。娘はたいそう美しく、王様の嫁になる。王様の屋敷には王様の別の嫁さんたちがいる。娘はその美しさのため王様に寵愛《ちょうあい》される。王様のほかの嫁さんたちは、娘を憎み、悪だくみをし、娘に料理をさせ、娘を殺してしまう。カンムリヅルが娘の死を娘の母親のところに知らせにいく。母親たちが王様の屋敷にやってくると、娘が死んでいた。

〔解説〕 北部カメルーン、フルベ族の昔話。類話として、子どもの性別が男性である場合もある。その場合、結婚するために、男が女に言いよっているとき、時を忘れて、太陽があがってくるまで、女のところにいる。そうして、家に帰ってくる途中とろけてしまう。

バターのかわりに、シア・バターである場合もある。バター娘の類話はセネガルからカメルーンのサバンナ地帯に分布している。ハウサ族の間では、バターのかわりに動物の脂肪になっている。なぜバターやシア・バターなのかというと、色が精液に似ているとする研究者もいる。カンムリヅルは、使者の役割をはたす。カンムリヅルは歌が上手ということになっている。

（江口一久）

親切な娘と不親切な娘

〔あらすじ〕 継母には、継子と実子がいる。継子は、親切ないい娘。実子は、わがままな娘。継子が半さいヒョウタンを割ってしまう。継母は、継子にそのヒョウタンを元通りにするようにと言う。継子がヒョウタンを持って、遠くの川にでかけていくと、木の実、肉などの食べ物が自分を食べなさいと言う。継子は、それを食べない。ライオンなどの動物に出会うが、継子は傷つけられない。川につくと、老人に出会う。継子は老女の言うことを聞き、老女に言われる仕事をする。一粒のモロコシが炊いているうちにふえる、骨を煮ていると、肉が出てくるなどする。老女はヒョウタンを元通りにしてやり、娘に土産をやる。娘が家に帰ってくると、継母は実子を継子の言ったところにやらせる。ところが、わがままな娘は継子がしたことができなくて、動物に食べられてしまう。

〔解説〕　北部カメルーン、フルベ族の昔話。この話は典型的なAT四八〇の話である。私は、この話に、「遠くの川にいった娘」という名前をつけている。娘が旅をしていくさきが、遠くの川、池であることが多いからだ。この話は、西アフリカ全体に分布している。　（江口一久）

手なし娘

〔あらすじ〕　ある男の子に妹がいる。兄は、妹と結婚すると言う。妹は、それをこばむ。兄は、妹の手足を切ってしまう。妹の友達は妹をせおって、遠くに行ってしまう。その途中、タマリンドの木に登る。木に登っていると、王様の一行が木の下にやってきて、休む。娘の友達は、王様にうれたタマリンドの実を投げてやる。家来には、うれてない実を投げてやる。娘たちは、王様の一行に見つかり、王様は、手なし娘と結婚する。家来は、娘の友達と結婚する。娘の友達は手なし娘のする家事をすべてこなすけれども、ある日、家来が娘に手足がないのを見つけてしまう。王様のほかの嫁さんたちは、王様にそのことをつげる。王様は、次の日、牛を殺して、その肉を分配するので、すべての嫁さんが出てきて、その肉をとりにくるようにと言う。その夜、娘とその友達は、夜逃げをする。夜逃げの途中、蛇に出会う。蛇は手なし娘を呑み込む。蛇が娘をはきだすと、手足は元通りになっている。二人は王様の屋敷に戻ってくる。あくる朝、娘が肉を受け取りにいこうとして、部屋から出ると、屋敷全体が光り輝く。王様は、娘だけを残し、残りの女たちを離縁する。

〔解説〕　北部カメルーン、フルベ族の昔話。この話は西アフリカ全体に分布している。この話はAT七〇六に酷似している。西アフリカでは、兄弟のインセスト・タブーの話になっているのが特徴といえる。また、娘の夜逃げが王様のほかの嫁さんたちのために余儀なくされる。そこに、一夫多妻制社会の問題がうかびあがる。一夫多妻制の社会では、嫉妬の

問題が残るからである。　（江口一久）

かしこい子ども

〔あらすじ〕　牛をたくさんもつ男が、王様におしゃべりコンテストをしようと言われる。おしゃべりに負けると、負けた者はその牛をとられてしまうというコンテストだ。男は話が下手。男が困っていると、コンテストの前の晩、男の嫁さんの腹の中から、「自分を産んでおくれ」という声がする。女は、腹の中の赤ん坊の言う通りに、子どもを産む。子どもは、生まれてすぐ、服を着て、コンテストに出かけていく。行くと、「自分が父親のかわりに来た。というのは、空が落ちてきたので、父親がそれをささえているので、来られないからだ」とか、「道がさけたので、それを縫っているから来られない」などと言い、コンテストに勝ち、王様の牛をせしめる。王様は、雄牛を子どもに与えて、ミルクをしぼるようにと言う。子どもは、王様の屋敷の横にある木に登って、木の枝を切る。王様が、なぜその枝を切っているのか尋ねると、子どもは、父親が子どもを産んだから、薪をとって、湯をわかすのだと言う。王様は、「男が子どもを産めるか」と言う。子どもは、「雄牛にミルクが出るか」と言い、王様を言い負かす。王様は、無理難題を子どもに与えるが、ことごとく、王様を知恵で負かす。王様は、子どもを野原に連れていって置き去りにするが、子どもは王様より先に村に帰ってきて、王様の衣服を手に入れる。王様は、子どもを穴に放り込み、殺そうとするが、穴に横穴をほっておいて、助かる。王様は、子どもだけを村に残し、家来たちと宿替えをする。子どもは、女装をして、王様のあとを追い、王様の部屋に入る。夜、子どもは、王様に自分の正体を見せる。王様は死んでしまう。

〔解説〕　北部カメルーン、フルベ族の昔話。この話は、西アフリカ全体に分布している。フルベ族の間では、冒頭のように牛がでてくるが、ほかの民族では、王様が庶民をいじめるとき、子どもが王様をやっつけるという話になっている。この話の面白さは、相手の裏をかき、非論理に非論理でこたえるということにある。　（江口一久）

ロバの皮を被《かぶ》った娘

〔あらすじ〕　子どものない女は、「ロバの子どもでもよいから子どもが欲しい」と言う。女は、ロバの子を産む。女がロバを家に残し、仕事にいって家に帰ってくると、家中が片づいているし、食事の支度もできている。じつは、母親が留守の間、ロバの皮の中から、娘が出てきて、仕事をするのだった。ある日、娘がロバの皮をぬいで、水浴をしていると、王子がその美しい姿を見て、娘にほれる。王子は、ロバと結婚する。王子は、自分の妹と結託して、娘のロバの皮を捨ててしまう。娘は悲しむけれども、そのあとは、皮のことをあきらめる。王子の父親は、娘の美しさを見て、王子を追放して、娘を自分のものにする。王子は、娘の協力を得て、自分の父親を殺して、自分が王様になり、娘をとりかえす。二人は幸せに暮らす。

〔解説〕　北部カメルーン、フルベ族の昔話。この話に出てくるロバは、西アフリカではもっとも下等な家畜である。馬と違って、餌を与えることもないし、ほうっておかれる。しばしば、屁をこいたり、かみ合いの喧嘩をしたりして、笑われる。子どものない女が、ロバの子どもでも欲しい、子どものないのはさびしいと言い、ロバの子を手に入れる。この話を聞き手である子どもたちは、たいそう喜ぶ。というのは、自分たちが人間の子どもだからだ。ロバのかわりに、木の株であったり、瓶であったりすることもある。王子がロバの皮を捨てさせて、娘本来の姿をとりかえさせるが、娘を父親にとられてしまう。自分の息子の美しい嫁さんを父親が横取りするというモチーフは、西アフリカ独特かもしれない。

（江口一久）

傷痕《きずあと》をもつ男がいやな女

〔あらすじ〕　ある女がいる。この女は、傷痕のある男とは、結婚しないと言う。野原の動物が傷痕のない美男子になって、女のところにやってくる。女は、両親の反対をおして、その男についていく。女が家から出ていくとき、父親は娘に女奴隷《どれい》を与える。母親は、千枚通しを与える。野原に入ると、男の着ていた衣服が次々にぬげていく。女は、男の住む野原の家に着く。男は毎日、野原の動物や人を殺しに出かける。女は、食べ物をつくると、それを女奴隷に男のところに持っていかせる。女奴隷は、野原にいって、男の正体を見る。女奴隷にかわって、女が食べ物を持っていき、男の正体を見る。女と女奴隷は、男の家から、男の持っている髄の入ったひょうたんを持って逃げる。男が二人のあとを追っかけてくる。女奴隷は、ひょうたんに入っている髄を出す。それを男が食べている間、二人は逃げる。女は、持ってきた千枚通しを地面に刺すと、千枚通しはナツメヤシの木になる。二人は、木に登る。男がやってきて、木を切り倒そうとする。女は自分のかっている犬を呼ぶ。犬がやってきて、男を殺してしまう。二人は村に帰ってくる。

〔解説〕 北部カメルーン、フルベ族の昔話。傷痕のない人はいない。イスラム圏では、男は割礼《かつれい》を受ける。割礼も、傷痕の一つである。西アフリカでは、自然のままの姿は野生と考えられている。男は割礼を受けることで、「文化的な存在」になる。女が両親の反対をおしきるというのは、習慣にそむいたことだ。だから、女はよい結末をむかえない。

このような、異類婚の話は、西アフリカ全体に分布している。いずれにしろ、結末は男女の別れになる。この話では、主人公が女であるけれども、男である場合もある。男である場合の多くは、狩り人が野獣を殺すと、雌の野獣が美人にばけて、狩り人の嫁さんになり、復讐をしようとする話になっている。（江口一久）

象とカバの綱引き

〔あらすじ〕 兎が象のところに行って、綱引きをしようと言い、綱のはしを象の体に結びつける。そのあと、兎は、カバのところにいって、同じことを言い、カバの体に綱のはしを結びつける。象とカバは綱引きを始める。どんどん綱をひっぱっていくと、象とカバは出会う。象とカバは、兎にだまされたので、怒る。象は、兎に野原の草を食わさないと言う。カバは、川の水を飲まさないと言う。兎は、ダイカーのくさりかけた皮をかぶり、象のいるところまで行き、象に「兎を呪ったので、このような体になった」と言う。象は「兎にかかわらない、兎には草を食べさせる」と言う。同じように、兎は、カバのところに行く。カバも、「兎とかかわらない、兎に川の水を飲ます」と言う。

〔解説〕 北部カメルーン、フルベ族の昔話。西アフリカのサバンナ地帯では、どこでもこの話を聞くことができる。綱引きのかわりに、兎が象とカバと一緒に畑をつくろうという話もある。兎は象に畑を昼間に耕すように、自分は、夜に耕すと言う。同じように、カバには、夜に耕すようにと言う。畑ができ、作物がみのると、リスは象とカバをうまくだまして、作物を独り占めにしてしまう。

（江口一久）

山羊先生とハイエナ

〔あらすじ〕 イスラム教の教師とされる雄山羊が蜂蜜をひょうたんに入れて、メッカに巡礼に出かけていく。山羊先生はハイエナに出会う。ハイエナは山羊先生を食べようとする。そこにライオンがやってくる。ライオンは山羊先生に、お呪《まじな》いをかいてくれと頼む。山羊先生は、お呪いをハイエナの皮に書くと言う。ライオンは、ハイエナに皮をくれと言う。山羊先生は、ハイエナの皮を蜂蜜のなかにつけて、それを口の中に入れておき、やわらかくなったら、その上にお呪いの文句を書くのだと言ってライオンに渡す。ライオンはそれを食べてしまう。ライオンは食べてしまったと言う。山羊先生は、お呪いを書くので、別のハイエナの皮がいると言う。そうしているうちにハイエナが逃げる。ライオンはハイエナを追っかけて、ハイエナをつかまえて殺す。そのうちに山羊先生は、逃げる。

〔解説〕　北部カメルーン、フルベ族の昔話。この話は、西アフリカのサバンナ地帯では、どこでも聞ける。西アフリカのイスラム教徒の間では、山羊がイスラム教の先生として出てくる。イスラム教徒以外のところでは、ただの雄山羊として出てくる。雄山羊には、髭があるので、知恵のある動物とされる。雄山羊は、その勇ましい姿のゆえ、また神話にも登場する。

（江口一久）

ハイエナと猿

〔あらすじ〕　ハイエナが井戸（穴）に落ちる。ハイエナはそこを通りかかった猿に助けを求める。猿は、最初は、ハイエナを助けたら自分が食べられるので、いやだと言う。けれども、ハイエナは、猿を食べないと言うので、尻尾にハイエナをつかまえさせ、穴から外に出す。穴から出ると、ハイエナは腹がへっているので、猿を食べると言う。猿はおそれていた通りになったので、困る。そこへ、リス（兎）が通りかかって、ハイエナと猿に何をしているのかと尋ねる。ハイエナは腹がへっているので、猿を食べると言う。猿は、ハイエナが穴の中に入っていたので、ハイエナを穴から出してやったと言う。リス（兎）は、猿にそんなことをする力がないと言う。ハイエナは、猿には力があると言う。リス（兎）はそんなこと信じられないと言う。ハイエナは、それでは、もう一度、同じことをしてみようといって、穴の中に飛び込む。リス（兎）と猿は、ハイエナを穴の中に残して、立ち去る。ハイエナは穴の中で死んでしまう。

〔解説〕　北部カメルーン、フルベ族の昔話。西アフリカのサバンナ地帯にもともとあった話なのだが、仏語圏西アフリカでは、どこでも聞ける。おそらく、教科書を通じて広まったためだろう。サバンナ地帯では、援助者として兎（リス）が登場する。分布域からすると、圧倒的に兎のほうが広い。AT三〇—三五に、

「穴からの救助」の話があつかわれている。

（江口一久）

大きな鼻をもった怪物とハイエナ

〔あらすじ〕 大きな鼻をもった怪物は、ハイエナといっしょに、たくさんのモロコシの粉でできた食べ物を持って旅にでかける。怪物は、川を見つけると、モロコシの粉でできた食べ物を川に投げ込み、川の水と混ぜる。怪物は、ハイエナにそれを飲めと言う。ハイエナは少し飲む。怪物は、残りをたいらげる。怪物とハイエナは旅を続ける。怪物は、大きな川に行き、ハイエナに魚をとれと言う。ハイエナは、一、二匹つかまえる。怪物は、川の水を飲み干して、川にいた魚だけでなく、カバやワニまで、手に入れる。怪物は、ハイエナに薪をとりにやらせるが、ハイエナは一、二本だけとってくる。怪物は、屁をこき、森の木をたおし、それを薪にし川でとったものを焼く。ハイエナは、魚を少しだけ食べる。怪物は残りをたいらげる。怪物は、ハイエナに野原の動物を馬鹿にするように言う。ハイエナが野原の動物を馬鹿にすると、動物たちは、ハイエナを追っかけてくる。ハイエナは、怪物のところまで逃げてくると、怪物は、ハイエナを自分の鼻の中に入れる。怪物の鼻の中には、村がある。ハイエナは鼻の中に入ると、市場に行き、焼き肉を買って食べるが、代金をふみたおす。ハイエナは、村人につかまり、悲鳴をあげる。それを聞いて、怪物は、ハイエナを鼻から出し、ハイエナと別れる。

　ハイエナは村に帰ると、犬を呼び、怪物のしたような旅をしようとする。けれども、ことごとく、怪物のしたようにはできず、あげくのはて、動物たちにいためつけられる。

大きな鼻をもった怪物

〔解説〕 北部カメルーン、フルベ族の昔話。この話は、西アフリカ全域に分布している。北部カメルーンにある話は、おそらくナイジェリアのハウサ族から伝わったものと思われる。この怪物は、ハウサ族の間で、ボトールミと呼ばれる。フルベ族の間でも、この怪物をボトールミとか、ボードゥと呼ぶ人がいるからだ。大きな鼻というのは、象の鼻を連想させる。

（江口一久）

●東・南アフリカ●

ニャルポコ（ひょうたん娘）

〔あらすじ〕　十人の娘たちが花婿捜しの旅に出る。若者たちが一番うしろを歩いていた娘だけに声をかけるので、ほかの九人の娘は腹を立て、彼女の姿をナイフに変えてしまう。

先頭の娘がナイフをガードルにしまって歩き続けるが、若者たちは「美しく輝くナイフ」に声をかける。娘たちは、ナイフをひょうたんに変えてしまう。次の村で、九人の娘は九人の花婿と出会い、それぞれの家に落ち着く。十番目にやってきた母親がひょうたんを持って帰り、息子の水飲み用に与える。翌朝、家族の者が畑仕事に出かけ、小さな娘だけが家に残る。すると、戸棚のひょうたんの中からお姉さんが飛び降りて、歌を歌いながら、モロコシを搗《つ》く。彼女は粥をつくり、小さな娘と昼食をした。

その夜、小さな娘がひょうたん姉さんの話をする。翌朝、若者が畑仕事に出かけたふりをして様子を探る。娘がひょうたんから出てきて、料理や水汲みなど家事一切をすませ、小さい娘とともに食事し、ほかの者へのご馳走を残しておく。

仕事が終わり、ひょうたんに戻ろうとした矢先、若者が飛び出し、娘を摑まえて求婚する。娘は人間の姿のまま摑まる。

ほかの九人の若者は口うるさいそれぞれの花嫁よりも、どうしてひょうたんを連れて帰ってくれなかったかと母親たちを責める。

九人の娘たちは腹を立て、ひょうたん娘を薪拾いに連れ出し、彼女を沼地に沈める。その様子を見ていたヒバリが村へ飛んで、歌を歌い、沼地へ魚釣りに出かけるよう若者たちを誘う。ヒバリの案内で元気なひょうたん娘が救われる。九人の邪悪な娘たちは村を追われた（ナイフは結婚の象徴、壺は女性の象徴、ひょうたんは生命力の象徴）。

（宮本正興）

〔解説〕　この昔話は、コンゴ民主共和国（旧ザイール）に定住するアルル族が伝える。主役の娘は、仲間の娘たちに嫉妬されて、「美しく輝くナイフ」に、さらに「ひょうたん」に変えられる。また、コンゴ民主共和国のチョクウェ族の昔話では、女が体の不自由な子と十二個のひょうたんを産み、ひょうたんは十二人の美しい娘になる。娘たちは祭りに出かけ、その一人が若者に見そめられる。若者はその娘と結婚し、こしょうでひょうたんの中にひそんだ娘を引き出し、二人は幸せに暮らす。ひょうたんは生命力のシンボルとされ、原産地はアフリカである。日本民族も縄文時代に、最初の農作物の一つとしてこのひょうたんを育てた。ひょうたんは、『日本書紀』仁徳紀に水の神の正体をあばく道具に使われ、「蛇婿入り」（ＩＴ二〇五Ｃ）でも邪恋の蛇を撃退する手段に使われている。

（中務哲郎・稲田浩二）

人間はなぜ死ぬか

〔あらすじ〕　昔人間は、一度死んでも生き返ることができた。「人間は死んでもおしまいでなく、また生き返る」との神様のメッセージを伝えるために、カメレオンが天界から使者に出された。地上で人間たちがそのメッセージを待ち構えていたが、カメレオンは歩みがのろく、そのうえ神様からの伝言を敏速に伝えることができなかった。二番目の使者であるツグミが飛んできて、神様の伝言を先に伝えてしまった。人間は死んだら、その根が道の世界にまで伸びているという木の根っこをどこまでも辿っていくというものだった。人間は一度死んだら、もう生き返ることはない。

（宮本正興）

〔解説〕　死の起源を説く話は、世界中のほとんどの民族が神話や昔話としてもっている。日本ではコノハナサクヤビメとイワナガヒメの話がよく知られている。この昔話はケニア最大の部族ギクユ（キクユ）族が伝えている。人間の寿命のいわれについての話は、南アフリカのズールー族にも伝わり、カメレオンと火イモリを使者とする。さらにケニア中央部のバンツー系農耕民のカンバ族では、のろまなカメレオンとハタオリドリを主人公とする類話を伝えるなど、アフリカ中南部に広く分布する。また日本民族では、「ヒバリの生き水」（ＩＴ四八七）のヒバリが、同じようにその使者となる。月と太陽がヒバリを使者として、人間に生き水を届けようとするが失敗し、生き水は蛇が浴び、人間はその残り水のみを届けられる。だから人間は、その水のかかった手足の爪だけがいつまでも生え変わるようになった、とされる。この日本昔話の類話は、モンゴロイド諸族のアイヌ族、モンゴル族、インド、ミクロネシアなどでも伝わっている。

（中務哲郎・稲田浩二）

目と足の交換

〔あらすじ〕　昔、ヤスデには目があり、蛇には足があった。ある日、二人は結婚式に招かれ、いつもと違ったいでたちで出かけることにして、ヤスデは目を、蛇は足を交換することにした。両方が、交換したものを気に入り、自分のものを返して欲しいとは思わなくなった。ヤスデは足が多いが、目は見えず、蛇は目が見えるが、足がないのはこのためである。

（宮本正興）

〔解説〕　これもスワヒリ族が伝える代表的昔話の一つ。動物昔話で動物同士が、それぞれ相手の姿態などを羨《うらや》ましがり、互いに体の一部を交換する話は、国際的タイプとして、「ナイチンゲールと蛇とトカゲ」（AT二三四）として登録されている。日本民族ではミミズの目と蛇の歌とを交換する「ミミズの目と蛇の歌」（IT五〇七）、アイヌ族では鹿のかんじきと兎の角、サハリンのギリヤーク族では白鳥と烏とがお互いの声を、台湾の高砂族では羌仔と鹿とがお互いの角を、フィリピンでは牛と水牛とがお互いの着物を、イヌイトではカリブーとセイウチとがお互いの角を交換する。また漢族では少し変わっていて、水に住むヂェオウ（桔藕）と蓮《はす》とがそれぞれの住居を交換する。

（中務哲郎・稲田浩二）

ゴソ先生

〔あらすじ〕　バオバブの木の下でゴソ先生が教えていると、ガゼル（カモシカの一種）が木に登り、バオバブの実を蹴り落とした。その実が当たって、先生は死んでしまった。生徒たちがバオバブの実を落とした犯人を捜しに出かけた。はじめに南風を責めたが、南風は自分を止めてくれなかった泥壁の責任だと言う。泥壁は、穴を開けてくれなかった鼠の責任だと言う。鼠は自分を食べなかった猫の責任だと言う。猫は自分を縛っておかなかった縄の責任だと言う。縄は自分を切っておかなかったナイフの責任だと言う。ナイフは自分を鍛えておいてくれなかった火の責任だと言う。火は自分を消しておいてくれなかった水の責任だと言う。水は自分を飲んでおいてくれなかった雄牛の責任だと言う。雄牛は自分にたかってくれなかったダニの責任だと言う。ダニは、自分を食ってくれなかったガゼルの責任だと言う。責任を問われたガゼルは返答に窮した。生徒たちはガゼルを捕まえて殺した。

（宮本正興）

〔解説〕　東アフリカの海岸地方に住むスワヒリ族が伝える典型的な連鎖譚である。日本民族の「犬と猫と玉」（IT三八三）でも、たとえば島根県の伝承例では、お爺さんの持っている、願いに応じて何でも出る一文銭が隣の爺に盗まれる。捜しに出た爺の飼い猫がそれを手に入れるが、川底に落としてしまう。そこで猫は鳶《とび》に、鳶は鵜《う》に、鵜は鮎にと、次々に捜させて、やっと取り戻した、とする。また国際的によく知られた「男が娘の婿としてもっとも強いものを捜す」

（AT二〇三一C）、――日本民族では「鼠の婿選び」（IT五六八）は、次々と捜しまわるが、結局は元のもの（鼠）にもどって結末を迎える点で、この話と同じ趣向の累積譚といえよう。

（中務哲郎・稲田浩二）

継子話

〔あらすじ〕妻に先立たれて、男（大工）と一人娘が残された。男は、娘の養育の必要から再婚を望んだ。身内の者が、一人娘をもつ寡婦との仲を取りもつことになった。女は先の亭主に献身的につくした良妻であるとのふれこみであったが、結婚してみると、男の身のまわりの世話をしかねるだけでなく、いやな文句を並べ立て、自分の権利だけを主張する悪女だった。

女は男の留守中に子どもたちに食事を取らせ、実子にはうまい飯や魚の身を、継子には焦げてかたい飯や魚の頭を与えた。男は何日も気づかなかったが、たまたま一緒に食事をした日に、後妻の残酷な仕打ちを目の前で知った。しかし、男は口に出せないでいた。悲しみに沈んだ継子は亡き母の墓へ出かけ、その裏に生えていたきゅうりを持って帰ったが、継母はそれを取り上げて実子にやってしまった。泣いている娘を見て、男が事情を尋ねると、継母は、よその畑からきゅうりを盗んできたので折檻したのだと言う。継子は父親を傷つけないよう、真相を明かそうとしなかったが、許されて一部始終を打ち明けた。事情を知り、娘を不憫《ふびん》に思った男は、奴隷《どれい》女を買い、娘の面倒をみさせることにした。後妻は、男が妾を囲ったものとして、離婚を訴え、男を家に入れようとしない。たまたま、人がやってきて、継子を嫁に欲しがっている男がいると言う。二人の結婚式がおこなわれ、以後長い間、二人は幸せに暮らした。

（宮本正興）

〔解説〕一般の継子話と同じくこの話でも、後妻の継母は悪女で、継子の娘をいじめつづける。後にやっとその事実を知った実父は娘を憐《あわ》れがり、奴隷女を買って娘の面倒をみさせ、継子は良縁を得て幸せな結婚をする。この話は、ユーラシア大陸の継子話と比べると、昔話としての起伏が少なく、世間話や実話の印象が強い。

（中務哲郎・稲田浩二）

子どもを産んだ鍋

〔あらすじ〕アブヌワスは知恵者だ。水を汲むのに鍋がなかったので、隣家で大鍋を借りて、ロバに水を飲ませた。何日かたってアブヌワスは、大鍋の中に小さい鍋を入れて、隣家に返した。借りている間に、大鍋が子どもを産んだのだと言う。隣人は大いに喜んだ。何日かして、アブヌワスはまた隣家から大鍋を借りた。何日も返さないでいると、隣人がやってきて鍋を返せと言う。アブヌワスは答えた。「鍋は死んでしまった。子どもを産むものは、やがて死ぬものだ」と言う。誰も隣人の味方をする者はいなかった。

（宮本正興）

〔解説〕　この昔話も、東アフリカ海岸地方のスワヒリ族が伝える。トルコの『ナスレッディン・ホジャ物語』に見える「ホジャと村人・近所の衆」と瓜二つの笑話。隣の象が胆をつぶして、「大釜は死んだ」と知らされて、「（そんなこと）この世にあるもんかい」と言う。ホジャは「お産したことを信じるくせに、死んだことをなんで真に受けん」と言い返す。日本でも九州を中心に伝わる吉五や吉四六《きっちょむ》を主人公にした「金ひり馬」（IT六二九）や「生き絵」（IT六三〇）の狡猾者《こうかつしゃ》の、この話と同想の笑話がよく知られている。たとえば「金ひり馬」は、吉五がやせ馬の尻にお金を押しこんで金持ちを訪ね、「お金をひる馬が欲しくないか」と、目の前でお金をひらせてみせ、馬を高く売りつける。二、三日たってお金持ちが吉五のもとへかけつけ、「あの馬はちっともお金をひらない」と抗議すると、吉五は「あなたは馬にお金を食わしていないのではないか」と言い返した、という。（中務哲郎・稲田浩二）

ダライ王の物語

〔あらすじ〕　妻に先立たれた天涯孤独の男が病いを得て、すべての財産を失い、ついに乞食《こじき》に零落してしまった。男は物《もの》乞《ご》いをしてまわったが、やがて町の人々の同情を得ることもなくなり、毎日、鶏同然、ごみためをあさって、拾ったトウモロコシの粒を糧《かて》にして生きのびていた。

ある日、男は八分の一ドル銀貨を拾い、その金で買い求めたカモシカと仲よく居をともにすることとなった。五日目の夜、カモシカが人間の言葉を話し、男の貧しさを憐《あわ》れんで、翌朝から森へ出かけて草を食べたいと告げたので、男は承知した。以後、カモシカは毎朝森へ出かけたが、夕方には必ず男のもとへ帰ってきた。

ある日、森の木の根っ子に大きなダイヤモンドを見つけたカモシカは、思案のすえ、そのダイヤモンドを口にくわえて、さらに遠くへ旅をつづけ、異郷の町の王に会い、自分の主人から姫への婚資であると言ってそれを届けた。王が喜こんで承知すると、カモシカは男のもとへ戻り、男を旅に連れ出した。途中でカモシカは男をはげしく打ち、大けがをさせておいて、王のもとへ急行し、主人が道中で追いはぎに襲われ、何もかも奪われて裸同然の姿で苦しんでいると知らせた。同情した王が着物や刀剣を馬の背にくくりつけてくれると、カモシカは元の場所へ戻り、男に衣装をまとわせて「ダライ王」に仕立てあげてしまった。

　ダライ王が姫をめとり、蜜月にいる間、カモシカはさらに一人旅をつづけ、見知らぬ町を発見した。この町の宮殿に一人住まいをしていた婆は、この宮殿の主は七つの頭をもつ大蛇であると教え、カモシカを逃がしてやろうとしたが、カモシカは大鍋の中に隠れて、帰ってきた大蛇が頭を大鍋の中に突っ込むたびに山刀で切りすててしまった。そのあと宮殿の中に幽閉されていた貴人たちを救出し、各部屋に宝物がしまってあることを見届けたカモシカは、ダライ王のもとへ戻り、大勢の従者を引き連れて主人をこの宮殿に案内し、住まわせた。

　この宮殿で何不自由のない安逸の生活をむさぼるダライ王は、やがてカモシカをまったく頓着しなくなった。主人の変わりように不審を抱きながら、カモシカは病いに倒れた。しかしダライ王は、カモシカを見舞ってやることもなかったし、粗末な食事しか与えなかった。そして、カモシカが死ぬと、ダライ王はその屍体を井戸に投げすてさせた。

　この間、ダライ王の振る舞いをとがめていた王妃は、父王に事情を知らせ、やってきた父王がカモシカの屍体を井戸から引き上げて、ていねいに葬ってやった。

　しばらくたったある夜、ダライ王と王妃は同じ床の中で異なる夢を見た。王妃は父王の宮殿に戻っている娘時代の自分の夢を見たが、朝、目が覚めると、はたして彼女は父王の宮殿に帰っていた。ダライ王は、鶏同然、ごみためをあさっていた過去の自分の姿を夢に見た。朝、目が覚めると、彼は自分の手が本当にごみためをあさっていることを知って驚くのであった。

（宮本正興）

〔解説〕　この話も東アフリカ海岸地方に住むスワヒリ族が伝える。たった一つの持ち物である動物が貧しい主人を助けて金持ちにし、王女と結婚させ、さらに魔法使い（巨人、大蛇）のお城を手に入れてやる部分は、『グリム昔話集』三三A「長靴を履いた牡猫」とそっくりである。「援助する猫」（AT五四五）に属する話は世界的に分布しているが、援助する動物は狐、犬、雄鶏、猿、ジャッカルなどさまざまである。後半で、忘恩ゆえに元の貧乏人に戻る部分はアフリカ版「邯鄲《かんたん》一炊《いっすい》の夢」の物語といった趣がある。日本の「炭焼き長者」（IT一四五B）の男は、妻の力でなり上がるが、結局「竹一本」の乞食《こじき》に落ち、末は悶死してしまう。笑話の「元の兵六」（ＩＴ九九一）もこの男につながる愚か者であろう。

（中務哲郎・山根尚子・稲田浩二）

鶏の夫婦

〔あらすじ〕　昔、鶏は森に住んでいて、ほかの動物から怖がられていた。真っ赤なトサカは燃えている火だと思われていたからである。

ある日、ヒョウの家で火種が絶え、子どもが鶏の家へ使いに出される。あいにく、鶏夫婦は寝ていて、子どもは火種をもらわずに帰ってくる。母親と一緒に乾いたアシを持ってヒョウの親子が出かけ、アシをトサカにかざすが、火は燃え上がらない。ヒョウの親がトサカに触ってみると、冷たいことがわかる。秘密を知られた鶏夫婦は森を出て、人間と一緒に住むことになった。

（宮本正興）

〔解説〕　ウガンダのガンダ族の昔話。この昔話のテーマは、もともと森にいた野生の鶏がなぜ里に出て人間と住み家禽《かきん》になったか、そのいわれを語っている。この話を伝えるウガンダのガンダ族はヴィクトリア湖北岸に住み、牧畜と農耕を営み、十九世紀末からキリスト教への教化が進んだ。鶏は彼らの大切な家畜なので、家畜となった由来に関心が寄せられている。東スーダンのスク族の伝承でも、天の神様が、森に住んでいたあらゆる動物を集めて火を焚く。すると多くの動物たちは森へ逃げ去ったが、牛と羊と山羊だけは人里へやってきて、やがて家畜として人間とともに住むようになった、と伝えている。

（中務哲郎・山根尚子・稲田浩二）

ウサ公とバナナの木

〔あらすじ〕　日照りが続き、動物たちが井戸を掘ることになった。ウサ公は井戸掘りに参加しなかった。井戸を掘り終えた動物たちは順に夜番に立って、ウサ公に水を汲ませないことにした。ハイエナやライオンがかわるがわる夜番に立つが、賢いウサ公にだまされて、水を汲まれてしまう。最後に亀が夜番に立ち、井戸の中に隠れて、水汲みに来たウサ公を捕まえる。動物たちはウサ公を殺すことにする。ウサ公は、バナナの葉にくるんで日向にさらしておけば自分は死ぬと言い、その通りにすると、やがて日が高く上ったころ、バナナの葉がはじけて、ウサ公は逃げてしまう。

（宮本正興）

〔解説〕　この昔話を伝えるスワヒリ族は、東アフリカの海岸地方に住むいくつかの部族からなり、アラブ化、イスラム教化が目立っている。アフリカには兎をトリックスター（いたずら者のペテン師）とする動物昔話が多い。アジアでは日本民族や東南アジアの諸民族で猿がトリックスターとして活躍し、兎は「餅争い」（IT五二七）などでいつも貧乏籤《くじ》を引いている。

（中務哲郎・稲田浩二）

象の夫婦と蝿の夫婦

〔あらすじ〕　蝿の夫婦が象の夫婦の家を訪ね、丁重にもてなしてもらう。マットでなく二本のヤリを立ててもらって、その先にとまらせてもらった。

　象の妻が台所で料理を作ったが、おかずがなかった。すると象の夫は自分の足の裏を火にあぶり、肉料理をこしらえた。

　別の日、蝿の夫婦が象の夫婦を招きもてなすことにした。マットを敷こうとすると、象夫婦はヤリを立ててくれと言う。蝿夫婦は台所で料理を作っていたが、蝿の夫は自分の足の裏をあぶって肉料理を作ろうとして焼け死んでしまった。蝿の妻が応接間に行くと、象の夫婦はヤリに刺さって死んでしまっていた。

（宮本正興）

〔解説〕　この昔話も、スワヒリ族が伝える代表的な動物昔話である。動物同士がおつきあいで招きあいをする話は古代ギリシアの小叙事詩『蛙と鼠の合戦』（成立年代不詳）や『イソップ寓話集』中の「鼠と蛙」（AT三八四、Perry）など文献に見えるものが古く、昔話では、「狐と鶴がお互いに招待しあう」（AT六〇）が国際的に有名で、日本の本州各地にも翻案的だが「狐と鶴」（IT五七六）が伝わっている。スワヒリ族のこの伝承は、象と蝿とが親和的でほほえましいが、現実的な結末で終わる。象と蝿というユーモラスな組み合わせは、古くはインドの古典『パンチャタントラ』の「雀と啄木鳥《きつつき》と蝿と蛙と象」（一・一五）として見られるが、ここでの両者は敵対的な関係である。スワヒリ族の話には、人は身のたけに合った暮らし・つきあいが望ましい、という処世訓が秘められているともとれる。

（中務哲郎・稲田浩二）

西アフリカ・フルベ族の昔話にみる音（声）の力

昔話は静かな夜に、聞き手にとって家族、隣人など、親近感のある人によって、親しみとやさしさをもって語られる。その声を聞いていると、聞き手は安心感をもつ。発端句は謎のような内容をもちリズミカルだ。たとえば、北部カメルーンのジャマアーレ地方で使われる発端句は「ターレル・ターレル・ゴンベル・ゴンベル（おはなし、おはなし。ちいさなモロコシの茎、ちいさなモロコシの茎）」で始まる。これを音からみると、長さでは長長、強弱からいうと、強弱の繰り返しがあり、エルという韻をふんでいる。昔話に使われる言葉は単純だ。いわば、段落を表わす「ヤッワー、トー、チュイ」などの歯切れのよい音で、聞き手をひきつける。昔話の言葉を特色づけるのは、繰り返しの多用があげられる。たとえば、だれかがどんどん歩いていくのを日本語では、どんどんを繰り返せばそれでよいが、かれらは、「だれかが歩いていく（オ・ドン・ヤハ）」を数度繰り返す。この繰り返しに太鼓の演奏を聞くようなリズムが感じられるといえる。昔話には、擬音語、擬態語がよく出てくる。しばしば、様態を示す言葉に意味をもたせる。たとえば、「手無し娘」の中の娘が歩く様子は、「カップ・ギルリン・カバ・ト・オ・ドッアケ・エン・ンギードゥ・マ」というが、「ト」よりあとは、「娘がこけたら、ただではすまさない」という意味をもつ。これは、太鼓で言葉を綴ることに似ている。これと同列にあるのが、呪文といえる。たとえば、「クル・ジプタ（ひらけゴマにあたる）」。

主人公が家族である昔話には、リズミカルな歌が繰り返し歌われる。歌の一番高い音から一番低い音の隔たりは一度から三度くらいである。歌の内容は、話の筋と深くかかわっている。

昔話は、呪文のような結末句で終わる。北部カメルーンのレイ・ブーバ地方では、野獣の話をしたあと、語り手はその野獣がその昔話を聞いて、やってくるのをさけるため、「この話を語ったのは、私ではない。切り株が語ったのだ」と言う。

（江口一久）

《アメリカ文化圏》

●ネイティブ・アメリカン、イヌイト●

転《ころ》がる首

〔あらすじ〕　ネイティブ・アメリカンには「転がる首」の話がたくさんある。「切り落とされた首の追跡」はその一つ。湖で水の精と不義を働いていた妻を殺し、その肉を子どもたちに食べさせる。殺された女の首が転がって家にやってくる。子どもたちはサボテンや藪や溝を作り出しながら逃げる。しかし父親のキャンプへ行ってみると、子どもたちが母親を殺したのだと言われていて、二人はつかまってしばられる。年とった犬が助けてくれる。姉は獣を見るだけで殺したり、言うことを聞かせる力をもっている。その力で、熊に命令して父親を殺す。

もう一つの「転がる首」では、娘がケガをした自分の手をなめているうちに、血の味を覚えて、どんどん自分の体を食べて、首だけになり、さらに姉や村人を食べ、転がりながら、父親を追いかける。しかし、川にかかった橋を渡っているときに橋をはずされて川に落ちて死ぬ。

〔解説〕　妹や母親が「転がる首」となって子どもたちや、夫を食い殺そうとして追いかけるというのは、国際話型ではAT三一五「人肉を食う妹（妹は鬼）」に一部接続している。しかし、首だけが転がって走り回るのは、ネイティブ・アメリカン特有の語りだ。南米ではやけどをして落ちた自分の腸を食べてみたらおいしいので、ついに自分自身を食べてしまったという男の話もある。なおヨーロッパの近代の怪談ではギロチンで切り落とされた首が飛んでいって、復讐をする話はあるが、昔話では転がる首はない。

子どもたちが逃げながら、持っているものを投げると藪ができたり、川ができたりするのは、「呪的逃走譚」のモチーフで、日本では、黄泉《よみ》の国から逃げ帰る

イザナギの話にある。（篠田知和基）

コヨーテ、白人をだまして金持ちになる

〔あらすじ〕　ネイティブ・アメリカンの道化師コヨーテはたいていはへまばかりしているが、たまにはこんなこともある。あるとき白人の作ったウイスキーを盗んで飲んでいると、だんだんいい気持ちになってきて、大声で吠えだした。そこで、すぐに居所がわかって白人たちにつかまったが、白人たちが荒馬を馴らそうとして苦労しているのを見て、自分にやらせてみせてくれという。コヨーテは馬を思うままにする力をもっている。そこで、馬に立派な馬具とお金や荷物を載せてから、馬に走り出させ、持ち逃げする。途中で、木の下で休んでいると追っ手がやってくるので、木の枝にお金をゆわえつけ、金のなる木だといつわってまた、大金をだましとる。次には、ラバの尻にその金をつめこんで、腹を蹴って金の糞をするようにみせかけて、そのラバを売りつけて、また大もうけをする。（オルティス）

〔解説〕　この話はAT五六三「金をひるロバ」（または「ナプキンとロバと棒」）のモチーフを使っているが、ヨーロッパのいたずら狐の話に似ている。ヨーロッパの狐がコヨーテになったのか、ユーラシア大陸のジャッカルなどがアメリカではコヨーテになり、ヨーロッパでは狐になったのかわからない。「コヨーテ、蛙人たちから水を奪う」では、水を独占していた蛙をだまして、池の水を谷中のものが共有できるようにした。文化英雄としての面目躍如だが、常に人間やほかの動物をだませるとは限らない。コヨーテが白人の畑を荒らしていると、白人はタールの人形を作って置いておく。コヨーテはそれを本物の番人だと思って殴りかかるが、タールに体中ねばりついてしまう。もう一人の道化師イクトメ（蜘蛛《くも》男）はずっと抜け目ないが、愛嬌はない。（篠田知和基）

血のかたまり

〔あらすじ〕　バッファローの血のかたまりを煮ると、赤ん坊になる。赤ん坊はあっという間に大きくなり、さまざまな動物をとってくる。やがて、大量の獣をとって年老いた両親に与え、冒険の旅に出る。とある村で酋長の娘と結婚し、たくさんの狩りをするが、「子牛」と言ってはいけないというのを、妻があるとき、「あの子牛をとって」と言ったばかりに、青年はバッファローになって走り去る。

〔解説〕　「力太郎」型の怪力童子の話と、

「ローエングリン」型の「口にしてはいけない名前」の話の接続した話だ。ネイティブ・アメリカンにとっては、バッファローが最大の食料で、それがたくさんとれれば安心して冬を過ごせる。しかしだんだんバッファローは少なくなってきた。バッファローのほうでも、人間たちになんとか皆殺しをやめてもらおうとして、若い牛を人間に化けさせて、人間の村へ送り込んだりする。人間が約束を守って、無駄な殺戮《さつりく》をせず、必要なだけの頭数のバッファローをしとめる限りは、毎年、バッファローの群れがやってきて、そのうちの何頭かを人間たちに犠牲にする。しかし、人間たちが約束を守らずに、とれる限りのバッファローを殺して、無駄に肉を腐らせたりすると、バッファローの精霊は村を見捨てて去ってゆく。この「血のかたまり」では、血から生まれた怪力童子がバッファローで、人間界に適正な量のバッファローを供給しようとしている。しかし、人間が約束を守らないので、精霊は去ってゆく。「矢の少年」「白いバッファローの女」なども同じような話。

名前を言ってはいけないというのは、異類との婚姻でよく現われる禁忌（タブー）だ。ヨーロッパの森の妖精と人間が結婚した場合も同じ禁忌が語られる。ローエングリンも同じである。

（篠田知和基）

毛むくじゃら

〔あらすじ〕　異類は毛むくじゃらとして認識されるが、毛むくじゃらの娘として生まれた女が戦争で手柄を立てて、王様と結婚することになると、美しいお姫様に変身するという「美女と野獣」型の話のほかに、「毛むくじゃらの小男」は冒険の旅の途中、二人の男と道連れになり、森のロッジにたどり着く。三人が交代で留守をしていると、小人が地下から現われて、留守番を叩きのめす。しかし、最後に毛むくじゃらが小人を退治し、地下の穴の中に探検にゆく。地下では岩戸を一つ開けるたびに、二つ頭の怪物、三つ頭の怪物などが出てくるが、次々に退治して最後の扉を開けると、宝物と、三人のとらわれの美女がいる。それを地上に引き上げさせたあと、毛むくじゃらが登っていこうとすると、道連れが綱を切って落とす。何とか自力で地上に這いあがり、道連れを退治して再び旅に出る。今度は海蛇の女房になっている女を助ける。海蛇は不死身だが、秘密を女房が聞きだす。体の中から、熊、狼、イタチ、狐、兎、ウズラ、ウズラの卵が順に出てきて、その卵を怪物の額にぶち当てると死ぬ。

〔解説〕　これは一九七一年にジャン・デジャルレというネイティブがニューヨークで語った話で、ヨーロッパのAT三〇二「魂のない悪魔」と、AT三〇一B「熊のジャン」、それに「旅のみちづれ」とまったく同じ話だから、ヨーロッパのAT三〇一と三〇二を聞いたものがネイティブ・アメリカン風に語り変えた物語であろう。日本では「甲賀三郎」（IT三二九）の話などが類話として知られている。

（篠田知和基）

ガルリー狩り

〔あらすじ〕　フランス系カナダ人の間で語られる話で、「ガルリー狩り」というのは、森の木こりたちが、雪で道が閉ざされた冬の間、悪魔と契約をして空飛ぶカヌーを呼び寄せ、それに乗って町まで遊びにゆく話。空を飛んでいる間、十字をきったり、神様とかイエス様といった名前を口にしたりすると、カヌーは墜落する。ある冬のクリスマスの日に木こりたちが空飛ぶカヌーを呼び出して、十三人の仲間で乗り込む。みんなで「あぶらかだぶら、なになに」といった呪文を唱えるとカヌーは空を飛んでゆくが、町でブロンド娘と踊ったあとで、酔っ払って帰るとき、仲間の一人が、教会の尖塔の先の十字架に触れて、お祈りの言葉をふざけて口にする。とたんにカヌーの飛行はジグザグになりだして、ついにもみの木に衝突して墜落する。翌朝、目をさますと、雪の中に転がっている。

〔解説〕　フランスでは、ガルリーというのはポワティエのあたりの伝説の領主の名前で、狩りに夢中になって、日曜でも狩りをしていたために呪われて、永遠に幻の獲物を追いかけて、天空をかけめぐるように定められた。その伝承がポワティエ地方から来た移民によってカナダの森の中に移植されると、空飛ぶカヌーになったのは、森と湖の国カナダでは馬車のかわりにカヌーが普通の交通手段であったためだ。呪われた死者が亡霊馬車に乗せられて、悪魔に鞭《むち》打たれながら、地獄へ引き立てられてゆく話がカヌーになり、その悪魔を逆手にとって利用しようという荒くれの木こりの物語になったのと、フランスでも、「呪われた狩り」が、永遠に狩りをするかわりに、狩人が逆に狩り立てられる話、あるいは、悪魔の乗り物に乗せられて地獄へゆく話につながっていたからである。

　もう一つ注目されるのは、フランス系カナダ人の伝承では、女性の語る物語が見られないことだ。伝統社会では普通、おばあさんが孫に語って聞かせる昔話が多いが、ケベックでは、殖民の初期から、漁師が中心で、男ばかりだった。しかし女性がいなくてはなりたたないというので、孤児院の娘たちを移民船に乗せて連れてきたのが、ケベックについた最初の女性たちだという。彼女たちには、家庭で聞かされた昔話の記憶はなかった。

（篠田知和基）

セドナ

〔あらすじ〕海の女神セドナの物語で、イヌイトの伝承である。父親が娘を殺そうとしてカヌーで海に出て、溺れさせる。娘は船端にしがみつくが、父親はその指をナイフで切り落とす。すると、切られた指は魚になり、娘は海底に沈んで、海の女神になる。

〔解説〕セドナという名が普通だが、ラスムッセンの採集ではヌリアジュクという名前の少女の話になっている。孤児でほかの子どもたちからいじめられ海に投げ込まれる。いかだにしがみつくが、指を切り落とされ、それがアザラシになる。彼女は海の獣の母となって、海底に人間の姿で住んでいる。彼女が怒ると、人間はアザラシをとれなくなる。すると、シャーマンが助手の精霊を使って彼女を釣りあげる。そしてアザラシ猟とひきかえに彼女を解放する。

　セドナは部族によっては、雨と風を支配する女神アシアックになることもある。イヌイトのシャーマンはアンガコックと呼ばれ、空中飛行ができ、神おろしをすることができる。イヌイトのシャーマニスムはシベリアのものと似ている。

（篠田知和基）

精霊女房

〔あらすじ〕妻をなくした男が妻を取り戻しに死者の国へ行く。妻はあの世から戻ってきて、赤い羽根を目印に彼女のあとについてくるように言う。昼間は赤い羽根しか見えない。やがて、湖のほとりにつくと、赤い羽根は水底へ消えてゆく。そこにフクロウの姿をした精霊が現われ、水底の国へ連れていってくれる。そこから、妻を連れ戻すには、その間、決して妻の体に触れてはいけない。しかし、四日目、疲れて眠る妻を見下ろしていた男は思わず彼女の体に触れてしまう。

〔解説〕十九世紀に採集された「オルペウス」神話だが、ネイティブ・アメリカンでは死者の国とこの世のへだたりはそう大きくはない。別な話では、死んだ夫に会いにカヌーで川をさかのぼっていった女が死者の国に入ってゆく。また、もう一つの「精霊女房」では、死んだ妻が霊界の許可を得て戻ってくる。バッファローの毛皮で覆った帳《とばり》の中に四日間こもって、その間、中を覗かなければ人間に戻る。しかし、そのあと、夫は新しい女に目移りする。すると、元の妻は夫と子どもを連れて死者の国へ行ってしまう。こちらは、一九六八年に採集されたもので、本来の形からは変化している。

トムソン（トンプソン）が採集し、「オルフェウス」と題した話では、太陽の娘が蛇にかまれて死に、太陽が嘆いて閉じこもってしまったので、人々が太陽の娘を連れ戻しにゆく。そして亡霊たちのダンスの輪の中で彼女を見つけ、石楠花《しゃくなげ》の杖で触ると娘は倒れ、それを箱に入れて連れ戻す。しかし、連れ戻す間、決して箱を開けてはいけないのを、娘が少しでいいから開けてくれと懇願するので、ちょっと開けたすきに娘は鳥になって飛んでいってしまったというようになっている。こちらは「オルフェウス」より日本神話の「アマテラスの岩戸隠れ」に似ている。

ライエン収集の「石のカヌー」では、死んだ妻を捜しにいった男が石のカヌーに乗って湖に出ると、同じくカヌーに乗った妻に再会する。二人は湖の中の常若《とこわか》の国に着くが、やがて、偉大な霊が、いったん生者の国へ帰って、時が来てからここへ来るようにと言う。同じく「影の国への旅」では、死者の国へ行った娘が、時折この世の両親が彼女に供える食べ物を食べて生き延び、やがて、影の国の人々が移住の旅に出たとき、分水嶺で、老婆の教えたまま、雪の中に四日間こもって、影の人々の追及をのがれ、丸太に乗って川を下って元の村へ戻る。途中、カヌーに乗って川上へ向かう父親とすれちがうが、父親には娘が見えない。父親は死んで死の国へ向かうところだった。途中で娘は鳥の姿になっていたが、元の村に戻り、魔法の薬を体にぬると元の姿になる。

（篠田知和基）

蛇の昔話

〔あらすじ〕　ホピ族は蛇の昔話をたくさんもっている。オルティスの収集では、「ホピ族の蛇踊りの由来」として神を捜しにいった若者が蛇の村で妻を得て戻ってくるが、村で元の恋人と接吻したために、蛇の妻が去ってゆく。しかし、生まれた子どもは蛇になることができ、蛇ダンスを始めた。ライエン編の『世界の民話』では「蛇の昔話」として海のかなたの蛇の国へ行った若者の話を載せている。若者はまずとある島で蜘蛛《くも》女に出会い、魔法の薬をもらう。それで海上を歩いてゆくことができ、魔法の島の猛獣をてなづけ、蛇の王国へ行く。そこで試練をへて、蛇の王女を授かる。さらに崖の上の女神の住まいへ行き、昼は皺だらけの老婆になっている彼女と結ばれて袋いっぱいの宝石をもらう。それを家へ帰るまで開けて見てはいけない。しかし途中で待ちきれずに袋を開けたために、宝石は消え去ってしまう。村へ帰ると連れてきた蛇の王女は蛇の子どもたちを産む。蛇の魔法はホピ族に伝えられ、彼らは決して蛇に噛まれない。

〔解説〕この話は、他界からのみやげ物を途中で開けてしまってなくす話としては「舌切り雀」（IT八五）などと同じだが、異類の住む世界から美しい妻を得てくる話としては竜宮譚の一つでもあり、AT四〇〇の「失った妻を捜しにいく男」などと同じタイプとも見られる。蛇の信仰はネイティブ・アメリカンにあっては、普遍的だが、ガラガラ蛇など猛毒の蛇が多い風土のせいもあろうし、ユーラシア大陸にいたころの蛇信仰の残存とも見られる。しかし、脱皮をして若返ることによって永遠の生命を表わしているとされるシベリアなどの蛇伝承の色彩は少ない。数々のトーテムのうちの一つとして蛇を信仰していると考えられる。

（篠田知和基）

狼に食われてトナカイになった少女アララナと弟

〔あらすじ〕姉と弟が狼に食われた。狼たちは人間になって、兄弟の骨を集めて呪文を唱えて生き返らせた。しかしトナカイの毛皮の上で魔法をおこなったので兄弟はトナカイになった。二人は四日物《もの》忌《い》みをしてから外へ出た。そしてトナカイの群れを見つけて合流した。トナカイたちは人間たちに襲われた。兄弟は森で毛皮を脱《ぬ》いで、人間になって人間たちのところへ行き、トナカイがとれる魔法をかけようと言う。ただし、一頭だけ特別なトナカイがいるから、それは彼女のものにしたいと言った。狩りはうまくいき、たくさんトナカイがとれたが、人間たちは、彼女に約束の特別のトナカイを分けなかった。兄弟はそこで森へ行ってまたトナカイになって去っていった。それ以来、人間たちはトナカイをとれなくなった。

〔解説〕死んだ子どもがほかの動物に転生する話は多い。なお、ほかの話にもあるが、あの世へ行ったものは、四日間の物忌みをしなければいけないという話がよく出てくる。アメリカのネイティブの聖数は八で、四はその半分である。日本でもある時期から七が聖数になる前は、八が神聖な数で、ヤマタノオロチも八つの頭を持っている。ヤマタノオロチ、アマテラスの岩戸隠れ、オオナムチ（大国主命）の冒険などは日本の神話とアメリカの神話の類似性を示すところである。

また、動物たちに彼らを支配する精霊を認め、狩の首尾はその精霊の思し召しによると考えるのは、アメリカの民衆信仰の特徴である。人間たちにとっての脅威である狼はアメリカではそれほど恐れられていなかったようで、狼に食われる話はそう多くない。

（篠田知和基）

海の大蛇

〔あらすじ〕　雷山の麓の鷲の家という村に一人の美しい娘がいた。彼女は、「海の大蛇」に捧げられた聖なる泉で好んで水浴びをしていた。あるとき、その泉に赤ん坊が一人で遊んでいた。娘は赤ん坊を抱いて家へ帰り、自分の部屋で添い寝をした。彼女が寝ている間に、赤ん坊は「海の大蛇」になり、娘を絞め殺そうとした。娘の父親が娘を大蛇の嫁にすることを約束して娘は解放されたが、しばらくして、部族全員のおごそかな儀式とともに、盛装した娘が蛇のいけにえとして送られた。すると大蛇がやってきて、娘を蛇の国へ連れていった。旅の間に蛇は美しい青年に変身していた。娘は「世界の海」の支配者の后《きさき》になるのだった。

〔解説〕　ネイティブ・アメリカンやイヌイトの伝承では人間と動物の境が明瞭ではなく、異類との婚姻がひんぱんに語られる。異類は神でもある。当然、守らなければならないタブーがあり、それを犯したものは異界へさらわれてゆく。それがしかし幸せな結婚になることもある。「世界の海」を支配する泉の大蛇は、日本でいえば竜王である。竜王の変身である池の主の大蛇が村の娘の寝屋に通《かよ》って子を産ませる話は、日本では「蛇婿入り」（IT二〇五A）として各地で語られる。その多くは、異類である蛇を殺して逃れる結末になるが、本来は、神である池の主に見込まれた女は池の底へ入って神の嫁になるべきだった。

世界ではこの話はもちろん、「美女と野獣」（AT四二五）で、また「蛇息子」として語られることもある。ヨーロッパでは熊やライオンのような「獣」として語られることが多いのに対し、アメリカも含めた東のほうでは、蛇であることが多い。ただし、アメリカでも「鷲とその妻」となることもある。ヨーロッパでも大鳥（フランス、ガスコーニュ）の例があり、聖なる他界を空中に想像するか、海中に求めるか、あるいは山中かという違いによると思われる。（オルティス編「アメリカ先住民の神話伝説」より）

（篠田知和基）

●ラテン・アメリカ●

善は善によって報われる

（AT一五五）

〔あらすじ〕 狩人の仕掛けておいた罠《わな》にヒョウが落ちた。逃げようともがいているところへ男が通りかかった。ヒョウは男を呼び止めて、「助けてくれ」と言った。男は「とんでもない。お前は自由になったらわしを食ってしまうだろう」と言った。ヒョウは「そんなことは決してしない」と何度も誓ったので、男は扉を上げ、ヒョウを罠から出してやった。ヒョウは自由になるとすぐ、恩人を摑《つか》み、「お前はわしの餌だ」と言って、男がどれほど許してくれと頼んでも無駄だった。とうとう最後にヒョウは「それでは、三匹の動物の考えを聞くことにしよう。もし多くの者がわしの意見を支持すれば、お前を食うことにする」と言い、男も仕方なく承知した。

最初馬に出会ったが、人間にひどい目にあわされた馬はヒョウの意見に賛成した。もう少し行くと牛に出会った。牛も永年人間に奉仕したのに、肉屋に売られようとしたので、ヒョウの意見に賛成した。男は絶望して歩いていると、猿に出会った。猿はヒョウの話を聞くと、「こんなやせた男が大きなヒョウを助けたなんて信じられない」と答えた。ヒョウは猿に嘘つきだと思われたくなかったので、本当であることを見せるため、もう一度罠の中に入った。それを見た猿は素早く蓋を閉め、「ヒョウよ。善は善によって報われるものだ。お前のように悪事をすれば、悪い報いを受けるものだよ」と言って、ヒョウを罠に残したまま、男を連れて去っていった。

〔解説〕 ブラジルの昔話。多くのスペイン・ポルトガル語圏では「恩を仇で返す蛇」の話があり、このようにヒョウが主人公になるのは珍しい。ポルトガルでは文学者ジル・ヴィセンテが寓話の中にもこの話を採り入れている。最後に人間を助けてくれる動物は知恵者と考えられる猿か狐である。一方、人間に反対するのは必ず牛馬犬猫など、身近な家畜として長く人間を助けたにもかかわらず、老後に虐待された動物であり、人間のわがままへの皮肉が込められている。また類話の中には、恩人が助けた動物に襲われるところで話が終わるものもあり、所詮人や動物の本性は矯《た》めることはできないということを表わしている。日本の『日本昔話通観・山形篇』三百七十四「蛇忘恩」もこのような善意が報われない結末で終わっている。

（三原幸久）

天国の宴会（AT二二五）

〔あらすじ〕　昔、鳥たちは天国で餌を食べていた。ある日、狐とコンドルが出会った。狐はいつも鳥のために開かれている天国の宴会に連れていってくれ、とコンドルに頼んだ。コンドルは、天国で行儀の悪い行為は骨をかじることで、それをしなければ、連れていこうと言った。それでコンドルの背中に乗って、狐が天国に着くと、穀物を食べる小鳥にはたくさんの穀物が、肉を食べる鳥には上等の肉が山盛りのご馳走となって出た。やがて宴会は終わったが、狐は残った骨をかじりたくなり、そっとかじっていた。それをコンドルに見つかり、コンドルは怒って、狐を置き去りにしたまま、地上へ帰ってしまった。哀れな狐は高い天上で、降りる方法がないかと探したが、まったくそのてだてはなかった。おいおい泣いていると小鳥が気の毒に思い、狐が摑んだ綱を二羽の小鳥が持ち、地上まで下ろしてくれることになった。地上へ降りるとき、空中で、オウムの群れに出会った。狐はオウムに「腹下《くだ》しのオウム野郎」といらぬ悪口を何度も何度も言った。オウムは怒って、狐の綱をついばみ、切ってしまった。そのため狐はまっ逆さまに地上へ落ち、熟れたオレンジのように破裂した。そして腹いっぱい食べていたトウモロコシやキヌアやカニャワのような穀物が地上にばらまかれてしまった。こうしてアンデスの先住民はこれらの大切な天国の穀物を手に入れ、栽培するようになった。

〔解説〕　このアンデスの先住民（ケチュア族・アイマラ族）が話す「穀物の起源譚」は、世界的に有名な、人や動物の死体から重要な食物が生まれる「ハイヌエレ型神話」と言われるものの一種である。日本の神話では、スサノオノ命《ミコト》が殺したオオゲツ姫の死体から穀物が生じたことになっている。

狐は世界の昔話の中で人気ある主人公だが、アンデスでは、好色、貪欲、大食い、法螺《ほら》吹きという手におえない動物として描かれている。一方コンドルは死肉を食べることから、不吉な鳥のような印象を与えるが、どちらかというと寡黙で高潔な動物と考えられているのは興味深い。

（三原幸久）

死人のはらわた（AT三六六）

〔あらすじ〕　田舎の先住民の女を、お手伝いとして雇っていた奥さんがいた。ある日、お手伝いに、臓物《ぞうもつ》を買ってきておくれと頼んだ。お手伝いは買いにいったが、途中遊びながら行ったので、市場へ着くともう店は閉まっていた。奥さんに叱られるが嫌なので、墓場へ行き、埋葬したばかりの死体の臓物を切り取って、家に戻った。奥さんと二人で料理して、それを食べた。寝ていると、真夜中に突然道で物音が聞こえた。鎖の音と、アイマラ語で「わしのはらわたはどこにあるのだ」という声がした。だんだんとその声は近くなった。同じ言葉を繰り返しながら、「もう家の戸口の前にいるぞ」「もう二階へあがってきたぞ」「もうお前の部屋の前にいるぞ」と言って、さらに近づいてきた。お手伝いは恐怖の叫び声をあげた。奥さんはお手伝いを助けにいったが、手遅れだった。部屋に入ると、もう亡霊はいなかった。ただはらわたを引きちぎられたお手伝いの死体が残っているだけだった。その村ではしばらくの間、アイマラ語で「わしのはらわたはどこにあるのだ」という叫びが聞こえたということだ。

〔解説〕　ボリビア、アイマラ族の昔話。これはグリム昔話の「おしおき台の男」と同じ類話である。スペイン語圏ではそれほど多く語られていないが、ただボリビアには非常に多くの話がある。一九九一年に一か月間にわたるボリビア調査でも五話を聞くことができた。これはペルーやボリビアに、亡霊の登場する物語の多いことと関係があるのだろう。先住民のもつ死体損壊に対する強い恐れ——それゆえ絶対に火葬にはしない——がこの話によく現われている。アメリカの昔話研究者のエスピノサはこの話は「マリア・ドーラ」というスペイン語圏の一種の「隠れ鬼」の遊びと関係があるのではないか、と推測している。それは外から鬼役の子どもが「マリア・ドーラだぞ。はらわたを食っちゃうぞ」と叫びながら、だんだん家の中に入る。そして鬼がだれかを見つけて、その髪の毛を摑《つか》むと、鬼を交代する遊びである。

（三原幸久）

フクマリ（冒頭部AT三〇一）

〔あらすじ〕　羊飼いの先住民の女性を雄熊がさらい、洞穴に閉じ込める。熊は餌を運び、女性と夫婦になる。やがて女性は妊娠し、男の子を産む。その子の半身は人間だったが、残りの半身は熊で、異常な力持ちだった。成長すると、男の子は洞穴を蓋《ふた》している大石を取り除き、母子は逃走する。熊は二人を追うが、子どもは父熊と争って、これを殺し、母親の里に帰る。

　母親は司祭に頼んで、子どもに洗礼を受けさせ、「フアン」と名づける。フアンを学校へやるが、同級生が熊の子だと嘲《あざけ》るので、怒って級友を殴《なぐ》る。すると力が強いので、誤って殺してしまう。母親は大食のファアンを司祭に預け、養育を頼む。しかし食事代に大金がかかるので、司祭は何度もファアンを殺そうとする。まず鐘突き堂に男たちを潜《ひそ》ませ、そこへファアンを鐘突きにやる。ファアンは襲ってきた男たちを塔から放り投げて殺してしまう。また猛獣のいる山へ薪取りにやる。ところが反対にライオンをひどい目にあわせて、それに薪をかつがせて村に帰り、司祭や村人を怖がらせる。最後に司祭は亡霊の出る屋敷にファアンをやる。ファアンは亡霊と戦って勝つ。亡霊は負けることで救われて、「これで天国へ行ける」とファアンに礼を言い、莫大な財産を譲る。ファアンは金持ちになって、母親を呼び寄せ、幸せに暮らす。

〔解説〕　ペルー、ケチュア族の昔話。「フクマリ」というのは、ケチュア語でアンデスに分布する「メガネグマ」を意味する言葉である。冒頭の部分はスペイン人が伝承していた「熊のファアン」によく似ている。しかしファアンの成長の後の展開はまったく異なる。この話はエクアドル、ペルー、ボリビア、アルゼンチンのケチュア族・アイマラ族の間でだけ色濃く伝承されている。おそらくこれらの地方に多い、亡霊を退治し、救済する話として人気があったのだろう。このように単に昔話だけではなく、民俗の中にもフクマリの伝承が見られる。雪祭りとして名高い「コイリュリティの祭り」などでも「フクマリ踊り」があり、これを踊る人は熊に変装して祭りの主役を務めることになっている。民芸品の中には、熊が女性を背負って逃げる土人形があり、クリスマスに飾られる。

（三原幸久）

オリバルの花（ＡＴ七八〇）

〔あらすじ〕　遠い国の目の悪い王様に三人の王子がいた。ある日、王様が宮殿の入り口に座っていると、杖にすがった老人が通りかかり、「オリバルの花で目を洗うと、視力が回復するでしょう」と告げる。王様は王子たちにその花を探させ、持ち帰った者に王位を継がせると言う。間もなく三人は別々に出発する。上の王子は川岸でやせ細った子どもを連れた物乞《ものご》いの女に出会い、食べ物を求められたが施しをしなかった。中の王子も同じだった。下の王子だけが、母子を憐《あわ》れんで食べ物を施す。実はその物乞いは聖母マリアで、末の王子にオリバルの花は男の子の足元の石の下にあると教えてくれる。末の王子は花をとって、帰りに兄たちに出会った。王子が花を見せると、二人は弟を殺して埋め、花を奪って父王のもとに帰る。王様がその花の汁で目を洗うと、視力は元通り回復した。

一方、埋められた王子の死体の指から芽が出て、芦《あし》が生え、あたり一面が芦原になる。羊飼いが通りかかって芦を一本切り、芦笛を作って吹くと、笛は「僕を吹かないで、羊飼いさん、兄さんたちが僕を殺した、オリバルの花のために」と歌う。羊飼いは町で笛を吹き、歌わせてお金をもらって回る。その噂は王宮に届き、王様がその笛を吹くと、「僕を吹かないで、お父様」と歌う。こうして兄たちの殺人が暴露され、王様は二人を牢獄に閉じ込めて、悲しみながら一生を送った。

〔解説〕 コスタリカの昔話。これは「歌う骨」と呼ばれる昔話のスペイン語版である。ここでは「オリバル（オリーブ）の花」と呼ばれるが、「リロライの花」すなわちリリー（ゆり）から由来する名で呼ばれる場合も多い。スペイン語圏では歌うのが骨ではなく、日本の「継子の笛」のように、死体が植物に化生して、それが笛になって殺人を暴露するのが普通である。スペインのように王様のいないラテン・アメリカでもこの話はとくに広く伝承されている。しかも笛を吹くのはほとんど羊飼いである。殺人の原因のほとんどは兄弟間の王位継承争いである。スペインやラテン・アメリカでの家督相続は地方によってかなり異なるが、必ずしも長子相続制を取らなかった。むしろ父親の遺言で決定されるのが特徴であり、この話はそのような実態を表わしているとも考えられる。 （三原幸久）

昔話研究と言語学

昔話研究と言語研究（言語学）は、古くより密接な繋がりがある。グリム兄弟は、ドイツにおける昔話研究の創始者として知られているが、兄ヤーコブ（一七八五—一八六三）は、ゲルマン語（比較）言語学の創始者でもあり、インド・ヨーロッパ諸語の系統を明らかにする上で大きな功績があった。グリムにとって、昔話の類似は言語の系統と同様に大きな関心事であった。また、ベンファイ（一八〇九—八一）は、すべての昔話の発生地はインドであると唱えたことで有名であるが、このベンファイも著名なサンスクリット・比較言語学者である（なお、この説は、タイラーらによって否定された）。

さらに、日本における本格的な昔話研究の創始者である柳田國男（一八七五—一九六二）も、方言周圏論（言語地理学）などの分野で優れた言語研究を生み出しており、この周圏論を昔話の伝播《でんぱ》の解釈にも適用したことはよく知られている。

昔話研究は、十九世紀に歴史的研究——通時的研究——（発生、系統、伝播など）として始まり、その後二十世紀になってさまざまな共時（非歴史的）的研究が起こった。二十世紀前半における文学と言語の理論であるフォルマリズムは、プロップ『昔話の形態学』（一九二六年）などの優れた研究を残したが、このフォルマリズム自体、言語学者と文学研究者が中心となった運動であり、文学や昔話を言語の機能面から考察しようとしたものであった。さらに、二十世紀後半にさかんになった昔話における構造分析（レヴィ＝ストロース、ダンデスなど）も、現代言語学の祖であるソシュール（一八五七—一九一三）から始まった構造（主義）言語学の強い影響のもとで成立したものである。ちなみに、昔話研究で一般的に用いられている共時・通時という概念もソシュールの用語である。

昔話は、言語を素材として成立するものであるが、それが、ある種の形式（構造）をもって語り継がれるものであり、しかも個人を超えた側面（社会的、民族的であると同時に普遍的側面）をもっている。これらの特徴は実は、言語自体の特徴でもある。昔話研究と言語研究との共通性や接点は、このような共通した特徴から生まれたものといえよう。

（辻　星児）

《オセアニア文化圏》

●オーストラリア●

月の神話

〔あらすじ〕 昔ある老人が二人の若者と暮らしていた。老人は太り過ぎの怠け者である。若者は老人のために毎日狩りに出かけて獲物を持って帰るが、老人はうまい肉をひとり占めにし、若者には骨皮しか与えない。

若者は腹を立てて家を出ていく。二人は一羽の火食い鳥を手に入れるが、それを若者が先に食べるのは禁じられている。そこで、二人は高い岩からその火食い鳥をその老人に見せる。老人は「なるべくうまいところだけ放ってくれ」というので、脂肉《あぶらにく》を放ってやると、「こんなところ食えるか」と言って岩の上に投げ返す。

老人は若者のところに行きたいと思う。そこで、長い棒を岩に立てかけて登りだしたが、さっき脂肉を掴《つか》んだので手が滑ってうまく登れない。やっと岩の頂きに手が届いたとき、若者は棒先を揺らしたので、老人は振り落とされてしまう。幸い二匹の犬の上に落ちて、命は助かるがひどく腰を折る。それ以来歩くときには腰を曲げなくてはならない。

この老人が月になったので、月はときどき曲がっている。それを新月という。

（ニュー・サウス・ウェールズ州）

〔解説〕 我々は十五夜から兎の餅つきを連想するが、この伝承は新月を腰の曲がった老人に見立てている。つまり、満月から新月への月齢の変化を太っちょから細身への体型の変化に喩《たと》えている。不幸な結末から新月の由来を引き出す。

アボリジニの間には次の「月の神話」二話も伝わっている。なぜ月が闇夜を照らすようになったか、の由来話である。

①二人の兄弟が蜂蜜を探しに出かける。一人が木の洞《うろ》の中に蜂の巣を見つけて、腕を差し込んでそれを取り出そうとするが、腕が洞に挟《はさ》まって抜けなくな

る。もう一人が村人に助けを求めるが誰も相手にしない。お月さんがやってきて、木に登って頭を洞に突っ込んでくしゃみをすると、その拍子に若者の腕がすっぽり抜ける。兄弟は月を穴の中に隠す一方、村人を多数焼き殺してしまう。

生き残っている者がいるとわかり、お月さんを高い樹木の上に登らせたうえで、また村に火をつける。多くの村人が焼け死んだが、まだ生存者がいる。今度はお月さんを空に昇らせて、三度村に火をつける。とうとう村人は全員焼け死ぬ。お月さんだけが空に居残って毎晩輝くようになる。（クイーンズランド州）

②昔、夜は闇であった。フクロウリス族の男が月をわがものにして、昼の間は岩の裂《さ》け目に隠しておき、夜になるとひそかに取り出して楯《たて》につけて持ち歩く。

ある夜、草種族の男が一人道を歩いていると、向こうのほうに光るものがある。近寄って見ると、楯の上に月が結びつけてある。男はそれを拾い上げて駆け出す。フクロウリス族の男が楯を盗まれたことに気づき、月を求めてその男を追いかける。追いつけないとわかると、「お月さん、早く空に飛び上がってください、毎晩下界を照らしてください」と叫ぶ。月はその声を聞くと、楯を離れて高く高く飛び上がり、夜ごと下界を照らすようになる。（アルンタ族）（橋内　武）

最初の火（Mot. AT一四一四・一）

〔あらすじ〕ユルムとブダティという二人の男がともに座って、二本の木の棒を互いに擦《す》り合わせる。突然二人は片方の棒に火花が光り出すのを見る。ユルムはこの熱くなった木を枯れたヤシの芯《しん》の上に載《の》せる。火花を吹き続けて、その芯をあおり立てると、火花は大きくなる。熱がヤシの芯の中で突然炎を上げて燃え出す。炎を恐れたユルムとムダティは、プルクパリのもとへ急ぎ、消してほしいと懇願する。プルクパリはこの現象を確認すると、「これは見事な発見だ。火は闇と寒さを追い出し、生《なま》ものをおいしい料理に変えるのだから」と言う。プルクパリは妹のウリウプラナを呼んで、燃え木から火を移したたいまつを渡し、火を絶やさないように命じる。次にプルクパリはチャバラという男に小さなたいまつを与える。やがてどの家も光と熱を恵んでくれる火を使うようになる。（クイーンズランド、ティウィ族）

〔解説〕この話は火の起源を主題にしている。話の核心は「ある人物（動物）が火を手に入れるが、のちにその持ち主から他人の手に渡り、やがてそれが必要とする人々に行きわたる」というものである（「火種盗み」IT七参照）。

火がない状態から火がある状態に変わったのであるから、〈欠如〉→〈欠如の充足〉という基本的構造が読み取れる。

この種の話は、原住民のオーストラリア・アボリジニの間でさまざまな伝承が認められる。ここでは、次の類話五話をあげておく。

①鶴とカンガルーネズミの夫妻が二本の棒を擦《す》っていると、火が起きる。この秘密はフクロウとオウムにばれてしまい、これを知った鷹がカンガルーネズミが隠し持っていた火起こし棒を奪い取り、草むらに火を放つ。

②フクロタヌキだけが火を持っていたが、これを妬《ねた》んだ鷹と鳩が計略を仕掛ける。鳩が燃え木に近づくと、フクロタヌキはそれを川に放り込もうとした。その瞬間に、鷹が奪って乾いた草の上に落としたため、草むらに火がついた。

③鶴が二本の棒を擦っていると、火がつく。鶴の肉料理がうまいという評判になるが、秘密を明かさない。人々は鶴が滑稽《こっけい》な踊りに見とれている間に火を盗み出し、草むらに火をつける。

④ミソサザイが天に昇って、火を盗み出し手に入れる。地上に戻ったミソサザイは秘密を決《き》め込む。しかし、ミソサザイの尻尾が真っ赤な斑点になっているので、そこに火を隠し持っていることが見破られてしまう。白状したミゾサザイは火の作り方をみんなに教える。ミソサザイの尻尾が赤いのは、そこに火を隠し持っていたからである。

⑤人の女が蟻塚を手に入れようとすると、蛇が襲いかかるので、二本の棒を振り回す。一方の棒が岩に当たり、折れてしまうが、その途端に火が出る。一羽の鳥がその木片を持って飛び去る。二人の男に追いかけられた鳥がそれを落とすと、草に燃えついて火事になる。

（橋内　武）

人間はなぜ死ぬのか

〔あらすじ〕　始祖ヌラリエが混沌《こんとん》であった世界に秩序を与えようと決心する。コウモリのポネリアを助手にする。ヌラリエは太陽に対して薪を燃やして、西の地平線に沈むように、地の奥底で新しい薪を集めて翌日再び東の地平線に昇ってくるように、以後規則正しく毎日東から西へ渡るように命じる。太陽はヌラリエに命じられた通りにする。次にヌラリエは月にまず死んで自分の白い骨を粉にするように、その後一定時間ごとに繰り返し死んではまた復活するように命じる。月もヌラリエの言う通りにする。これで時は昼と夜に、そして月の刻《きざ》む生命の歩みに分けられる。

コウモリのポネリアがヌラリエを助

け、ほかの生き物に秩序を教えた。それで、自然は今日あるような姿になったが、死ぬということはなかった。

仕事が終わると、コウモリは疲れ果てて木の洞《うろ》に引きこもった。ヌラリエはコウモリの眠りを妨げてはならないと命じた。だが、薪の束を引きずってきた女が、その薪を洞のある木にぶつけてしまった。コウモリは深い眠りから起こされてしまい。そこから飛び去った。

ヌラリエはこの出来事に立腹して、全生物に死を与えた。始祖ヌラリエの命令を守らなかった罰として、この世に死が生じたのである。（ビクトリア州、ウィームバイオ族）

〔解説〕この話の前半は天地創造であり、後半は死の起源の話である。前半の話からは、太陽と月の運行が人々の関心事であったことがわかる。後半は生と死を対照させ、禁止⇩違反という構造をなす。

（橋内　武）

黒くなった白鳥

〔あらすじ〕ウルンナという男がウィブルー族の女のところに行って、ブーメランをポッサムの毛皮と交換して持ち帰る。この道具に部族のみんなの関心が集まる。ウルンナの男たちは自分たちもブーメランが欲しくなり、ウィブルー族の女たちを襲ってこの武器を奪う企てをする。

ウルンナの企ては、「自分の二人の兄弟を白鳥の姿に変えて、女たちの住む湖に連れていき、女たちの目を引きつけておく。その間にブーメランを盗む」というものである。その計画は実行される。

女たちが怒り狂うのを見た二羽の白鳥は湖から飛び立つ。ようやく下りた池は鷲の縄張りである。鷲は白鳥を鋭い爪で引き裂き、尖ったくちばしで傷つける。白い羽は抜かれて血が流れ出る。瀕死の白鳥を鷲は足でつかんで飛び立ち砂漠に投げ落とす。

羽を抜かれた二羽の白鳥が泣いていると、烏が黒い羽をたくさんくれる。烏に励まされた白鳥は元気になる。

この様子を見ていた祖先の精霊は、この地域に住む白鳥に烏と同じ黒い羽が生えるようにし、くちばしには流した血の色を残した。（西オーストラリア州）

〔解説〕ブーメランはアボリジニの間に

黒くなった白鳥（『アボリジニー神話』青土社，より）

伝わる「く」の字形の狩猟道具である。これはこの道具を別の部族の女たちから奪い取る話である。結末からブラック・スワンの由来話になっていることがわかる。二羽の白鳥は、元来人間の化身である。

この話には余談がある。二人の白鳥は人間に戻れなかった。他方、女たちは血を出すほどの大げんかをした。

だから、西オーストラリアに咲くフランネル・フラワーの花は、白鳥の羽毛のように白いので、鷲に抜かれた羽毛が地に生えたものだと言われている。そしてこの地域では、夕焼けを見ると、「ウィブルー族の女たちがまたけんかをしている」というのである。

実際、西オーストラリアの州都パースにあるモンガー湖などには、くちばしだけが赤く、羽毛の黒いブラック・スワンが観察されるのである。

（橋内　武）

虹蛇《にじ》伝説

〔あらすじ〕 雨後に狩りに出かけて暖をとっていたとき、空に七色の架け橋が見えた。初めて見た者は「何だ、あれは」と問うと、それを知る者は「虹の蛇だ、新しいすみかに移ろうとしているのだ」と答える。しばらくして虹は山の向こうへ消えて、一安心する。

虹蛇のことを知らないバンダリルという若い男はこの蛇について知りたくて、長老に尋ねる。長老は「虹蛇は神の使いであり、この世を造った畏敬すべき神聖な存在なのだ」と答える。虹蛇は山や湖や川を造ったあと、湖に潜《もぐ》り込む。この蛇が湖に水しぶきを上げて入った瞬間、水面に美しい七色が映し出された。湖底に姿を消すと、湖面は元の色に戻る。

ある日のこと、嵐で湖にも大雨が降った。雨後の晴天に動物たちがみな平原に出てみると、湖から空のほうに向かって虹蛇が見える。「虹蛇が生きていた」ということで、驚きの声を上げる。

アボリジニの人々は、今でも空から虹の姿が消えるのを見とどけると、虹蛇が別の湖に落ち着いたと悟るのである。

〔解説〕 虹から虹色の蛇を連想する虹蛇伝説は、北オーストラリアやニュー・サウス・ウェールズなどで広く伝承されている。虹蛇は血に引きつけられたり、水や雨や洪水に強く結びついたりして、繁殖・肥沃を象徴し、その類の儀礼にとって重要な要素をなす。虹蛇は万物の聖なる父であり、母なのである。

虹蛇伝説は、「六人の息子をもつ祖先」や「タイパン（褐色の蛇）」などと同様トーテムの祖先について語られた神話的伝説なのである。

（橋内　武）

花の子

〔あらすじ〕　ある春のこと、姉妹が花一面の原っぱを歩く。どこから来たか知らないが、男はいなかった。ときには一緒に歩き、ときには根菜を求め、飢えを満たす。

晴れた夕暮れ時に、妹は巨大な花に触ろうとしてしゃがむ。その花弁を覗《のぞ》き込むと、赤子の顔が見える。その小さな顔がすばらしいので、その花を摘《つ》んで、二本の樺の木の間に置き、朝露で洗われるようにし、赤子を宝物のように大切にする。姉には内緒でその花のところに日参した。赤子は愛らしく見事に成長する。

夏が過ぎ、秋が来て、花が枯れてしまう。その子はなお成長するが、その顔と手は寒さで青くなる。妹は姉のいる木の皮の小屋で寝たが、ポッサムの柔らかい毛を持ってきて、赤子を中にくるむ。赤子は微笑《ほほえ》みを浮かべ、彼女の心は踊る。彼女は赤子を抱き上げ、乳を与える。

男を知らなかった少女が母になったのだ。その後、原っぱで起きたすばらしい出来事を姉に知らせる。姉妹は一緒にその子を大切に育て、鳥や獣の知識や狩りの仕方を伝授する。

その男の子は立派に成長してムルヤンというワシタカになり、最後は天に昇って輝く赤星になった。（ニュー・サウス・ウェールズ州）

〔解説〕　より厳密にいえば、ニュー・サウス・ウェールズ州の南西にあるカルゲリゴ湖のアボリジニの伝承であり、由来譚の形式をとる。

「花の子」は花の伝説の中でもとくに美しい話である。アボリジニが白人キリスト教伝導師の説教を聞くたびに、イエスはこの話の男の子のことではないかと思うそうである。他方、「母になった少女」は、乙女マリアを連想させるのである。

花人伝説としては、このほかに「サンゴ・クリーパー」（赤い花の咲くツル性植物）とか「血の花」（別称スタート・デザート・ピィー、南オーストラリアの州花、鮮やかな赤で花弁の中央が黒）などがある。

（橋内　武）

●太平洋諸島●

サウーファンと娘

〔あらすじ〕　サモーヌ（酋長）の美しい娘のもとに若い男たちが次々にやってきて求婚するが、娘はどの男も断る。ある日ジュクの香水をつけたサウーファン（海鰻）がやってきて娘に言い寄ると、娘はサウーファンと一夜を送る。母親が娘を呼びにきてそれを知り、酋長に告げると、酋長は娘を連れて航海に出る。娘はサウーファンを籠に入れて連れていき、着いた島でサウーファンに食べさせる。しかし、娘は次に航海に出るとき、サウーファンに、夫として愛している、と告げて別れ、ふるさとの島に戻った。

〔解説〕　ミクロネシアのサテワス島やマーシャル諸島、ヤップ島、メラネシアのアドミルラルティ群島などの異類婚は、サウーファンや蛇などが娘や人妻と結ばれ、女たちはしばしば夫を欺《あざむ》いたり、殺したりして異類の男の愛を受け入れる。ただしその結末は一定の形をとらず、その結婚生活がつづくこともあるが、破綻して男が死に追いやられることも多い。日本民族のタイプでいえば、異類婚の「蛇婿入り―針糸型」（ＩＴ二〇五Ａ）に対応するものであろう。

（稲田浩二）

第三部　世界各地の昔話

(1) 世界各地の昔話の特徴

日本の昔話

日本の昔話は、大きく分けると、日本民族の昔話と、北海道のアイヌ族の叙事文芸（昔話にあたるツイタク「ウェペケレ」と叙事詩のユーカラ）とからなっている。その大半を占める日本民族の昔話には、グリム昔話などのメルヘンになじんできた欧米人には、まるで伝説のように映るというが、こうした印象は沖縄・奄美（南西諸島）の伝承ではいっそう際立っている。

全土の日本民族にもっとも根強く語られてきた昔話・伝説の一つは、蛇婿と娘との婚姻をめぐる「蛇婿入り」の話で、このタイプは、奈良時代八世紀の古典『古事記』『日本書紀』『（古）風土記』、あるいは平安時代初期九世紀の『日本霊《りょう》異《い》記《き》』などに見える、日本民族の代表的な神話・伝説でもある。また、本土の全域にわたり衰えぬ人気のある愚か村話も、農村社会に根を張った伝説・世間話の色彩が強い。

日本本土の昔話は、家族や村人の間で、家々の話、村々の話として語り伝えられ、昔話として成熟したタイプが多い。多くの地方では、「とんと昔」「なんと昔であったげな」などの発端の句に始まり、「むかしこっぷり」「しゃみしゃっきり」などの結末句でくくられる、風土色豊かな昔語りを数百話も語り伝える語りべが数多く存在し、民族全体で伝える昔話タイプは千を超えている。それは、代々語り伝えられてきたタイプに加えて、中国・朝鮮・インドなどの異民族から、新奇な話を寛容に受け入れてきた結果であろう。古典に見える翻訳では、『今昔物語』（十二世紀）の天竺（インド）、震旦（中国）の部の完形昔話、『伊《い》曽保《そほ》物語』（十六世紀）のギリシアの動物寓話、『笑府』（十八世紀）の中国の笑話、『グリム昔話集』（十九世紀）のドイツの昔話などが、日本の昔話に融けこんできた。

沖縄・奄美（南西諸島）の伝承は本土以上に伝説性・神話性が強く、また大陸東北アジアの古い伝承と共通するタイプが少なくない。たとえば、「土の人がた」（IT二、ET七〇）、「姉と妹」（IT一六五、ET三一、AT四〇三）、「犬婿入り・始祖型」（IT二二二A、ET四一）、「母の猫」（IT二五七、KT四五八）などのタイプは、本土と異なり、むしろアイヌ族の伝承に近い。

アイヌ族はもっぱら口承文芸によって古伝承を伝え、二十世紀にいたるまで文字文化をもたなかった。昔話に相当する伝承は、厳密には散文物語のツイタク（ウェペケレ）だが叙事詩のユーカラの内容はしばしばツイタクの様式でも語られる。ツイタクに昔話独特の形式譚が伝えられないことは、かつてアイヌの伝承がユーカラ中心で、ツイタクはこれにもとづいて語られたことを物語るものであろう。ユーカラは神の言葉をアイヌたちに伝える巫女の巫謡《ふよう》を源流とするとされているが、その一人称叙述風の形式は、アイヌ族がもっぱら口承伝承を貴び、これによって伝承を守ってきたことにより保たれたものであろう。ただし、近年アイヌの多くはアイヌ語にかえて日本語を語り、その口承文芸もほとんど伝えられなくなっている。

なお、現在これらの日本のすべての口承説話（昔話・ユーカラ・ツイタク）は旧来の伝承がほとんど失われたが、かわって内外の昔話のストーリーテラーが全国各地で組織的に熱心な取り組みをし、昔語りの復活と普及に取り組んでいる。

（稲田浩二）

韓国・朝鮮の昔話

韓国の昔話には、世界的に分布しているシンデレラ型「コンジパッジ」（継子の葛藤、KT四五〇、AT五〇一A・四八〇、IT一七四・三四八、ET三二・一八六）、アンドロメダ型「地下国怪盗退治説話」（KT二八四、AT三〇一、IT三二九、ET一二二）。三輪山型「夜来者譚」（KT二〇一、IT二〇五A）。白鳥処女型「木こりと天女」（KT二〇五、AT四〇〇、IT二二一、ET三四）なども伝承されており、日本の昔話と比較した場合、内容的、構造的にほぼ一致しているものが多い。

韓国昔話の内容において、とくに指摘することがあるとすれば次のような点があげられよう。

①登場動物の中では虎がもっとも多い。山の神と結びついた形跡が見られる。韓国における山の神の神像は白髪の老人が虎を連れている。すなわち虎は神の使者であり、神の分身でもある。それゆえ昔話によく出てくる。「虎の報恩」（KT一一二、AT三二五、IT三八九）。

②植物のなかではニンジン（人参）がテーマになった話が多い。神秘的植物としてやはり山の神とのつながりがある。「人参の由来譚」（KT七三）。

③親孝行を扱った昔話が多い。文献的にも『三国遺事《いじ》』と『三国史記』などに親孝行の説話が多く見られる。とくに韓国は儒教思想が根幹になっているために、この系統の昔話が多いことは言うまでもなかろう。「息子を釜に入れた親孝行者」（KT三八六、IT四六）。

④風水、卜占、呪術、仙人の出現、死と再生、霊魂などを扱った昔話が多い。これらは民間信仰と直接関わりがある。「風水師と三人息子」（KT三四七、ET一七二、IT三三一）。

⑤制度的影響として科挙《かきょ》を素材にした昔話が多い。無学、または貧賤の者が意外な援助によって科挙（高麗《こうらい》中期からおこなわれていた国家官吏の試験制度）に合格し、名誉と富貴を得るという内容である。士人は家を出て科挙に及第するのが男子の出世の第一徳目である。「杜鵑と烏の由来」（KT一、AT四五一、七二〇、IT一八〇）。

⑥トケビ（妖怪）の出現である。人間をだましたり、神出鬼没な性質をもっている。民間の間ではいまも信仰している事例があるが、昔話では、とくに財宝との関わりが認められることから、もともと財宝の神だったのが零落した存在になったと考えられる。「ホランガムテ」（KT二六二、ET六四、IT一一五〇）。

⑦最後の一つは、まだ文献に収められていない神話的昔話が口伝されつつ、昔話として扱われているということである。

韓国では、各時代の社会変動によって口承文芸も変化し続けてきた。説話の場合、たまに巫俗《ふぞく》信仰によって吸収されたり、あるいはその反対に、巫俗信仰の資料より民間に流布したりすることもある。民衆が理解しやすくするため説話が宗教的布教に活用され、そのため説話の変形がもたらされた。あるいは、民間伝承として発展されてきたとも言える。朝鮮時代（五百年間）には、儒教思想が韓国を支配していた。その結果、知識層ではでたらめで空想的な話は排除されてきた。すなわち本格昔話に該当する多くの部分が儒教思想に抑えられ消えていった。儒教は事実的なもの、あるいは現実的なものを追求したのであった。

儒教の社会がいかに昔話を変化させてきたのかというのを大筋で言うと、まず家の構造が変わる。儒教が入ってから家の構造が変わって、男の部屋と女の部屋が完全に区別される。男の部屋は当然、男同士の話になり、女の部屋では女の昔話が語り継がれる。女の部屋では多分、五歳か六歳以下の男の子どもたちはおばあさんと一緒に住み、そこで語られる昔話というのは当然、伝来童話とか、童話風の昔話になるわけだ。男の部屋はサランバンといい、この男の部屋では当然、男同士の世間話とか笑い話などが伝えられるようになる。

崔仁鶴の『イエンナルイヤキクルミ』（『韓国昔話集成』全五巻、ソウル集文堂、二〇〇三年）によると、韓国昔話の話型は、動物昔話が七十一型、本格昔話が三百二十七型、笑話が二百三十九型、形式譚・神話的昔話・その他を含めたものが六十五型、合計七百二話型となっている。

（崔　仁鶴）

漢民族（中国）の昔話

中国には漢民族のほかにも五十五の少数民族がおり、国土も広いため、昔話の伝承圏も大きく五つ程度を認めることができる。トルコ系の少数民族で回教徒の多い、いわゆるシルクロード周辺地域、主にチベット仏教を信仰する民族を中心とするチベットからモンゴルに続く地域、越系民族の多く住む西南部の地域などの少数民族地域のほか、漢民族地域も黄河流域から北の北部地方と長江流域から南の南部地方に分けられる。この両者は同じ漢民族といいながら、伝承にはかなり大きな違いをもち、たとえ同じ話型に属する昔話でも、異なるサブタイプをもつことが少なくない。

また、中国では二―三世紀からすでに多くの昔話が文字によって記録されている。晋代には干宝の『捜神記』に「毛衣女」（白鵝処女型）、陶淵明の『捜神後記』には「白水素女」（田螺《たにし》娘型）、唐代の『原化記』には「呉堪」（田螺娘型）、段成式の『酉陽雑俎《ゆうようざつそ》』には「葉限《しょうげん》」（灰姑娘型）などの記載があり、これらは現代にも形を変えて広く各地に伝承されている。

中国では、昔話は「民間故事」と呼ばれ、動物故事、神奇故事、生活故事、民間笑話に分類される。動物故事は動物に仮託して社会現象や人間関係を描いた、教訓性のはっきり打ち出されているものが多い。日本と共通する「老鼠嫁女（鼠の嫁入り）」「十二生肖（十二支のいわれ）」「老虎怕漏（古屋の漏り）」などの話型は、南北の漢民族地域を中心に広く分布している。神奇（幻想）故事は民間童話とも呼ばれ、「老虎外婆（虎のお婆さん―赤頭巾）」「灰姑娘（灰娘―シンデレラ）」など、世界につながる話型も少なくない。生活故事は、現実生活に取材した虚構の物語である。農民と地主、職人と主人、民衆と役人の間の巧妙な闘争が、しばしば頓智者の話として大量に伝承されている。また、儒教思想のもとで社会的に低い地位に甘んじなければならなかった女性を主人公にし、その賢明さが語られる話が一群をなしているのは特徴的である。民間笑話は凡庸で貪欲な金持ちや権力者に対する風刺もあるが、ほとんどは民衆自身の生活と性格の中のある種の欠点を風刺するものである。「愚か婿」などの多くの話型は、日本とも共通している。

漢民族の昔話は、合理性を尊《たっと》ぶ儒教思想や道教などの影響から、教訓性の強い語り方が多く見られ、伝説的傾向が強い。一方、仏教は多くのインドの説話を中国にもたらした。「煮海求龍女型」（海の水を枯らす力のある石を手に入れた若者が、その石で竜宮を脅《おど》かして竜王の娘を手に入れる）などである。このように儒教、道教、仏教の思想が、漢民族の昔話にさまざまなレベルで影響を及ぼしている。また、エバーハルトが指摘しているように、モチーフの相互借用が各所に見られることも特徴の一つで、話が一定の話型にとどまらず自由に発展していき、結果として複雑な長い話になることがある。

漢民族の昔話は、その長い歴史の中で、さまざまな道筋と方法で、多くの国や民族の昔話と広い交流があり、日本の昔話とも頻繁《ひんぱん》な交流があった。両国の昔話には、話型からいっても多くの同じ、またはよく似ているものが存在する。

昔話の近代的意味における採集および研究は一九二〇年代に始まり、三〇年代にはすでに一定の成果が上がったが、その後戦争のため西南部の少数民族地域に対する研究のほかは一時中断した。五〇年代からは政府の思想を民衆にわかりやすい形で宣伝する手段の一つとして利用され、それまでの伝承にかなり手を加えたものが昔話集として出版され、研究もそれらの昔話集をよりどころとしておこなわれた。十年以上にわたる政治的混乱期を経て、八〇年代には国の指導のもとで全国レベルの昔話調査、採集が始まり、九〇年代からそれらを省ごとにまとめた『中国民間故事集成・省巻本』が次々に出版されている。

（劉魁立・高木立子）

モンゴルの昔話

　モンゴル族の分布は広範囲で、もっとも多くのモンゴル族が暮らすのが中国の内モンゴル自治区であり、それ以外に、中国の甘粛・青海・新疆（西モンゴル、オイラート）、モンゴル国（ハルハ）、ロシアのカルムイク共和国とブリヤート共和国にまたがる。モンゴル族の昔話は、先に示した地域ごとに、大きく五つに分類され、また、主に神話・伝説・民間故事などから構成されている。

　すべてのモンゴル族に広く語られている昔話は、天地創造神話の「メドル女神天地創造」や、トーテム神話の「蒼い狼」「白い鹿」である。前者は洪水神話で、女神メドルが混沌から天地を分け世界を創造するという話である。後者は、十三世紀の『モンゴル秘史』に見られ、モンゴル族のトーテム信仰の対象である蒼い狼と白い鹿からモンゴル族の祖先が生まれた話である。この「蒼い狼」と「白い鹿」は一般にトーテムと見なされているが、単なる人名であるとする学者もおり、意見が一致していない。また、トーテムとして信仰されている動物は、狼・鹿以外に、熊・白鳥・雄牛・鷹などがある。

　自然を征服する神話として有名なものに「弓の名手エリキ」などがある。これは、昔、空に七つの太陽があり、人々が熱死するのを避けるため弓の名手エリキが六つの太陽を射落としたという話である。

　民族の祖先神話には、『モンゴル秘史』に見られる「感光而孕」、『史集』に見られる「エルグニクン神話」などがある。前者は、モンゴル族の祖先は天から来たことを語り、後者は、モンゴル族がエルグニクンという聖地から発生し広がっていったことを語っている。部族の祖先神話には、「天女の恩恵」などがある。これは、人間の狩人と天女から生まれた子どもが、ドルプト氏族の祖先になるという神話である。

　これら以外にも、神話タイプの昔話として、牧畜にまつわる「ジヤチ」や「ブマル」などがよく語られている。

　モンゴル族の昔話のうち、もっとも広範に語り継がれているのは、民間故事であり、その内容は、動物・生活・マングス（妖怪）・マハチン（食人鬼）・風習・歴史・人物・仏教など多岐にわたっている。その中には、モンゴル族特有のもの以外にも、ほかの文化の影響を受けたものも少なくない。

　これらの影響は、漢民族によるものは

もちろんのこと、十三世紀はじめからの大帝国期における活発な東西文化交流によってもたらされたものもある。中東の昔話に見られるような地下世界の妖怪が、モンゴルの昔話に現れるのは、その一例である。

十七世紀以降、仏教がモンゴルに伝えられ、仏典『ガンジュル』『ダンジュル』（『大蔵経』）が、モンゴル語に訳されたことによって、仏典故事（説話）は民間に幅広く流布《るふ》した。同時にインド文化とチベット文化の影響を受け、モンゴルの昔話の内容がさらに豊富になった。仏教思想を反映した昔話には、『故事の海』『屍語故事（eiditu-kheguur）』『僧モルム救母』などがある。

『屍語故事』の構成は特徴的で、『千夜一夜物語』と同じく、多くの故事からなりたっている。また、伝播《でんぱ》過程も特徴的で、仏教の普及に伴い口頭だけでなく、同時に書面によっても広がっていった。

モンゴル族の遊牧民族としての性格を強く現すものとして、昔話の中に動物が多く登場することがあげられる。五畜（羊・山羊・馬・牛・ラクダ）、野獣（野生動物）と飛禽（鳥類）などに分類して捉えられている。

たとえば、「山羊と羊」「羊と狼」「鳥と兎と牛」「ラクダと鼠」「十二支の動物」などがある。「十二支の動物」を見てみると、小さい鼠が十二支の筆頭にあげられているのはなぜか、体の大きい象やラクダが選ばれていないのはなぜか、など一つ一つに遊牧民族独特の観点で解釈を与えている。また、鳥がなぜ黒いか、鶏がなぜ飛べないかなどを物語った興味深い昔話がたくさんある。

このように内容豊富なモンゴルの昔話も、現在では出版物として読まれたり、学者の研究対象としては取り上げられても、民間で直接語られることはほとんどなくなってきた。

（薩仁格日勒）

中国少数民族の昔話

中国はヨーロッパとほぼ同じ面積をもつ広大な国土に、漢族と五十五の少数民族が住む多民族国家であり、異質な文化を内包した一つの世界を形成している。

漢族は人口の九十二パーセントを占め、多くが華北平原や長江デルタ地帯など東部の肥沃な平原に住む。これに対し、少数民族は人口の八パーセントにすぎず、多くが自然条件の厳しい東北、西北、西南の辺境地帯に居住して、狩猟（オロチョン族など）、遊牧（モンゴル族、チベット族など）、オアシス農業（ウイグル族など）、焼き畑農業（苗《ミャオ》族、瑶《ヤオ》族など）などの生業を営んでいる。言語は、漢・チベット語族とアルタイ諸語を中心として多数の言語支系が存在し、宗教もシャーマニズム（オロチョン族など）、チベット仏教（チベット族、モンゴル族など）、イスラム教（回族など）など多岐にわたっている。したがって、少数民族の昔話にもこういった地域的な特徴が反映している。

大づかみにいって、少数民族の伝える昔話には、各民族独特の昔話と、漢族やほかの少数民族と共通する昔話がある。共通の昔話といえば、子ども向けに人気のある三大昔話、「蛇郎（蛇のお婿さん）」（IT一六五「姉と妹」）、「老虎外婆（虎おばあさん）」（IT三四八「天道《てんとう》さん金《かね》の綱」）、「老虎精（虎の精）」（IT五二二A「柿争い」など）などは、漢族、少数民族を問わず広く伝わる。

一方、少数民族らしい昔話といえば、地域性を反映し、北方の狩猟民の昔話には、猟師や熊、狐、狼、白鳥などが、内モンゴルや西南の遊牧民の昔話には、羊や牛馬、ラマ僧、南方では漁民や蛇、魚、蛙などが多く現われる。また、内容的には、合理性を尊《たっと》ぶ漢族の昔話と較べると、少数民族には、幻想的で想像力に富んだ昔話が多い。

一例をあげれば、チベット族に伝わる「沢瑪姫」（オレンジ姫）は、オレンジの中に住む仙女が王子と結婚し、偽嫁に引き裂かれるが、最後は幸福になる話である。「沢瑪姫」は、インドから中近東を経て、イタリアまで伝わるAT四〇八「三つのオレンジ」の系統の類話で、南欧的な雰囲気を感じさせられる。

少数民族の昔話は、異なる文化背景より、中国の昔話に多様性を付け加えている。たとえば、ウイグル族の「一休話」ともいうべき「那斯爾丁・阿凡提故事」（ナスレッディン・アファンティの話。アファンティはトルコ語のエペンディの漢語音訳で師の意）は、頓知《とんち》話の代表として知られる。「那斯爾丁・阿凡提故事」は、「ナスレッディン・ホジャ物語」（ホジャはトルコ語で師の意）と呼ばれ、イスラム文化圏のトルコからブルガリア、アルバニアまで伝わる笑話群の、中国版である。

少数民族の昔話は、異文化につながり、同時に、日本と地理的に近い大陸に伝わる。そのため、日本の昔話研究にあたって、ときに少数民族の昔話が重要な意味をもつことがある。たとえば、チベットの「沢瑪姫」は、早くから偽嫁の登場する「瓜姫」（IT一二八）との共通点を指摘されている。少数民族昔話の研究の進展は、日本の昔話が世界の昔話の中でどのような位置にあるのか、という問いかけに対し、今後、広い視野からヒントを与えてくれるものと思われる。

（千野明日香）

シベリア少数民族の昔話

シベリアはロシア共和国に属し、西はウラル山脈、東は太平洋、北は北極海、南はモンゴルや中国との国境にいたる広大な地域を指す。地理的には北のツンドラ地帯、その南にタイガと呼ばれる針葉樹林帯が広がり、西シベリアの南はステップ地帯である。この広大な土地にウラル語系のハンティ、ネネツ、チュルク語系のタタール、ヤクート、トゥヴァ、ハカス、モンゴル語系のブリヤート、ツングース語系のエヴェンキ、エヴェン、ナーナイ、ウリチ、パレオ・アジア諸語のアジア・エスキモー、チュクチャ、コリャークなど、数多くの民族が住んでいる。中にはユカギルのように人口わずか千人ほどの民族もある。

これらの民族の多くは二十世紀初頭まで文字をもたず、必要なことはすべて口伝えで伝承してきた。民族や生業の違いにより口承文芸は多様性に富んでいる。

モンゴル語系、チュルク語系、ツングース系の民族が伝承する英雄叙事詩には一つの物語が幾晩も続くほど長大なものがある。もっともポピュラーな筋は、ひとりぼっちで暮らす孤独な少年が旅に出て、さまざまな苦難を経たのち敵との闘いに勝利し、捕虜になっていた親兄弟を救出し、美しい娘を妻にして故郷に帰還するといったもので、大筋がヨーロッパの魔法昔話と似ている。英雄叙事詩には民族によって弦楽器の伴奏付きで全体が歌われる場合と、伴奏なしで地の部分は語られ、台詞の部分だけが歌われる場合とがある。冒頭で天地創造や氏族の起源にまつわる神話が語られることもある。

西シベリアのハンティ、マンシのように、口承文芸のすべてのジャンルを韻文で歌う民族もある。儀礼性が強く、古くは女子供や部外者がこれを聴いたり語ったりすることはタブーとされ、あえて語る場合は聖なる神々の名を伏せ、歌の部分を省いて全体を散文で語った。

カムチャトカ半島とチュコトカ半島に住むパレオ・アジア諸民族の昔話の多くはワタリガラスを主人公とするもので、新大陸の北西海岸に居住するインディアンにもこれと共通する話がある。ワタリガラスは創造神、創造神の意思の代行者、文化英雄ないしはその父親、最初のシャーマン、トーテム祖先として敬われた。鯨祭りでは男たちがワタリガラスのマスクを付けて踊り、ワタリガラス神話を語って鯨をもてなした。わが国の「フクロウの紺屋」（IT四八〇）と同じ話もある。

ナーナイやオロチなどツングース系の民族には狡猾《こうかつ》な狐を主人公とする一群の昔話があり、その中には日本の「かちかち山」（IT五三一）や「因幡の素兎《しろうさぎ》」と共通するモチーフを含むものがある。「隣の爺」型の形式で語られる昔話群があることも、日本とツングースの昔話に共通する特徴として注目される。

シベリアの狩猟民の間で広く実話として語られてきた話に、猟師が森の動物たちを支配する女と親密な関係になり、獲物を授かったとする話がある。だが、たいてい猟師はタブーを破り、女との関係を口外したために命を落とすか、獲物が捕れなくなったとされる。

魔物退治にまつわる昔話もシベリア全体に流布《るふ》している。疫病や悪天候をもたらす悪霊や、人食いの巨人などを主人公が知恵と勇気をふりしぼって退治する話である。人間や家畜の血を吸う蚊や虻は人間に殺された魔物が姿を変えたものだとする話も広く知られている。ヤクートは疫病神を地下の国へ追い払うために叙事詩を語り、アジア・エスキモーは悪天候を鎮《しず》めるために昔話を語った。また、語りには狩りの獲物をおびき寄せる力があるとする信仰もシベリアでは広く認められる。

（斎藤君子）

東南アジアの昔話

東南アジアは文化的に非常な多様性をもった地域である。たとえば、ヒンドゥーイズムの影響の存在は、この地域の多くを覆っているが、これとて、ベトナムやフィリピンのようにそれが薄い地域もある。各地域を個々に見れば、その地域固有の文化の上に、中国の文化やインドの文化、そして植民地時代の旧宗主国の文化などが重なり合い、混じり合い、まるでモザイクのような様相を呈している。もちろんそれぞれの影響の濃さも地域によって異なる。口承文芸もその例外ではなく、その地域特有の話や中国・インドから流入した話が区別されず語られている場合が多い。とくにインドのジャータカに由来する話は人気があり、タイ、ミャンマー、ラオス、カンボジアなど多くの地域で親しまれている。以下にいくつかの国々の特徴を記す。

〈インドネシア〉

インドネシアは豊かな口承文芸の宝庫であることが昔から知られている。十九世紀半ばから多くの人々によってインドネシア全域から収集された百九十編の民

バリ島で昔話の記憶・復元に用いられるロンタル

話を集成した、ドゥ・フリースの『インドネシアの民話』(Dr. Jan de Vries, *Volksverhalen uit Oost-Indie*, 1928, 斎藤正雄訳・関敬吾監修、法制大学出版局、一九八四年)は、いまなお価値を失っていない。日本の神話や昔話と共通する話型やモチーフをもっているものも少なくない。

〈タイ〉

タイはタイ固有の文化、インドの文化、中国の文化が重層的に入り混じって複雑な文化を形作っているが、口承文芸においてはジャータカの存在が大きい。しかし、インドから流入したジャータカだけでなく『パンニャーサ・ジャータカ(ジャータカ五十話)』、別名『チェンマイ・ジャータカ』と呼ばれる、タイ独自のジャータカ集も存在する。これは、タイ族のもっていた民間説話をジャータカとしたもので、十五—十七世紀ごろにチエンマイの一人の僧侶によって編まれたとされている。一三五〇年のアユタヤー王朝成立以降はヒンドゥーイズムの影響も大きくなり、とくにヴィシュヌ教の隆盛にともなって、『ラーマーヤナ』の翻訳、翻案が何度もおこなわれ、親しまれるようになった。中国文化の影響はインド文化ほど大きくはないが、十八世紀以降に伝えられた『三国志演義』などの歴史小説は、文学として親しまれただけでなく、タイ人の倫理観にも少なからぬ影響を与えた。

〈ベトナム〉

ベトナムは、東南アジアの中でも中国との文化的な関わりがもっとも深い地域である。逆にインド文化の影響はほかの地域に比べてはるかに弱い。しかしベトナムの歴史は、そのまま中国の各王朝の侵略に打ち勝つ努力の歴史でもあった。そのためか、口承文芸では、動物昔話(とくに蛙の登場する話が多い)も多く伝えられているが、ラック=ロン=クアン(貉竜君)、レー=ロイ(黎利)、ハイ・バー・チュン(徴二姉妹)といった英雄たちについての伝説が非常に好まれている。現在でもハノイやホーチミン市の街路の名前に彼らの名がつけられている。

〈フィリピン〉

フィリピンはインド文化や中国文化の影響が非常に弱い国である。これは、無数の島々からなるという地理的な事情、早くも十六世紀からスペインの支配下に置かれていたという歴史的な事情が大きいと思われる。各身分の起源を語る神話的な話「竹から生まれた人間」では最初の人間（男女）が竹の節の中から生まれたとされている。『竹取物語』との関係が興味深い。

（増田良介）

インドの昔話

インドは口承文芸の宝庫として古くから知られている。それは、質量両面で豊かであるだけでなく、インドで生まれたと思われる物語の数々が、ユーラシア大陸の東西に伝わり、各地の口承・書承文芸に大きな影響を与えたとされるからである。

ところで、周知の通り、インドは多民族多言語の文化圏である。歴史的に口承文芸を研究する場合、かつてはどうしてもサンスクリットやパーリ語の文献に偏《かたよ》りがちであったが、インド全体を視野に入れると、これはやはりバランスが悪く、今日では、サンスクリットやパーリ語以外の伝承も広く研究されている。とはいえ東洋や欧州への伝播《でんぱ》を知ろうとする場合、やはりその淵源となった文献を豊富にもつサンスクリットやパーリ語、そして漢訳仏教文献はいまなおその重要性を減じていない。

さて、インドにおいて、動物寓話をはじめとするさまざまな話が非常に古くから広く親しまれていたことは、多くの説話文献の存在によって知ることができる。インドの主な説話文献はほぼ次の三つに分けられる。

1　『ブリハット・カター』を淵源とする諸説話集

『ブリハット・カター（大物語）』はグナーディヤなる人物によって編纂され、パイシャーチーという言語が使われていたと伝えられる巨大な説話集である。これは二大叙事詩『マハーバーラタ』『ラーマーヤナ』に匹敵する規模をもち、またそれらと同列の尊敬が払われていたが、残念ながら『ブリハット・カター』そのものは散逸してしまった。しかし、これに基づいた三つの説話集『カター・サリット・サーガラ』『ブリハット・カター・シュローカ・サングラハ』『ブリハット・カター・シュローカ・マンジャリー』によって、その姿をうかがい知ることができる。

2 『パンチャタントラ』

昔話研究においてなんといっても重要なのは『パンチャタントラ』である。これは読者に教訓を与えることを目的とした動物寓話集である。残念ながら原本は現存しないが、多数の支本が作られ、そこから中世ペルシア語のパフラヴィー語、そしてアラビア語、さらにこのアラビア語訳をもとに何十に及ぶ言語に訳された。『グリム昔話集』『ラ・フォンテーヌ寓話集』などに取り入れられた話もある。

仏教説話のレリーフ（沖守弘撮影『原始仏教美術図典』雄山閣出版，より）

3 仏教説話

東洋への影響では、仏教文献に取り入れられた説話、とくにジャータカが重要である。これは特定の文献名ではなく、仏陀《ブッダ》の前世（仏陀は仏陀となる前に何度も輪廻転生を繰り返している）のおこないを主題とする説話のジャンルであるが、その中にはそのころのインドで、もともとは（多くの仏教色のない）口承説話として親しまれていたものが取り入れられたと見られる話が多数ある。なかには『パンチャタントラ』などと共通する話も少なくない。ジャータカのもっともよく知られた集成はパーリ語のジャータカであるが、漢訳仏典の中にも多数のジャータカが含まれている。それらは日本にも伝来し、『今昔物語集』に代表される説話集に取り入れられ、さらにはそこから民間へと伝わっていった。

さて、現在のインドにおいてどのような物語が受容されているかを知るためには「Amar Chitra Katha」が一つの指標となろう。これはボンベイのIndian Book Houseが発行している薄い廉価の漫画シリーズで、何百というタイトルが出版され、一九六〇年代後半以来、絶大な人気を誇っている。これは現在のインドにおいて単なる漫画の域を超えた重要性をもつメディアとなっており、ここに収録されている物語は、現代のヒンドゥー世界でポピュラーな物語と見なすことができる。これを見ると、古典説話はもちろんのこと、ヴェーダ文献や叙事詩に由来する多くの物語が現在も親しまれていることがわかる。もちろん、口承による伝承は今も生きている。A. K. Ramanujan, *Folktales of India: A Selection of Oral Tales from Twenty-two Languages*, New York 1991（邦訳、A・K・ラーマヌジャン、中島健訳『インドの民話』青土社、一九九五年）や坂田貞二『北インドの昔がたり』などでは、貴重な調査の成果を読むことができる。（増田良介）

中東・アラブの昔話

イスラム以前（ジャーヒリーヤ時代）の語りものについてはよくわかっていないが、詩人の作品を人々に詠《よ》み聞かせていたラーウィーと呼ばれる口伝者や、宗教的な内容の語りをおこなうカーヒンと呼ばれる巫者《ふしゃ》が存在した。中世に活躍した職業的語り手の起源も、カーッス（複数形クッサース）と呼ばれる初期イスラム時代の宗教的説教師であったとされる。アラビア語で「物語」を意味するヒカーヤという言葉は、本来は物まね芸を表わしており、後世の語り手の演目にもギリシア・ローマと共通するものが多い。トルコにはアーシクと呼ばれる吟遊詩人がおり、オスマン時代初期まで各地を放浪しながら、ロマンスや英雄物語を吟《ぎん》じていた。トルコ民族の英雄叙事詩を語る職業的語り手はメッダーフと呼ばれ、宮廷にはおかかえのメッダーフがいた。イランではナッカール（ナッガール）と呼ばれる職業的語り手が、英雄叙事詩『シャーナーメ』などを語っていた。『シャーナーメ』は茶店（チャイハネ）などでも広く語られ、イランの民衆文学となっている。

アラブ世界では夜にお伽噺《とぎばなし》や民話を語る伝統があり、農閑期であり遊牧社会の祭りの時期でもある夏期にはその傾向が強かった。このような夜話をアラビア語で「サマル」という。語る場所は遊牧民ならテントの中、町の住民なら窓を閉めた家の中と決まっていた。文字による文学作品が男性のものとされるのとは対照的に、民話は女・子どものものと考えられており、語り手の多くも女性だった。『千一夜物語』の原型は、このような夜話を集めたものであったとされている。

アラブの昔話集として有名な『千一夜物語』は、十八世紀初頭にフランスの東洋学者アントワーヌ・ガランによってフランス語に翻訳されて以来、アラブ・イスラム世界の枠《わく》を超えて世界文学の遺産となっている。この物語集が成立した過程については謎の部分が多いが、シェヘラザードが語りはじめる枠物語には、女性嫌いの文学ジャンルである『シュンティパス』や『七賢人物語』と同様に古代インドからの影響が考えられる。

『千一夜物語』以外にもアラブ世界には、民衆が伝えてきた『アンタル物語』、『バイバルス武勇伝』、『バヌー・ヒラール物語』など多くの物語がある。架空の人物、部族の英雄、スルタンや国王などの歴史上の実在の人物に仮託したこれらの物語は、韻文形式の口頭伝承によって民間に流布《るふ》していた。ただし現状では、テレビやその他の娯楽の影響もあり、アラブ世界はもとより中東地域全体で伝統的な職業的語り手はほとんどいなくなっている。

一方『コーラン』には、イスラム以前から中近東地域で語り伝えられてきた昔話が宗教的寓話として再話されている。聖書に登場するアブラハムやモーゼの話、シバの女王とソロモンの物語のようにユダヤ世界からアラブ世界に伝わった昔話は、「イスラーイーリーヤート」と呼ばれる一つのジャンルを形成している。また、数々の預言者にまつわる話がキサーイーやサアラビーなどの学者によって『預言者物語集』として何度も編纂《へんさん》されてきた。篤信家や各地の聖者にまつわる奇跡譚は、聖者伝として文字化される一方で、民衆にも愛されて巷間に流布している。これらの聖者伝は難解なイスラムの教義を民衆に教えるという役割だけでなく、形而上的な理念だけでは解決できない精神的な癒《いや》しを求める聴衆を魅了した。多くは、ヒズル伝説のようにイスラム教の拡大とともにインドや東南アジアのほうまで広がり、ブッダ伝である『ビラウハルとブーダーサフ』のように『黄金伝説』に採録された説話もある。

（西尾哲夫）

イギリス・アイルランドの昔話

ヨーロッパの西の果てに二つの島が浮かぶ。わが本州と同じくらいの大ブリテンと、北海道とほぼ同一のアイルランド

物語スキーマ（story schema）

物語スキーマの考え方はBartlett, F. C.に始まる。Bartlettは，イギリスの大学生にインディアンの伝説を聞かせ再生させた。それはイギリスの大学生にとって聞き慣れないものが多く含まれていた。そのため，その再生文は被験者の知識や文化経験に沿って変容されていた。しかし，物語の全体的構図自体は大きく逸脱することなく，内容が要約されていた。そこでBartlettは，理解や想起は，記憶された刺激材料そのものによってのみ決められるのではなく，被験者がもっている過去の経験の積極的な体制化である図式（schema）によって，構成的におこなわれると考えたのである。

世界各地でおこなわれた昔話の記憶再生研究（杉岡）では，昔話が日常生活で話されているような地方では，昔話はよく記憶されることがわかっている。たとえば，インドやインドネシアのように，『マハーバーラタ』や『ラーマーヤナ』のような物語に絶えず触れている子どもたちに，日本の「猿婿」を聞かせれば，直後，驚くほどよく再生される。ただし，その細かい部分は『マハーバーラタ』や『ラーマーヤナ』に影響を受け，それらの話からの変形や挿入が起きる。一か月後にも，さらに驚くほど再生量が増える。しかしそれは，より『マハーバーラタ』や『ラーマーヤナ』化されている。ところが，この文化圏にヨーロッパ型の昔話を聞かせると，日本の「猿婿」ほど再生されない。これは，インドやインドネシアの人たちがもっている物語スキーマが，日本の昔話にはあわせられるが，ヨーロッパ型の昔話には，うまくあわせられないのかもしれない。

また一方，ドイツやブラジルの大都市のように，昔話などがもうあまり話されなくなった地方では物語の記憶再生は，お話の種類によらず，悪くなる。また，お昼休みには日本の昔話を覚える練習をしていた日本の小学生は，日本の昔話もグリム昔話も筋立てを逸脱することなくよく覚えていた。

つまり物語にはその意味内容とは独立の物語スキーマがあり，それは，それまでの経験や知識などの体制化として，人の内部に存在している。そしてわたしたちは物語を記憶するとき，ただ聞いたものをインプットして，そのまま覚えようとするのでなく，その物語スキーマを働かせ，それを使って記憶していく。同時に，インプットされた物語により新しいネットワークが築かれると考えられる。それがまた，新たな物語スキーマとなっていくと考えられる。

（杉岡津岐子）

である。イングランド、スコットランド、ウェールズからなる大ブリテンとアイルランドの北東部の約六分の一を占める地域が「大ブリテンおよび北アイルランド連合王国」、いわゆる「イギリス」であり、アイルランドの残り六分の五の南西部が「アイルランド共和国」である。わが国ではいまだにこの二国を同一視する向きもあるが、じつはまったく別の国同士なのである。民族的にも、イングランドではアングロ・サクソンおよびノルマンが、その他の地域ではケルトが主流となる、といった具合に相当鮮明な色分けがなされる。したがって、各地域・民族によって独自の文化・歴史・風俗を保って今日に至っている。こういった背景が昔話に大きな影響を与えてきたことも当然である。

上に述べたように、ひとくちにイギリスといっても、地域によって大きな民族的違いもあるので、なにごとも簡単には定義できない。くどいようだが、イングランド＝イギリス、ではないのである。昔話にとどまらず、伝説・神話を含めた伝承文芸全体を考えても、イングランド、スコットランド、ウェールズ、北アイルランドがそれぞれ独自の特性・特長を有する。以下、順を追ってそれぞれの地域の特長を記す。

①イングランド

イギリス（イングランド）のグリムと称されるジョセフ・ジェイコブズ（一八五四―一九一六）の『イギリス昔話集』(*English Fairy Tales*, 1888)に収められた八十七話が原点である。彼は既存の資料やみずから聞き取った話にあまり修飾を加えないで収録しているので、学術的価値も高い。「トム・ティット・トット」（AT五〇〇）、「ジャックと豆の木」（AT三二八）、それに世界を代表する愚か村話「ゴタム村の賢者たち」が含まれる。

②スコットランド

ジョン・フランシス・キャンベル（一八二二―一八八五）の『西ハイランド昔話集』全四巻（*The Popular Tales of the West Highlands*, 4 vols. 1859-60）がこの地区を代表する資料集である。グリム兄弟に刺戟された彼はハイランド西部で組織的な採集活動を展開した。本書に収められた「鳥の戦争」は呪的逃走譚（AT三一三）の白眉《はくび》である。

③ウェールズ

著名な『アーサー王伝説群』（Arthurian Cycle）の起源の地である。もとになった文献資料は『マビノギオン』(Mabinogion）であるが、昔話の伝承にも多大な影響を与えた。「湖水の花嫁」

は鈴木三重吉などの手によって早くからわが国にも紹介されている。

アイルランド

前述のように北の一部はイギリス領であるが、歴史的・文化的には南の共和国側により近い。昔話の伝承においても同様である。アイルランドは疑いもなく世界有数の昔話の宝庫である。アールネとトンプソンの『昔話の型』（*The Types of the Folktale*, 2nd ed. 1961）に見られる各国・各地域の類話分布が多くの話型でだんとつのトップであることからも、このことは自明である。たとえば、AT三一三では五百十五話、二位のフランスが八十五話、AT四七〇では五十八話、二位のフランスが二十三話、AT五〇〇では百七十一話、二位のデンマークが九十話、といった具合である。

いま一つ、アイルランドの特長として、妖精伝承の豊富さをあげておかなければならない。当然、昔話にも数百種におよぶ妖精がふんだんに登場する。

以上を総合した資料として、キャサリン・ブリッグズ（一八九八―一九八〇）の『ブリテン諸島昔話事典』全四巻（*A Dictionary of British Folk-Tales in the English Language*, 4vols. 1970-71）と『妖精事典』（*A Dictionary of Fairies*, 1976）はとくに貴重である。（三宅忠明）

フランスの昔話

フランスでは十七世紀にペローが十二編の昔話を書きとめて「鵞鳥《がちょう》おばさんの物語」として知られるようになった「昔話集」を出したのが、ヨーロッパにおける近代的な昔話の刊行のさきがけとされる。それに先行するバシーレの昔話集がナポリ方言で書かれていたのに対し、当時のヨーロッパ文化の中心だったベルサイユの宮廷の言葉で書かれ、そこで発表されて、庶民文化がヨーロッパ中の文化的エリートたちに広く知られるようになったのである。そこでは、「シンデレラ」「赤頭巾」など、世界的によく知られている物語や、「ロバ皮」「眠り姫」など、ヨーロッパに多い物語のフランス版が見られるほか、「青ひげ」など、フランスを中心に伝播《でんぱ》している物語も含まれていた。このペローの昔話集は、しかし、オーノワ夫人など多くの宮廷夫人たちの「お伽噺《コント・ド・フェ》」の流行の一環としても位置づけられる。少なくとも、十八世紀までは、民間伝承に忠実な昔話よりは、昔話風の創作童話がフランスの宮廷では流行する。本格的な昔話採集が始まるのは、十九世紀である。

十九世紀初頭にまず、ブルターニュのケルト伝承がかなり文学的な形で復興され、パリの宮廷文化とはもとより、「ブルトン物語」と称する騎士物語とも違うもう一つの文化がこの西端の地にあることを示した。それを受けて、まずケルト学会が生まれ、ついでブルターニュの昔話がリュゼル、セビヨにより、またロレーヌではコスカンが、ガスコーニュではブラデがそれぞれ採集をおこなって、フランス各地の昔話が知られるようになった。その成果はドラリュとトネーズによって「フランス昔話目録」四巻にまとめられている。またアルプスやピレネの山地では二十世紀の後半になってもまだ採集がおこなわれており、フランスの昔話は十九世紀で生きた伝承としての生命は終わったとされた考えが修正されている。

それらの昔話はほとんど世界中に分布している話だが、フランスの昔話の特徴として、バーバヤガーのような「鬼婆」がいないことがあげられる。「人食い鬼」も滑稽化され、「青ひげ」でさえ女主人公の兄弟によって殺されたり、ほかのバージョンでは女主人公自身によって翻弄されたりするように、それほど恐ろしくない存在である。それは、「シンデレラ」で、カボチャがカボチャ型の馬車になり、ネズミが馬になるように、魔法的な変身物語のなかでも、形態の類似など合理的説明がされ、大胆な想像の飛躍がなく、人物も現実の人物に近いせいでもあるが、女性が優美であるのは、騎士道文化や宮廷文化の影響でもある。ただ、その女性が優美なだけではなく、なかなか機知にとんでいて、おろかな鬼を手玉にとったり、あるいは、賢さを通りすぎて、意地の悪いお后として登場したりするのは、これもフランス社会の反映だろうか。

フランスの昔話の半分は、「昔々王子様がいました」で始まるとされており、爺婆で始まる例は少なく、また、貧しい木こりなどが主人公になる例も少ないとされている。つまりある意味で宮廷的なのだが、その宮廷の王様は日本なら村の長者と言われる程度のもので、国は馬車でひとまわりするくらいのものである。村人が宮廷の栄華をあこがれて、自分たちの身のまわりの世界に宮廷文化を想像したものとも考えられる。主人公が王子であることは、少年が試練をへて大人になるプロセスを描くというヨーロッパの昔話の基本に即している。大人になるのは、もちろん、怪物を退治して王女と結ばれて王位につくことだが、大抵は一度で幸せな結婚にはたどりつかず、最初の結婚のあとでなんらかの禁忌背反を犯して、もう一度、相手を探しに旅に出なけ

フェミニズムとおとぎ話

　有名なおとぎ話「シンデレラ」、「白雪姫」、「眠りの森の美女」などのヒロイン像が暗に問題視されはじめたのは、イギリスでは十九世紀後半である。当時一般に浸透していた優しくて従順なヒロインに不満を抱く語り手が現われており、かれらは再話や創作のおとぎ話の中で不従順でおのれの意志を通すお姫様を語っている。アメリカでも同様の不満をもつ語り手が現われたが、かれらが活躍するのは二十世紀後半になってからのことだ。文学に描かれた女性像見直しの波が押し寄せた一九七〇年代、おとぎ話に関する文学評論が次々と発表され、おおむね次の三点が論じられた。

㈠ヒロインがおしなべて優しく従順で、美しさが何よりの取り柄《え》となっていること。
㈡力のある女性は魔女として語られがちであること。
㈢必ず王子とお姫様の結婚で話が終わること。

　実際、おとぎ話の美しい娘たちは、いわば眠った状態にあって、きわめて無力である。しかし結局それが完璧な男性を体現する王子との結婚、すなわち幸せを実現する要素になっている。一方、能動的な女性は否定される傾向にあり、魔女と呼ばれて滅ぼされることが多い。

　有名なおとぎ話は、女性が清らかな心をもち、誰に対しても素直に従い、自己主張しなければ幸せになれると語りつづけてきた。我々はどれほど長い間、この規範を守る温順なヒロインになじんできたことだろう。だがフェミニズムの浸透とともに、女性のパラダイムであったシンデレラのような娘は、そのあり方が問い直される存在となってきた。いじめられても「無力と清らかさ」を力に、ひたすら耐えて幸せをつかむシンデレラは、男性が求める理想の女性をあまりに内面化しており、今となっては女性の手本になりえないからだろう。

　シンデレラが抱える暗闇に気づいた語り手は、ヒロインを革新的に語り替え、いかに古典の娘たちが閉塞的な状況に陥っているかを明らかにする。今、おとぎ話のヒロインは王子が冒険から帰ってくるのを待つのではなく、みずからが冒険に乗り出し、頭を働かせ、実行力を行使して困難を乗り越えていく。力強いヒロインはおとぎ話の特質や形式から見れば奇妙で挑戦的かもしれないが、かれらは女性の新たなパラダイムになるだろう。

（廉岡糸子）

ればならないのだが、そのプロセスに、「意地の悪い女」の克服というモチーフがあることが多いのも、フランスならではのものだろう。

〈フランスの昔話の代表例〉

「王女を地獄から救う」（ブルターニュ）リュゼル（AT三〇七）
「悪魔より上手」（ブレッスの無名氏）（AT三一一）
「美しいウラリー」（ニヴェルネ）ドラリュ（AT三一三）
「ちいさなジャン」（ブルターニュ）セビヨ（AT三一四）
「鵞鳥と粉屋」（ブルターニュ）セヴェール（AT四〇〇）
「二文のヤニック」（ブルターニュ）リュゼル（AT四〇一）
「ちいさな蛙」（ウエスト）マシニョン（AT四〇二）
「白い雌鹿」（ロレーヌ）コスカン（AT四〇三）
「灰むすめ」（ポワトゥ）ピノ（AT五一〇）
「猫と魔女」（ブルターニュ）リュゼル（AT七〇八）

（篠田知和基）

ドイツの昔話

ドイツ語で書かれた最古の文献の一つが『ヒルデブラントの歌』（八一〇年ごろ）である。ディートリヒ王に仕える忠臣ヒルデブラントが妻と幼い息子を故郷に残して、王に従い異国で過ごす。三十年後に帰国したヒルデブラントは国境を固める息子と遭遇する。父が死んだと思っていた息子は、父とは知らず一騎打ちの戦いを挑む。この悲劇的な運命を描くゲルマン英雄歌謡断片は当時フルダの修道僧が聞いて書き写したものである。

中世にはシュヴァンク（笑い話）とメーレ（小話）が民衆に受け入れられる。当時の笑話集としては、たとえばデア・シュトリカーの『司祭アーミス』（十三世紀前半）、ヘルマン・ボーデの『ティル・オイレンシュピーゲルの愉快ないたずら』（一五一五年、民衆本刊）、ヨハネス・パウリの『冗談とまじめ』（一五二二年）、ヤーコブ・フライの『園遊会』（一五五六年）、マルティン・モンターヌスの『園遊会続編』（一五六〇年）、ヨーハン・フィシャルトの『ラーレ人物語』（一五九七年）があげられる。これらの笑話集には好色な坊主、狡猾《こうかつ》な農民、お節介な女房、意気地のない亭主、あるいは道化師オイレンシュピーゲル、愚か村シルダの市民などが登場する。これらの滑稽《こっけい》文学が陽気で教訓的な説教と結びついて民衆の間に流布《るふ》したのである。

近世に入ると、ヘルダーの『歌謡における諸民族の声』（一七七八―七九年）に見られる民謡の蒐集《しゅうしゅう》活動やフランスの妖精物語の影響を受け、メルヒェン（昔話）が競って出版されるようになる。ヨーハン・カール・アウグスト・ムゼーウスの『ドイツ人の民間メルヒェン集』（一七八二～八六年）では「怪物婿」（AT四二五A）、「白雪姫」（AT七〇九）、「千枚皮」（AT五一〇B）、「白鳥乙女」（AT四〇〇）の類話が語られている。クリストフ・マルティン・ヴィーラントは『ジニスタン、妖精と精霊のメルヒェン選集』（一七八六年）にフランスの妖精メルヒェンを翻訳して載せる。クリストフ・ヴィルヘルム・ギュンターは『口承話による子どものメルヒェン集』（一七八七年）を匿名で出版する。ベネディクテ・ナウベルトも匿名で『新編ドイツ人の民間メルヒェン集』（一七八九―九三年）を出版する。彼女はこの中で「ホレおばさん」（AT四八〇）、「マリアの子ども」（AT七一〇）、「鼠取りの男の伝説」、「リューベツァール伝説」などを採り上げている。ルートヴィヒ・ティークはペーター・レープレヒトの筆名で『民間メルヒェン集』（一七九七年）において民衆本や昔話を翻案する。またそこには彼の創作メルヒェン「金髪のエックベルト」も掲載されている。グリム兄弟とは別の「もう一人のグリム」といわれるアルベルト・ルートヴィヒ・グリムは『子どものメルヒェン集』（一八〇九年）の中に「白雪姫」（AT七〇九）、「漁師とその妻」（AT五五五）、「動物の報恩」（AT五五四）の類話を入れている。ヨーハン・グスタフ・ビュッシングは『民間伝説、メルヒェン、聖者伝』（一八一二年）において「悪魔の三本の毛」（AT四六一）、「塔の中の娘」（AT四〇二）、「金持ち百姓と貧乏な百姓」（AT一五三五）の類話を採り入れている。

その後、近代のメルヒェンのお手本ともいうべき、グリム兄弟の『子どもと家庭のメルヒェン集』の初版（一八一二年）が刊行される。グリム昔話の最終版（一八五七年）には二百話のメルヒェンと十話の子ども向けの聖者伝が収録されている。

グリム昔話以後のメルヒェン集にも触れておく。グリム兄弟とほぼ同時代を生きたルートヴィヒ・ベヒシュタインは『ドイツメルヒェンの本』（一八四五年、一八五七年『メルヒェンの本』に改訂）に八十話を入れ、『新編ドイツメルヒェンの本』（一八五六年）に五十話を入れた。彼のメルヒェンは、時代の感覚と洗練された文章ゆえに当時はグリム昔話よりも人気を博した。

ヴィルヘルム・ハウフは『隊商』（一

八二六年）において『千一夜物語』などから素材を取ってかなり自由に物語った。

二十世紀に入ると、民俗学者が採集し、編纂《へんさん》した学術的なメルヒェン資料集が出版される。たとえば、ゴットフリート・ヘンセン『民衆は語る　ミュンスター地方の伝説、昔話、笑話』（一九五四年）、クルト・ランケ『シュレスヴィヒ・ホルシュタインの昔話』（一九五五―六二年）など。

現在、ドイツには伝承の語り手はいない。本からメルヒェンを覚えて語る「ストーリー・テラー」が伝承を現在によみがえらせている。

最後に、ドイツの伝承メルヒェン（昔話）の特徴を簡潔に述べる。――「昔、あるところに」で始まり、「死んでいなければ、生きているでしょう」という結末句で終わることが多い。主人公は旅に出かけ、小人や賢女などの助力を得て、危機を乗り越え、最後には結婚して幸せをつかむ。主人公は、王子、王女、三人兄弟姉妹の末っ子、豚飼い、兵士、木こり、仕立屋、粉屋など多岐にわたる。病気、虐待、殺害などが語られても、現実的な描写はなされない。このような様式については、スイスのメルヒェン学者マックス・リュティが見事に分析している。

ドイツのメルヒェン研究のメッカはグリム兄弟が教鞭をとっていたゲッティンゲン大学にある。そこには五十万話を越える欧米の口承資料がAT番号に基づき保管され、利用されている。また、国際口承文芸雑誌『ファブラ』と、世界を視野に入れた『メルヒェン百科事典』全十二巻も刊行されつつある。（竹原威滋）

スペイン・ポルトガルの昔話

イベリア半島は、紀元前二世紀ごろに先住民のイベロ族・ケルト族を征服したローマ人の影響を受けて次第にローマ化が進み、俗ラテン語を話し言葉とした。また中世にはスペインは七八一年、ポルトガルは五三八年の間、イスラム教徒に国土を占領されるという共通の歴史をもっている。しかし占領下、インドに生まれた多くの説話（物語）がアラビア語を通じて両国に伝えられた。スペインでは十三世紀の「賢王」アルフォンソ十世の時代に、『カリーラとディムナ』『センデバル』（『ローマ七賢人物語』の東方版）が翻訳出版され、これらはヨーロッパ昔話集の元祖となっている。ポルトガルでは十四世紀の『家系の書』四巻のうち、最後の巻に多くの昔話の伝承が見られる。さらに十六世紀に、ゴンサロ・トランコゾが同国で初めての昔話集『有益な物語と訓話』を記している。このようなイベリア半島の昔話の特徴は、オリエント昔話を大量に導入し、既存のキリスト教的な奇跡譚なども含め、レパートリーが広がっている点にある。

　ところでスペインは地方色の非常に豊かな国で、話される言葉もスペイン語（カスティリア語）以外に、カタロニア語、ガリシア語、バスク語の地方語がある。一方、ポルトガルでは本土以外にポルトガル西方のアゾレス諸島やマデイラ諸島のような島嶼部が、異なる文化圏として独自の伝統を保持している。イベリア半島はヨーロッパの中でもとくに多様な民俗伝承に恵まれていると言えよう。

　さてスペイン・ポルトガルの昔話は十五世紀以後、両国の海外発展にともない、それぞれの植民地にもたらされることになった。つまりスペインの昔話はメキシコ・カリブ海地域を含むラテン・アメリカの大部分やフィリピンに、ポルトガルの昔話はブラジルやアフリカ西方のカボベルデ諸島に伝わり、先住民の話に大きな影響を与えて、特色ある昔話が作り上げられる要因となった。

　スペイン国内では十九世紀に女流小説家フェルナン・カバリェロがアンダルシア地方で初めて昔話を収集した。同世紀末にポルトガルのアドルフォ・コエリョが『ポルトガルの昔話』を、テオフィロ・ブラガが『ポルトガル民族の昔話』二巻を出版するなど、両国は昔話研究の先駆となっている。二十世紀になると、スペイン昔話の収集はさらに進んだ。たとえばアストゥリアス地方のA・カバルの『アストゥリアスの昔話』、北アメリカ国籍のアウレリオ・エスピノサの『スペイン昔話集』、カタロニア地方のジョアン・アマデスの『カタロニアの民俗・昔話集』、マリョルカ島のアントニ・マリア・アルコベルの『マリョルカ昔話集』二十巻、バスク地方のマリア・レスレクシオン・アスクエの『バスク民俗・心の世界・昔話』などが知られている。

　スペイン・ポルトガルの昔話の形式のうち、発端の決まり文句はあまり発達していないが、結末句にはさまざまなバリエーションがある。スペインでは韻を踏んで「コロリン・コロラド、この話は終わった」（Y colorín Colorado este cuento se ha acabado.）や「かれらは幸せに暮らして、ウズラを食べた」（Y vivieron felices, y comieron perdices.）で終わるのが代表的な句である。ポルトガルでは「祝福され褒《ほ》められて、私の話は終わった」（Bendito e louvado, meu conto acaba-do.）などがある。

また両国の昔話にはほかのヨーロッパ諸国と共通の内容のものも多い。なかでも特徴的な話型で、採集例の多いものを、アールネとトンプソンの『昔話の型』の話型分類に従ってあげてみると次のようになる。

(1)動物昔話「狐の失敗」（AT一二二群）、「兎と亀の競争」（AT二七五群）、「天国の宴会」（AT二二五）

(2)本格昔話「シンデレラ」（AT五一〇）、「三人の黄金の息子」（AT七〇七）、「半分のヒヨコ」（AT七一五）、「歌う袋」（AT三一一B）

(3)笑話「奇妙な名前」（AT一九四〇）、「金持ちの百姓と貧乏な百姓」（AT一五三五）、「どうすればよかったか（一つ覚え）」（AT一六九六）

スペイン昔話の話型全体のリストは、一九三二年に、ラルフ・ボッグスが『スペイン昔話索引』を作成したが、現在、フリオ・カマレナとマクシーム・シュヴァリエが、さらに完備した『スペイン系昔話話型索引』を作っており、その完成が待たれる。

（豊島和子）

イタリア・ギリシアの昔話

ギリシア・ローマ神話が直接口承の昔話に結びついているとは考えにくいが、「アモールとプシケ」のサブタイプである「魔女の課題」（AT四二五B）が、ほかの国に比べてイタリアに多いのは、ローマのアプレイウス『黄金のロバ』によって、この神話がイタリアで、より知られていたことと関係があるかもしれない。だが、本稿では、現在の資料からうかがえるイタリア、ギリシアの昔話について述べたい。

イタリアは、古代ギリシアの文明を受け継ぎ、古代ローマの繁栄を経験した、ヨーロッパの先進国であった。また、半島と島々からなり、地中海が世界そのものでもあったイタリアにとって、かつては、アルプスの北の陸続きのヨーロッパよりも、海でつながる東方世界のほうが影響を受けやすかった。イタリアの昔話にアラブ世界やインドなどの東方の影響が大きく、『グリム昔話集』にはない話が多いのもそのせいであろう。また、サルデーニャ島は、半島部とは異なる歴史をもち、昔話にも違いを見せている。

ジョヴァン・フランチェスコ・ストラパローラ（一四八〇—一五五七推定）の『たのしい夜』（Le piacevoli notti, 一五五〇—五二）とジャンバッティスタ・バジーレ（一五七五ごろ—一六三二）の『ペンタメローネ』（*Il Pentamerone*, 原題

Lo cunto de li cunti〔お話の中のお話〕、一六三四―三六）は、ヨーロッパの昔話の源流として注目される昔話集である。この二書はほかのヨーロッパ諸国の昔話にも影響を与えたことが知られているが、当然、イタリア国内でも、その後の口承話への影響は無視できない。『たのしい夜』に収められた「ものいう鳥」（AT七〇七）や『ペンタメローネ』に収められた「三つのシトロン」（AT四〇八）、「ペトロシネッラ」（AT三一〇）など多くの話がイタリア各地で語り継がれ、イタリアを代表する昔話になっていることが確認できる。ちなみに、『ペンタメローネ』の五十話のうち、約三分の一が『グリム昔話集』にはない話である。

十九世紀後半、ヨーロッパの多くの国と同様、イタリアでも各地で昔話の聞きとり調査がはじまり、多くの資料集が編まれた。シチリアとトスカーナ地方でとくに盛んであったが、なかで一書だけあげるとすれば、ジュゼッペ・ピトレー（一八四一―一九一六）による『シチリア民間伝承I～IV』（*Tradizioni popolari siciliane*, 一八七〇―一九一三）であろう。速記法によって忠実に記録された資料集であり、方言ではあるが、収録された三百話はまさに昔話の宝庫である。

一九五六年に現代作家のイタロ・カルヴィーノによって編纂された『イタリア民話集』（Fiabe italiane）には、主としてこれら十九世紀の資料から、イタリア全土を代表させる二百話が選ばれており、これをもとに、日本でもイタリアの昔話が紹介されるようになった。さらに、これに刺激されたかのように、その後、イタリア各地で再び資料編纂が盛んとなり現在にいたっている。これら新しい資料に共通するのは、方言と標準語の併記である。方言の読めなくなったイタリア人が増えたということであろうが、外国人にとってもありがたい。

ギリシアでは、古代ギリシア以後、民族の変動はイタリア以上に大きく、昔話にもさまざまな要素が入りまじっているようである。おおまかに見れば、イタリアの話に近いものが多いようであるが、東の国境をトルコと接するだけに、東方の影響をより受けやすく、西欧とは異なる特徴が見られる。

（剣持弘子）

ロシア・東ヨーロッパの昔話

帝政時代のロシアでは、昔話を語ることが教会によって禁じられていたにもかかわらず、農民、牧童、猟師や漁師、各種の職人、御者、行商人など、さまざまな職業に従事する人々が昔話を愛し、これを語り合って楽しんだ。娯楽に乏しかった民衆だけでなく、金持ちや貴族、それに皇帝でさえ、眠れない夜のために昔話の語り手を雇っていた。イワン雷帝が三人の盲目の語り手をそばに置き、眠りに入るときに彼らに一話ずつ語らせていたのは有名である。プーシキンは乳母のアリーナ・ロジオーノヴナが語る昔話を聴いた感動を、「昔話のなんとすばらしいことか！　ひとつひとつが詩だ」と書き残している。

　昔話を語るのに適した職業としては仕立屋、靴屋、大工、暖炉工《だんろ》といった職人たちをあげることができる。優れた語り手の一人で暖炉工のリャボーフは次のように語っている。「わたしは仕事をしながら昔話を語るのが好きです。仕事が楽しく、やりやすくなります。みんなが集まってきて聴いてくれると、仕事がはかどります」。家を離れて仕事をする漁師や狩人たちも番屋や森の小屋で昔話を語って暇をつぶした。語りのうまい人を特別に作業班で雇い、寝る前のひと時、みなで昔話を聴いて楽しむ習わしもあった。このような語りの場はとうぜん男社会であり、ノヴェラ的昔話や諷刺的な昔話、それに艶話が好んで語られたという。

　女性の語りの場としては、結婚前の娘たちが冬の夜、一軒の家に集まって糸紡ぎなどをして過ごす娘宿が知られている。語りのうまい人の家を娘宿に借りることもあった。家庭では母親や祖母が幼い子どもたちと炉の火を囲んで語ったのは動物昔話や累積《るいせき》昔話で、歌をふんだんに挿入し、リズミカルに語られた。物乞《ものご》いをしながら放浪の旅をする乞食《こじき》や巡礼も一夜の宿を借りるお礼に昔話を語った。

娘宿に村の若者たちが遊びにやってくる

　語り手の性別については、かつては優れた語り手の大部分が男性だったとされる。男性の語り手は出稼ぎなどで故郷の外に出る機会が多く、女性の語り手よりレパートリーが豊富だった。女性の場合はだれもが一話や二話は語れたが、男性の場合は語れる人と語れない人に分かれた。各地の出身者が集まる兵舎や監獄も昔話の語りの場だったことが知られている。要するに、かつてのロシアでは人が集まるあらゆる場所が昔話の語りの場だったといっても過言ではない。

ロシア・東ヨーロッパでは昔話を、①魔法昔話、②ノヴェラ的昔話、③動物昔話、④累積昔話の四種類に分けるV・プロップの分類法が一般的である。①と②の主な登場人物はいずれも人間だが、①はむかしむかしの物語で、舞台は現実の世界とはかけはなれた、まか不思議な国である。有名な話にロシアの「イワン王子と火の鳥と灰色オオカミ」、「魔法の馬シフコ・ブールコ」、スロバキアの昔話をもとにして書かれたマルシャークの「十二の月のおくりもの」などがある。②はごくふつうの社会が舞台で、地主と作男、司祭と下男、愚か者などが活躍する滑稽な話である。

③の主な登場人物は動植物や物で、キツネ、オオカミ、クマなどの野生動物や、ニワトリ、ネコ、イヌなどの家畜が活躍し、西欧の話と比較して東欧の話のほうが素朴である。④のジャンルはリズミカルな言葉の繰り返しを楽しんだり、単語の連結がしだいに長くなるのを楽しむもので、わが国でもロシアの「大きな蕪《かぶ》」や、ウクライナの「手ぶくろ」は幼児たちの間で高い人気がある。

①と②のジャンルは主として大人たちの間で語られ、③と④は幼い子どもたちのために語られた。

（斎藤君子）

スカンジナビア諸国・アイスランドの昔話

ヨーロッパ北端に位置するスカンジナビア半島は、内陸とはある程度隔離された特異性を保っている。デンマーク、スウェーデン、ノルウェーの三国と、極北の孤島アイスランドを含め、北欧の人々はかつて共通のノルド語を話し、神話的世界を共有し、きわめて親密な関係にあった。さらにフィンランドもまた北欧の文化圏を形成している。北欧諸国は十九世紀初頭における民族主義の台頭の中で、一つの北欧という一体感を強く認識すると同時に国家としての独自性を求めていく。民衆が口承によって伝えていた昔話を集めることは、忘れ去られていた民の言葉を回復することであり、民族意識の高揚と分かちがたく結びついていた。北欧の昔話では、フィヨルドなどの峻厳《しゅんげん》な自然を背景に、古代北欧の神話的世界を反映するトロルや巨人、また亡霊や超自然的な森の精や水の精などが縦横に活躍し、生き生きとしてのびやかな生命力に満ちている。

　ノルウェーの昔話については、アスビョルンセン（一八一二―一八八五）とモー（一八一三―八二）という二人の人物の功績によるものが大きい。若くして知り合った二人は、グリム兄弟に触発され、バイキングの後裔たちの昔話を丹念に集めていった。それが『ノルウェー民話集』（一八四五年）で、「三匹の山羊」（AT一二二）、「海の底のひき臼」（AT五六五）、「太陽の東、月の西」（AT四二五）などを収める。伝承に忠実な民話集は、グリム兄弟をも感嘆させるに十分なものであった。長い間デンマークの治下にあり、十九世紀初頭まで行政語としてデンマーク語が使われていたノルウェーにおいては、昔話を収集する作業は、国民の言葉を新たに発見していくことそのものだったのである。

　スウェーデンにおいては、他国に吸収されて自国の文化が脅威にさらされるというほどのことはなかったものの、ロマン主義の勃興《ぼっこう》に端を発し、英雄的な古代北欧の精神を探ろうとする機運が高まった。十九世紀に入ってからは、ヒルテン・カヴァリウスやデュルクロウらによって数多くの昔話が集められた。

　デンマークにおけるもっとも古い資料は、十二世紀末から十三世紀初頭にかけてサクソ・グラマティクスが著わした『ゲスタ・ダノルム（デンマーク人の事績）』で、北欧全体の伝説の宝庫となっている。十九世紀にはモルベックや、スヴェン・グルントヴィーなどが精力的に豊富な昔話を集めた。また創作が加えられてはいるもののアンデルセンの童話は北欧昔話の息吹を世界に伝えた。

　アイスランドは八七〇年代に、当時のノルウェー政治から逃れてきた豪族たちによって移住が始まった国で、古い時代の言い伝えを大切にしていた。十三世紀初頭にはスノリ・ストゥルルソンによって『散文のエッダ』が書かれ、『古エッダ』とともに異教時代の精神を伝え、多くのサガもまた北欧全体の伝説を知る上での貴重な資料である。十九世紀にはヨーン・アウルナソンらによって多くの民間伝承が集められ、アイスランド文学に欠くことのできない財産となっている。

　フィンランドは主にフィン族からなり、民族的にも言語学的にもスカンジナビア諸国とは異なるが、十二世紀ごろから長きにわたってスウェーデン統治下にあったため、文化的にはスカンジナビアの影響を強く受けている。十九世紀、エリアス・リョンロート（一八〇二―一八八四）は叙事詩『カレワラ』（一八三五年）を集大成し、諺や呪文《じゅもん》詩、昔話等も熱心に採集した。さらにサルメライネンなどによって重要な仕事がなされた。スウェーデン語を公用語とし、知識階級にあっては長い間フィンランド語を話すこともなかった人々にとって、それは民族の言語を取り戻すことでもあった。昔話の研究も盛んで、アンティ・アールネをはじめフィンランド学派の成果は世に知られている。

（米原まり子）

西アフリカの昔話

西アフリカの北はサハラ砂漠、西は、大西洋のギニア湾である。サハラ砂漠の南縁には、サバンナ地帯が広がっている。ギニア湾沿岸には、森林地帯がある。西アフリカには、数百の言語を話す民族が住んでおり、昔話の収集も、それほどすすんでいない。また、旧英領の国、旧仏領の国、旧ポルトガル領、旧スペイン領の国などがあり、昔話の収集の実状を知るのも容易ではない。どちらかというと、昔話の収集と研究は、旧仏領諸国のほうがすすんでいるのではないだろうか。フランスでは、マルセル・グリーオール以来、マリのドゴン族の研究にはじまり、バンバラ族、マリンケ族、フルベ族などの昔話の研究が、主に女性研究者の手によってすすめられてきた。今日、フランスの研究者たちは、西アフリカのほとんどをカバーしているといえる。かれらは、「わがまま娘」、「昔話における結婚」、「昔話のなかの子ども」などテーマを決めて、共同研究をしてきた。どちらかといえば、テキストをつくるよりも、テーマにそった比較研究が中心になっている。フランスから、仏語圏西アフリカの諸国に、さまざまな機会を利用して出かける人が多く、仏語で書かれた昔話の小形本がたくさん出版されている。けれども、現地語で書かれたテキストをもつ本格的なものは、それほど多くない。だから、発端《ほったん》句や、結末句などを知るのは、むずかしい。

テキストという面から見ると、二十世紀のはじめに出版されたエドガー・フランクの『ハウサ族昔話』（一九一一、一九一三年）、サザーランド・ラットレイの『ハウサ族民俗』（一九一三年）などは、注目すべきである。

西アフリカの昔話を生態系と比較すると、おもしろいことがいえる。すなわち、いたずらもの、トリックスターに何がなるかという観点から見ると、サバンナ地帯では、兎が出てくる。森林地帯では、クモが出てくる。アシャンティ族の間では、このクモは、アナンシーと呼ばれる。西アフリカから新世界に連れていかれた奴隷たちの間では、アナンシーの話は、昔話の代名詞になっている。沼沢のある地域においては、亀がトリックスターを演じる。リベリアの一部では、トリックスターのカモシカが現われる。山岳地帯では、もっぱら、リスがその役をつとめる。砂漠寄りのサヘルでは、ジャッカルが現われる。トリックスターの相手は、多くの場合ハイエナがつとめる。ハウサ語圏では、兎も、リスも、ジャッカルも、クモも現われる。これは、ハウサ族には出自の違う多くの人々が、混ざり合っているからだろう。「亀と兎の競走」の話は、いわば、トリックスターのせめぎあいから出てきたものだろう。

　アフリカにしかないとされる「恐るべき子ども（アンファン・テリーブル）」の話も、西アフリカの各地で収集されている。

　西アフリカの昔話が、どのような分布をしているのか、よくわからないが、だいたいサバンナ地帯は、交通の便がよいので、そこに住む人々の昔話に共通しているものが多いのではないだろうか。サバンナ地帯の平地の人々の多くは、イスラム教に改宗させられており、少しずつ、イスラム教の影響をこうむっているといえる。このような人々の間では、創世神話などが消失している。また、空の上の世界とか、地中の世界などについては、語らない。サバンナ地帯にも、たくさんの言語があるけれども、どの社会にも、多重言語使用者がいるので、そのような人のおかげで、昔話が広がっていくと考えられる。

　西アフリカの昔話の中には、数多く、日本の昔話と同源を思わせるものがある。その一つに、「こぶ取り爺さん」の類話、「こぶ取り女」がある。

　参考文献として、拙著『北部カメルーン・フルベ族の民間説話集（第一〜五巻）』（一九九六―二〇〇〇年、京都・松香堂）、『北部カメルーン・フルベ族の民間説話集　アーダマーワ地方とベヌエ地方の話』（二〇〇三年、国立民族学博物館）をあげておこう。これらの本には、千以上の西アフリカの代表的な昔話が入っている。

（江口一久）

東・南アフリカの昔話

　東アフリカの昔話は、米国の人類学者M・J・ハースコヴィッツが設定した文化領域にしたがい、北は白ナイル川が流入するスーダン湿原からケニア、ウガンダ、タンザニアをへて、南はマラウィ湖に続き、ジンバブエ、モザンビークにいたる長大な「東アフリカ牛牧文化領域」の昔話として分類された。

口頭伝承によれば、牛群をともなった牧畜民が南アビシニアから大地溝帯に沿って南下し、東アフリカに入り、牛牧文化を広げた。その文化は農耕民にも強い影響を与え、一帯に牛を生活全般の要《かなめ》とする牛文化複合を形成させていったのである。したがって、昔話もそうした文化的脈略の中から育《はぐく》まれてきたもので、モチーフにもある程度の共通性が予想される。しかし、それにしては、この文化領域で採集された昔話はあまりに少ない。目下、この領域には数百を数える民族が存在するが、昔話が採集されたのは約六十民族といわれている。その中でも、文字化され出版された昔話は、人口が多く、教育が普及し、識字率が高い民族のものが大半で、それらは基本的に、英語かスワヒリ語で訳出されたテキストである。つまり、少数民族はいうまでもなく、多数民族でも、語り継がれた昔話は母語ではほとんど残り得ない状況にある。

そうした、集大成にほど遠い東アフリカの昔話の特徴について述べるのは群盲象評する結果になりかねないが、まず注目されるのは、「東アフリカ牛牧文化領域」内で、スワヒリ語を公用語とする国や地方では、昔話は「ハディシ（Hadith）」と呼ばれ、口承文芸の一分野として出版が試みられていることである。ただし、「ハディシ」は内陸部の農民や牧民の間で語られているものと、海岸部のイスラム文化の影響を強く受けた人々のそれとの間には明らかな違いが発見される。

前者は、人間と野生動物が共生したサバンナが舞台であり、物語はマサイ牧畜民が語るように「昔、昔、その昔、動物と人間との間に、まだ区別のなかったころ……」と話が始まり、造物主である神の下で人間の営みがおこなわれ、そこに日常的に動物、そして昆虫までがそれぞれの役割を果たして登場するのである。

これと対照的にいえば、後者は、王子、王女やサルタン（Sultani）が登場する物語がよく知られており、その原形はアラビア、ペルシアに求められるし、インド起源と考えられる昔話もある。また、「ムファルメ（Mfalme）」すなわち、首長が登場したスワヒリ都市の出来事を「ハディシ」に書いたものもある。しかし、海岸地方であっても『スワヒリの昔話』に収録されているように、数は少ないが内陸部から伝播《でんぱ》したと考えられる「動物物語」が語られている。

ところで、牧畜民の文化が支配的な内陸部でも、ウガンダの湖間地方やルワンダ、ブルンジは集権的な諸王国が成立したところで、口承文芸の世界も特殊な領域である。王国の宮殿には部屋づめの歴史家がいて、戦い、放浪、飢餓、供犠《きょうぎ》などを主題とする膨大な神話と伝説を語り継ぎ、戦士、牧民たちの間では王をめぐる賛歌や叙事詩などが生まれた。王国における歴史（それが事実かどうか知る由もないが）は質量とも別格にしても、東アフリカでは過去に名をなしたものを「フンディ（Fundi）」と呼び、炉辺でさまざまに歌われて、昔話の一部になった。

以上、ひと口に東アフリカの昔話といっても、口承文芸の面から見ると、ジャンルやモチーフなどに地域差がある。と同時に、言語系統がまったく異なる民族が同じ昔話をもっているなど、比較研究への興味はつきないものがある。

（和田正平）

ネイティブ・アメリカンとイヌイトの昔話

ネイティブ・アメリカンやイヌイトでは統一国家がなかったから、共通の伝承が神話として固定することがなく、部族ごとに世界の始まりや、日月の誕生を部族の物語として語っているので、それらと、共同体の民間伝承としての昔話がはっきりと区別されることがない。といっても話はほとんど共通しており、その多くはシベリアの伝承とかなりの共通点をもっている。モンゴロイドがアメリカに渡る前から伝承していた物語のうちの多くがそのまま伝わっているものと見なされる。もちろん地域的風土的な変容はあり、イヌイトでは海の女神セドナのほかに、海とのかかわりが多く、ネイティブ・アメリカンではコヨーテなど、平原の動物の活躍が多いことがあげられる。

このアメリカの原住民たちの伝承の特徴はしたがって、人類の原初的想像力により近いということで、動物が主人公になるものが多いことがあげられる。といってもいわゆる「動物昔話」ではなく、動物の名前をもった人間であることが多いが、それぞれの動物をトーテムとする部族の伝承からきているとも見なされる。動物が人間に変身してやってきて、禁忌背反の結果、動物の姿にもどって帰ってゆくというタイプもなくはないが、それよりも、ネイティブ・アメリカンの伝承では、人間でも動物でも形が定まっていず、どんなものにでも変わりうるということができる。また、精霊の世界や死者の世界も人間の世界と完全には切り離されていず、カヌーをこいでゆくといつのまにか、死者の世界へ入っていったり、死者が家族の集まりにいつのまにか戻ってきていたりする。

変身としては、転がる首のように、切り刻まれた一部分でも生命をもっていて、人に害をなしたり、あるいは、血の塊をこねていると人間になったりするように、身体の一部から全体が復活するという思想が見られることも注目される。これもシベリアのシャーマニズム伝承で見られるものと共通する。

精霊とのかかわりでは、もちろん、「精霊と結婚した女」のように、異類婚姻譚が多いが、「天人女房」型の婚姻試練はあまり出てこない。なかなか結婚したがらない娘の話はもちろんあるが、一般に男女の結びつきがおおらかでゲーム的であり、結婚がなんらかの努力目標で、社会的地位の獲得と関係するなどということが少ないからだろう。

動物（あるいは動物の名前の人間）が主人公となるものでは、バッファローが文化英雄となって、たくさんのバッファローが取れるようにした話などのほか、トリックスターとしてのコヨーテの話が多いが、その特徴は狡知によって暴君に対抗したりする文化英雄型のものより、たんに役立たずの道化もの、あるいは、ほらふきとして、失敗して村から放逐されるものが多い。知恵の点では、もう一つのトリックスターであるクモのイクトミにはかなわない。が、いずれも文化英雄ではなく、部族をまとめるのは、異常出生をした狩りの名手であるバッファローなどである。非定着性の狩猟文化の特徴であろう。

したがって、農耕や紡績のモチーフは出てこないし、王子、王女といった社会的階層、商人、仕立屋、鍛冶屋、兵隊、といった社会的職業分化も見られない。そのかわりに、日月や雷、あるいは動物が人間と同じ役割を果たしている。日本で知られているオルティスの編んだ選集では神話と昔話の別はないが、トンプソンの選集では、神話と異類婚説話や、トリックスターものを分けている。また、レヴィ＝ストロースの『神話学』の三巻目の後半から四巻目は北米原住民の昔話を中心に扱っていて、ほかの選集とは違った雰囲気をかもしだす。

〈アメリカ原住民の昔話の代表例〉

不思議な石のカヌー、陰の国への旅、蛇の昔話、年取った栗毛の馬、切られた首、精霊と結婚した女、月と結婚した男、コヨーテ、星と踊る、蟹と結婚した女（イヌイト）、畳帽（イヌイト）

（篠田知和基）

ラテン・アメリカの昔話

ラテン・アメリカは、メキシコを北限として中米および南米を含む、膨大な面積と人口をかかえる地域である。十五―十六世紀に全領域がコロンブスはじめ、スペイン・ポルトガル両国の征服者と言われる人々によって征服領有された。したがって公用語としてスペイン語を（例外としてブラジルはポルトガル語を、ハイチはフランス語を）話し、大多数の人々はカトリックを信仰していることが一つの特徴である。

住民には、スペイン・ポルトガル系の白人と、征服以前から住んでいた先住民、「メスティーソ」と呼ばれる白人と先住民との混血者、奴隷として連れてこられたアフリカ系住民の子孫の四者に大別される。この中では「メスティーソ」の人口がいちばん多い。ラテン・アメリカは、このようにヨーロッパ、アメリカ、アフリカの三つの文化が混然と混ざり合って、独特の特徴ある文化が形成され、昔話もその例外ではない。

まずスペイン・ポルトガル系の住民の語り継いだ昔話については、これはほとんどヨーロッパ本国の昔話と同じものがあると考えてよい。ここで話数の多いものから順に四話型をあげると次のようになる。

①動物昔話では「兎のいたずら」（AT一五五）、「恩を仇で返す蛇」（AT一五五）、「天国の宴会」（AT二二五）、「狼とチーズ」（AT三四）。

②本格昔話では「白花姫」（AT三一三）、「ヘンゼルとグレーテル」（AT三二七）、「シンデレラ」（AT五一〇）、「熊のファアン」（AT三〇一）。

③笑話では「金持ちの百姓と貧乏な百姓」（AT一五三五）、「盗みの名人」（AT一五二五）、「利口者とお人好し」（AT一五三九）、「木の下の盗賊」（AT一六五〇）。

ラテン・アメリカにはビダル・バッティーニ編の『アルゼンチンの昔話と伝説』全九巻、ピノ・サアベドラ編の『チリの昔話』全三巻のような多くの昔話集が発行されている。

次にアフリカ系住民の昔話は、とくにカリブ海の諸島、および沿岸部の伝承に強い影響を与えている。なかでもアンティル諸島には、キュラソー島のパピアメント語のように、かつて奴隷が作り出した英・仏・スペイン語の文法を簡単化した「クレオール」と呼ばれる言語がある。現在ハイチで話されるクレオール・フランス語もこの種の言語である。このような「クレオール」で話される昔話に、西アフリカ起源の「アナンシ」あるいは「コンパ・ナンシ（ナンシおじさん）」という名のクモがトリックスターとして活躍する一連の話群がある。このクモはスペイン語で「ティオ・コネホ（兎おじさん）」、フランス語で「ラパン（兎ちゃん）」と呼ばれ、いずれも「虎おばさん」などの力の強いライバルを頓知《とんち》の力でやっつける。この話群でいちばんよく知られているのが、「タール人形」（AT一七四）や「岩を抑える」（AT一五三〇）などの話である。クルーズ・パースンの『アンティル諸島の民俗』全三巻、ホールの『ハイチの昔話』をはじめ、多くの収集がある。

また太古の昔からこのアメリカ大陸に住んでいた先住民は何百もの民族に分かれ、それぞれ特徴ある神話伝説をもっている。なかにはアステカ・マヤ・インカのように、スペイン人到来以前から高度の都市文明を築き、神話や昔話のような口承文学を発達させていた民族もある。スペイン人到来後に、そのキリスト教の神話伝説や昔話を積極的に取り入れて、独特の物語を作り出した。とくによく知られているのは、メキシコのジャガー人間「ナグアル」のさまざまな話、ペルー・ボリビアでケチュア語（インカ帝国の公用語）で話されている「天国の宴会」（AT二二五）、「フクマリ」（AT三〇一類似）、「コンドル婿」（異類婚姻譚）、「化け猫譚」、「人を襲う亡霊」、パラグアイで話されている「星女房」（「天人女房」類似）などがある。収録された昔話集にはペルーの小説家ホセ・マリア・アルゲーダスや民俗学者モロテ・ベストのいくつものケチュア語・スペイン語対訳の昔話集、南米全体の優れた説話を集めて英訳した米国カリフォルニア大学のジョハンネス・ウイルベルトとシモネアの『南米先住民民俗文学』二十巻などがある。

（三原幸久）

オーストラリア・アボリジニの昔話

オーストラリア・アボリジニは豪州大陸とタスマニアの先住民の総称であるが、実際にはオーストラリア各地にさまざまな言語をもつ諸部族が独自の伝承文化をもって暮らしている。その口承文芸は本来その部族固有の言語で「ドリームタイム」（創世期）の事柄として語られる。それには神話も伝説も作り話も含まれる。これらは通常自民族の聖なる話として語られるから、狭義の昔話とは言い難い（Davey and Seal, 1963）。この点はA・W・リード編の民話集 *Aboriginal*

Myth, Legends and Fables をひも解けば明らかであろう。

この民話集には、①偉大な父（例・Baiame, Nooraile, Bunjil, Pernmehial などの神話）、②トーテムの先祖（たとえば、六人息子をもつ先祖、虹蛇、タイパン＝褐色蛇）、③創造（最初の男と女、川と海、太陽・月・星、火の発見など）の神話に加えて、伝説（①爬虫類人、②蛙人、③樹木人、④獣人、⑤花人、⑥鰐人、⑦星人、⑧鳥人）と作り話（たとえば、死の到来、南十字星になった原初の人、ディンゴと猫、蝿と蜜蜂、太陽神の贈り物、大洪水、亀はなぜ尻尾を失ったのか、カンガルーとエミュー、獣はどうやってオーストラリアにやってきたか、虹蛇、カンガルーになった女）が含まれている。

十九世紀後半にK・ラングロ・パーカー夫人が西オーストラリアで採話・編集した *Australian Legendary Tales*（一八九六年）は、原著では〈伝説集〉としているものの、邦訳書では『アボリジニー神話』と題しているように、神話と伝説は峻別されていない。たとえば「いかに太陽は造られたか」や「火の創造者」は神話であるが、「降雨術師のウィーリーリヌン」、「ナーラン湖の始まり」は伝説の類だろう。『世界神話伝説体系』第二十一巻所収の松村武雄編「オーストラリアの神話伝説」はこの〈伝説集〉による。

もっとも、小沢俊夫編・関楠生訳『世界の民話36　オーストラリア』は、独訳からの重訳であるが、メルヒェン＝昔話と見なして百三十七話取り上げ、AT対応話型番号を当てているので、国際比較には役立つ。たとえば、「コボルト族」(Mot. F 30) では小妖精パラマヌアが現われて人間とつきあうが、この事実を知らせてはならないと禁じる。だが、その禁を犯したため死をもって罰する。この点を「鶴女房」（IT二二九）などと比べてみると面白い。

ところで、オーストラリアはほかから孤立した大陸であり、有袋類や飛べない鳥が棲息している。アボリジニの昔話にはこれらの珍獣・珍鳥の類を主人公とした話（動物由来）が目立つ。なかでも「カンガルーにはなぜポケットがあるのか」、「コアラのクーポー」、「カモノハシは鳥なの、魚なの、動物なの」、「エミューとブッシュターキーのけんか」、「黒くなった白鳥」は、とくに有名である。

（橋内　武）

(2) 世界昔話の古典

『今昔物語集』

平安時代末期ごろに成立した日本最大の説話集であり、撰者は未詳。全三十一巻、千話以上もの説話を収めている。全体の構成は、当時の認識では全世界にあたる天竺（インド）・震旦（中国）・本朝（日本）の三部に分けられており、それぞれの地を舞台にした説話が配され、各説話の登場者も、天竺の王族から日本の貴族や武士、僧侶、庶民にいたるまで変化にとんでいる。この三国は仏教の伝来した道筋でもあり、『今昔』の世界観の基盤をなすものである。また、ほとんどの収録説話は何らかの先行文献をもつ書承であると考えられ、原拠は『賢愚経』『雑宝蔵経』などの漢訳仏典や『法苑珠林』などの中国仏書、『日本霊異記』『三宝絵』『大日本国法華経験記』など先行する説話集のほか、出典未詳のものも含めて多岐にわたっている。

『今昔』に収録された説話の中には、現在わが国で昔話として語り伝えられているものと同型の話が少なくない。ＩＴによれば、実に五十六話もの説話が昔話の類話として数えられる。さらに、一部のモチーフが一致するものまで含めれば関連する説話は百五十話を超えている。

巻五第二十五は、天竺の亀が懐妊した妻のために猿を騙して生き肝を取ろうとするものの、肝を木に掛けて置いてきた、という猿の言葉を信じて失敗してしまう話で、現代では日本のみならず、アジア各地で親しまれている昔話「猿の生き肝」（ＩＴ五七七、「心臓を家に置き忘れた猿（猫）」ＡＴ九一）の類話である。巻五は天竺部の中でも、釈迦の前生を語る本生譚や譬喩譚を収め、第二十五も『経律異相』などに収める前生譚によると考えられるが、ほかにも、第十三「月の兎」（ＩＴ五〇五）、第二十四「亀の甲羅」（ＩＴ五〇〇）などの昔話の類話が認められる。

また、中国の古典文献にも見られる類話として巻九第一に、貧しい郭巨が老母を養うため、口減らしとして息子を生き埋めにしようとし、黄金の釜を掘り当てる有名な孝子譚（「孫の生き埋め」IT四二三）があるほか、巻十第九の孔子と童子の太陽への遠近についての問答（「どちらが近い」IT八六二）などがある。

一方、本朝部に収められた説話群の中には、巻十六第二十八に長谷寺の観音に祈った男が拾った藁しべを次々に交換していって富を得る話（「藁しべ長者」IT九六）、巻二十六第七にはいけにえを求める美作国の猿神が猟師とその犬に退治される話（「猿神退治—犬援助型」IT二七五A）、続く第八では飛驒《ひだ》国の山中で滝の向こうの村にたどり着いた僧が猿神のいけにえにされそうになるが、逆に猿神を退治し、その村で幸せに暮らす話（「猿神退治—異郷訪問型」IT二七五B）、また、巻三十一第十四の旅の修行者が四国の辺地で宿をとり、笞で打たれて馬にされてしまう話（「旅人馬」IT二八六）など、現在に語り伝えられる昔話とほぼ変わらぬ姿が見受けられ、当時の伝承を彷彿《ほうふつ》とさせる。

『今昔』の伝承性を表すものとして、各話が「今ハ昔」と語り起こされ、「トナム語リ伝ヘタルトヤ」と締《し》めくくられる形式で記されていることがあげられる。それは口承の昔話の発端の句と結句にも通じるものである。『今昔』の説話が書承を基本にしたものであり、さらに撰者によって手を加えられたことを考慮すれば、それが口承の実態を表すものではないことは言うまでもない。しかし、少なくとも、当時の日本における説話伝承の存在を確認することはできる。『今昔』の膨大な説話によって、われわれは現在にまで伝わる昔話が書物の中にとどめた、平安末期における一つの残像に触れ、その国際的な広がりと、往古の語りの世界をたぐり寄せることが可能なのである。

（前田久子）

『三国遺事《いじ》』

高麗《こうらい》（九一八—一三九二）後期の高僧である一然（一二〇六—八九）が、一二八一年に編纂した史書および説話集である。姓は金、法名は見明、慶尚北道《けいしょうほくどう》慶山出身、九歳のとき光州地方にある海陽の無量寺に入り禅学を修め、一二一二年に僧になった。一二三七年に三重大師になり、一二八一年には王に説法を講論し、一二五九年、大禅師に昇格した。「遺事」というタイトルが示しているように、金富軾編『三国史記』(一一四五年)を見て、抜けた部分を補うという立場から編纂したものと思われる。したがって内容についても説話的な要素が多い。全五巻であり木版本である。一方、『史書』ともいうが、正史というよりも著者の関心のある資料などを選択的に蒐集し、分類した、自由な形式による説話と歴史の書であるといえよう。とくに史家の記録から抜けているもの、または詳しく著していないものを記している。この書の特徴は、神異な史話が多いところにある。歴史、仏教、説話などに対する当時の多くの文献(この中には現に逸失して伝わっていないものが多い)などを参考にし、著述したのである。この書に収録してある郷歌十四篇は、古代詩歌研究にとってもっとも貴重な資料である。のみならず当時の風流を修行していた花郎道に対する記録も伝えてある。

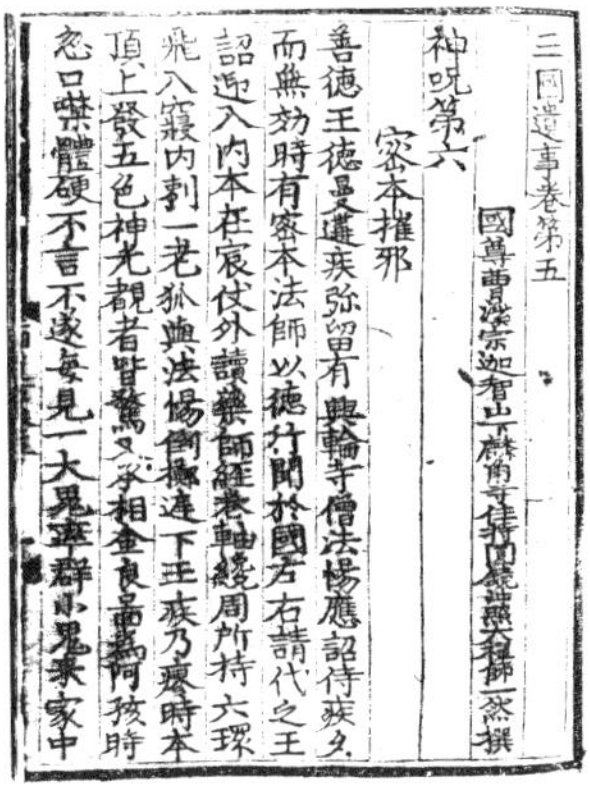
三國遺事卷第五
國尊曹溪宗迦智山下麟角寺住持圓鏡冲照大禪師一然撰
神呪第六
密本摧邪
善德王德曼遘疾彌留有興輪寺僧法惕應詔侍疾久
而無效時有密本法師以德行聞於國左右請代之王
詔迎入內本在宸仗外讀藥師經卷軸纔周所持六環
飛入寢內刺一老狐與法惕倒擲庭下王疾乃瘳時本
頂上發五色神光覩者皆驚又承相金良圖為阿孩時
忽口噤體硬不言不遂每見一大鬼率群小鬼來家中

『三国遺事』

この書は全体が五巻二冊で構成されている。これとは別に王暦、紀異、興法、塔像、義解、神呪、感通、避隠、孝善など九項目が含まれている。王暦は三国、駕洛国、後高句麗《こうくり》、後百済《くだら》などの簡略な年表が記されている。紀異篇は古朝鮮より後三国までの断片的な歴史が記録されている。興法篇には三国におよぶ仏教受容とその隆盛に関する記録であり、塔像篇には塔と仏像に関した史実を記録し、義解篇には新羅《しらぎ》の高僧たちに関した伝記が記録されてあるし、神呪篇は新羅の密教的神異僧たちの記録であり、感通篇は信仰の霊異感応に関した記録であり、避隠篇には超脱高逸な人物の行跡に関した記録であり、孝善篇には親に対する孝行と仏教的な善行に関しての美談がおのおの収録されている。

主な説話の内容は檀君神話をはじめ、北夫余建国神話、金閼智神話、昔脱解神話、駕洛国建国神話、鼻荊郎説話、調信説話、萬波息笛説話、怛怛朴朴説話、善徳女王機智説話、智證王説話、射琴匣説話、志鬼説話、文姫説話、竹葉軍説話、延烏郎細烏女説話、貧女養母説話、居陁知説話、郁面説話などがある。日本語の翻訳本としては、『完訳三国遺事』(金思燁訳、朝日新聞社、一九七九年)がある。また三国遺事の註釈書としては三品彰英の『三国遺事考証』などがある。

(崔　仁鶴)

『笑府』

明代の笑話集。全十三巻。先行の笑話集を集大成した、中国の代表的な笑話集である。墨憨斎主人撰。墨憨斎とは、明末通俗文学の大家、馮夢竜（一五七四―一六三〇）の筆名。馮夢竜は、白話短編小説集『喩世明言』、『警世通言』、『醒世恒言』など、多くの小説、戯曲、笑話などを編集、校訂、執筆したことで知られる。県の貢生に挙げられて後、福建寿寧県の知県となったが、明朝が滅亡した際、節を守って死んだという。

『笑府』の原本は、中国では早くに散逸した。現在伝わるのは、日本の内閣文庫所蔵本である。『笑府』は、全訳が松枝茂夫・武藤禎夫『中国笑話選――江戸小咄との交わり』（平凡社・東洋文庫、一九六四年）に収められている。

『笑府』に見える笑話で、現在も伝わる笑話のパターンは数が多い。日本では、「松山鏡」（『笑府』巻十二）、「饅頭《まんじゅう》恐い」（巻十二）などがよく知られる。以下は、『笑府』所収の笑話のうち、現在の中国で同じタイプの笑話が伝わっているものの代表的な例である。（Eは、エバーハルト“TYPEN CHINESISCHER VOLKSMÄRCHEN” FFC120, 1937を指す。E以下は本書に付された昔話番号）。

①頓知話

肉屋が豚肉をかついで通ったので、男が呼びとめる。男が足一本の肉の値段を訊《たず》ねたので、肉屋は足を全部買ってもらえると思い、大量の肉を苦労して量《はか》る。ところが、男は、値段は訊ねただけだと言って、ちょっぴりしか買わない（『笑府』巻八・E徐文長一類話二八）。

現在では、主人公が頓知話で有名な徐文長や馬坦鼻のことがある。また、男が買うのは肉に限らない。品物は、ほかに、瓶、材木、牛、油などがある。

②愚か婿

愚か婿に舅《しゅうと》が柳の木を指さして、何の役に立つか訊《たず》ねる。婿が、あの木が大きくなれば、車輪も作れましょう、と尋常に答えたので、舅は喜ぶ。ところが、すり鉢を見ると、すり鉢が大きくなれば石臼も作れましょうと言い、姑がおならをひると、このおならが大きくなれば、雷も作れましょうと言った（『笑府』巻六・E六「愚か婿」）。

愚か婿と舅の話は、現在でもよく語られる。

③愚か者

不精者の夫婦が、先にしゃべったほうが負けで、負けたほうが湯を沸かすという賭けをする。昼時になって、夫婦があまり静かなので心配した隣人がのぞくと、女房がしゃべってしまう。亭主は湯を沸かさないでよくなり、喜ぶ（『笑府』巻六・E一「愚か者」一五）。

　現在では、隣人がのぞくのではなく、泥棒が入って、夫婦の目の前で家財を盗むという展開が多い。

　愚か者話には、貧乏な教師や愚かな学生、役人を馬鹿にする話なども含まれる。これらを題材とした笑話も、よく語られる。

　『笑府』の特徴として、性を題材とした笑話を多く含むことがあげられる。こうした性的な笑話は「葷故事」と呼ばれ、中国で現在も盛んに語られているが、出版が禁じられているため、具体的な状況はわからない。（千野明日香）

『捜神記』

『捜神記』は、東晋の干宝が著したとされる、神怪説話や伝聞の記録集である。二十巻本と八巻本の二種がある。

　『捜神記』はもともと三十巻本だったが、宋代に散逸した。現行の『捜神記』二十巻本は、明代に胡応麟が『法苑珠《ほうおんじゅ》林《りん》』などの古書から逸文を集めて再編成したものである。一定程度、原本の面影を伝えているとされるが、成り立ちから考えて、原本とは異なる部分も少なからず含まれていると思われる。

　二十巻本は、説話や伝聞を記録する、という姿勢で書かれており、記述は簡潔である。読者層である士大夫に向けて、執政の態度を正し、自己研鑽《けんさん》を積むように説く姿勢が見られる（多賀浪砂『干宝「捜神記」の研究』近代文芸社、一九九四年）。全訳に、『捜神記』（竹田晃訳、平凡社・東洋文庫、一九六四年、全四百六十四話）がある。

　一方、『捜神記』八巻本は、明代に、二十巻本と同じく干宝の名を冠して刊行されたが、書物が実際に成立したのは、東晋ではなく宋代以後のようだ。二十巻本と共通する説話は、十話程度である。

　この八巻本と関係が深いのが、敦煌《とんこう》発見の『捜神記』残巻本である。残巻ながら、八巻本と共通の説話が十四話含まれる。成立は唐代ごろと推定され、著者として句道興の名が見えるが、平生は伝わらない。敦煌発見の『捜神記』は、『敦煌変文集』（人民文学出版社、一九五七年）などに収められている。

　八巻本の記述は全体に潤色が多く、物語的で、因果応報などの仏教思想が説かれる。そのため、一般庶民に向けて、神仏の存在を信じ、悪事を働かぬよう説教するという目的が、強く感じられる（『干宝「捜神記」の研究』前掲書）。全訳に、『捜神記』（清水栄吉、志村良治、荘司格一訳『中国古小説集』所収、筑摩書房、一九六四年、全四十話）がある。

これら二種の『捜神記』には、現在も中国で広く伝わる昔話や、日本昔話とも関連のある昔話が多く含まれる。

日本でよく知られるタイプとしては、「白鳥処女」、「オシラ神の起源」、「猿神退治」（IT二七五）、「竜宮女房」（IT二一五）、「水神の使い」（IT三〇二）、「水の神の寿命」、「石獅子の眼」などが収められる。また、怪談咄《ばなし》としては、「二度の威嚇《いかく》」（IT九九五）、「化け物寺」（IT二九七ほか）の類話も収められる。

中国で現在知られる伝統的なタイプも、数多い。たとえば、「董永」の話である。董永は、亡くなった父の葬儀をおこなうため、身を売って奴隷《どれい》になる。その董永のもとに天女が天下り、妻となって機《はた》を織り、董永を助ける。「董永」は、日本の「観音女房」（IT二一三）と類縁関係があると思われる。二〇〇二年、中国国家郵政局は、昔話に基づき「董永与七仙女（董永と七人の仙女）」切手を発行している。

そのほか、母親に孝行するため、子どもを埋めようとして、天を感動させ、金を授かる郭巨の話や、継母に孝養をつくしたため、冬の河から鯉が飛び出す王祥の話なども同じタイプの例である。

男女の愛情を描いた話としては、「韓憑」がある。韓憑は、宋王に美しい妻を奪われたうえ、城壁の人夫にされて、自殺する。妻はあらかじめ袖を腐らせておき、塔から飛び降りて自殺する。二人は別々に葬られるが、墓から梓の木が生え、鴛鴦が鳴き交わしたという。「夫婦の樽」（IT二七三）との類縁関係が考えられる。（千野明日香）

「シンドバード物語」「七賢人物語」

教育を終えて宮廷に戻る前夜の星占いによって七日間の沈黙を余儀なくされた王子が、言い寄ってきた継母である王妃を拒絶したために逆恨みされて訴えられ、死刑を言い渡される。すると、七人の大臣（あるいは教育係である七賢人）が物語をして王を翻意させ、それを知った王妃がまた物語をして処刑を決意させる。それが七日間にわたって繰り返されるが、八日目に王子がすべてを明らかにして許され、王妃は罰せられる。（AT

八七〇C、八七五D）

およそこのような物語を枠組として語られる物語の東洋系のものを総称して「シンドバード物語」、西洋系のものを「七賢人物語」という。東洋系のものはペルシア語による広本とその他の言語による小本に、西洋系のものは「七賢人物語」と「ドロパトス」とに大別される。起源は東洋にあり、祖本の成立は八〇〇年ごろ、西洋に伝わったのは十二世紀ごろであろうとされ、両系合わせて三十四の言語による七十種に近い版が知られている。

枠となっている物語そのものがエジプトの『二人兄弟の物語』、聖書のヨセフの物語、ギリシアのヒッポリュトスの物語、ペルシアの『王書』のシヤーウシュの物語、仏典のクナーラ太子の物語などと共通のモチーフをもつと同時に、七人の大臣（七賢人）や王妃の語る物語が、版によって入れ替わりがあるために総計百三十九話にも上り、それが世界的な説話・昔話の宝庫となっている。それらの中にはペトルス・アルフォンシ『知恵の教え』、ジャック・ド・ヴィトリ『エクセンプラ』、ヨハンネス・ゴビウス『スカーラ・ケーリ』、作者未詳『ゲスタ・ロマノールム』など、中世の説教集・説話集に採り入れられて広まり、その後のヨーロッパの文学や昔話に広範で大きな影響を与えた物語が数多く見られる。

いくつかの例を紹介すると、東西のほぼすべての版に見られる「猟犬」（AT一七八A）は、赤ん坊を蛇から守るが口が血に染まっていたために赤ん坊を食ったと誤解されて殺される犬の話で、『パンチャタントラ』の例が代表的なものだが、「忠犬ゲラート」としてイギリスの昔話となっている。東洋系のほぼすべてに含まれる「剣」（AT一四一九D）は、情夫と一緒にいるところに夫が帰宅したため、情夫に剣を持って罵りながら家を出るように頼み、夫にはたくみに言いつくろう妻の話で、インドの『鸚鵡《おうむ》七十話』に見られるほか、中国の『笑府』にもあり、十八世紀には吉野秀政が『神国愚童随筆』に記録している。「亜麻布」（AT一四一九C）は、同じく情夫のいるところに夫が帰宅するが、姉以外は家に入れないと言って姉を呼んでもらい、姉の才覚で他人の話として実演し、夫の前で布地を広げて情夫を逃がす話で、アリストパネス『女だけの祭』に片鱗が見られるほか、アラビア語の一本に現われ、落語「風呂敷」はこの類話である。何でも叶えられる呪文を愚かなことに使って後悔する「三つの願い」は日本の昔話「三つのかなえごと」（IT一六、AT七五〇A）に相当し、「猿」は「古屋の漏り」（IT五八三、AT一七七）で、どちらも東洋系のほぼすべての版に、「孫」は「姥捨て山」（IT四一〇B、AT九八〇A）と同じ話、「身振りによる論争」は「こんにゃく問答」（IT八〇六、AT九二四）でどちらもイタリア語版に、「猿と亀」は「猿の生き肝」（IT五七七、AT九一）に相当しアラビア語の一本に、それぞれ現われている。「ドロパトス」に見られる食人鬼「ポリュフェーモス」（AT一一三七）は『オデュッセイア』に、「債権者」は『ヴェニスの商人』へと連なる。ランプシニトス王の話としてヘロドトス『歴史』に最古の記録をもつ「宝物庫」（AT九五〇）は、ほぼすべての西洋系に見られるほか、『今昔物語』にも伝えられている。わずかな例しか紹介できないが、「シンドバード物語」「七賢人物語」は、当時知られていた膨大なモチーフを現代に伝えるかけがえのない物語群であると言える。

（西村正身）

「イソップ寓話集」

「イソップ寓話集」は寓話の名手イソップ（ギリシア語で正確に言うとアイソーポス）の名の下に集められた寓話の一大集成である。イソップはヘロドトス『歴史』巻二で前七―六世紀の人物として言及されているので、その実在を疑う強い理由はないのであるが、その生涯について確実なことは何一つ知られていない。各種の記録から、イソップはサモス島で働く奴隷であったが、機知のゆえに解放され、いろいろな機会に寓話を語り、最期は非業の死をとげたか、と推測されるのみである。

「イソップ寓話集」に含まれる話の数もテクスト編者によってまちまちで、ペリー版では四百七十一話（本項ではペリー版での番号を用いる）、シャンブリ版では三百五十八話、ハウスラート版では三百四十六話余であるが、いずれにせよ、イソップその人が作ったと確証できる寓話は一つもない。それどころか、一三〇番「胃袋と足」はエジプト起源、一番「鷲と狐」や一三七番「蚊と牛」はメソポタミア起源で、イソップの時代よりはるかに古くから存在した話、あるいは逆に、イソップ以後に作られた話も「イソップ寓話集」には収録されている。

今日我々がもつ「イソップ寓話集」の原型は、パレロンのデメトリオス（前三五〇年ごろ生まれ。アリストテレスの孫弟子、政治家・学者）による寓話集成にあったと考えられている。個々の寓話は、書物に採録される前には口承で伝えられるものが多かったはずで、口承文芸としての神話や昔話とモチーフを共有する寓話も少なくない。

たとえば、「イソップ寓話集」三五二番「田舎の鼠と町の鼠」はホラティウス『諷刺詩』二巻六歌といった文学作品によっても有名になったが、世界の昔話としての広がりはAT一一二「町の鼠を訪ねた田舎の鼠」から知られるし、日本昔話にも入っている（IT五六六「町の鼠と山の鼠」）。一七二番「蝙蝠《こうもり》とイタチ」では、自分をあるときは鼠、あるときは鳥だと言って生命の危機を脱した蝙蝠の機転が称えられているが、日本版IT四八四「こうもりの二心」では、蝙蝠の二股膏薬ぶりが非難されている。いずれにせよこの寓話も、AT二二二A「鳥と獣の戦争における蝙蝠」として世界中に広まっている。

一七三番「木こりとヘルメス」は、流れに鉄の斧を落とし、金の斧を持って現われたヘルメスに対し、それは自分のではないと答える正直な木こりの話で、ヘルメスというギリシアの神が登場するものの、世界の昔話と呼んでよいものである（AT七二九「流れに落ちた斧」、IT五二「金の斧」）。二三〇番「亀と鷲」は話だが、仏教以前の古くからギリシアで仏典から『今昔物語集』に入って名高いも知られていた（AT二二五A「鷲に運ばれる亀」、IT五〇〇「亀の甲羅」）。五七番「老婆と医者」は、老婆に眼の治療を頼まれた医者が、往診のたびに老婆の家の家具を盗んで帰る。老婆の目がすっかり快復したときには、家具はまったく見えなくなっていた、という話で、寓話というよりは笑話として世界的に広まっている。

イソップはローマのパエドルス（前一八年ごろ生まれ）、ギリシアのバブリオス（一世紀後半）、ローマのアウィアヌ

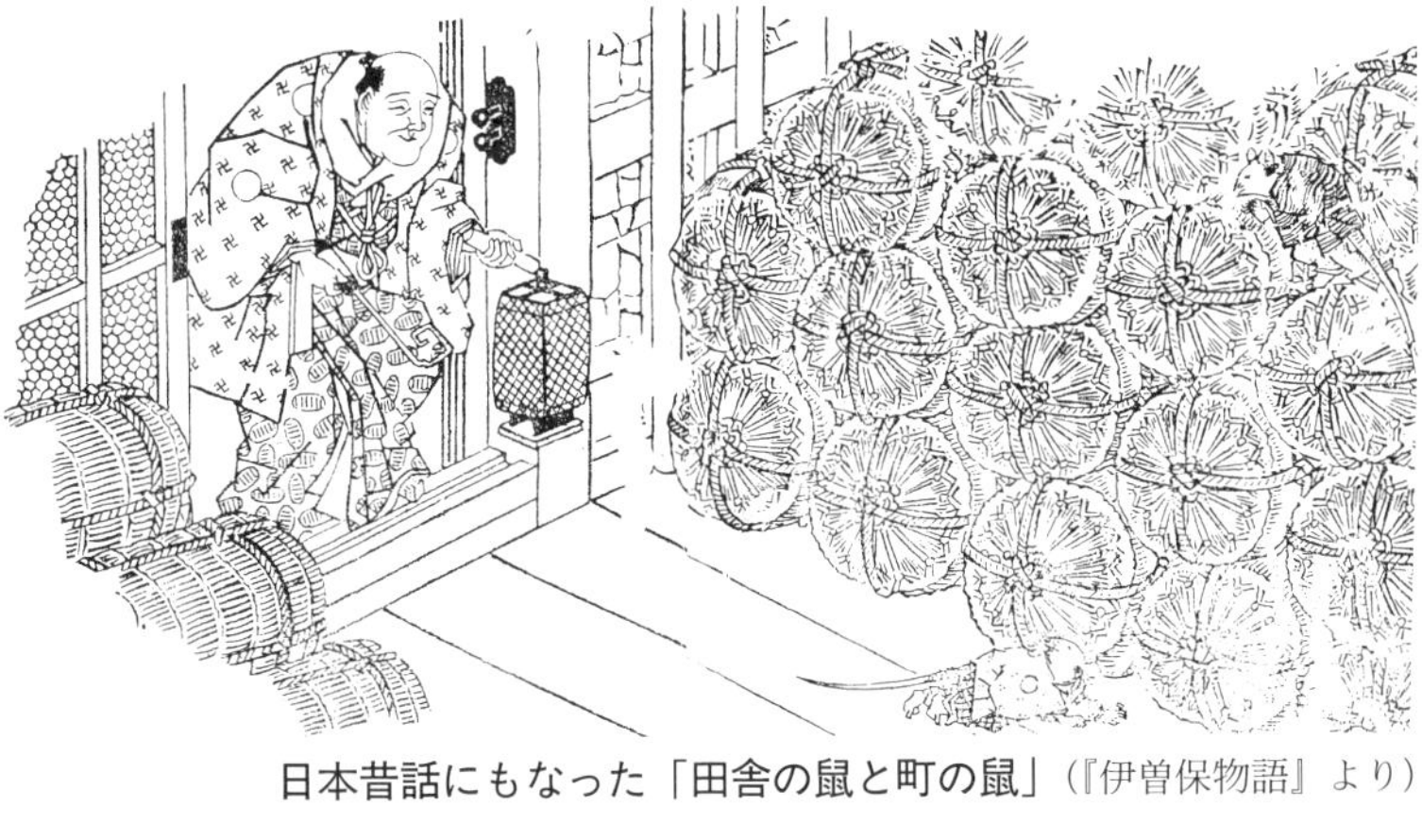

日本昔話にもなった「田舎の鼠と町の鼠」（『伊曽保物語』より）

ス（四〇〇年ごろ活躍）、フランスのラ・フォンテーヌ（十七世紀）、ロシアのクルイロフ（一七六九年生まれ）ら寓話作家の元祖のように言われるが、「イソップ寓話集」中の話はむしろ、世界昔話の普遍的なモチーフを元に作られているものが少なくないのである。

（中務哲郎）

ギリシア神話

古代ギリシアに「ギリシア神話」と銘打った書物があったわけではない。ギリシア人が語り伝えた神話・伝説・昔話・縁起譚・恋愛譚等々、あらゆる物語を我々現代人が「ギリシア神話」と総称しているのであるが、それらはホメロス『イリアス』、『オデュッセイア』、三十三篇の「ホメロス風讃歌集」、ヘシオドス『神統記』、多種多様な抒情詩、悲劇等の文学作品に語りこまれている。文学作品に対する古代人の注釈やストラボン『地誌』、パウサニアス『ギリシア案内記』といった学問的著作も多くの神話を伝えるが、とりわけ伝アポロドロス『ギリシア神話』（原題は「文書庫」）は無味乾燥な記述ながら、神話ハンドブックと呼ぶにふさわしい情報量を含み、オウィディウス『変身物語』は魅力的な語り口によって、ギリシア神話の一つの標準版となっている。

このような意味でのギリシア神話の中には、世界中の昔話と共通するモチーフがふんだんに見出される。メレアグロスの誕生に際して運命の女神が現れ、その子の寿命は薪の燃え尽きるまでと定める。母親は薪の火を消して隠すが、後に息子に腹を立てることがあり、薪を取り出して炉に投げ入れる（『イリアス』九歌では「生命の指標」のモチーフが「母の呪い」に変えて語られる）。『オデュッセイア』九歌で語られる「ポリュペモス譚」は、ギリシア中に広まっていたことが壺絵資料から知られるが、『ドロパトス、あるいは王と七賢人の物語』（十二世紀）にも現れ、ＡＴ一一三七「人喰い鬼の目潰し」として二百七十三話が登録されている。

女丈夫アタランテの求婚者は彼女の前を走り、追走を振り切ればよし、追いつかれたら首をはねられた。ヒッポメネスは逃げながら三つの黄金のリンゴをうしろに投げ、彼女が拾うすきに逃げおおせて彼女を妻に得る（「呪的逃走」）。メランプスは蛇に耳を舐められて予言の力を獲得した（ＩＴ三七四「蛇の聞き耳」）。エリュシクトンは穀物神デメテルの罰で果てしない飢えにさいなまれ、娘ムネストラを奴隷に売った金で食いつなぐが、娘は変身の術で何度も父親のもとに戻って助ける。この話はオウィディウス『変身物語』八巻に詳しいが、古くヘシオドスの失われた叙事詩や前五世紀のサテュロス劇（一種の滑稽劇）にも語られたらしく、『グリム昔話集』六十八「きんちゃく切りと親方」、IT三六八「狐女房」などに連なる。

寿命の取り替えの物語（IT一五三「運定め―寿命の取り替え」）も広くおこなわれていたと考えられ、エウリピデス『アルケスティス』はその文学的結晶である。異人歓待の功徳《くどく》を説く話（IT一四「大みそかの客」）は「バウキスとピレモンの物語」（オウィディウス『変身物語』八巻）として語られる。継子いじめの物語も欠けてはいない。アタマスの後妻イノは先妻の二子を憎むあまり、焙《あぶ》った麦をまいて凶作を演出し、その二子をいけにえにしなければ麦は実らないとの神託を捏造《ねつぞう》する。小鳥前生譚としては残酷な話がある。トラキア王テレウスはアテナイの王女プロクネを娶《めと》るが、その妹ピロメラをも犯して舌を抜く。妹がその罪業を織物に織り込めて姉に知らせると、姉はわが子イテュスを殺し料理して夫に供する。テレウスに追われる姉妹はナイチンゲールと燕に、テレウスもヤツガシラに変身した。

前八〇〇年から千年余にわたるギリシア・ラテン文学の中で、昔話が完全な形で記述されるのは「クピードーとプシュケーの物語」（アプレイウス『黄金のロバ』四、五巻）のみであるが、我々の知る昔話のモチーフの多くは、ギリシア神話の中にすでに見出せるのである。

（中務哲郎）

オリエントの昔話

オリエント学が発達し人類最古の文字資料の解明が進んだ結果、前二千年紀初頭のシュメルやバビロニアに昔話ないしは昔話的なものがあったことが確認されるようになった。

世界最古の文学作品とされる『ギルガメシュ叙事詩』は前二千年紀初頭に編まれたと考えられるが、その素材となった伝承はさらに古くまでさかのぼる。そこには二人の英雄の友情、怪物退治、不死の探求、若返りの草、といった後の昔話でおなじみになるモチーフが現われている。同じくらい古い「エタナ物語」にも鷲と蛇の友情と裏切り、子授けの願掛け、子宝の草などのモチーフが見られる。
「むかし、同じ母親と同じ父親とから生まれた二人の兄弟がいたということです」で始まるエジプトの「二人兄弟の物語」（前一二〇〇年ごろ）こそ、完全な形で伝えられた最古の昔話と呼べよう。弟は兄夫婦に仕えて働いていたが、あるとき兄嫁が弟に言い寄り、斥《しりぞ》けられて、かえって弟に暴行されたと夫に讒言する（TMI・K二一一一「ポティファルの妻」のモチーフ）。物語の後半では魔術に助けられての逃走、ビールが溢れることで異境にある弟の死を知る（生命の指標）、杉の木の上に置いた心臓、外部の心臓を水につけて蘇生する、警告を発する動物、動物や木への転生、髪の毛の持ち主を妻にする、といった多くの昔話モチーフを指摘することができる。「運命を定められていた王子」（前一二〇〇年ごろ?）では、王子誕生に際して七人の女神が現われて王子の運命を定め（IT一四七以下「運定め」）、王子は高い館の窓に跳び上がるという試練を果たして王女と結婚する（求婚者への難題）。

数多くの書を含む『旧約聖書』は昔話モチーフの宝庫と言えよう。ヨセフは兄たちに妬《ねた》まれて奴隷として売られるが、エジプトの役人ポティファルはヨセフを信頼して家の管理を任せる。ポティファルの妻は美しいヨセフに言い寄るが、斥《しりぞ》けられて、かえって夫に讒言する（「創世記」三十七以下）。「ポティファルの妻」のモチーフはギリシアに伝わり、神話中にしばしば現れることになる。イスラエル第二代の王ダビデは、兵士ウリヤの出征中にその妻と不義を犯し、ウリヤを亡き者にしようとする。王はウリヤを戦場から呼び戻すと、「ウリヤを激しい前線に置き去りにし、討ち死にさせせよ」と記した手紙を持たせて再び送り出す（「サムエル記　下」十一）。「ウリヤの手紙」のモチーフ（AT九一〇K、九三〇）もギリシアに伝わり、ホメロス『イリアス』六歌にも利用されたが、ヨーロッパ中世の伝説や昔話に頻出するばかりでなく、我が国の昔話「水の神の文使い」（IT三〇二A）にも連なる。

サムソンの怪力の秘密は生まれてより一度も剃刀《かみそり》を当てたことのない髪の毛にあったが（「士師記」十六）、髪を生命のシンボルとする信仰は、犠牲式でまず獣の額の毛を刈って神に捧げた風習に由来するかと考えられる。ギリシア神話では、タポス人の島々はプテレラオス王が生きている限り安泰であったが、王の娘が攻め方のアンピトリュオンに恋して、父の頭から黄金の髪を抜き取ったため、父と祖国を滅ぼした話（アポロドロス『ギリシア神話』二・四・七）、メガラ王ニソスは頭の真中に緋色の髪の毛を生やしていたが、その娘が攻め方のミノスに恋して、父の命のシンボルを切り取った話（オウィディウス『変身物語』八巻）、などの類話がある。大魚に呑み込まれたヨナの話（「ヨナ書」二）や、アンモン人との戦いに勝利したら最初に迎え出る者を献ずると神に誓い、我が娘を捧げることになる「エフタの誓約」（「士師記」十一）なども昔話モチーフである。

（中務哲郎）

『ジャータカ』

古代インドの初期仏教において、ブッダ（仏陀、目覚めた人）がいまだ菩薩であったとき、その生涯を古代インドの昔話や説話を用いて寓意的に表現した教典である。とくに昔話や説話の部分だけを指して、ジャータカ（Jataka）説話などと呼んだりもする。

紀元前五―六世紀ごろ、ブッダが出てきて、初期の仏教僧団ができ、ブッダの死後、その言行に基づいて初期の教典が成立する。その初期の教典は東南アジアに古代インドの俗語であるパーリ語で書かれた文献として伝承されている。『ジャータカ』は、全部で現在五百四十七篇が数えられ、その一篇一篇にジャータカ説話が含まれている。

『ジャータカ』一篇一篇の構成は三つの部分からなり、第一部は現在世の物語でブッダが自分の過去世を語る動機になるできごとを説いている。第二部は過去世物語で、菩薩の善行が昔話や説話の寓意として説かれる。この昔話や説話は一般に韻文と散文の両者からなり、テキスト学上は韻文のほうがより古いといわれている。また、この昔話や説話の集成を世界の昔話・説話の中においてみると、それは世界最古の集成の一つといえる。第三部は結合部で「そのときの善行者は、すなわち私（ブッダ）であった」と、第二部の話の主人公をブッダに同定している。

以上の事実から、『ジャータカ』は、ブッダが説法・説教する中で、昔話・説話を引用する、あるいは寓話として用いるというものであり、初期仏教僧団内のものであったといえる。

ところが、近年の研究によると、『ジャータカ』は仏教の在家信者に〝絵解き〟されていたといわれる。たとえば、紀元前二―三世紀のものといわれるバールフトの遺跡には仏塔（ストゥーパ）がある。その仏塔を円型で囲む玉垣には、聖なる礼拝物、ジャータカ図、仏伝図などのレリーフ（浮彫）がほどこされている。『ジャータカ』第三百五十二話「スジャータ前世物語」の昔話・説話の部では、祖父の死を泣き悲しみ正気を失ったかのようになってしまった父を見て、スジャータ少年は父を救うために一頭の死んだ牛に草と水をやりつづけた。それを見ていた父親は世の無常を悟るという内容である。

一方、ストゥーパの玉垣のレリーフは、少年が死んだ牛に草をやっている。これを背後から父親が見ているさまが描かれている。図の上端部にはブラフミー文字で〝スジャータ・ジャータカ〟と記されている。

一般に仏塔信仰は在家《ざいけ》信者がよくするといわれている。さらに縁日などに、仏塔信仰で集まった在家信者たちを前に、僧侶がジャータカ図を前に絵解きをしながら、ジャータカを語っていたのだろう。

昔話や説話は五百四十七を数える『ジャータカ』のみに見られるものではなく、パーリ語仏典の中に広く散見され、その意味では、初期の仏典は〝物語文学の世界〟をもっていたといえるであろう。

ジャータカ説話の伝播《でんぱ》は、仏教の伝播とともに広まっていったものと、インドの昔話・説話の共通性の中で広まっていったものとがある。東は日本の昔話・説話、西はヨーロッパの昔話・説話の中に共通なものが数多く知られている。『ジャータカ』を和訳で読むには、一つは、『南伝大蔵経』第二十八巻〜第三十九巻（大蔵出版社）、もう一つは、最新訳として『ジャータカ全集』全十巻（春秋社）がある。

（杉岡信行）

『パンチャタントラ』

「五篇の物語」の意味で、サンスクリット語で書かれた、古代インドの説話集である。この物語集のはじめのところに次のような韻文がある。

この世における、すべての処世《アルタ》の書の真髄を知り悉《つく》した後、ヴィシュヌシャルマンはこの心を娯しませる書を、五巻の物語にまとめた。

この韻文によると、『パンチャタントラ（panca tantra）』は第一に処世の書であり、子弟の教訓、指導の書であり、単なる心を娯しませる書ではないが、やはり、この本が五十にもわたる外国語に翻訳、翻案されて、洋の東西を問わず流《る》布《ふ》したのは、その心楽しませる説話によるものと思われる。さて、その五篇とは、(1)友人の離反、(2)友人の獲得、(3)烏とオウムの戦い、(4)獲得したものの喪失、(5)思慮なき行為、である。これらの五篇の前に、発端の物語、すなわち全体の枠《わく》物語がある。それによれば、南の国マヒラーロービアのアマラシャクティ王は、怠慢愚鈍《ぐどん》な三人の王子の教育を賢明なバラモンのヴィシュヌシャルマンに依頼し、ヴィシュヌシャルマンは、処世の道を寓話に託して授けたということになっている。このように、この書はインドの説話集の典型である枠《わく》物語の形式をもっており、全体の枠の中にさらに五篇それぞれに枠物語があってその中に多くの挿話がある入れ子構造になっている。その説話は散文に教訓的詩句をまじえて語られている。

　収載されている説話は伝本によって多少の違いはあるが、流布本では六十二である。その大部分は、動物説話であり、動物が主人公で人間は脇役にすぎない場合が多い。しかし、そこに登場する動物たちは、人間のようにしゃべり、人間のように考え、行動し、感情をもち、それでいながらその個性を発揮している。それは、この書がまさに寓話である、つまり、処世術の教育のための教訓話であることによる。しかし、それは決していわゆる道徳的寓話集ではない。むしろ、目的達成のためには、欺瞞《ぎまん》や策略も許されるというような、まさに、インド的な融《ゆう》通無碍《ずうむげ》な、奔放な世界観のあらわれた寓話なのである。そこに説教臭くない面白さがある。

　原本は現存せず、原作者も年代も不明であるが、多数の文本が生じ、数種の異本が伝わっている。その最古の文本とされるカシュミールに伝わった『タントラークヤーイカ（*Tantrakhyayika*）』は、西暦三―四世紀の成立とされている。『ヒトーパデーシャ』（有益な教訓）は、ネパール本とその原形である南インド系の伝本に、ほかの資料をも含めて、ナーラーヤナが五巻を四巻に改編したベンガル地方で広く普及したものである。西北インドに伝わった伝本をもとにして六世紀ごろ中世ペルシア語パーラヴィー語訳があり、それは現存しないが、これをもとにした古代シリア語訳、アラビア語訳が残っており、これらの訳本は原本の一巻に登場する二匹のジャッカル、カラタカとダマナカの名をとって『カリーラとディムナ』と呼ばれ、この題名はその内容とともにその後の西方諸国の翻訳の起源となった。それらの翻訳本が西方諸国の民間説話に多くのモチーフを提供したであろうし、ヨーロッパの寓話文学や童話などへも大きな影響を及ぼしている。

　また、この書はサンスクリット諸伝本

が近代インドの諸方言（言語）に翻訳・翻案されて伝わり、現在でもインド各地に伝えられている。東南アジア諸国へは、タミル語などのインドの諸言語に訳されたものをもとにしたものと、アラビア語訳から近代ペルシア語に訳されイスラム教徒によってインドに逆輸入されたものが、さらに東南アジアの諸言語に翻訳されたものなどがある。

この書の説話ないしはそのモチーフのわが国への伝播《でんぱ》については、『今昔物語』の若干の説話や民間説話、昔話の中に対応する話があると指摘されているが、それらが、仏教説話にも存在するため、漢訳仏典を通して伝わったのではないかと考えられている。『パンチャタントラ』を原典訳で読むには『アジアの民話12 パンチャタントラ』（大日本絵画）がある。

（杉岡信行）

『グリム昔話集』

『グリム昔話集』とは、ヤーコプ・グリム（一七八五―一八六三）とヴィルヘルム・グリム（一八八六―五九）の兄弟が蒐《しゅうしゅう》集・編纂《へんさん》した『子どもと家庭のメルヒェン集』（略号ＨＨＭ＝Kinder-und Hausmärchen）のことである。その成立過程を概観する。

グリム兄弟が昔話を集めた十九世紀初頭は、ヨーロッパを征服したナポレオンの激動の時代だった。当時、ドイツ語を話す人々はいたが、ドイツという国はまだ存在しなかった。ロマン派の詩人たちは、民間伝承の中に「フォルク」（民族、国民）共通の伝承を見いだそうとした。近代国民国家を立ち上げるためには、その国民に共通する固有の文化を想定せざるをえなかったのである。そのような気運の中で、アルニムとブレンターノが『少年の魔法の笛』と題するドイツ古代歌謡集（一八〇六年）を出版し、さらに続巻を出そうと、資料集めのため協力者を求めた。続巻には古くから伝わる伝説や昔話も載せる予定であったので、読者に広く口承資料を送ってほしいと訴えている。グリム兄弟もマールブルク大学での恩師ザヴィニーの紹介によってその協力者になった。このようにグリム兄弟の蒐集活動はアルニムとブレンターノの昔話の資料集めに協力する形で始まった。

一八一〇年十月に兄ヤーコプは当時集めた四十八話をブレンターノに送ったが、原稿は手つかずのままで、出版されることはなかった。そこでグリム兄弟は自分たちで昔話集を出版しようと考え、熱心に蒐集活動をした。兄のヤーコプは、ユグノー（フランス系プロテスタント）でヘッセン国の高官であったハッセンプフルーク氏の娘たちから「狼と七匹の子山羊」、「赤ずきん」、「手なし娘」、「盗賊婿」、「仕立屋の親指小僧」、「いばら姫」、「つぐみ髭の王様」、「白雪姫」、「金の鵞鳥《がちょう》」、「水の精」などを聴いている。弟のヴィルヘルムはカッセルで薬局を営むヴィルト家の娘たちから「蛙の王様」、「マリアの子」、「ヘンゼルとグレーテル」、「ホレおばさん」、「千枚皮」、「恋人ローラント」などを聴いている。

一八一二年一月にアルニムがグリム兄弟の集めたメルヒェン資料を見て、とても気に入り、早く出版するように勧めている。こうして、その年のクリスマスにベルリンのライマー出版社より初版の第一巻（八十六話）が出版された。

グリム兄弟はさらに蒐集活動を続け、カッセル近郊の仕立屋の妻フィーメニンから「鵞鳥番の娘」、「賢い百姓娘」、「ものの知り博士」、「おいしいお粥」、「ミソサザイと熊」、「鉄のストーブ」などを聴き、そのほかにも優れた語り手とめぐりあい、また、口承以外にも独仏伊の書承資料などからも採り入れ、一八一五年に第二巻（七十話）を出版することができた。そしてその後も第二版（一八一九年）を出し、さらに版を重ね（一八三七、四〇、四三、五〇年）、第七版（一八五七年）まで出版され、話数も二百話（プラス聖者伝十話）にまで増えた。その間、弟ヴィルヘルムによって文体に少しずつ磨きがかけられ、フランス系の話などもドイツ風の話にたくみに仕立て上げられていった。

聖者伝を含めて二百十話の内訳は、大まかに分類すると、動物昔話二十五話、本格昔話百三十四話、笑話と逸話二十九話、形式話四話、分類できない話十八話となる。

その後、グリム兄弟は、イギリスのエドガー・タイラーの挿絵付き『英訳グリム昔話選集』（一八二三年）の出版に刺激を受けて、二百話所収の「大きな版」とは別に、五十話を選んで「小さな版」を出している。この『選集』にはグリム兄弟の末弟の画家ルートヴィヒの挿絵が七枚入れられたこともあって人気を博し、実に十版（一八二五、三三、三六、三九、四一、四四、四七、五〇、五三、五八年）も出版された。

ところで、ブレンターノに送られ、出版されないまま眠っていたグリムの原稿は、ブレンターノの死後、ほかの著作や遺稿などとともに、知り合いの修道院長に引き取られ、エーレンベルクの修道院の書庫に死蔵されていたが、一八九三年にそこから発見された。これが、いわゆる「エーレンベルク稿」あるいは「初稿」といわれるものである。

カルヴァン派のキリスト教徒であったグリム兄弟は、昔話集を編むことによって近代市民社会にふさわしい倫理観、家庭像を提示しようとした。――「男は外で勤勉に働き、女は家庭を守り、子どもを育てる。一夫一婦制が建前、とくに女性は貞淑であらねばならない」。メルヒエンは、そのような家庭を築くことを最大の目的とする結婚で終わらなければならない。メルヒェン・イコール・ハッピーエンドという近代メルヒェンの定式はグリムが生み出したといえよう。

こうして、グリム昔話は近代国民国家を形成しつつある国々に受け入れられた。日本でも菅了法の翻訳『西洋古事神仙叢話』（一八八七年）をはじめ、巖谷《いわや》小波《さざなみ》の「お伽噺」などを通じて受容されていき、今日では、その「初稿」（小澤俊夫訳『ドイツ・ローマン派全集』第十五巻、国書刊行会、所収）、「初版」（吉原高志・素子訳『初版グリム童話集』全四巻、白水社）、「第二版」（小澤俊夫訳『完訳グリム童話』全二巻、ぎょうせい）、「第七版」（金田鬼一訳・岩波文庫、野村泫訳・筑摩書房、池田香代子訳・講談社）を日本語で比較しながら読むことも可能となっている。

（竹原威滋）

ペロー『童話集』

十七世紀末のフランスで刊行された物語集。口承の昔話、あるいは先行するイタリアの文献（ストラパローラ『楽しい夜』など）から選び出した物語を当時の好みに合わせて語り直したとされる。

フランスではもっとも古い昔話集で、資料としての評価も高い。ポール・アザールやマックス・リューティはフランス的な昔話の例として用いている。フランスの昔話の特徴として「優雅と機知」「狡猾さ」あるいは「洗練された」と言われているのは、いずれもペローの『童話集』が基準となっている。

現在まとめて「童話集」と呼ばれているのは、韻文による物語三篇と散文の物語八篇からなる。一六九一年に韻文の物語「グリゼリディス」が発表されたのを最初に、散文の物語八篇がそろって刊行されたのは一六九七年で、そのときの題名は『過ぎし時代の話《イストワール》あるいは物語《コント》、教訓付き』だった。作者については、シャルル・ペローという説が有力だが、散文による物語に息子ピエールの署名があることから、今なお結論にいたっていない。

収録された作品と、それに対応する話型番号（AT）は次の通り。

『グリム昔話集』の語り手

『グリム昔話集』はヨハネス・ボルテが、「生粋のヘッセンのメルヒェンの収集」と断言したように、従来、多くの研究者がドイツ民族の文化遺産であると主張してきた。しかし、この見解は、一九七五年に発表された、ハインツ・レレケの論文によって完全に覆された。主な語り手の素姓が調査され、ユグノーであることが明らかにされたのだ。ユグノーとはカルヴァン派を信じるフランス人のことだ。一六八五年に宗教迫害を受け、フランスから多くのユグノーがドイツに逃れ、各地に定住した。その末裔《まつえい》が『グリム昔話集』の主たる語り手であるというレレケの新説は、当時センセイションを巻き起こし、激しい論争が展開された。

アンチ・フランスの風潮の中、ドイツ民族の宝として収集されたメルヒェンが、フランスの移民から採集されたのは何故か。その理由は宗派にあると思われる。グリム兄弟はカルヴァン派であり、同じ宗派のユグノーを、ルター派やカトリックのドイツ人より身近な隣人とみなし、ヘッセン人として親交を暖めていたのだ。

初版第二巻最大の語り手であるフィーマン夫人もユグノー出身だ。第一巻最大の語り手マリーは、ヴィルト家の女中のマリーばあさんのことではなく、ハッセンプフルーク家の二十二歳の娘マリーであったことが、レレケによって明らかにされた。ハッセンプフルークは当主が知事にまでなった家で、富裕市民階層に属し、祖先はユグノーである。

ほかの語り手は、薬局ヴィルト家の娘たちやエンゲルハルト家の娘たち、ハクストハウゼン家の娘たち、ブレンターノの姉妹たちだ。彼女たちは皆、ブルジョア市民階層の教養ある娘たちだ。グリム昔話の語り手の特徴は、都市富裕市民階層の独身の娘たちが大多数を占めていたことだ。しかし、なかには退職した騎兵曹長クラウゼ、牧師補ジーベルトなど男の語り手もわずかではあるが存在する。

そのほか、グリム兄弟は口承による採集だけではなく、手紙や文献など書承による採集も積極的におこなった。書承による採集では、オットー・ルンゲが送ってきた「漁師とその妻」「杜松の木」が理想的な話だとみなされた。

（野口芳子）

韻文三篇……「グリゼリディス」（AT八八七）、「ロバの皮」（AT五一〇B）、「愚かな願いごと」（AT七五〇A）

散文八篇……「眠れる森の美女」（AT四一〇）、「赤ずきん」（AT三三三）、「青ひげ」（AT三一二）、「猫大将、あるいは長靴を履いた猫」（AT五四五）、「仙女たち」（AT四八〇）、「サンドリヨンまたは小さなガラスの靴」（AT五一〇）、「親指小僧」（AT三二七）、「まき毛のリケ」（対応する話型はないが、AT四二五と比較して論じられることがある）

不朽の名作とされてきたペローの『童話集』だが、現在では、女性が美しくはあるが薄幸で弱々しく描かれていることに批判もある。片木智年『ペロー童話のヒロインたち』やザイプス『赤頭巾ちゃんは森を抜けて』は、民間伝承や近代のパロディ作品など数多くの資料と比較しながらペローの描く女性の特徴を際立たせた、興味深い著書である。また反対に、新倉俊一『フランス中世断章』では「青ひげ」を取り上げ、女主人公のしたたかさを指摘している。

しかしながら、ペローの『童話集』がフランスでもっとも古い「昔話集」であるために、ペロー以前の民間伝承の姿を知ることは難しい。十九世紀以降に採集された口承の昔話を分類・整理した結果、小さな女の子に赤い頭巾を被《かぶ》らせたり、猫に長靴を履《は》かせたのはペローの工夫によるものだとされているが、サンドリヨンのガラスの靴の素材については今なお議論が続いている。先行するイタリアの文献についても、ペローの作品の源流として取り上げられることが多いが、当時フランス語に翻訳されていた『たのしい夜』はともかく、バジーレの『ペンタメローネ』はイタリア人にも難しいとされるナポリ方言で書かれていたことから、ペローには読めなかったのではないかとされており、事情は複雑である。

むしろ、比較や話型研究に終始するあまり、作品そのものに対する追求が等閑にされてきたのではないかという声もある。水野尚『物語の織物—ペローを読む』では、作品を丹念に読みなおすことによって従来の誤解（サンドリヨンが三回舞踏会に行く、あるいは眠れる美女が王子のキスで目覚めるなど）を訂正し、時を超えて読み継がれてきた作品の魅力を再確認しようという試みがなされている。

（山根尚子）

『ペンタメローネ』

十七世紀イタリアを代表する作家ジャンバッティスタ・バジーレ（一五七三？

—一六三二）によるヨーロッパ最古の昔話集（一六三四—三六）。ジョバンニ・ボッカチオ（一三一三—七五）の『デカメロン』（一三三四年）を模した枠物語で、『デカメロン』と同じく十名の語り手が登場するが、語りの期間は半分の五日間であるから、物語の総数は五十である。

大公タッデオが昔話を切望する妃のために募集選考したひどい風体身なりの女十名が、一日に一話ずつ、口角泡を飛ばしながら話すという設定である。激しい侮蔑や差別を表わす言葉が容赦なく飛び交い、人身攻撃は執拗なまでに繰り返される。これを言葉のゴシック建築と見なして楽しむか、冗漫と見て批判するか、あるいは評価の分かれるところかもしれない。

注目すべきは、この五十話のうち、アールネとトンプソンの『昔話の型』に対応するものが四十八話、グリムの『昔話集』に三十九話、わが国は稲田浩二の『日本昔話タイプ・インデックス』に二十九話も対応するという事実である。これは、著者のバジーレがいかに昔話に精通していたかを物語るものではないか。当時から流布していたおびただしい数の昔話の中から選びに選び、これぞ昔話を代表するといったものをそろえて、副題に『おはなしのなかのおはなし』とうたっているのである。

では、実際にどのような話型が含まれているのか。初日第一話の「鬼の話」は、AT五六三、グリムの三十六番「テーブルとロバと杖」に完璧に対応する。第六話の「灰かぶり猫」は、むろん「シンデレラ」（AT五一〇A）である。二日目の第一話「ペトロシネッラ」は、グリムの「ラプンツェル」にそっくりであり、後半には「呪的逃走」（AT三一三）のモチーフが加わる。第三話「ガリューゾ」は、ペローの「長靴をはいた猫」（AT五四五）そのものであり、違いは猫が長靴を履いていない点と結末部がわずかに変化するのみである。三日目の第二話「手なし娘」は、題名が示す通りで、グリムにも日本にも存在する代表的な国際話型（AT七〇六）である。四日目第一話「雄鶏の石」は、グリムの「忠実な動物たち」と同系統で、「魔法の指輪」としても、あまりにも有名な国際話型（AT五六〇）である。五日目の第九話「三つのシトロン」は、果実から人が生まれるモチーフを含み、わが国の「桃太郎」や「瓜子姫」などと一脈通じるところもある。

内容の一部を紹介したが、国際話型の全体に含む割合は前述の通りである。注目すべきは、アジア起源と考えられる先の「シンデレラ」型、「魔法の指輪」型、

「瓜子姫」型などの話が十七世紀前半（日本では関ヶ原の合戦のころ）にすでにイタリア（ナポリ）で流布していたという事実ではなかろうか。

さらに、四百年近くをへた今日、これらの国際話型は脈々と世界の各地で語り継がれているのである。近年、昔話研究も内外ともに組織化され、多大な成果をあげてきた。そのきっかけとなったのがグリム兄弟の『昔話集』であることに異存はないが、その前に兄弟に多大な影響を与えた『ペンタメローネ』という貴重な存在があったことを忘れてはならない。難解な中世ナポリ方言から完全英訳をしたN・W・ペンザーは、その序文の中で、「バジーレこそ、ペロー、アンデルセン、それにグリム兄弟を従えて、世界昔話の王座に座るべき人物」と述べているのである。

最後に、わが国における導入の歴史についてひとこと触れておく。初めてその存在と数話が紹介されたのは、大正の初期（一九一六年）から昭和（一九二七年）にかけてであり、長い間「幻の名著」と呼ばれてきたが、一九九五年になってついに完訳が出版された。

（三宅忠明）

アファナーシエフ編『ロシア民間昔話集』

グリム兄弟と神話学派の影響を受けたアレクサンドル・N・アファナーシエフ（一八二六—七一）が民衆の間で語られていた昔話をまとめた、ロシア初の昔話集である。当時、ロシア地理学協会はロシア全土に要綱を配布し、民族学資料と口承文芸学資料を収集する大々的活動を展開していた。この活動に応え、各地から相当数の資料が協会に送られてきた。協会はそれらの中から二百二十三話の昔話を選び、すでに『スラブ人の詩的自然観』の著者として名を知られていたアファナーシエフに託した。『昔話集』全体の三分の一以上を構成しているのがこれらの昔話である。そのほかに、彼自身が自分の出身地ヴォロネジで集めた話や、彼の友人たちが記録した話も含まれている。さらに古い印刷物や木版画による出版物の中から選び出されたテキストも加えられ、一八五五年に第一分冊が世に出た。この出版が彼のその後の資料収集を大きく前進させた。多くの人々が彼を訪ね、資料の提供を申し出たのである。なかでももっとも大きな貢献をしたのは、当時『ロシアの諺《ことわざ》集』の出版に専念していたダーリである。彼はアファナーシエフから手紙を受け取り、自分が集めた膨大な量の昔話を提供することにためらうことなく同意した。こうして全部で六百を超す昔話が集められ、一八六四年までに全八分冊の出版が完了した。

グリム兄弟の出版物と違い、語られたままを正確に伝えることを目指し、資料に手を加えることをせず、純粋に学術的な目的を追求した点で、先駆的な仕事となった。しかし、反ツァーリ、反地主的性格をもつ昔話や、聖職者を諷刺的に扱った昔話は当時の検閲体制下では『昔話集』から除外せざるをえなかった。これらの昔話がもつ価値を十分に知っていたアファナーシエフは、その後ジュネーブにおいて匿名でそれらを『ロシア秘話集』と題して出版した。ソビエト時代に出た版には『秘話集』の中からもっとも諷刺のきいた昔話がいくつか選ばれて、収められている。最新の第七版は一九八四から八五年にかけて全三巻で出版され、後注に採集地、AT番号、L・G・バラグとN・V・ノヴィコフによる注釈が付されている。

初版本は同じ昔話の類話が別々の分冊に収められるなど、雑然とした感があったが、第二版（一八七三年）では章分けこそされなかったものの、体系的に並べ替えられ、以下の順序で整然と配置されている。

動物昔話（1―86）、物質の昔話（87―88）、植物の昔話（89―90）、自然現象の昔話（91―94）、魔法昔話（95―307）、ブィリーナ（英雄叙事詩）的昔話（308―316）、歴史伝説（317―318）、ノヴェラ的昔話ないしは世態昔話（319―350）、妖怪話（351―452）、小噺（453―527）、果てなし話（528―532）、プリバウトカ（語呂のいい短い話）（533―547）。

この中からブィリーナ、歴史伝説、妖怪話といった、昔話以外の話を除外すれば、現在一般におこなわれている昔話の分類とほぼ一致する。アファナーシエフは経験的に正しい分類を探り当てたといえる。

彼は幼いころから屋敷の暗い部屋の隅で下女が語る昔話を聴くのが好きだったと書き残しており、昔話に対する愛情は生涯続いた。彼のこの情熱が『ロシア民間昔話集』として結実し、後世の人々の手に届けられたことは幸いだった。

（斎藤君子）

(3) 昔話研究の歴史―異なる場所で似ている話が語り継がれてきたのは何故か―

はじめに

世界の昔話に興味をもち、さまざまな国・地域や民族の昔話集を読むとき、だれもがまず感じるであろうこと、それは「異なる場所でこんなに似ている話が語り継がれてきたのは何故だろう?」という想いではないだろうか。本書第二部に紹介された百六十八の昔話の中にも、たとえば「シンデレラ」をはじめ、世界各地に類似する話を発見できるものがいくつもある。もちろん、ある地域にのみ孤立して伝承される話や、地域の風土や歴史に深く根ざしていると感じられる話も決して少なくはないが、それ以上に、昔話の国際的な類似性・共通性というものが強烈な印象として残る。一体その類似性は、どのような理由によって生じたのだろうか?

昔話が本格的に学問の対象として研究されるようになって以来、約二世紀が経とうとしているが、その間つねに多くの研究者たちの念頭にあったもの、彼らが追い求めてきたものも、やはり同じ問いであったように思われる。彼らは、同時代の社会や文化の影響を受けながら、この問いに対して何らかの理論仮説を立て、これを実証するために一定の方法論を用いて研究を進め、さまざまな成果を残してきた。けれども今日これらの研究を通覧するとき、この問いがまだ完全には解き明かされていないことにも気づく。

本節では、「異なる場所で似ている話が語り継がれてきたのは何故か」への答えを探し求めた人々の二百年の歩みを、いくつかの大きな道筋を紹介しつつ、たどってみたい。

一 グリム兄弟の二つの仮説

本書第三部「(2) 世界昔話の古典」の項でも紹介したように、昔話が文献に登場した歴史は三千年以上前まで遡《さかのぼ》ることができる。しかし、昔話の国際比較研究は十九世紀はじめのグリム兄弟［Brüder Grimm］の登場を待たねばならなかった。

グリム兄弟による『子どもと家庭のメルヒェン集』（通称『グリム昔話集』、初版刊行一八一二年および一五年）は、昔話研究の扉を開いたとされる。その理由は、彼らが明確な目的意識をもって昔話を採集し、その成果を同書に著したことによる。では彼らの昔話採集の目的とは何か。それはドイツ民族にとって共通の精神的支柱となるものを昔話や伝説の中に発見したいという民族主義的・ロマン主義的な願いだった。当時のドイツはまだいくつもの封建領主国家に分裂しており、隣国フランスによって政治的にも文化的にも支配・抑圧された「後進国」だった。民族の誇りと団結が何よりも求められていた。そこで彼らは、ドイツにもこんなに素朴かつ美しい昔話がたくさんあり、その起源は遠くいにしえの時代にまで遡れるものであることを、同胞たちに告げ知らせようとしたのである。

『グリム昔話集』は国内で大きな反響を呼び、四十年以上にわたって改訂が重ねられ出版された、のみならず国外にも紹介され、やがて近隣の「後進諸国」の研究者、スコットランドのキャンベル［Jonh F. Campbell］、フィンランドのサルメライネン［E. Salmelainen］、ロシアのアファナーシェフ［A. H. Афанасьев］らが、一八五〇年代から六〇年代にかけて、同様の目的意識をもって自国の昔話の本格的な収集に基づく集成を刊行していった。

一方、グリム兄弟は伝説の収集にも着手し『ドイツ伝説集』（一八一六、一八年）を刊行したほか、オーストリアやアイルランドなどほかのヨーロッパ諸国・諸民族の昔話や伝説にも関心をもつようになる。その中で、類似する昔話や伝説が異なる国や地域で伝承されている事実に気づいた彼らは、その理由に関する二つの仮説を立てたのだった。㈠著しい類似を示す民間説話の円周はインド・ヨーロッパ語族のそれと重なり、これらの話は疑いなく共通の古いインド・ヨーロッパの話に源を発している［インド・ヨーロッパ理論］。㈡民間説話は神話の断片であり、その源である神話を正しく解釈することによってのみ理解され得る［神話断片理論］（トンプソン『民間説話―理論と展開―』下より引用）。これら二つの仮説をめぐって、十九世紀後半以降さまざまな研究者が議論を闘わせることになる。

二　インド起源説と原始的心性説

グリム兄弟は、古代ゲルマン民族の信仰に対する関心から以上のような二つの仮説を立てたが、同じ時期にサンスクリット語の研究が進み、インドの古い文献にヨーロッパ各地に伝承されている神話と共通するものがあることがわかってきた。なかでもドイツの文献史家ベンファイ［Teodor Benfay］は、インドの古い叙事詩「ヴェーダ」や寓話集『パンチャタントラ』などの研究に基づき、世界の昔話の大半がインドを起源としており、中世のイスラム商人の東西交易や、モンゴル帝国のアジア・ヨーロッパ支配の結果、これらがユーラシア大陸の隅々にまで伝播《でんぱ》したとする、「インド起源説」を提唱した。

これに対し、イギリスの人類学者タイラー［Edward B. Tylor］やラング［Andrew Lang］は、グリム兄弟による第二の仮説を発展させる形で、世界各地の「原始的」な生活を営む人々の信仰や慣習の研究を通じて、「原始的心性説」を提唱した。人類の進化の初期段階における心性は、どの人種・民族においても、肉体と霊魂との関係や精霊の観念、動植物との交流などに関して、昔話（とくに魔法昔話［Märchen, magic tales］）に表現される世界ときわめて近いものであり、当初は各地で神話の形をとって表現され、やがて昔話となった、とする説である。これは、類似する昔話が独立して別々の場所で発生したという「多元的独立発生説」に属するものであり、「一元的発生伝播説」としての「インド起源説」と鋭く対立した。

三　フィンランド学派

グリム兄弟の二つの仮説を、それぞれ別の方向へと発展させた「インド起源説」と「原始的心性説」の双方に対して、真っ向から批判をおこなったのが、フィンランドのクローン［Kaarle L. Krohn］だった。まず「インド起源説」に対して、この説は文献資料を重視しすぎるあまり、昔話本来の伝承の形である口承説話の意義を軽視していると批判する。つまりある昔話が、仮にその国（地域）の文献に残っていなくても、古くからそこで語り継がれてきたという可能性は十分にある。また、ただ一つの民族が世界じゅうの昔話の創造に関与したとするよりも、話によってその創造に関与した民族は異なると考えるほうが自然であるとする。一方、「原始的心性説」に対しては、多くの昔話が複雑で精巧な構成をもっており、ある程度文明が進んだ段階でなければそうしたものは創り出せないだろうし、心性の類似性だけではストーリー（モチーフ構成）の細部まで一致することはありえないと批判する。

クローンの立場を継承したアールネ［Antti A. Aarne］は、個々の昔話ごとに独自の「原郷」（発生の時期と場所）をもつと主張した。つまり類似する昔話が異なる場所で語り継がれているのは、その話の原郷があり、やがて各地に伝播していったからである、ただし原郷は話によってそれぞれ異なる、と考えたのである。彼はこの仮説に基づき、可能な限り数多くの昔話を国際的に収集し、タイプ（話型）とモチーフを基準にこれらを比較・分類することによって、個々のタイプの原形（元の姿）を復元するとともに、その発生地・発生時期・伝播経路を解き明かしていくことを、昔話研究の方法論として提唱した。

この方法は、歴史と地理の両方にわたる考証であることから「歴史地理的方法」と呼ばれ、また提唱者たちは「フィンランド学派」と呼ばれる。その研究はアメリカのトンプソン［Stith Thompson］によって受け継がれ、『昔話の型』（略称AT、一九二七年、増補改訂一九六一年）および『民間文芸のモチーフ索引』（略称TMI、一九三二―三六年、増補改訂一九六六年）として結実した。さまざまな批判を受けながらも、両書は今なお多くの昔話研究者によって利用されており、フィンランド学派の理論仮説と方法は世界の昔話研究に大きな影響力をもち続けてきた。真の意味での国際的・科学的な昔話研究の基礎は、フィンランド学派によって築かれたといえる。

四　歴史的再構成法

フィンランド学派の立場は、ある昔話の起源を一ヶ所に限定するという意味で「一元的発生伝播説」に属するものであり、先に述べた「原始的心性説」のような「多元的独立発生説」は否定されたことになる。だが、神話や昔話のような民間の説話（物語）が、その民族の世界観や宗教観、宗教儀礼や生活習俗を、次の世代に伝えることを目的として創造されたと考えるなら、二つの異なる民族において世界観や宗教儀礼などが類似している場合、民間説話もまた、モチーフの細部にわたっての一致までは無理としても、ある程度までは類似するものと推測される。また仮に、ある民族のある話が別の民族に伝えられた場合にも、その話がその民族に受け容れられ根づくためには、類似する世界観や宗教観をもっていることが前提となるのではないか。

以上のような仮説に基づいて、民間説話を、古代の信仰や宗教儀礼のありようが象徴的・文芸的に刻み込まれたもの（これを「残存［survival］」と呼ぶ）と見なし、各地の民間説話の収集と比較考察に加え、文献に記された説話や考古学的史料、さらには「未開」の民族・種族の儀礼や習俗に関する資料も総動員して、その説話が創造された時代の人々の世界観や宗教観、儀礼や習俗のありようを再構成（復元）しようとする研究方法が、十九世紀後半以降の人類学者や民俗学者たちによって提唱された。「原始的心性説」の流れをくむこのアプローチは「歴史的再構成法」と呼ばれ、その代表的な成果としてイギリスの人類学者フレイザー［James G. Frazer］による『金枝篇』（一八九〇―一九三六年）がある。彼は、イタリアに伝わる「殺される王」伝説を糸口にして、全人類に共通する呪術的思考の解明を試みた。ちなみに柳田國男はフレイザーに強い影響を受け、日本人固有の信仰を明らかにすることを目的として昔話研究に取り組んだとされる。また、彼の「昔話は神話のひこばえ（＝伐った草木の根株から出た芽の意）である」という有名なテーゼも、すでに述べたグリム兄弟の「神話断片理論」を受けたものと見なせる。

五　機能論的アプローチ

二十世紀に入り、人文・社会科学の全般にわたる三つの新しい学問研究の理論と方法が提唱され、昔話研究の分野においても重要な道しるべを示すことになった。「機能論的アプローチ」、「構造論（形態学）的アプローチ」、そして「精神分析的アプローチ」である。これらのうち、まず「機能論的アプローチ」とは、ポーランドのマリノフスキー［Bronislaw K. Malinowski］や、イギリスのラドクリフ・ブラウン［Alfred R. Radcliffe-Brown］といった人類学者たちによって提唱された理論仮説および方法論で、昔話を例にとるなら、ある昔話がある特定の社会で発生し伝承されてきたのは、その話が当該社会の人々のもっている何らかの欲求を充足させる機能を果たしてきたからだと考える。言い換えれば特定の社会的な必要性（需要）が特定の昔話の発生と伝承を可能にする、と見るのである。

このような機能論的立場に立つとき、異なる社会において類似する社会的需要がある場合、そこに類似する昔話が発生し伝承される、という仮説が成立する。一例として「姥捨て山（棄老説話）」を考えてみよう。経済的に貧しい社会において、自然災害や戦争などによって食糧がとくに不足し、そのままでは全員が餓死しかねない事態に陥った際、働けなくなった老人が犠牲になるのはやむをえないとする考え方は、おそらくどの時代にも、どの民族においてもあったに違いない。と同時に老人の知恵に対する敬意や親に対する情愛の強さもまた、時代や民族を超えて存在し続けてきたものだろう。両者のジレンマが社会的需要となって世界各地に類似する「姥捨て山（棄老説話）」が生まれ、そして伝承されてきた、以上のように推測されるのである（ただし、この話に登場するいくつかの難題、たとえば「灰で縄をなえ」というものなどは、多元的独立発生ではなく、どこか特定の場所で生まれ、伝播していったに相違ない）。

　機能論的アプローチの中心課題は、昔話の社会的機能、すなわちある昔話に対してこれを伝承した社会の人々がどのような意味づけをしたか、どのような目的で語り、またどのように受容したのかを解き明かすことにあった。また、フィンランド学派が昔話のテクスト、すなわち話の内容そのものに注目して比較考察するのに対し、この立場はコンテクスト、すなわち話の背景にあるものに注目し、説話伝承を成り立たしめた社会的な需要や欲求を考究する。要するに、昔話と社会との関係性を探っていく立場といえるだろう。

六　構造論（形態学）的アプローチ

　もう一つの新しい思潮は、構造論（形態学）的アプローチで、スイスのソシュール［Ferdinand de Saussure］をはじめとする言語学者たちによって提唱され、後にロシアのプロップ［Владимир Я. Пропп］やフランスのレヴィ＝ストロース［Claude Lévi-Strauss］、アメリカのダンデス［Alan Dundes］らによって昔話や神話の研究にも応用されていった。彼らは機能論的アプローチとは異なり、もっぱら昔話のテクストに注目する。そしてその構造や形態を記号化して提示することを通して人類の普遍的な思考様式（パターン）を明らかにしようとする。本論の主題に則していえば彼らは、昔話の類似性は人類の普遍的な思考様式というものが存在するために生まれたと考える、つまり「多元的独立発生説」に属する。

　たとえばプロップは『昔話の形態学』（一九二八年）において、ロシアのさまざまな魔法昔話のストーリー展開を比較分析し、具体的な出来事を抽象化した構成要素（プロップ自身は「機能［function］」と呼んだ）として、①留守、②禁止、③違反、……、㉛結婚、の合計三十一を抽出し、分析したすべての昔話においてこれらの構成要素が、途中いくつか欠落する場合はあっても、いずれも同じ順序で登場することを明らかにした。そして、すべての魔法昔話は構造的に単一であると結論づけた。

　また、デンマークのオルリク［Axel Olrik］やスイスのリュティ［Max Lüthi］は、語りの様式に注目し、三という数字が好んで用いられること（「三数優越の法則」）、兄弟たちが主人公となる場合には、末の弟や妹が活躍すること（「最後部優先の法則」）、主人公が人間世界と超自然的世界との間を自由に行き来できること（「一次元性」）など、昔話の本質的な様式性をいくつも抽出して提示した。以上のような昔話の構造的単一性や様式的共通性が、時代や民族を超えてどこまで妥当性と普遍性をもちうるかについては、これからの研究課題として残されているように思う。

七　精神分析的アプローチ

二十世紀における、さらにもう一つの新たな学問的展開はオーストリアの精神分析家フロイト［Sigmund Freud］によってもたらされた。彼の精神分析的アプローチは心理学のみならず、文学や歴史を含む人文・社会科学のあらゆる領域に影響を及ぼしたといえる。彼の研究は、その後ベッテルハイム［Bruno Bettelheim］らによって昔話研究に応用され、またフロイトから袂《たもと》を別《わか》ったスイスの心理学者ユング［Carl G. Jung］やその弟子の河合隼雄らによる神話や昔話の解釈学として、批判的に継承されていった。臨床心理家である彼らは、本人自身到底知るはずもないほかの民族の神話や昔話にそっくりの夢を見たクライエント（来談者・患者）に何人も出会う中で、次のような仮説を提示した。昔話の類似性は人間の「無意識」もしくは「深層心理」と呼ばれるものの普遍性に由来する。ユングはこれを「集合的無意識」と呼んだ。つまり、日常生活の中で生じる葛藤や心理的抑圧に対処するため、人間は無意識的な欲求や願望を抱き象徴的に表現しようとするが、これが個人レベルでは夢や妄想となって表われ、集団レベルでは神話や昔話として表現されると考えたのである。この見解は、ある意味で先に述べた「構造論的アプローチ」の立場によく似ているが、理性・感情の両方を合わせた意味での「思考様式のパターン」に注目するか、「無意識ないしは深層心理」に注目するかという点で異なる。つまりこの立場は、理性を超えた領域を問題にするのである。

以上のような仮説に基づいて、精神分析的アプローチによる昔話研究は、テクストのモチーフ構成や登場者の象徴論的な解釈に向けられる。このときフロイト派は主に「性的シンボル」として、ユング派は主に「元型的イメージ」として解釈をおこなう。一例として「赤ずきん」をあげてみよう。フロイト派はこの話における「おかあさん」と「おばあさん」を、少女にとっての母親の二面性――理性的に導いていく存在であると同時に、情動的に抱きしめ今の状態にとどめ置こうとする存在――のそれぞれを人格化したものととらえ、また「狩人」と「狼」もまた、「保護者」と「破壊者」という父親の二面性を切り離して人格化したものととらえる。その上で、この話は主人公の少女が自分にとっての指導者であり抱擁者である母親に殺意を抱き、保護者であり破壊者である父親と手を結んで母親を殺そうとした物語、すなわち「無意識的な母親殺し（エレクトラ・コンプレックス）の物語」であると解釈する。一方、ユング派によれば、「おばあさん」も「狼」も、ともに主人公を飲み込み幼児期へと退行させようとする「グレートマザー」という元型に結びつけられ、これを「肯定的父性」としての「狩人」が切断する物語、すなわち母親と一体化し退行しようとする主人公を父性が切断し「個性化」が実現するという「自己実現の物語」として解釈される（以上の解釈は鈴木晶『グリム童話―メルヘンの深層』を参考にした）。

八　歴史的変容研究（イデオロギー論的アプローチ）その他

さらに、二十世紀後半以降、昔話の比較研究の新たなアプローチが提唱された。歴史的変容研究またはイデオロギー論的アプローチと呼ばれるものである。ここでは、昔話の比較はその共通性や類似性よりも差異性に、また口承の資料よりも文字化されて出版された話、つまり書承の資料に焦点が当てられる。つまり、同じような内容の昔話が、時代や民族（社会）によって少しずつ変化した形で記録されている（これを「類話」と呼ぶ）のは、編著者の政治的・教育的な意図や、または個人の意図を超えた時代的・社会的な要請が反映した結果であるとして、編著者の思想や信条、彼らが生きた時代と社会について検討することを通して、それぞれの類話に込められたメッセージやイデオロギーを明らかにしようとする研究である。一例として、今日におけるこのアプローチの代表者、アメリカの説話学者ザイプス［Jack Zipes］の『赤頭巾ちゃんは森を抜けて』（一九八三年）を紹介しよう。

それによれば、まず、復元した研究者の名前を取って「ドラリュ版」と呼ばれる十九世紀フランスの口承の類話では、主人公の娘はあやうく人狼に食べられそうになるが、知恵をはたらかせて無事逃げ切るという結末になっており、「若い百姓娘の自立」が主題と考えられる。次にペロー版の類話では、狼に食べられてしまうヒロインは従順で世間知らずのお嬢様として描かれており、末尾に添えられた「教訓」からも、ブルジョワ貴族階級における男性支配の原理がイデオロギーとして内在していることがわかる。さらにグリム版では、母親の指示の細かさとこれに従わなかったために危ない目にあったとヒロインが反省する結末や、ドラリュ版やペロー版と異なりヒロインは幼い少女として描かれ性的魅力に乏しい点などに、ドイツ国民道徳としての禁欲性と潔癖性がこの版の隠れたメッセージであるといえる。そして、十九世紀後半以降、何人もの作家がパロディ版「赤ずきん」を創作し、ペロー版やグリム版のもつメッセージ性やイデオロギーを「転覆」しようと試みてきた、以上のように指摘するのである。

同様の研究が、わが国では「桃太郎」に関しておこなわれており、江戸期から明治期にかけての歴史的変容については滑川道夫『桃太郎像の変容』に、明治期から昭和後期にかけてのパロディ版「桃太郎」の変遷については鳥越信『桃太郎の運命』にそれぞれ詳述されている。また、このアプローチに属する別の研究として、昔話をはじめとする民俗学の研究が国家権力に利用された歴史、具体的にはナチス・ドイツ、ソビエト連邦、さらには昭和前期の日本などにおいて、民俗学や昔話研究が「御用学」として排外的な民族精神の高揚に貢献した歴史を批判的に検証しようとする研究があることを付け加えておく。

また、国際的な類似性よりも地域的な差異性や独自性に注目した別のアプローチとして、スウェーデンのフォン＝シドウ［C. W. von Sydow］による「オイコタイプ理論」も忘れてはならないだろう。

さらに、ヨーロッパ偏重の国際比較研究に対するほかの地域・諸国の研究者による批判もある。たとえば、一九九四年に日本・韓国・中国の研究者が参加して設立されたアジア民間説話学会では、柳田國男や鍾敬文をはじめとする先学の問題意識を踏まえ、フィンランド学派によるATの分類法や一元的発生論の限界を批判するところから出発し、昔話タイプの定義を再検討するとともに、東北アジアの昔話調査・研究に基づいて、AT分類によらない独自のタイプインデックス（話型索引）の作成を目指して共同研究をおこなっている。今後、中東、アフリカ、中南米、オセアニアなどほかの地域においても同様の「遠近法」的な研究がおこなわれていくことが、世界の昔話研究の進展に寄与するものと考えられる。

九　まとめ

以上のように、昔話の国際的類似性に関する研究は、さまざまな理論仮説や方法論を生みながら今日まで進められてきた。とくにフィンランド学派の研究成果として、国際的な類話を数多くもついくつかの昔話については、その「原郷」がかなり詳しく突き止められている。ただし、フィンランド学派の方法では、全世界の昔話が同じ程度の詳しさで収集されることが最終的な結論を下すための前提条件となっており、これを実現することは現実にはきわめて難しい。また、機能論・構造論・精神分析それぞれのアプローチにおける仮説としての、社会的機能・思考様式・集合的無意識の通文化性（文化を超えて共通するもの）は、原則的には承認されるものと思われるが、フィンランド学派が批判するように、モチーフの細部にいたるまで一致する話が独立発生したとは考えにくい。やはり、これらの通文化性は、昔話の国際的な伝播の誘因と見なすほうが自然であろう。したがって、これからも個々の昔話ごとに仮説を立て、丹念にデータを集めて比較・分類していくことが、本論の最初に提示した問いに対する、遠回りのように見えてもっとも近い道と思われる。

そしてこの作業をおこなう際、重要な手がかりとなるのが、ここ十年あまりの間に急速に進展した形質人類学、考古学、遺伝子生物学などの学際的な共同研究に基づく、現生人類（ホモ＝サピエンス）の登場とその移動に関する理論仮説であろう（本書第一部「昔話の誕生」を参照のこと）。今後、昔話の比較研究も、これらの研究成果をよりいっそう取り入れながら進めていくことが必要と思われる。それによって、人類学や考古学といった学問だけではたどり着けない、「語る動物＝ホモ・ナレンス［homo narrens］」（ランケ［Kurt Ranke］による）としての人類の歴史を明らかにしていくことが可能となるだろう。

（鵜野祐介）

付録

アジアにおけるストーリーテリング

アジアの伝統的な語りは、新しいテクノロジーや生活のスピード化、都会化、さらには聞き手の好みの変化などによって、大きく変わりつつある。主唱者たちも、古いスタイルの中に新しいメッセージを求める場合もある。新しいストーリーテリングの運動は主として書店、学校および図書館が中心となって、都市を拠点に広がりつつある。

アジアのいくつかの国の実状を見てみよう。

南部インドは全体にわたって、多くの語り手がいろいろな理由や方法で、今日まで彼らの物語を伝えてきている。もっとも偉大なハリカタ・スタイルの語り手の一人T・S・バラクリシュナ・サストリガルは「インドのストーリーテリングの型は、聞き手に我を忘れて人生の真の精神的な目的を思い出させるように作られており、人間の心を変えることができる」「ストーリーテリングの力によって、非常に質素に暮らしている人たちとも、自国の本当の豊かさ、つまりわが国の聖者や高雅な魂をもった人々の心を分かち合うことができる」と言っている。さらに語り手の言葉によって、社会的な不正が戦われ、さまざまな道徳や歴史が教えられ、農村の発展が促進され、政治家は票を獲得する。

物語は教会や劇場、街の通り、マーケット、市場、バス停、そしてもちろん家庭で語られる。プロの語り手は群集に叙事詩を語り、祖父母は子どもたちに伝承物語を語り、大学の学生は友人に冗句《じょうく》を語り、教師は教室の生徒に伝説を語る。

南部インドの物語の言葉は、「黄金の巻き毛」「サンゴのような唇《くちびる》」「鯉のような目」のようにイメージ豊かで、一度も南インドに行ったことのない人々にも、その国のことを垣間見《かいまみ》せてくれる。

いわゆる物語の語りだけでなく、今日の南インドの姿を伝えるために、なぞなぞや即興詩などもよく使われる。舞台では南インドの語りをより豊かにするために、さまざまな種類の打楽器や弦楽器が使われたり身振りをつけることもある。

ほとんど二千年の間、インドの語り手たちは、物語の語りを助けるために絵を使ってきたが、このやり方は北部インドで、より一般的である。ずっと昔にはジャイナ教徒や仏教徒は、地獄の絵や仏陀《ブッダ》や聖者たちの生活の絵を使って物語り、人々の信仰を高めるのに役立てた。今では、古典の物語だけでなく犯罪や災難、社会問題などについての物語を語るのに、巻き絵が役立っている。

北東タイでは、伝統的なイサン文化がより強固なタイ語やタイ文化によって脅《おびや》かされるのを防ぐために、ストーリーテリングが使われている。ある大学教授は、学生たちにストーリーテリングを教え、物語を通して自分たちのイサン文化を分かち合い、古いイサン叙事詩を翻訳し、キャンプを開いて家族や教師たちに自分たちのルーツを再発見するよう奨めている。

シンガポールでは、国立図書館協会や国立読書推進会議、アジア・ストーリーテリング・ネットワークがストーリーテリング運動の中で、文化のルーツと未来の指針を探求する手助けをしている。また出版社“Twinkle Tales for Kids”の努力によって、絵を使ったストーリーテリングである日本の紙芝居が盛んになりつつあり、シンガポール独自のテーマや物語を使ったものも創作されている。

マレーシアでは、ストーリーテリングは図書館や学校で盛んである。最近では教師たちのための訓練講座を開いて、学校でのストーリーテリングを増やす努力をしている。マレーシアのいくつかの地域では、いまだに年長の語り手によって語られる古い叙事詩やロマンスを聞くことができる。語り手の加齢とともに伝統は衰えつつあるが、マレーシアの語りの形式を保存しようと努力している人たちもいる。

インドネシアでは、M・ブナンタ博士を中心に、語り手たちは物語を語りワークショップを開いているほか、国内のさまざまな地域の昔話を取り上げた絵本を書いたり出版したりして、子どもの文学の世界を発展させる努力をしている。

中国のストーリーテリングのスタイル

はさまざまであるが、現代の語りは、数世紀前に流行《はや》った、街角でのストーリーテリングにその起源がある。そのころ街角の語り手は、聴衆を惹《ひ》きつけるために韻文の詩歌をうたい、群集が集まると、今日でも人気のある物語、たとえば古典的な物語やいろいろなロマンス、闘いの物語などを語った。近年になって語りの場は茶店に移り、大抵は白髪混《ま》じりの老人が、メロンの種をむしゃむしゃ食べたり、お茶をすすったりしながら物語に耳を傾けるようになった。

また中国では、近代においてストーリーテリングが革命の重要な道具と考えられた時期があった。語り手は革命的な英雄についての物語や、迷信や反動的な考えをあざ笑うような物語を語るように再教育された。しかし最近は制限が緩《ゆる》んできて、わかりやすい漫画的な手法で社会や政府を風刺したり、語り手によっては再び伝統的な物語を語るようになってきている。伝える方法としては、かつてのように家庭でその家の子弟に語るかわりに、広範囲な学生たちに語れるような講座が行政によって設けられている。

韓国ではもともと洗練された芸術としてのパンソリという語りの伝統があった。語り手になるには、かん高い声を張り上げ、パンソリ独特の特徴や音域を広げるための訓練に数年を要した。この形式は、十九世紀に全盛になり、二十世紀まで五つの物語で生き延びてきた。語り手は、男性は学者風の緩《ゆる》やかな長い服を身にまとい、女性は優雅なハンボク（韓国の美しいドレス）を着て、語りを強調するために太鼓のリズムを伴奏にした。パンソリは技術と訓練を要するけれども、韓国の長老や教師たちは、彼ら独自のやり方で何年にもわたって伝統的な昔話を静かに語ってきた。そして今日でも、敬虔な心や信心することの価値、年長者や師への尊敬の念や調和の大切さを語りつづけている。

現代の図書館や書店は、新しいストーリーテリングのプログラムのための場となり、韓国の子どものための文学なども大きくとり上げている。

現在アジアのストーリーテリングは、新しい聴衆や語り手を惹《ひ》きつけ、変わりゆく社会での重要な役割を果たしており、今後も果たしつづけていくだろう。

（資料提供・キャシー・スパグノリ（アメリカのストーリーテラー、研究者）／編訳・筒井悦子）

日本では、第二次世界大戦後、核家族化や生活の都会化などが進むにつれて、家庭の中で昔話を子どもに語る大人が急速に少なくなり、同時に一人で何話も語れる伝承の語り手も激減していった。子どもも、生活スタイルの多様化などで忙しくなり、さらに子どもの興味が絵本やコミック、テレビやテレビゲームなどに移ってきたこともあって、現在は伝統的なやり方で昔話を語り聞くことはほとんど失われている。しかしこれにかわって、現代の語りのスタイルであるストーリーテリングが全国的におこなわれるようになってきた。それは主として一九五〇年代に、現在㈶東京子ども図書館理事長である松岡享子氏をはじめ、アメリカで図書館学を学んできた人たちによってもたらされたものである。

ストーリーテリングは最初、一部の公共図書館で始まり家庭や地域文庫にも広がっていった。次第にそのよさが多くの人々に受け入れられるようになり、保育園や幼稚園、小学校や中学校、地域の公民館や小児病院などさまざまな子どものいるところで「おはなし会」がおこなわれるようになってきている。さらには老人ホームなど大人を対象におこなわれているケースもある。しかし、図書館の中でも毎週のようにおこなわれているところがある一方、その存在すら知られていないところもあるなど、格差は大きい。

語り手はおおむねボランティアで、㈶東京子ども図書館では毎年のように語り手のための講習会が開かれているほか、各地の図書館を中心に語り手養成講座を開いているところもある。しかしよい語り手になるには時間がかかり、研修を続けていける場の不足や、多様化するニーズにどのくらい応えられるかなど、課題も出てきている。

二〇〇〇年の「子ども読書年」を契機に、全国的な読書推進の動きが高まるにつれて、教育現場でのストーリーテリングに対する要望も高くなりつつある。他方、子どもに語りやすく聞きやすい昔話の再話を心がける出版社もあり、語り手を陰で支えている。

また昔話の継承ということでいえば、ストーリーテリングは必ずしも日本の昔話とは限らない。しかしストーリーテリングの広がりと相俟《あいま》って昔話のよさが再認識され、家庭や文庫、幼稚園などでの読み聞かせに、いろいろな国の昔話絵本や前述のような昔話集が意識的に使われるケースもある。

（筒井悦子）

㉝ インドネシア
㉞ 韓国
㉟ 西インド諸島
㊱ カナダ(フランス系カナダ人)
㊲ アフリカ(人種不明)

IT535B

① 日本
② 日本・北海道(アイヌ族)
③ ロシア・サハリン(ギリヤーク族)
④ 北朝鮮
⑤ ロシア(サモエード族)
⑥ ロシア・シベリア(ドルガン族)
⑦ カナダ(イヌイット族)
⑧ アメリカ(トムスン族)
⑨ アメリカ(イヌイット族)
⑩ アメリカ(ナバホ族)
⑪ インドネシア・スマトラ島(バタク族)

(註)「IT」は、稲田浩二『日本昔話タイプインデックス』1988.の略称。

「AT」は、A.アールネ，S.トンプソン『昔話の型*The Type of Folktale*』1964.の略称。

(筒井悦子・稲田浩二)

AT2, IT535B(尻尾の釣り)

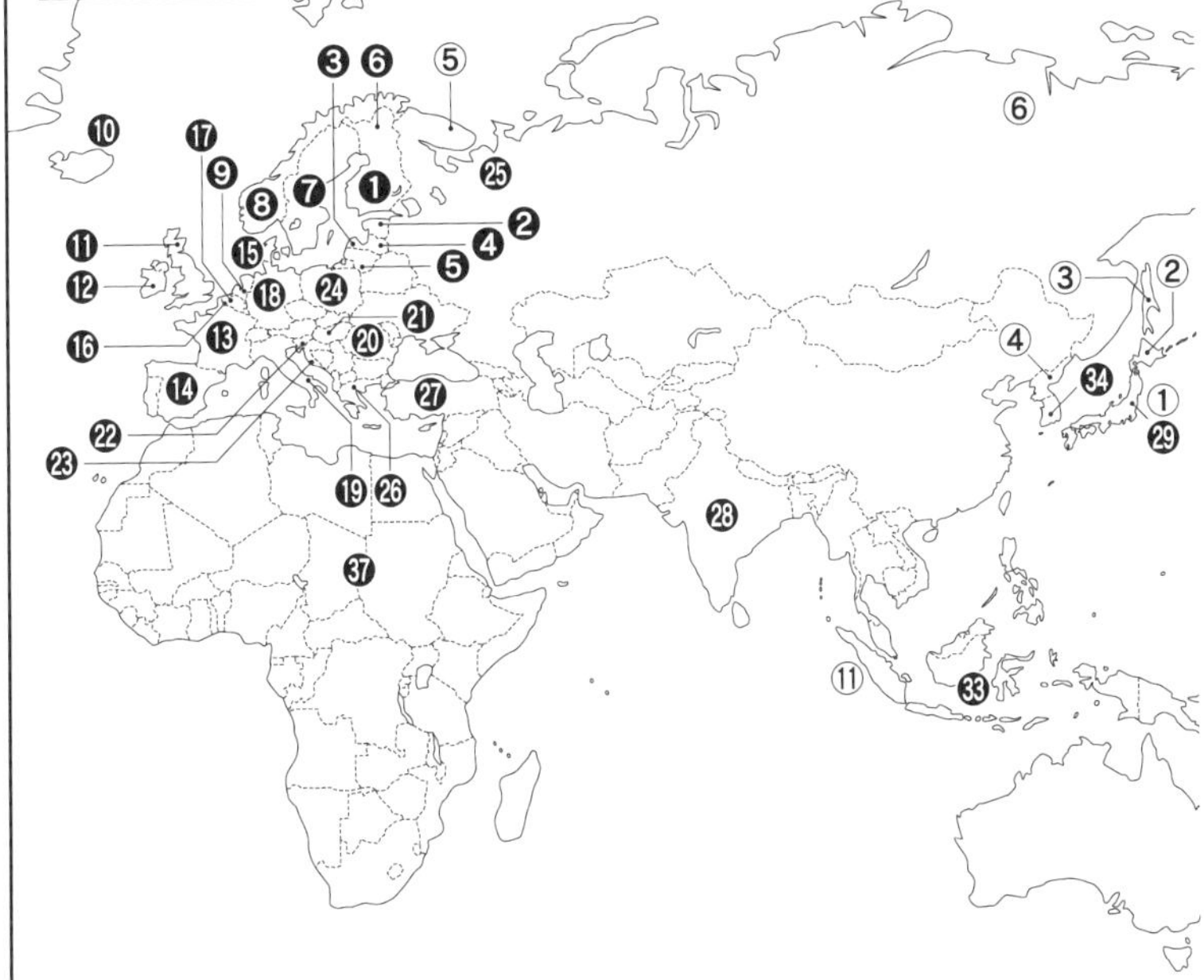

AT2(A・B・C・Dを含む)———

❶ フィンランド
❷ エストニア
❸ リボニア地方
❹ ラトビア
❺ リトアニア
❻ フィンランド・ラップランド地方
❼ スウェーデン
❽ ノルウェー
❾ オランダ
❿ アイスランド
⓫ イギリス・スコットランド
⓬ アイルランド
⓭ フランス
⓮ スペイン
⓯ デンマーク
⓰ ベルギー〜フランス・フランドル地方
⓱ ベルギー(ワロン人)
⓲ ドイツ
⓳ イタリア
⓴ ルーマニア
㉑ ハンガリー
㉒ スロベニア
㉓ セルビア〜クロアチア
㉔ ポーランド
㉕ ロシア
㉖ ギリシア
㉗ トルコ
㉘ インド
㉙ 日本
㉚ フランコ・アメリカン
㉛ プエルト　リコ
(スペイン系アメリカ人)
㉜ アメリカ(アフリカ系アメリカ人)

6 スウェーデン
7 デンマーク
8 アイルランド
9 フランス
10 オランダ
11 ベルギー(ワロン人)
12 ドイツ
13 ハンガリー
14 スロベニア
15 セルビア～クロアチア
16 ロシア
17 トルコ
18 インド
19 インドネシア
20 中国
21 フランコ・アメリカン
22 プエルト　リコ
(スペイン系アメリカ人)
23 西インド諸島

IT522A(柿争い—仇討ち型)

＊AT130・210と共通の核心モチーフ(K1161)をもっているものとしてIT522A(柿争い—仇討ち型)をあげる。

① 日本
② 日本・北海道(アイヌ族)
③ 北朝鮮
④ 中国(漢族)
⑤ 中国(ミャオ族)
⑥ 中国(モンゴル族)
⑦ ミャンマー(チン族)
⑧ ロシア・シベリア(ヴォグール族)
⑨ ロシア・シベリア(チュクチャ族)
⑩ ロシア・シベリア(ナナイ族)
⑪ インドネシア
⑫ アメリカ(ネイティブ・アメリカン)
⑬ ベトナム
⑭ モンゴル

(筒井悦子・稲田浩二)

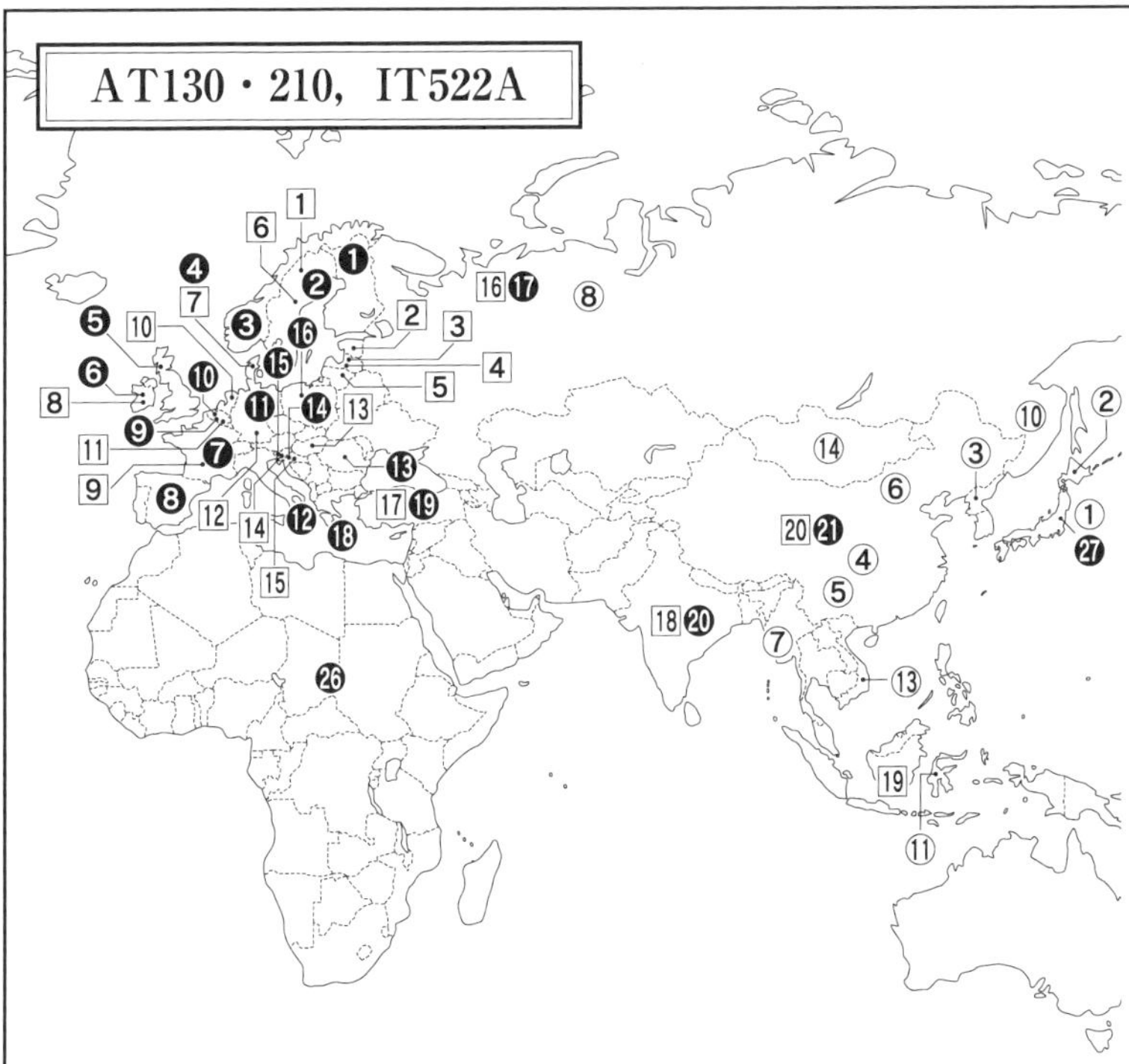

AT130（ブレーメンの音楽隊）——

❶ フィンランド・ラップランド地方
❷ スウェーデン
❸ ノルウェー
❹ デンマーク
❺ イギリス・スコットランド
❻ アイルランド
❼ フランス
❽ スペイン
❾ ベルギー～フランス・フランドル地方
❿ ベルギー（ワロン人）
⓫ ドイツ
⓬ イタリア
⓭ ルーマニア
⓮ クロアチア
⓯ スロベニア
⓰ ポーランド
⓱ ロシア
⓲ ギリシア
⓳ トルコ
⓴ インド
㉑ 中国
㉒ フランコ・アメリカン
㉓ プエルト　リコ
（スペイン系アメリカ人）
㉔ 西インド諸島
㉕ アメリカ（アフリカ系アメリカ人）
㉖ アフリカ（人種不明）
㉗ 日本

AT210（雄鶏・雌鶏・アヒル・ピン・針が旅に出る）——

[1] スウェーデン
（フィンランド系スウェーデン人）
[2] エストニア
[3] リボニア地方
[4] ラトビア
[5] リトアニア

IT221（A・B・Cを含む）
（天人女房）

① 日本
② 日本・北海道（アイヌ族）
③ 韓国
④ 北朝鮮
⑤ 中国（漢族）
⑥ 中国（タイ族）
⑦ 中国（チワン族）
⑧ 中国（ミャオ族）
⑨ 中国（モンゴル族）
⑩ フィリピン（ティンギヤン族，イフガオ族，ピサヤ族）
⑪ インドネシア
（トラジャ族，トベロ族）
⑫ カナダ
⑬ タイ（シャムーシャ族）
⑭ インド・アッサム地方
⑮ ロシア・シベリア（オロチ族）
⑯ ロシア・シベリア（チュクチャ族）
⑰ ロシア・シベリア（ヴォグール族）
⑱ カナダ（イヌイット族）
⑲ アメリカ・アラスカ州（イヌイット族）
⑳ ミクロネシア
㉑ パプアニューギニア
㉒ ロシア・サハリン
㉓ インドネシア・バリ島
㉔ ミャンマー（モン族）
㉕ パキスタン
㉖ 黒海東部地方（カルムイク族，アルタイ系諸族）
㉗ ロシア・シベリア（ブリヤート族）
㉘ ベトナム

（筒井悦子・稲田浩二）

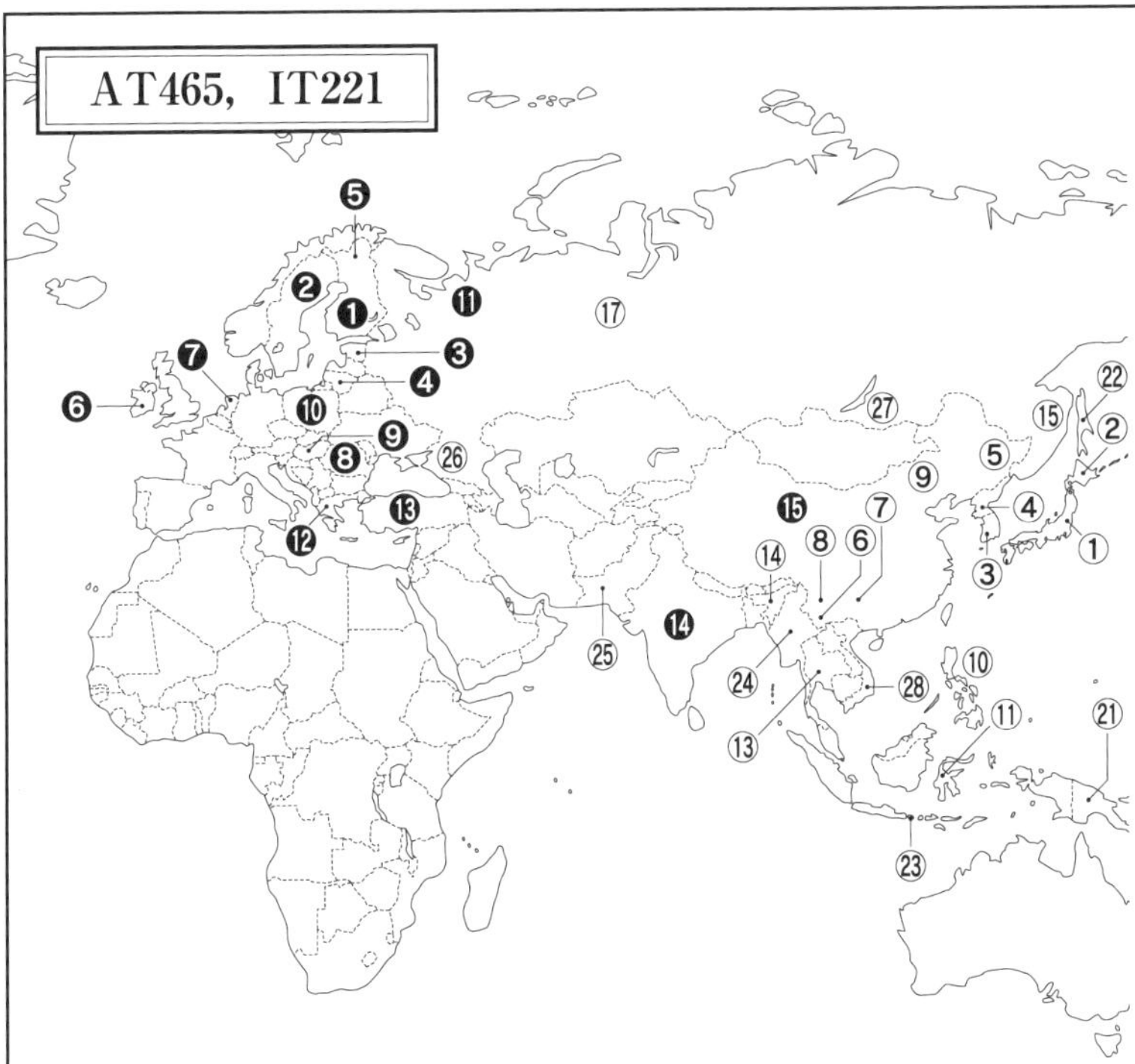

AT465（美しい妻のために虐待された男）——

❶ フィンランド
❷ スウェーデン（フィンランド系スウェーデン人）
❸ エストニア
❹ リトアニア
❺ フィンランド・ラップランド地方
❻ アイルランド
❼ オランダ
❽ ルーマニア
❾ ハンガリー
❿ ポーランド
⓫ ロシア
⓬ ギリシア
⓭ トルコ
⓮ インド
⓯ 中国
⓰ フランコ・アメリカン
⓱ プエルト　リコ（スペイン系アメリカ人）
⓲ 西インド諸島

㉝ カナダ(カナダ先住民)
㉞ イギリス・スコットランド

IT174(糠福・米福)

＊「日本のシンデレラ」といわれるIT174の分布範囲を参考までにあげる。

① 日本
② 韓国
③ 中国(チベット族)
④ フィリピン(タガログ族)
⑤ 北シベリア(グルジア人)
⑥ 中国(漢族)
⑦ 中国(ウイグル族)
⑧ インドネシア・ハルマヘラ島北部(バブ族)
⑨ スリランカ
⑩ イラン
⑪ 北朝鮮
⑫ 中国(チワン族)
⑬ インドネシア・ジャワ島
⑭ ベトナム
⑮ 中国(モンゴル族)

(筒井悦子・稲田浩二)

AT510A・B, IT174

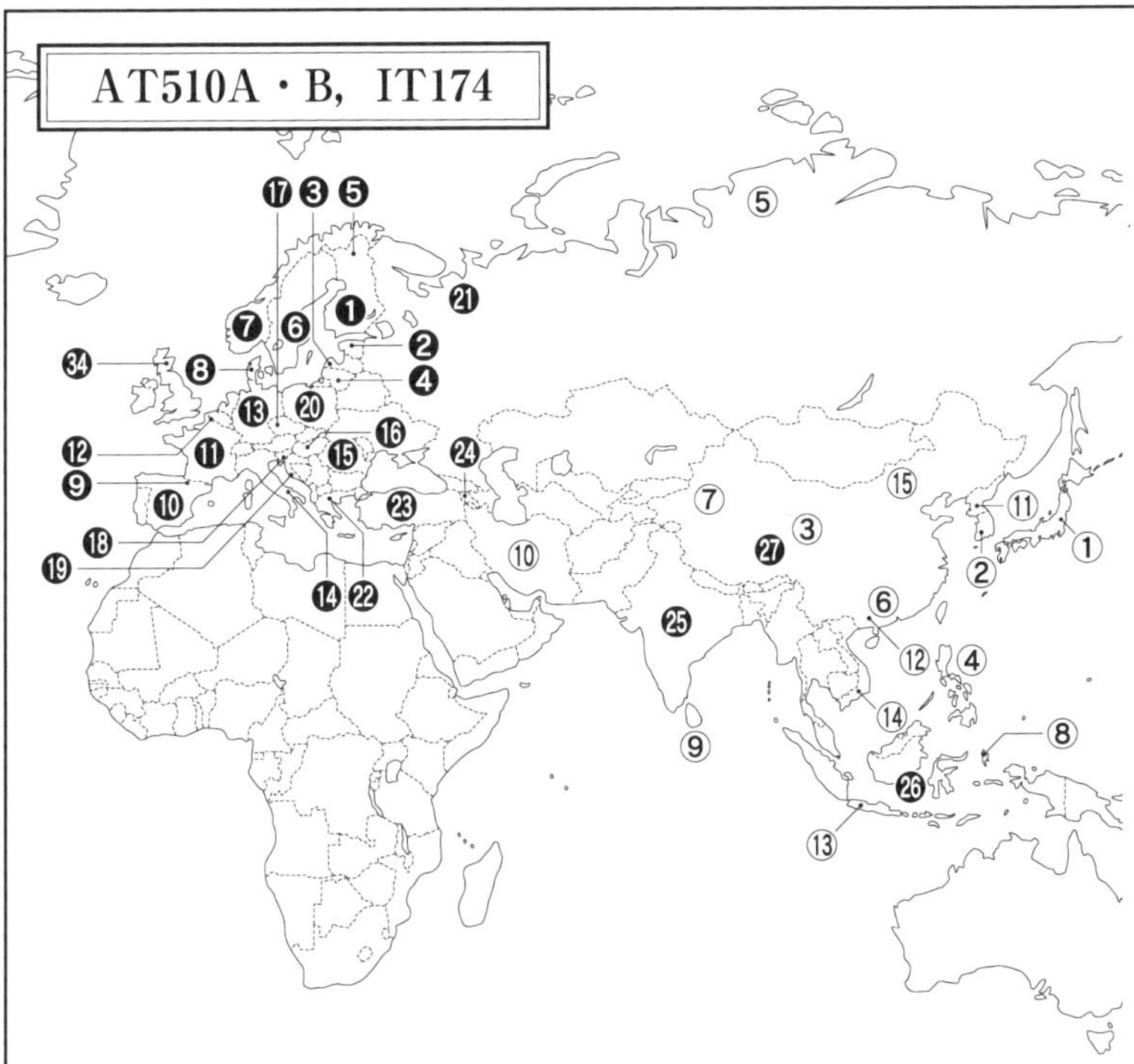

AT510A・B(シンデレラ)

❶ フィンランド
❷ エストニア
❸ リボニア地方
❹ リトアニア
❺ フィンランド・ラップランド地方
❻ スウェーデン
❼ ノルウェー
❽ デンマーク
❾ スペイン(バスク人)
❿ スペイン
⓫ フランス
⓬ ベルギー〜フランス・フランドル地方
⓭ ドイツ
⓮ イタリア
⓯ ルーマニア
⓰ ハンガリー
⓱ チェコ
⓲ スロベニア
⓳ セルビア〜クロアチア
⓴ ポーランド
㉑ ロシア
㉒ ギリシア
㉓ トルコ
㉔ アルメニア
㉕ インド
㉖ インドネシア
㉗ 中国
㉘ フランコ・アメリカン
㉙ キューバ
㉚ プエルト　リコ
(スペイン系アメリカ人)
㉛ 西インド諸島
㉜ アメリカ(ネイティブ・アメリカン)

IT410A（姥捨て山―難題型）――

① 日本
② 韓国
③ モンゴル
④ インド
⑤ ロシア・シベリア（ブリヤート族）
⑥ コーカサス（グルジア人）
⑦ 黒海地方（ガガウズ族）

（筒井悦子・稲田浩二）

AT981，IT410A

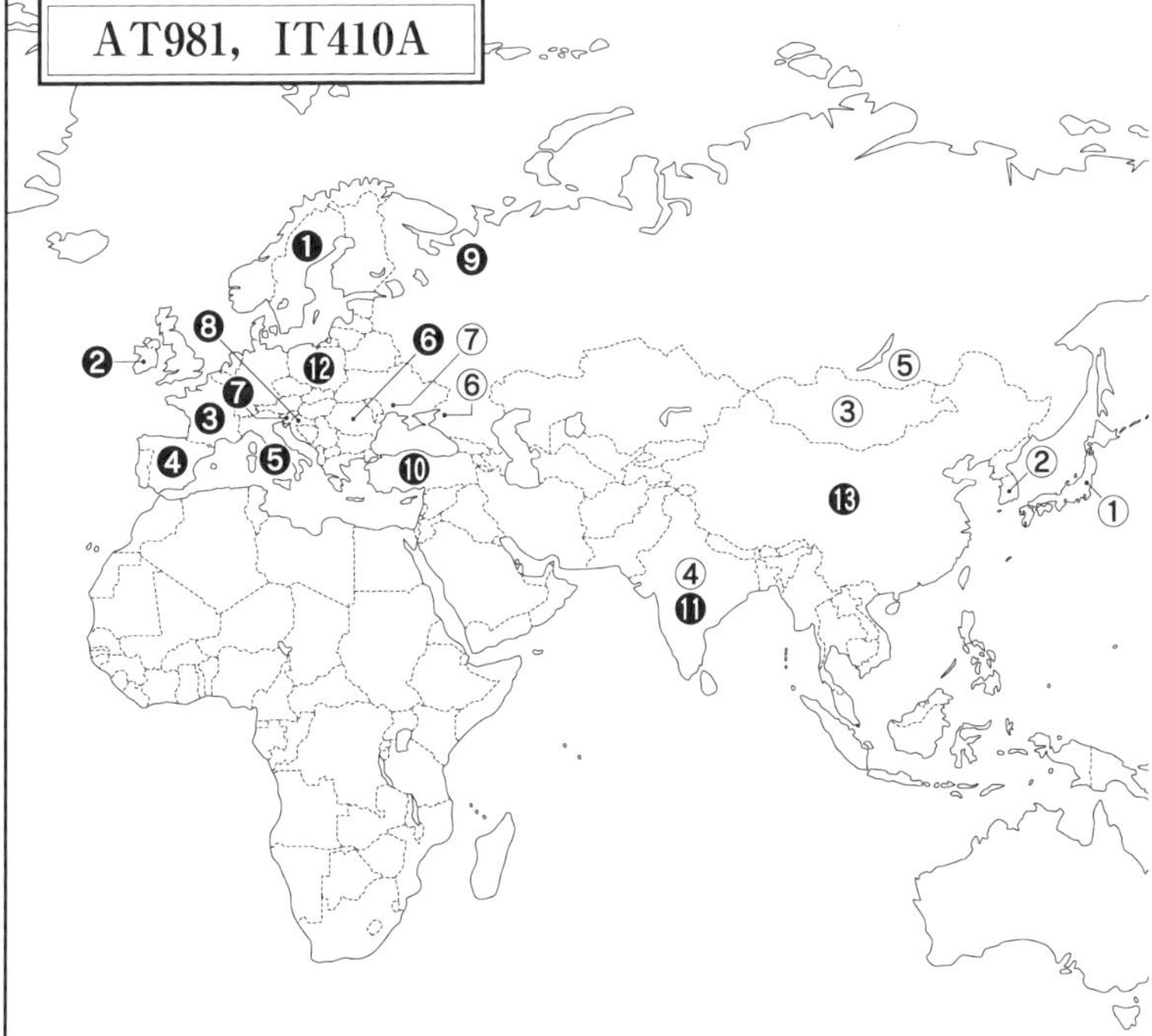

AT981（老人の知恵が王国を救う）———

❶ スウェーデン
❷ アイルランド
❸ フランス
❹ スペイン
❺ イタリア
❻ ルーマニア
❼ スロベニア
❽ セルビア～クロアチア
❾ ロシア
❿ トルコ
⓫ インド
⓬ ポーランド（ユダヤ人）
⓭ 中国

❸❸ アメリカ(アフリカ系アメリカ人)
❸❹ フィリピン
❸❺ フランコ・アメリカン
❸❻ アメリカ・ニューメキシコ州

IT438(俵薬師)

① 日本
② 日本・北海道(アイヌ族)
③ 韓国
④ 北朝鮮
⑤ 中国(漢族)
⑥ 中国(ミャオ族)
⑦ 中国(チベット族)
⑧ 中国(モンゴル族)
⑨ モンゴル
⑩ 台湾(漢族)
⑪ フィリピン(バンバンガ族)
⑫ フィリピン(ピサヤ族)
⑬ インドネシア・スラウェシ島(トラジャ族)
⑭ インドネシア・ブル島
⑮ ベトナム(モン族)
⑯ インド(サンタル族)
⑰ インド・ベンガル地方
⑱ スリランカ
⑲ イラン
⑳ マダガスカル島(バラ族)
㉑ ロシア・シベリア(セリクプ族)

(筒井悦子・稲田浩二)

AT1737, IT438

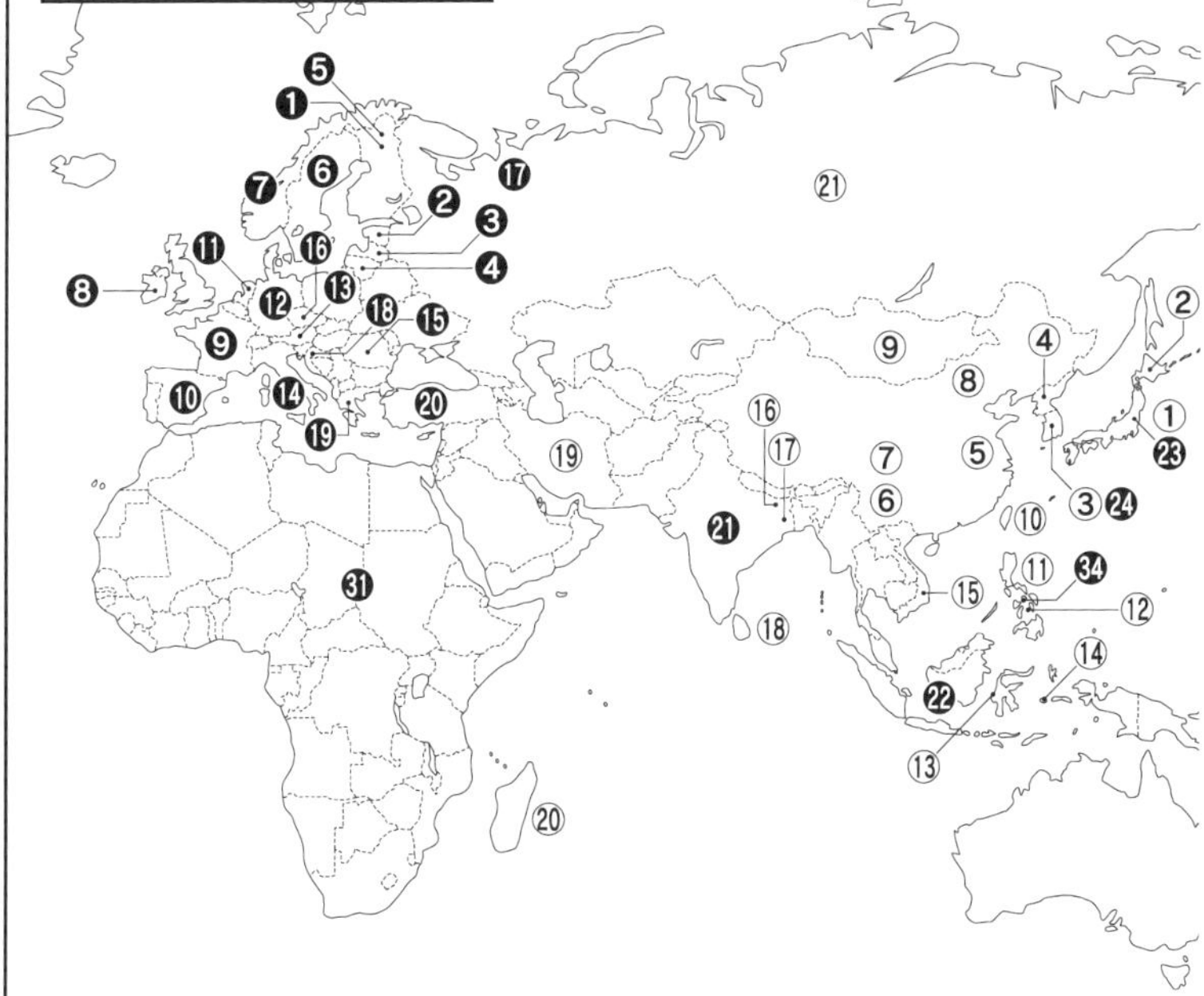

AT1737（男を袋に入れて殺す）——

❶ フィンランド
❷ エストニア
❸ リボニア地方
❹ リトアニア
❺ フィンランド・ラップランド地方
❻ スウェーデン
❼ ノルウェー
❽ アイルランド
❾ フランス
❿ スペイン
⓫ オランダ
⓬ ドイツ
⓭ オーストリア
⓮ イタリア
⓯ ルーマニア
⓰ チェコ
⓱ ロシア
⓲ セルビア～クロアチア
⓳ ギリシア
⓴ トルコ
㉑ インド
㉒ インドネシア
㉓ 日本
㉔ 韓国
㉕ カナダ・ミズリー地方
㉖ チリ
㉗ キューバ
㉘ ペルー
㉙ プエルト　リコ
（スペイン系アメリカ人）
㉚ 西インド諸島
㉛ アフリカ（人種不明）
㉜ アメリカ（ネイティブ・アメリカン）

世界昔話の用語

昔話 [folktale]　民間の人々が生活の中で伝えてきたもので、語り手が聞き手に語るという口頭伝承（口承）を基本的な伝承の様式としてもつ、一定の型を備えた散文の物語。昔話という語の由来について柳田國男は、「冒頭に必ずムカシという一句を副えて語る『ハナシ』が昔話であり、この発端の句が昔話という名称の起こりでもある」（『日本昔話名彙』）と説いている。発端句や結末句（結句）を用いるなどして話の様式性や虚構性を重視する点を特徴とし、伝説や世間話と区別される。

発端句と結末句　昔話が語り出される発端の決まり文句である発端句には、「むかし」「むかしむかし」のほかに、「なんと昔があったげな」や「昔あったとさ」などがあり、話の締めくくりとなる結末句には、「どっとはらい」「いちごさかえた」「しゃみしゃっきり」「昔こっぷり」などがある。またヨーロッパの昔話にも、たとえば『グリム昔話集』の「ヘンゼルとグレーテル」（KHM一五）の末尾は「あたしのお話は、これでおしまい。あすこにちょろちょろしているのは、はつかねずみ。どなたでもあれをつかまえたかたは、あれで大きな大きな毛皮の頭巾をこしらえて、ごじぶんのになさいまし」（金田鬼一訳）となり、「ブレーメンの音楽隊」（KHM二七）では「このお話はね、ききたてのほやほや」（同訳）となっている。『グリム昔話集』には同種の結末句はさほど見られないが、実際の語りにおいてはもっと頻繁に用いられていたことが岩波文庫版第一巻の訳註（一七二頁）からもうかがえる。

伝説 [legend]　民間において口承で伝えられてきた散文形式の物語という点で昔話と共通するが、しばしば具体的な事跡や人物と結びついて、歴史的な事実性や、共同体における共有性を重視する点を特徴とする。なお、ヨーロッパの場合、昔話はハッピーエンドとなるものが多いのに対して、伝説は離別や主人公の死など不幸な結末をとるものが多い。そのため、「鶴女房」をはじめ不幸な結末の話が少なくない日本の昔話は、ヨーロッパの人々に「伝説的」との印象を与えるといわれる。

世間話 [gossip]　民間において口承で伝えられてきた散文形式の物語という点で昔話と共通するが、様式性や虚構性を重視しない点で異なる。また語り手の身辺で起こった出来事として自在に語られる点で伝説と区別される。近年、学校怪談をはじめとする噂話としての世間話への関心が高まっており、これらは「現代民話」「都市伝説」などとも呼ばれ、わが国のみならずアメリカやヨーロッパでも盛んに研究が進められている。

民話［folk-narrative］　民間において口承で伝えられてきた散文形式の物語である昔話・伝説・世間話の総称としての、民間説話の略称。中国では「民間故事」と呼ばれる。

神話［myth］　天地の創造、生命や人類、民族の起源などを説明する話や、神々の活躍する話の総称。世界じゅうでさまざまな民族が独自の神話を伝承しているが、登場者の性格や物語の形態・構造には民族を超えた類似性が見られる。韻文（詩）形式と散文形式、また文字に記録されて伝えられたもの（書承）と文字によらない口伝えのもの（口承）に大別される。このうち、民間において口承で伝えられてきた散文形式のもの、つまり昔話として認められる神話もある。

口承文芸［oral literature］　文字によらないで口から耳へと伝えられてきた文芸の総称。昔話をはじめとする民間説話のほかに、民謡、語り物、唱えごと、ことわざ、なぞなぞなどがある。

- 口承文芸
  - 民間説話（民話）
    - 昔話
    - 伝説
    - 世間話
  - 民謡
  - 語り物
  - 唱えごと
  - ことわざ
  - なぞなぞ、など

説話［narrative］　研究分野によってその概念には差異が見られるが、一般的に、口承・書承を問わず散文形式をとった物語（ハナシ）の総体を指す。韻律をもって叙述される語り物と区別される。

寓話［fable］　処世的な教訓や社会諷刺が込められたたとえ話。説話の一分野をなし、昔話の様式をとるものもある。動物などを擬人化した話、いわゆる動物寓話が多い。ギリシアの『イソップ寓話集』（紀元前六―五世紀ごろ）、インドの『パンチャタントラ』（三―四世紀ごろ）など、その歴史は古い。日本では、「鳥獣人物戯画」（十二―十三世紀ごろ）のような図絵があるものの、古典資料の中には寓話と呼べるものは数少なく、イエズス会によって刊行された『イソップ寓話集』の翻訳『伊曽保《いそほ》物語（イソポのファブラス）』（一五九三年）を待たねばならない。ただし、日本で今日昔話として伝承されているものと同型の話が、この寓話集の中には数多く含まれている。

メルヘン（メルヒェン）［独語 Märchen］　ドイツでは本来、この語は小さい物語、虚構の短い話を意味していたが、グリム兄弟が『子どもと家庭のメルヒェン集 *Kinder-und Hausmärchen*』(一八一二年および一五年初版)を発表して以降、口承性や文芸的な様式性をその特徴とする、昔話のことを表わすようになった(このため本ハンドブックにおいては、同書を『グリム昔話集』と略称している)。さらに、メルヘンの本質には民間信仰と結びついた呪術性、超自然性があることから、英語では magic tales［魔法昔話］、fairy tales［妖精譚］などと訳されることもあるほか、伝承の物語だけでなく、とくに十九世紀ロマン派以降の詩人や作家によって、これらの特質を生かして創作された幻想的な物語(英語でいうファンタジー［fantasy］)の呼称としても用いられるようになった。

再話［retelling］ 民間説話や神話などを現代的にわかりやすく書きなおすことをいう。原話を現代語で忠実に再現したものと、原話のモチーフや精神を素材とみなし、自由に物語化したものがあり、後者は「再創造」と呼んで区別されることが多い。再創造された作品は「創作民話」とも呼ばれる。木下順二『夕鶴』(一九四九年)や松谷みよ子『龍《たつ》の子《こ》太郎』(一九六〇年)、ロシアにおけるトルストイ「イワンの馬鹿」(一八八五年)などはその代表例である。また、外国の昔話を原話として舞台設定など日本風に語りなおされた昔話は「翻案」と呼ばれ、「大工と鬼六」(IT二九九)などはこの可能性が高いとされる。

昔話の分類とタイプ・インデックス［type index］ 世界の昔話研究は十九世紀後半から二十世紀前半にかけて、「フィンランド学派」と呼ばれる研究者たちによって主導され、話型分類研究とその索引(タイプ・インデックス)の作成に心血が注がれた。その最大の成果が、アールネ&トンプソン『昔話の型 *The Types of the Folktale*』(略称AT)(一九六四年)である。同書の中では世界中の昔話が、動物譚［animal tales］・通常の昔話［ordinary folk-tales］・冗談と逸話［jokes and anecdotes］・形式話［formula tales］・その他の話［unclassified tales］に五分類されている。各国・各地域ごとの話型分類もおこなわれ、日本昔話の分類としては、柳田國男監修『日本昔話名彙』(一九四八年)における完形昔話(神話の直系となるもの)・派生昔話(完形昔話の構成要素の一部が派生独立したもの)の二分類、関敬吾『日本昔話集成』(一九五〇~五八年)における動物物語・本格昔話・笑い話・形式譚の四分類、稲田浩二『日本昔話通観』第二十八巻「昔話タイプ・インデックス」(略称IT)(一九八八年)におけるむかし語り・動物昔話・笑い話・形式話の四

- AT
  - 動物譚
  - 通常の昔話
  - 冗談と逸話
  - 形式話
  - その他の話
- 『名彙』
  - 完形昔話
  - 派生昔話
- 『集成』
  - 動物物語
  - 本格昔話
  - 笑い話
  - 形式譚
- 『通観』（IT）
  - むかし語り
  - 動物昔話
  - 笑い話
  - 形式話

分類がある。また、ATに準拠した日本昔話の話型索引として、池田弘子が『日本の民間文芸の話型・モチーフ索引 *A Type and Motif Index of Japanese Folk-Literature*（英語版）』（一九七一年）を著している。なお、中国の昔話の話型分類および索引としてエーベルハルト『中国昔話の型 *Typen Chinesischer Volksmärchen*』（略称ET）（一九三七年）と丁乃通『中国民間故事類型索引』（一九八六年、中国民間文芸出版社）〔Nai-tung Ting, *A Type Index of Chinese Folktales.* (1978, FFC223)〕が、韓国の昔話に関して崔仁鶴『韓国昔話の話型』（略称KT）（一九七六年）がある。

話型［type］　昔話を整理する際、基準として用いられる昔話分類の単位。話を構成する一つないし複数の主要なモチーフが一致し、その配列順序も同じ話を同一の話型として認定する。近年、これとは別に、話の核心となるモチーフが同一である話を、その他のモチーフや配列順序の差異にかかわらず、同一の話型とみなそうとする考え方もある。ITでは全千二百十一話型が認定され、ATでは現時点で欠落している番号も含めて全二千四百九十九話型が認定されている。

話型群（話群）［cycle］　複数の異なった話型が、主要登場者で共通しており、しかも話の構成や主題が類似している場合、これを話型群または話群と呼ぶ。日本では「異類女房譚」「厄難克服譚」「継子譚」「和尚と小僧」など、主要な登場者や主題にちなんだ話型群の名称が、これまで慣習的に用いられてきた。国際的に類似する話型もたとえば「シンデレラ・サイクル」などと呼ばれ、比較研究がおこなわれている。

サブタイプ（亜話型）［sub-type］　話型認定の基準となる主要なモチーフに関しては一致しているものの、それ以外の付随的なモチーフが相異なっており、それがいくつかの型にまとめられる場合、これをサブタイプと呼ぶ。たとえばＩＴ二〇五「蛇婿入り」は、「針糸型」「豆炒り型」「立ち聞き型」「嫁入り型」「姥皮型」「鷲の卵型」「蟹報恩型」「娘変身型」「契約型」という、合計九つのサブタイプからなる。またＡＴでも、話型番号の後にアルファベットを付してサブタイプを示している。たとえばＡＴ四〇三「黒い花嫁と白い花嫁」にはＡ・Ｂ・Ｃ三つのサブタイプがあり、ＡＴ五一〇「シンデレラといぐさの頭巾」にはＡ・Ｂ二つのサブタイプがあると認定されている。

モチーフ［motif］　昔話の話型を構成する単位。その内容については見解が分かれ、登場者（行為者）、行為や出来事、さらに行為の背景にある信仰や慣習まで幅広く含めて考えようとする、トンプソン『民間文芸のモチーフ索引 *Motif Index of Folk-Literature*』（略称ＴＭＩ）（一九六六年）のような立場がある一方で、主要登場者の一行為に限定すべきとする立場もあり、曖昧《あいまい》なままで用いられているのが現状である。これに対し、プロップやダンデスは形態論的な立場からモチーフ概念の曖昧さを指摘し、不変項の構成単位として機能［function］、モチーフ素［motifeme］といった概念を代わりに用いるべきと主張している。なお、稲田浩二ほか編『日本昔話事典』（一九七七年）では、「小さ子の誕生」「不思議な成長」「鬼退治」など、主要登場者の行為や出来事として、計四十三項目のモチーフをあげている。さらに、本ハンドブック第一部において稲田は、一つの話型を構成する上での重要度によって「核心モチーフ」と「構成モチーフ」に大別されるとの見解を示している。

要素［element］　昔話を構成する最小の単位。「だれが／いつ／どこで／何を／どうする」という一つ一つが要素である。したがって、いくつかの要素によってモチーフが構成され、いくつかのモチーフによって話型（タイプ）が構成される、と言いあらわすことができる。要素は、昔話が語り継がれていく中で、その社会や時代の風俗・習慣・制度などに適合した形に変化しやすい、可変項の構成単位である。

類話［variant］　実際に語られたある昔話が、要素において異なってはいても、モチーフの構成において特定の話型と一致している場合、その昔話はこの話型の「類話」であるとみなす。「異型」とも呼ぶ。厳密にいえば、同じ語り手によっても同じ昔話は一度しか語りえないものであり、無数の類話が存在しているといえる。

参考資料

1　テキスト文献資料

［子ども向き（読み聞かせ・語り聞かせ向き）］

・稲田和子・筒井悦子著『子どもに語る日本の昔話』全三巻、一九九五〜一九九六、こぐま社（このシリーズには、ほかに『子どもに語るグリムの昔話』全六巻、『子どもに語るアジアの昔話』全二巻、『子どもに語るアイルランドの昔話』、『子どもに語るトルコの昔話』などもある）

・松岡享子訳『アジアの昔話』全六巻、一九七五、福音館書店

・池田まき子『オーストラリア先住民アボリジニのむかしばなし』二〇〇二、新読書社（このシリーズには、ほかに『ビルマのむかしばなし』、『ウズベクのむかしばなし』、『アムール地方の民話』などもある）

・石井桃子編訳『イギリスとアイルランドの昔話』一九八一、福音館書店

・矢崎源九郎編『子どもに聞かせる世界の民話』一九六四、実業之日本社

・石森延男監修『みんなが知ってる世界おとぎ話』全十八巻、一九六九、国際情報社

・内田莉莎子ほか著『こども世界の民話』上・下、一九九五、実業之日本社

［一般向き］

・稲田浩二・小澤俊夫責任編集『日本昔話通観』資料篇全二十九巻、一九七七〜一九九〇、同朋舎出版（ほかに研究篇全二巻がある）

・柳田國男編『日本の昔話』一九六〇、角川文庫（一九八三、新潮文庫）

・関　敬吾編『日本の昔ばなし』全三巻、一九五六〜一九五七、岩波文庫

・稲田浩二編『日本の昔話』上・下、一九九九、ちくま学芸文庫

・稲田浩二・稲田和子編著『日本昔話百選』改訂新版二〇〇三、三省堂

・知里真志保編訳『アイヌ民譚集』一九八一、岩波文庫

・萱野　茂『アイヌ神話集成』全八巻、一九九八、ビクター（CDブックス）

・崔　仁鶴編訳『世界民間文芸叢書　韓国の昔話』一九八〇、三弥井書店（この叢書には、ほかに中国・台湾・中国少数民族・モンゴル・インドネシア・タイ・ロシア・ハンガリー・オーストリア・イタリア・スペイン・デンマーク・フィンランド・アイスランド・アルゼンチンなどの昔話もある）

・飯倉照平編訳『中国民話集』一九九三、岩波文庫（この文庫には、ほかにシベリア・ロシア・ハンガリー・イタリア・スペイン・フランス・イギリスなどの民話集のほか、『イソップ寓話集』『ペロー童話集』『グリム童話集』『ドイツ炉辺ばなし集』な

どもある）
・村松一弥訳『苗族民話集』一九七四、平凡社東洋文庫（この文庫には、ほかに『山東民話集』『義和団民話集』『オルドス口碑集―モンゴルの民間伝承』『ナスレッディン・ホジャ物語　トルコの知恵ばなし』『カリーラとディムナ　アラビアの寓話』などもある）
・邱　奎福編訳『中国少数民族のむかし話』一九九八、求龍堂
・西村正身訳『七賢人物語』一九九九、渓水社
・臼田甚五郎監修『民俗民芸双書60　フィンランドの昔話』一九七一、岩崎美術社（この双書には、ほかに『アメリカ-インディアンの民話』、『ジプシーの民話―ウェルズ地方―』『ロシアの民話』『フィリッピンの民間説話』などもある）
・J・バジーレ『ペンタメローネ［五日物語］』一九九五、大修館書店
・吉原高志・吉原素子訳『初版グリム童話集』全四巻、一九九七、白水社
・池田香代子訳『完訳クラシック・グリム童話』全五巻、二〇〇〇、講談社
・野村泫訳『完訳グリム童話集』全七巻、一九九九、筑摩書房
・米原まり子訳『ノルウェーの民話』一九九九、青土社（このシリーズには、ほかにフィリピン・チベット・インド・ユダヤ・イディッシュ・アラブ・フランス・アイルランド・スウェーデン・アフリカ・アフロ-アメリカン・エスキモー・クレオールなどの民話もある）
・三宅忠明『スコットランドの民話』一九七五、大修館書店
・関　敬吾ほか監修『アジアの民話』一～十二、一九七八～一九八〇、大日本絵画
・和田正平ほか編訳『アフリカ昔話叢書』全五巻、一九八三、同朋舎出版
・山室　静編著『世界むかし話集』上・下、一九七一、社会思想社
・同　編著『新編世界むかし話集』全十巻、一九七七、社会思想社現代教養文庫
・荒木博之ほか監修『世界の昔ばなし』全二十五巻、一九八四、小峰書店
・小澤俊夫編『世界の民話』復刻版全二十四巻、一九九九、ぎょうせい
・『世界神話伝説大系』全四十二巻、一九七九―一九八一、名著普及会
・日本民話の会・外国民話研究会編訳『世界の愚か村話』一九九五、三弥井書店（このシリーズには、ほかに『世界の太陽と月と星の民話』、『世界の龍の話』、『世界の妖精たち』、『世界の魔女と幽霊』などもある）
・日本民話の会編『ガイドブック日本の民話』一九九一、講談社（改題『決定版　日本の民話事典』二〇〇二、講談社＋α文庫）
・日本民話の会編『ガイドブック世界の民話』一九八八、講談社（改題『決定版　世界の民話事典』二〇〇二、講談

社＋α文庫）

2　研究文献資料

・A・アールネ『昔話の比較研究』一九六九、岩崎美術社
・A・E・イエンゼン『殺された女神』一九七七、弘文堂
・板倉敏行・佐藤茂樹編『もうひとりのグリム：グリム兄弟以前のドイツ・メルヘン』一九九八、北星堂書店
・伊藤清司『昔話伝説の系譜―東アジアの比較説話学―』一九九一、第一書房
・稲田浩二『昔話の源流』一九九七、三弥井書店
・大林太良『銀河の道　虹の架け橋』一九九九、小学館
・小澤俊夫『昔話のコスモロジー』一九九四、講談社学術文庫
・河合隼雄『昔話の深層』一九九四、講談社＋α文庫
・G・ザイツ『グリム兄弟―生涯・作品・時代』一九九九、青土社
・J・ザイプス『赤頭巾ちゃんは森を抜けて』一九九〇、阿吽社
・篠田知和基『竜蛇神と機織姫』一九九七、人文書院
・関　敬吾『日本の昔話―比較研究序説』一九七七、日本放送出版協会
・高木昌史『グリム童話を読む事典』二〇〇二、三交社
・A・ダンデス『シンデレラ―九世紀の中国から現代のディズニーまで』一九九一、紀伊国屋書店
・同　編『フォークロアの理論』一九九四、法政大学出版局
・R・ダーントン『猫の大虐殺』一九九〇、岩波書店
・S・トンプソン『民間説話―理論と展開―』（上・下）、一九七七、社会思想社現代教養文庫
・中務哲郎『イソップ寓話の世界』一九九六、ちくま新書
・野口芳子『グリム童話と魔女』二〇〇二、勁草書房
・J・フレイザー『初版金枝篇』全二巻、二〇〇三、ちくま学芸文庫
・L・ブレードニヒ『運命の女神　その説話と民間信仰』一九八九、白水社
・B・プロップ『昔話の形態学』一九八三、白馬書房
・B・ベッテルハイム『昔話の魔力』一九七八、評論社
・柳田國男「桃太郎の誕生」、『柳田國男全集』第六巻所収、一九九八、筑摩書房
・M・リュティ『昔話その美学と人間像』一九八五、岩波書店
・『昔話百科事典（*Enzyklopädie des Märchens*）』……世界の昔話の分類と研究に関する総合的な事典で、ドイツ・ゲッティンゲン大学のクルト・ラーンケが中心となって編集を進めてきた。ドイツ語で書かれている。ラーンケの死後も刊行は継続されており、二〇〇三年十二月現在、第十巻第二分冊（Phaedrus の項目）まで出ている。全

十四巻の予定。なお二〇〇四年に本事典編纂所のウーターによるATの増補版『アールネ・トンプソン・ウーター昔話タイプカタログ（*ATU-Typen-katalog*）全三巻がFFCから出版される。

・FF COMMUNICATIONS……一九一〇年の発刊当時はフィンランド民俗学通信（Finnish Folklore Communications）の略であったが、現在は民俗学連盟通信（Folklore Fellows' Communications）の略。フィンランド科学アカデミーが発行している。昔話研究に関する国際的にもっとも権威のある学会誌。現在の事務局はフィンランドのトゥルク大学にある。（http://www.folklorefellows.org/comm./comm.html）

3　音声資料

・稲田浩二監修『現地録音　日本の昔話』全二集、CD各六枚組、二〇〇〇、バンダイ・ミュージックエンタテインメント……アイヌ民族を含む日本各地の昔話の、現地録音による音声資料百三十二話が収録されている。

・国立民族学博物館所蔵　日本昔話資料・稲田浩二コレクション……アイヌ民族を含む日本各地の昔話の現地録音による音声資料約三千七百件が分類・整理されてデジタル化されており、音声を聞くことができる。問い合わせは同館情報システム課まで。（http://www.minpaku.ac.jp/）

4　国際的な昔話研究組織・機関

・アジア民間説話学会……一九九四年、日本・韓国・中国の研究者により発足。ヨーロッパ偏重の昔話研究を見直し、アジア独自のタイプインデックスの作成を目指して共同研究をおこなう。問い合わせは同学会日本支部事務局（梅花女子大学児童文学科鵜野研究室）まで。

・国際口承文芸学会（International Society for Folk Narrative Research　略称ISFNR）……一九六二年創設の国際的な研究組織。（http://www.folk-lore.org.il/ISFNR/）

・フィンランド文学協会（Suomalaisen Kirjallisuuden　Seura　略称SKS）……一八三一年創設の国立研究機関で、フィンランド国内および世界の口承文芸資料を収蔵する世界最大規模のフォークロア研究資料センター。（http://www.finlit.fi/index.ftml）

さ 行

索　引

世界昔話ハンドブック

2004年 4月 10日 第1刷発行
2019年 10月 30日 第3刷発行

編者代表—稲田浩二（いなだ・こうじ）
発 行 者—株式会社 三省堂 代表者 北口克彦
発 行 所—株式会社 三省堂
〒101-8371 東京都千代田区神田三崎町2-22-14
電話 編集（03）3230-9411 営業（03）3230-9412
https://www.sanseido.co.jp/

印 刷 所—三省堂印刷株式会社
装 幀—菊地信義

落丁本・乱丁本はお取替えいたします

Printed in Japan
〈世界昔話ハンド・304 pp.〉
ISBN978-4-385-41049-4